普通高等教育"十三五"规划教材

房地产金融

刘章生　刘群红　主编

化学工业出版社

·北京·

《房地产金融》旨在向读者介绍房地产金融的基本知识、基本理论和方法，以及房地产金融的部分前沿成果。本教材共分十章，主要内容包括房地产金融概述、房地产金融市场与房地产金融机构、住房金融体系、个人住房抵押贷款、住房公积金制度、住房抵押贷款证券化、项目融资、土地与房地产项目融资、房地产投资信托、房地产企业公开资本市场融资。全书紧紧围绕房地产金融的基本理论，对本领域内近年来出现的新问题、新现象进行了分析和探讨，并通过专题讨论、案例分析和思考题等方式引导学生展开思辨能力训练，保证了内容的实践性、时效性和前瞻性。

本教材可供房地产开发与管理、土地资源管理、工程管理及相关专业的本科生、研究生和教师作为教材使用，也可作为房地产金融机构培训教材，并可作为房地产金融相关理论和实践研究的参考用书。

图书在版编目（CIP）数据

房地产金融/刘章生，刘群红主编．—北京：化学工业出版社，2019.12（2024.8重印）
普通高等教育"十三五"规划教材
ISBN 978-7-122-35900-1

Ⅰ.①房… Ⅱ.①刘…②刘… Ⅲ.①房地产金融-高等学校-教材 Ⅳ.①F293.338

中国版本图书馆CIP数据核字（2019）第296858号

责任编辑：满悦芝　　　　　　　　　　　文字编辑：王　琪
责任校对：宋　夏　　　　　　　　　　　装帧设计：张　辉

出版发行：化学工业出版社（北京市东城区青年湖南街13号　邮政编码100011）
印　　装：涿州市般润文化传播有限公司
787mm×1092mm　1/16　印张16¾　字数412千字　2024年8月北京第1版第3次印刷

购书咨询：010-64518888　　　　　　　　售后服务：010-64518899
网　　址：http://www.cip.com.cn

凡购买本书，如有缺损质量问题，本社销售中心负责调换。

定　　价：49.90元　　　　　　　　　　　　　　　　　版权所有　违者必究

前言

房地产业在我国社会经济中具有重要地位。党的二十大报告指出，坚持房子是用来住的、不是用来炒的定位，加快建立多主体供给、多渠道保障、租购并举的住房制度。房地产业是一个典型的资金密集型行业，对金融业也有很强的依赖性。因此，了解、掌握房地产金融知识，是房地产开发与管理、土地资源管理、工程管理以及其他经管类专业的本科生、研究生的重要学习任务，也是其今后走向相关工作岗位所必需的知识储备。

为了适应我国房地产业的发展，满足国内应用型本专科院校非金融专业及其课程教学、研究的基本需求，在吸纳以往教材精华的基础上，我们编写了本教材。

教材主要介绍房地产金融的基本知识、基本理论和方法。全书共分十章：第一章介绍房地产金融概述；第二章介绍房地产金融市场与房地产金融机构；第三章涉及住房金融体系，介绍国际住房金融体系和中国住房金融体系；第四章涉及个人住房抵押贷款，主要介绍借款人资格审核与信用评估、贷款条件与贷款风险、个人住房抵押贷款担保与保险、还款违约和强制收回；第五章涉及住房公积金制度，介绍住房公积金的缴存、提取和使用、住房公积金贷款、组合贷款和政策性贴息贷款、住房公积金改革与公积金贷款证券化需求；第六章介绍住房抵押贷款证券化；第七章涉及项目融资，主要介绍工程项目融资概述、项目资金结构与资金成本、项目融资的基本模式、项目融资的现代模式；第八章介绍土地与房地产项目融资；第九章介绍房地产投资信托；第十章涉及房地产企业公开资本市场融资，主要介绍股票市场融资、债券市场融资、公开资本市场融资中的定价问题。

本书可作为房地产开发与管理、土地资源管理、工程管理等专业本科生和研究生的教材或参考书，也可作为房地产金融领域从业人员的自学教材，还可作为房地产开发与管理人员以及相关人员了解有关房地产金融知识的书籍。

本教材是江西省高等学校教学改革研究重点课题（JXJG-19-2-18）的阶段性成果，由江西师范大学刘章生、刘群红共同主持编写。刘群红负责章节设计、大纲编写，刘章生负责主持内容编写和全书统稿，参与编写人员还包括张小露、赵汉成、范雨琪、周洪兵等。

本教材编者致力于向读者奉献一本既有一定理论价值又有较高使用价值的教科书，但由于编者的学术水平有限和实践经验不足，加之时间仓促，书中难免有疏漏和不足之处，恳请各位读者批评指正，以使此书不断完善。

编 者
2023 年 6 月

目录

第一章 房地产金融概述 ... 1

第一节 房地产业与金融业 ... 1
- 一、现代金融在国民经济中的重要地位和作用 ... 1
- 二、房地产业与金融业的关系 ... 2
- 三、我国房地产业发展对金融业发展的影响 ... 2

第二节 金融基础知识 ... 3
- 一、金融理论 ... 3
- 二、货币与货币政策 ... 4
- 三、信用与信用制度 ... 7
- 四、金融工具 ... 7

第三节 房地产金融与房地产金融体系 ... 8
- 一、房地产金融的概念 ... 8
- 二、房地产金融的特点 ... 9
- 三、房地产金融的作用 ... 10
- 四、房地产金融体系的概念 ... 12
- 五、房地产金融体系的构成 ... 12
- 六、房地产金融体系中三个层次的相互关系 ... 13

思考题 ... 13

第二章 房地产金融市场与房地产金融机构 ... 14

第一节 金融市场和房地产金融市场 ... 14
- 一、金融市场 ... 14
- 二、房地产金融市场 ... 17

第二节 房地产金融机构 ... 20
- 一、房地产金融机构的含义 ... 20
- 二、房地产金融机构的性质 ... 20
- 三、房地产金融机构的分类 ... 21
- 四、房地产金融机构的设置体系 ... 22
- 五、房地产金融机构的任务 ... 27

思考题 ... 29

第三章 住房金融体系　30

第一节　住房金融概述 …………………………………………………… 30
　　一、住房金融的含义 ………………………………………………… 30
　　二、住房金融的特点 ………………………………………………… 30
　　三、住房金融的分类 ………………………………………………… 31
第二节　国外住房金融体系 ……………………………………………… 33
　　一、美国住房金融制度 ……………………………………………… 33
　　二、新加坡住房金融制度 …………………………………………… 38
第三节　中国住房金融体系 ……………………………………………… 44
　　一、中国住房金融的历史和现状 …………………………………… 44
　　二、中国住房金融的调控政策及效果 ……………………………… 48
　　三、政策性住房金融 ………………………………………………… 54
思考题 …………………………………………………………………… 58

第四章 个人住房抵押贷款　59

第一节　个人住房抵押贷款及其类型 …………………………………… 59
　　一、个人住房抵押贷款的概念 ……………………………………… 59
　　二、个人住房抵押贷款的特征 ……………………………………… 59
　　三、个人住房抵押贷款的基本种类 ………………………………… 60
第二节　借款人资格审核与信用评估 …………………………………… 60
　　一、贷款审查与批准 ………………………………………………… 60
　　二、信用评估的含义 ………………………………………………… 62
　　三、信用评估的作用 ………………………………………………… 62
　　四、个人信用评估方法 ……………………………………………… 63
　　五、我国住房贷款信用评估体系现状 ……………………………… 64
第三节　贷款条件与贷款风险 …………………………………………… 67
　　一、个人住房抵押贷款的条件 ……………………………………… 67
　　二、个人住房抵押贷款的风险分类 ………………………………… 67
　　三、个人住房抵押贷款风险管理 …………………………………… 68
第四节　个人住房抵押贷款担保与保险 ………………………………… 68
　　一、个人住房抵押贷款担保的内涵 ………………………………… 68
　　二、我国现行个人住房贷款担保方式 ……………………………… 69
　　三、我国个人住房抵押担保制度的要点 …………………………… 70
　　四、个人住房抵押贷款保险的内涵 ………………………………… 71
　　五、个人住房抵押贷款保险的功能 ………………………………… 72
第五节　还款违约和强制收回 …………………………………………… 73
　　一、个人住房贷款的还款方式 ……………………………………… 73

二、个人住房抵押贷款的违约条款 ································ 78
　　三、个人住房抵押贷款违约的界定 ································ 79
　　四、个人住房抵押贷款违约的影响因素 ···························· 80
　　五、理性违约和被迫违约 ·· 81
思考题 ·· 83

第五章　住房公积金制度　84

第一节　住房公积金制度概述 ·· 84
　　一、住房公积金制度的内涵 ···································· 84
　　二、住房公积金制度的性质 ···································· 85
　　三、住房公积金制度的特点 ···································· 85
　　四、住房公积金制度运行机理 ·································· 86

第二节　住房公积金的缴存、提取和使用 ······························ 87
　　一、住房公积金缴存 ·· 87
　　二、住房公积金提取 ·· 87
　　三、住房公积金使用 ·· 87

第三节　住房公积金贷款 ·· 88
　　一、住房公积金贷款的概述 ···································· 88
　　二、住房公积金贷款的特点 ···································· 89
　　三、住房公积金贷款的程序 ···································· 90
　　四、住房公积金贷款的方式 ···································· 92
　　五、住房公积金贷款的担保 ···································· 93

第四节　组合贷款和政策性贴息贷款 ·································· 95
　　一、组合贷款 ·· 95
　　二、个人住房政策性贴息贷款 ·································· 97

第五节　住房公积金改革与公积金贷款证券化需求 ······················ 99
　　一、住房公积金改革 ·· 99
　　二、公积金贷款证券化的演变与发展 ···························· 101
　　三、开展公积金贷款证券化的意义 ······························ 101
　　四、住房公积金贷款证券化的现状 ······························ 102
　　五、公积金证券化的未来发展 ·································· 102

思考题 ·· 104

第六章　住房抵押贷款证券化　105

第一节　房地产证券化概述 ·· 105
　　一、证券化概述 ·· 105
　　二、房地产证券化 ·· 105

第二节　住房抵押贷款证券化 ·· 106

　　　　一、住房抵押贷款证券化的含义及其动因·················106
　　　　二、住房抵押贷款证券化的操作模式·····················107
　　　　三、住房抵押贷款支持证券的品种类型·················112
　　　　四、住房抵押贷款证券化的风险管理·····················114
　　　　五、住房抵押贷款证券化实践·····························115
　　第三节　我国住房抵押贷款证券化·······························120
　　　　一、住房抵押贷款证券化在我国推行的意义·············120
　　　　二、我国住房抵押贷款市场的建立·······················120
　　　　三、我国住房抵押贷款证券化运作·······················122
　　第四节　个人住房抵押贷款资产支持证券市场···················124
　　　　一、发展现状···124
　　　　二、现存问题···130
　　第五节　美国住房抵押贷款证券化的经验与教训··············132
　　　　一、美国住房抵押贷款证券化基本发展情况·············132
　　　　二、美国住房抵押贷款证券化成功发展的经验分析······134
　　　　三、美国住房抵押贷款证券化引爆危机的教训分析······136
　　思考题···139

第七章　项目融资　140

　　第一节　项目融资概述··140
　　　　一、项目融资的含义及特征································140
　　　　二、项目融资的产生与发展································141
　　　　三、项目融资与公司融资的比较···························142
　　　　四、项目融资的优势与不足································145
　　　　五、项目融资的适用范围··································147
　　　　六、项目融资的参与者及其权责···························148
　　　　七、项目融资的运作程序··································151
　　第二节　项目资金结构与资金成本·······························152
　　　　一、项目的资金结构设计需考虑的主要因素·············152
　　　　二、项目的资金构成······································155
　　　　三、项目的资金成本······································155
　　第三节　项目融资的基本模式····································156
　　　　一、设计项目融资模式的基本原则·······················156
　　　　二、项目融资模式的结构特征及基本框架···············157
　　　　三、以设施使用协议为基础的项目融资模式·············160
　　　　四、以产品支付为基础的项目融资模式·················160
　　　　五、以杠杆租赁为基础的项目融资模式·················161
　　第四节　项目融资的现代模式····································161
　　　　一、BOT及其衍生模式·······································161

二、ABS 融资模式 …………………………………………………… 170
　　三、PFI 融资模式 …………………………………………………… 172
　　四、PPP 融资模式 …………………………………………………… 174
思考题 …………………………………………………………………… 178

第八章　土地与房地产项目融资　179

第一节　土地储备与土地开发项目融资 ………………………………… 179
　　一、土地出让收入与土地收益基金 ………………………………… 179
　　二、房地产开发贷款 ………………………………………………… 180
　　三、地方政府债券 …………………………………………………… 181
　　四、土地储备与土地开发项目贷款 ………………………………… 184
　　五、土地开发项目贷款详述 ………………………………………… 185
第二节　房地产开发项目融资 …………………………………………… 193
　　一、融资方案与资本结构设计 ……………………………………… 193
　　二、权益资本融资 …………………………………………………… 201
　　三、债务资本融资 …………………………………………………… 203
　　四、开发项目贷款评估 ……………………………………………… 205
第三节　商用房地产抵押贷款 …………………………………………… 212
　　一、商用房抵押贷款 ………………………………………………… 212
　　二、房屋所有权和土地使用权抵押 ………………………………… 213
第四节　融资租赁和售后回租 …………………………………………… 213
　　一、融资租赁 ………………………………………………………… 213
　　二、售后回租 ………………………………………………………… 215
思考题 …………………………………………………………………… 216

第九章　房地产投资信托　217

第一节　房地产投资信托与 REITs ……………………………………… 217
　　一、房地产投资信托的内涵 ………………………………………… 217
　　二、REITs 的产生与发展 …………………………………………… 217
　　三、REITs 的特点 …………………………………………………… 219
　　四、REITs 的基本组织形式 ………………………………………… 220
　　五、REITs 的种类 …………………………………………………… 221
　　六、REITs 的运作模式 ……………………………………………… 222
第二节　我国发展 REITs 的条件 ………………………………………… 226
　　一、房地产成为支柱产业 …………………………………………… 226
　　二、房地产市场逐渐规范 …………………………………………… 226
　　三、金融体制改革逐步深入 ………………………………………… 227
　　四、信托业的发展日趋规范 ………………………………………… 227

　　　　五、投资主体逐步形成……………………………………………… 227
　　　　六、国际经验提供借鉴……………………………………………… 228
　　第三节　境外主要REITs市场发展……………………………………… 228
　　　　一、全球REITs市场发展情况……………………………………… 229
　　　　二、美国REITs市场发展情况……………………………………… 230
　　思考题………………………………………………………………… 234

第十章　房地产企业公开资本市场融资　235

　　第一节　证券市场概述…………………………………………………… 235
　　　　一、证券市场的分类………………………………………………… 235
　　　　二、证券市场的构成要素…………………………………………… 236
　　　　三、证券市场的功能………………………………………………… 237
　　第二节　股票市场融资…………………………………………………… 238
　　　　一、首次公开发行…………………………………………………… 238
　　　　二、再融资…………………………………………………………… 240
　　第三节　债券市场融资…………………………………………………… 241
　　　　一、普通公司债券…………………………………………………… 241
　　　　二、可转换公司债券………………………………………………… 245
　　　　三、分离交易的可转换公司债券…………………………………… 249
　　　　四、可交换公司债券………………………………………………… 250
　　　　五、永续债券………………………………………………………… 254
　　第四节　公开资本市场融资中的定价问题……………………………… 255
　　　　一、企业或资产估值模型…………………………………………… 255
　　　　二、股票发行价格定价……………………………………………… 256
　　思考题………………………………………………………………… 256

参考文献　257

第一章 房地产金融概述

第一节 房地产业与金融业

房地产业作为国民经济的重要产业,由房地产的开发、经营、销售和服务等行业所组成,其为我国经济的持续增长做出了重要的贡献。以 2016 年为例,我国房地产业的增加值为 4.8 万亿元,同比增长 15.6%,增速比上年提高 5.8 个百分点;占 GDP 的比重为 6.5%,比上年提高 0.4 个百分点。房地产业对 GDP 增长的贡献率为 7.8%,拉动 GDP 增长 0.5 个百分点,比上年提高 0.3 个百分点。房地产金融给予了房地产行业最重要的支持,对房地产业和金融业的发展均有着重要意义。

一、现代金融在国民经济中的重要地位和作用

金融是国民经济的核心。经济决定金融,经济的发展水平决定金融的发展水平。但是,金融在服务于经济的过程中,又反作用于经济,金融的发展和信贷结构对经济发展具有深远影响。金融在国民经济生活中发挥着越来越重要的作用。

(一)金融是资金运动的"信用中介"

金融的最基本特征和作用就是采取还本付息的方式聚集资金和分配资金,调节企事业单位、城乡居民之间的资金余缺。金融机构利用自己庞大的分支机构和良好信誉,把机关团体、企事业单位、居民个人手中零星、分散、闲置的资金集中起来,变成高效、稳定、长期的资金来源,通过借贷、投资等方式,按照信贷原则和产业、区域发展政策,投入到急需资金的部门,支持国民经济正常运行。

(二)金融是提高生产力的"黏合剂"和"催化剂"

货币是一种特殊商品,为社会商品运动提供价值尺度、流通手段、支付手段和储藏手段。金融机构经营货币资金,通过货币资金运动促进商品交易,按市场需要迅速黏合各生产要素,形成新的生产力。改革开放以来,金融的作用更加明显。金融业通过发放贷款,代理发行股票、债券,向国民经济的基础行业和支柱产业提供大量的资金,促进企业跨地区、跨行业联合,培育企业集团,为提高国民经济的专业化、社会化水平做出贡献。

(三)金融是宏观经济调控的重要"杠杆"

宏观经济管理的基本要求是使社会总供给与总需求基本平衡,促进国民经济均衡增长。金融在建立和完善国家宏观调控体系的过程中具有十分重要的地位。一般来说,货币供应总量可以调节社会总需求,货币供应总量和社会商品、劳务总供给保持基本平衡,就能使物价稳定。金融业与国民经济各部门有着密切的联系,它能够比较深入、全面地反映成千上万个

企事业单位的经济活动。同时，利率、汇率、信贷、结算等金融手段又对微观经济主体有着直接的影响。国家可以通过中央银行运用各种金融调控手段，适时松紧银根，调控货币供应的数量、结构和价格（利率），从而调节经济发展的规模、速度和结构，在稳定物价的基础上，促进经济发展。

二、房地产业与金融业的关系

房地产业与金融业具有相辅相成的关系。一方面，房地产业需要依赖金融行业的资金支持；另一方面，金融行业在带动房地产业的快速发展的同时也带动了自身的发展，使得房地产业和金融行业共同发展、共同进步。

（一）房地产业对金融业具有依赖性

房产从前期的建筑到最后的价值交换，都与交易和经济有关。交易是使得劳动成果转换为货币的主要途径。交易使得房产到达消费者的手中，而消费是以货币为基础的，货币的存在是金融的主要体现形式。所以，房地产的交易是依靠金融货币而运作的。离开货币的支持，房地产在开发、建筑的造价方面将无法进行计算和运行。近年来，我国不断推进房地产市场改革力度，房地产金融快速发展，房地产信托、基金、公积金、股票等都得到了有力的发展，而这些都是金融证券的重要组成部分。

（二）房地产业推动金融业的发展

房地产业有运转周期长、资金需求量大的特点。在运转过程中，房地产业需要金融业的支持和协助。站在金融行业的角度，房地产业是一项具有高利益、高安全性的"贵宾"级别业务。因此，房地产业适量适当的发展对金融业来说是最好的，房地产业发展不景气和过度发展都会对金融业产生一定的冲击作用。如果房地产业和金融行业的紧密性太低，房地产业便会因为金融业支持的力度不够而造成房地产产业链上的副业发展程度降低，甚至导致经济不景气。反之，如果房地产业和金融行业联系太过于紧密，可能会引起房地产泡沫，从而使得金融业甚至整个经济市场陷入萧条之中。

三、我国房地产业发展对金融业发展的影响

（一）房地产业的发展将会为金融业的扩展提供条件

随着房屋商品化的逐步推开，现存公有房屋再加上每年所建成的价值近千亿元的房屋都成为商品。在商品总流量中增添了房屋这一巨额的商品流通量，这必然要求货币流通量的增加。此外，房地产业的发展还会带动其他一系列相关工业的发展，使与房地产有关的产品和劳务量大大增加，从而引起商品和货币流通量的进一步增加。

（二）房地产业的发展有助于完善银行业务结构

随着房屋商品化的逐步推开和房地产业的发展，住房商品必将大量增加，客观上要求银行住房信贷业务有一个长足发展，以推动公有住房的销售，这不仅可改变我国银行目前消费信贷业务极为薄弱的状况，使信贷业务结构趋于完善，也有助于银行把信贷、利率这两个重要经济杠杆用于消费领域，形成银行对生产、流通和消费综合配套调节的能力。

（三）房地产业的发展促进金融机构和金融业务多元化发展

我国房地产业在最近短短几年的发展时间里，带动了我国多种房地产金融机构的产生和

发展，许多城市建立了住房合作社、专业银行和综合性银行；同时也促进了多种金融业务的产生和发展，如各种住房贷款业务、房地产投资业务、房地产委托租赁业务、房地产抵押贷款业务以及房地产保险业务等，有的甚至通过房地产的开发经营引入了外资的投入。

第二节　金融基础知识

一、金融理论

金融理论在经济学中的历史相当之短，属于成长中的新兴学科。经济学家们很早就意识到信贷市场的基本经济职能，但对具体的内容缺少详细的分析。因此，早期人们对金融市场的观点大多直观，主要是由实践者形成的。但近一百多年来，西方一批优秀学者开始关注金融理论，尤其是最近半个多世纪，一些理论逐渐成熟、完善，成为研究和指导金融业务的基础。了解这些理论对供需双方提高房地产金融业务水平都是有帮助的。

（一）资产估值

资产估值是指根据一定的方法以及国家的相关规定，在资产收购、管理和处置过程中，由公司内部组织人员估算资产价值的行为。资产估值的主要方法包括市场法、收益法、成本法、基准地价修正法、假设清算法、现金流偿债法、交易案例比较法、专家打分法和其他适用方法。其中假设清算法、现金流偿债法、交易案例比较法、专家打分法等方法适用于金融不良资产估值。

（二）财务杠杆

财务杠杆是指由于固定债务利息和优先股股利的存在而导致普通股每股利润变动幅度大于息税前利润变动幅度的现象。也就是说财务杠杆的本意是通过债务使企业获得额外利益，换言之，使企业造成额外收益的资本部分便是债务部分，因此忽略掉债务获取额外收益的过程，便可以简单地将债务视为企业获取额外收益的体现。

（三）最优资本结构

最优资本结构是指公司资本成本最低，且公司价值达到最大，并能最大程度调动公司相关利益者积极性的资本结构。国内外对确定最优资本结构达成的共识是当股权融资的边际代理成本和债权融资的边际代理成本相等的时点即为最优资本结构。目前确定最优资本结构的方法有权衡理论、代理成本理论、控制权理论三种观点。

（四）期权

期权是一种未来的选择权，期权的买方有权在规定的时间内，按照约定的价格买进或卖出一定数量的资产，也可以根据需要放弃行使这一权利。期权可分为看涨期权和看跌期权，看涨期权赋予购买者在规定时间内以协议价格向期权出售者买入一定数量的某种标的物的权利，而看跌期权则赋予购买者卖出标的物的权利。期权的购买者的权利是通过支付一定的期权费得到的。

（五）金融中介理论

金融中介理论分为"新论"与"旧论"。"旧论"将金融中介提供的服务等同于资产的转型，金融中介向客户发行债权，而这些债权与其自身持有的资产相比具有不同的特点。"旧论"把金融中介视为被动的资产组合管理者，只能根据他们在市场上所面对的风险与收益情况完成组合的选择。而"新论"主要是对信息经济学和交易成本经济学的平行发展做出的回应。随着信息经济学和交易成本经济学的发展，金融中介理论的研究以信息经济学和交易成本经济学作为分析工具。"新论"对金融中介提供的各种不同的转型服务进行了更细致的识别与分析；更深入地探寻金融中介如何运用资源以博取有用信息、降低交易成本，从而通过改变风险与收益的对比来实现这些转型。

（六）投资组合理论

投资组合理论主要包括两方面：均值-方差分析法以及基于投资组合理论的有效边界模型。投资组合理论解决的核心问题是如何确定投资者的证券投资决策，即怎样确定收益和风险的组合。一般来说，对投资者可以分为两类，即冒险型和稳重型。对于冒险型投资者，寻求的是收益最大化，同时也需要风险水平在一定的范围内。而对于稳重型投资者，希望在一定的收益期望下，寻求风险最小化。

（七）有效市场理论

在运转良好的金融市场中，价格反映了所有的相关信息，这样的市场就被称为有效市场。如果某个金融市场是有效的，那么证券的现行市场价格就是对这种证券真实价格的最佳估计。根据市场反映信息的程度不同，可以将市场按照其有效性划分为弱有效市场、半强有效市场和强有效市场三种。

弱有效市场是指证券的市场价格已经反映了过去关于成交价格和成交量的信息，任何投资者都不能利用过去的信息获取超额收益。

半强有效市场是指证券价格已经反映了所有可得的公开信息，任何投资者都不能利用某些公开信息（如上市公司年报披露的各种信息）获取超额收益。

强有效市场是指证券的市场价格已经反映了包括公开信息、私人信息以及内部信息在内的所有信息，任何人都无法获得超额收益。这是有效市场的最高形式。

（八）代理理论

代理理论，也称委托代理理论，是契约理论在当代发展的最重要成果之一。有限理性和信息不对称是支撑代理理论的两个基本假设。委托与代理的契约关系形成后，可能会滋生出各种各样的代理问题。为了维护委托人的利益，代理理论主要研究如何设计一套行之有效的制度安排，在委托人和代理人之间构建一种制衡机制，以最大可能地预防与减少利益冲突和信息不对称带来的代理问题。

二、货币与货币政策

（一）货币的本质与职能

1. 货币的本质

货币是从商品领域中被分离出来的，固定充当一般等价物的特殊商品，体现着一定的生产关系。货币的本质体现在以下两个方面。第一，货币是商品，是价值和使用价值的统一体。但货币又不是普通的商品，它充当着一般等价物的职能。货币具有"使用价值双重化"的特点，一方面，货币是表现一切商品价值的材料，即货币以商品价值的体现物出现；另一方面，货币具有同一切商品相交换的能力，从而成为一种被普遍接受的衡量商品价值的手段。商品价值只有转换为货币，其社会价值才得以体现。因此，货币成为商品交换中的固定等价物。第二，货币体现着一定的生产关系。货币本身并没有阶级属性，无论在何种社会形态中，社会分工都要求商品生产者建立起必然的联系。而这种联系就是通过货币完成的，即货币作为一种固定等价物反映着在交换过程中的商品所有权的转换，体现了商品生产者之间的社会生产关系。

2. 货币的职能

对于货币的职能，目前在我国得到广泛认同的是马克思的"货币五职能说"。

（1）价值尺度　价值尺度职能是指货币衡量和表现商品价值大小的职能。由于货币本身是商品，具有价值，因此可以作为衡量一切商品价值的材料。货币的价值尺度必须借助于价格标准来衡量。所谓价格标准，是指每一货币单位含有的贵金属的重量。货币在利用价格标准来衡量商品时就形成了商品的价格。

（2）流通手段　货币在商品交换过程中发挥媒介作用时，体现的是流通手段职能。货币的流通手段职能改变了过去物物交换的过程，使得交换过程变为"物—货币—物"，减少了搜寻成本和交易成本。

（3）储藏手段　在金属货币流通的条件下，货币具有保值性，因此可以作为一种储藏财富的手段，并且能够自发调节市场中的货币流通量。在信用货币流通的情况下，由于货币本身没有内在的价值，也不能兑现金银，因此不具备典型的储藏功能。但是由于货币的应用范围广泛，所以仍然可以代表绝对的物质财富，也就可以暂时被储藏起来。但是需要明确的是，这种"暂歇"的货币并未退出流通领域，仍然要计算在货币供给量中。

（4）支付手段　货币作为价值运动的独立形式进行单方面的转移时，就执行着支付手段职能。在商品生产和交换过程中，存在着赊销、预付货款、清偿债务等情况，此时货币的转移就执行着支付手段。也就是说，货币的流通手段解决了物物交换的困难，而货币的支付手段解决了必须"一手交钱，一手交货"的困难。

（5）世界货币　在世界经济一体化的今天，货币已经超越了国界。许多货币作为价值尺度、流通手段和支付手段的职能已经延伸到了国外，执行着世界货币的职能。应该说，作为世界货币，本身要具有相应的内在价值，才能够被其他各国所承认。但是在信用货币流通的情况下，有些经济比较发达国家的货币，如美元，被广泛认同，因而就担负起了世界货币的角色。但是在各国的货币制度中，仍然存在着黄金准备制度，也就是说，黄金仍然担当着世界货币的角色。

（二）货币政策概述

1. 货币政策的含义

货币政策有狭义和广义之分。狭义货币政策是指中央银行为实现既定的经济目标，运用各种工具（如再贴现率、存款准备金率和公开市场业务等）调节货币供给量和利率，进而影响宏观经济运行的方针和措施的总和。广义货币政策是指政府中央银行和其他有关部门有关货币方面的所有规定和信贷方向，开放和开发金融市场以及金融体制改革等。一般来说，货币政策是通过政府对国家的货币、信贷及银行体制的管理来实施的。

2. 货币政策的分类

货币政策分为扩张性货币政策和紧缩性货币政策两种。扩张性货币政策是通过提高货币供应量和供应增长速度来刺激总需求的政策。在这种政策的影响下，取得信贷更为容易，利息率会降低。因此，当总需求与经济的生产能力相比很低时，使用扩张性货币政策最合适。

紧缩性货币政策是通过削减货币供应量和供应增长速度来降低总需求的政策。在这种政策下，取得信贷较为困难，利息率也随之提高。因此在通货膨胀较严重时，采用紧缩性货币政策较合适。

3. 货币政策手段

货币政策手段是指中央银行为实现货币目标所运用的策略手段。一国政府拥有多种政策手段来实现其宏观经济目标。中央银行的政策工具主要有一般性工具、选择性工具和补充性工具等。一般性工具包括法定存款准备金率政策、再贴现政策、公开市场业务；选择性和补充性工具一般包括消费者信用控制、证券市场信用控制、优惠利率和预缴进口保证金等。

4. 中国的货币政策手段

(1) 公开市场业务　公开市场业务，是指中央银行在公开市场上，通过买卖有价证券和外汇交易的办法来调节货币供应量，从而调节社会总供给和总需求的金融业务活动。中国公开市场业务包括人民币业务和外汇业务两部分。1994年3月，中国的外汇公开市场业务启动；1998年5月26日，中国的人民币公开市场业务恢复交易，并且规模逐步扩大。1999年以来，公开市场业务已成为中国人民银行货币政策日常操作的重要工具，对于调控货币供应量、调节商业银行流动性水平和引导货币市场利率走势发挥了积极的作用。

(2) 存款准备金率　存款准备金是指中国人民银行要求各商业银行按吸收存款的一定比例在其开设的准备金账户存入的资金，这些资金是为保证客户提取存款和资金清算需要而准备的资金。各商业银行按规定向中国人民银行缴纳的存款准备金占其存款总额的比例就是存款准备金率。存款准备金制度是在中央银行体制下建立起来的，央行通过调整存款准备金率，可以影响各商业银行的信贷资金供应能力，从而间接调控货币供应量。

(3) 中央银行贷款　中央银行贷款（习惯上称为再贷款），是指中央银行动用基础货币向专业银行、其他金融机构，以多种方式融通资金的总称。它是中央银行资金运用的一个重要方面，也是中央银行实施货币政策，籍以控制货币供应总量的重要手段。中央银行贷款一般有再贴现、抵押贷款和信用放款三种形式。其中再贴现是使用最为广泛的一种做法，即商业银行以工商企业向其贴现的商业票据为抵押，向中央银行再贴现以取得所需的资金。从政策传导和政策效应上看，一般来讲，中央银行贷款增加，是"银根"有所放松的信号之一；反之，则是"银根"可能紧缩的信号之一。

(4) 利率　利率是一定时期内利息额与借贷资金的比率。利率政策是中国货币政策的重要组成部分，也是货币政策实施的主要手段之一。中国人民银行根据货币政策实施的需要，适时地运用利率工具，对利率水平和利率结构进行调整，进而影响社会资金供求状况，实现货币政策的既定目标。

目前，中国人民银行采用的利率工具主要有调整中央银行基准利率、调整金融机构法定存贷款利率、制定金融机构存贷款利率的浮动范围、制定相关政策对各类利率的结构和档次进行调整等。

近几年来，中国人民银行加强了对利率工具的运用，使得利率工具在调控宏观经济运行方面发挥了重要的作用。随着央行利率调整逐年频繁，利率调控方式更为灵活，调控机制也日趋完善。

(5) 汇率　汇率是指一国货币兑换别国货币的比率，是以一种货币表示另一种货币的价格。一个国家（或地区）政府为达到一定的目的，会采取一定的政策手段通过金融法令的颁布、政策的规定或措施的推行，把本国货币与外国货币比价确定或控制在适度的水平上。汇率政策的工具主要有汇率制度的选择、汇率水平的确定、汇率水平的变动和调整。以人民币汇率为例，如果人民币汇率升值，则中国商品的价格相对国外商品的价格要高，从而国外对中国商品的需求会下降，中国的宏观经济活动就会受到抑制。因此，汇率也是一国货币政策的重要工具。

三、信用与信用制度

（一）信用

信用即信贷活动，是以偿还为条件的价值运动的特殊形式。在商品交换和货币流通存在的条件下，债权人以有条件让渡的形式贷出货币或赊销商品，债务人应按约定的日期偿还借款或偿付贷款，并支付利息。

信用的基本特点有：信用以信任为前提；信用的发生过程是交易理性和契约精神的充分体现；信用关系最终表现为交易制度规则；信用过程是交易者利益驱动机制的理性显现。

（二）信用制度

信用制度界定为关于信用活动及信用关系的"制度安排"，是规范企业、个人和政府等市场主体的信用行为、维护信用交易秩序的各种规则与约定。信用制度作为一个社会所共有的规范，人们的市场交易行为的规则总是依靠规则所具有的潜在惩罚功能而约束市场交易当中损害交易者利益的交易行为的。没有惩罚的信用制度是没有效用的，但是惩罚必须是可置信的，而且基于各种信用规则的惩罚也必须是相互协调的，只有满足这些条件，信用的约束机制才是有效的。只有这样，才能使个人的行为变得可预见。

四、金融工具

（一）金融工具的概念

金融工具是用来证明贷者与借者之间融通货币余缺的书面证明，其最基本的要素为支付的金额与支付的条件。

金融工具按其流动性来划分，可分为两大类。一类是具有完全流动性的金融工具。这是指现代的信用货币。现代信用货币有两种形式，即纸币和银行活期存款。这种完全的流动性可看作金融工具的一个极端。另一类是具有有限流动性的金融工具。这些金融工具也具备流通、转让、被人接受的特性，但附有一定的条件。包括存款凭证、商业票据、股票债券等。它们被接受的程度取决于这种金融工具的性质。

（二）金融工具的特征

一般认为，金融工具具有以下特征。

1. 偿还期

偿还期是指借款人拿到借款开始，到借款全部偿付还清为止所经历的时间。各种金融工具在发行时一般都具有不同的偿还期。从长期来说，有10年、20年、50年。还有一种永久性债务，这种公债借款人同意以后无限期地支付利息，但始终不偿还本金，这是长期的一个极端。在另一个极端，银行活期存款随时可以兑现，其偿还期实际等于零。

2. 流动性

这是指金融资产在转换成货币时，其价值不会蒙受损失的能力。除货币以外，各种金融资产都存在着不同程度的不完全流动性。其他的金融资产在没有到期之前要想转换成货币，或者打一定的折扣，或者花一定的交易金额。一般来说，金融工具如果具备下述两个特点，就可能具有较高的流动性：第一，发行金融资产的债务人信誉高，在以往的债务偿还中能及时、全部履行其义务；第二，债务的期限短，这样它受市场利率的影响很小，转现时所遭受亏损的可能性就很小。

3.安全性

这是指投资于金融工具的本金是否会遭受损失的风险。风险可分为两类：一类是债务人不履行债务的风险，这种风险的大小主要取决于债务人的信誉以及债务人的社会地位；另一类是市场的风险，这是金融资产的市场价格随市场利率的上升而跌落的风险。当利率上升时，金融证券的市场价格就下跌；当利率下跌时，则金融证券的市场价格就上涨。证券的偿还期越长，则其价格受利率变动的影响越大。一般来说，本金安全性与偿还期成反比，即偿还期越长，其风险越大，安全性越小。本金安全性与流动性成正比，与债务人的信誉也成正比。

4.收益性

这是指金融工具能定期或不定期给持有人带来收益的特性。金融工具收益性的大小，是通过收益率来衡量的，其具体指标有名义收益率、实际收益率、平均收益率等。

（三）衍生金融工具

衍生金融工具是金融工具创新的主要形式，即在基本金融工具（银行存款、商业票据、债券、股票等）的基础上衍生（派生）而来。衍生金融工具可大致划分为四类：远期、期货、期权和互换。

金融衍生商品交易就是借助于衍生金融工具，通过对利率、汇率等因素变动趋势的预测，以支付少量的保证金，运作远期大额合同或互换不同金融商品、掉期或买空卖空等新的交易形式。一方面，金融工具的不断创新为金融衍生商品交易提供了一种理想的交易工具和手段，在一定程度上推动着金融衍生商品交易的迅速发展；另一方面，金融衍生商品交易的增长又需要借助并推进金融工具的持续翻新。对投资者而言，衍生金融工具大都是一种保证金交易，具有以小搏大的高杠杆效应，同时对资本需求者而言，诸多衍生金融工具的出现，为融资者提供了低成本的多种融资选择机会，使众多融资者积极参与运用衍生金融工具以达到其融资目的。

第三节　房地产金融与房地产金融体系

一、房地产金融的概念

房地产金融是房地产开发、流通和消费过程中通过货币流通和信用渠道所进行的筹集资金、融通资金、结算或清算资金并提供风险担保或保险及相关金融服务的一系列金融活动的总称。房地产金融业务的内容主要包括吸收房地产业存款，开办住房储蓄，办理房地产贷款，从事房地产投资、信托、保险、典当和货币结算以及房地产有价证券的发行和代理发行与交易等。可见，房地产金融的基本任务是运用多种金融方式和金融工具筹集和融通资金，支持房地产开发、流通和消费，促进房地产再生产过程中的资金良性循环，保障房地产再生产过程的顺利进行。

房地产金融包括政策性房地产金融和商业性房地产金融。政策性房地产金融主要是房改金融，它是与住房制度改革有关的一系列金融活动。房改金融与商业性房地产金融的差异主要表现在以下几个方面。

1. 目的

房改金融不以营利为主要目的，房改资金循环周转增值的部分主要用于继续投入房改业务；商业性房地产金融则是以营利为主要目的的金融业务。

2. 资金来源

房改金融资金归集具有强制性，具有特定的资金来源，且一般筹资成本较低，期限较长；同时，房改金融资金归集具有地方性，资金来源的具体形式和种类各地不同，且来源于当地城镇住房基金、当地企事业单位住房基金和当地个人住房基金等。

商业性房地产金融资金来源的渠道和方式多样，不具有强制性和地方性。

3. 资金运用

房改金融资金的运用具有特定性，即资金运用要符合房改政策的规定，具有专款专用的特征；房改金融资金运用具有优惠性，资金运用的利率较低，期限较长；并且，房改金融资金运用具有地方性，即资金运用的具体投向和种类各地不尽相同，资金用于解决当地住房建设资金的不足以及当地企事业单位和个人购房资金的不足等问题。

相比之下，商业性房地产金融属于一般金融业务，受政策性影响相对较弱，商业性房地产机构运作此类资金时具有较大的自主性，且可以跨地区调剂资金余缺，收益统归各金融机构总部（总行或总公司等），其地方性特征相对较弱。

4. 发展方向

房改金融具有明显的阶段性，而商业性房地产金融具有长期性。房改金融业务是住房制度改革派生出来的政策性金融业务，随着房改目标的实现，房改金融也将完成其使命；而商业性房地产金融是房地产与金融相互融合发展的产物，与市场经济社会相伴而长期存在。

5. 业务范围

房改金融业务属于商业性金融机构的委托业务，且只涉及住房；而商业性房地产金融属于商业性金融机构的自营业务，可涉及各类房地产。

6. 贷款融资操作

商业性金融机构承担的房改金融业务，只收取手续费，不得代垫资金，房改金融资金的投向要符合委托人制定的政策性住房资金使用计划的要求，按照政策性住房资金管理规定，审定、使用和回收各项房改金融资金；而商业性房地产金融只作为商业性金融机构一般金融自营业务操作，需自寻资金来源，自主选择贷款对象，自行承担风险。

政策性房地产金融除了涉及政策性的房改资金融通外，还应该包括政策性房地产保险等内容。

二、房地产金融的特点

由于房地产金融的融资对象（房地产）具有与普通商品不同的特点，即房地产具有位置的固定性、使用的耐久性、产品的多样性以及区域性等，使得房地产资金的占用量大、周转期较长并具有增值性，从而决定了房地产金融是一个相对独立的金融领域，因此它有着与一般金融或金融市场不同的特征。

（一）房地产金融具有相对较高的安全性

这主要有三个方面原因。

1. 房地产金融是有担保的信用

房地产金融一般属于长期信用，因此，通常要求借款人提供担保。担保包括人的担保（即保证）和物的担保（主要为抵押和质押）。保证通常是由信誉卓著或资本雄厚的第三人（包括具有担保资格的法人和自然人）为债务人的债务清偿提供担保，当债务人不能履行贷款合同时，该第三人具有代为履行偿还贷款的责任；物的担保，就是以特定的财物为借款人债务的履行作担保。当债务不能履行时，债权人有权行使该担保物权（主要为抵押权和质押权），无论债务人是否还负有其他债务或是否将该担保物转让他人，都能从该担保物的执行中获得债权的优先清偿。以上两类担保，人的担保较为方便，而物的担保则更为安全。借款人可根据银行的要求选择一种或多种担保方式。个人住房抵押贷款因期限长达10~30年不等，因此，银行通常要求借款人必须提供所购住房作为贷款的抵押担保；房地产开发贷款因贷款期限通常在3年左右，而且贷款金额大，所以，银行通常也要求开发公司提供房地产抵押或第三方保证；对于少数信誉卓著的房地产公司，银行为争取优质客户，也可以采用信用贷款，即无担保贷款。

2. 房地产具有位置的固定性、使用的耐久性

房地产位置的固定性可产生区位价值，功能的耐久性充分体现其使用价值。这两个价值因素可以为房地产金融提供进步的信用支持。

3. 房地产具有增值性

随着社会经济的发展和市场供求关系的变化，房地产在多数情况下会不断增值。这将大大提高债权的可靠性和房地产金融的安全程度。

（二）房地产信贷资产流动性较弱

在一般情况下，房地产金融和其他金融一样，其负债大多为期限较短、流动性较强的短期负债，但其资产则具有期限较长、额度较大的特点。当该项信贷资产规模占银行信贷资产总量的比重较大时，银行便可能面临资金的流动性风险。为了增强此类资产的流动性，目前许多国家对房地产抵押贷款实行证券化。通过房地产抵押贷款证券化将期限长、额度大的抵押债权进行小额分割，以有价证券的形式，通过资本市场进行融资，这便使长期的抵押贷款资产具有很好的流动性。

（三）房地产金融业务具有较好收益性

一般来说，房地产资金占用量大、资金周转期较长，房地产金融业务收益率较高。同时，一宗房地产抵押贷款操作较为复杂，涉及的步骤较多，使得房地产金融业务派生性较强，可带动一些银行中间业务的发展，为金融部门带来了可观的手续费收入和稳定的优质客户群。

（四）房地产金融具有较强的政策性

房地产金融受政府政策干预较强，并且它是国家和政府实行有关房地产政策的重要依托。中国人民银行先后出台了一系列支持房地产业发展、防范金融风险的政策措施，对进一步规范房地产信贷市场的发展起到了重要的作用。

三、房地产金融的作用

具体地讲，房地产金融的作用主要有以下两个方面。

（一）房地产金融对房地产业的支持作用

改革开放以来，中国的房地产业迅速兴起，成为最活跃、发展速度最快的经济领域。房地产业的繁荣与发展，离不开金融业的融资支持，而房地产市场则是金融业借贷资本的最大出路。与其他行业一样，房地产业也具有生产、交换、消费等过程，贯穿这个过程的资本运动，客观上需要银行等金融机构为其提供资本融通服务。房地产业又具有与其他行业不同的特点，这些特点包括生产周期长、资本占用量大、地域性强等特点。因此，一方面，房地产业对金融业的依赖性要强于其他行业；另一方面，房地产业的发展也推动了金融业的发展。世界很多国家的金融机构都把投资房地产作为提高经济效益、减少投资风险和增强信贷能力的重要手段。产业投资的增长，需要金融资本的相应增长，这是资本结合的一个重要特征。在一般情况下，房地产市场越繁荣，房地产融资就越发达。

1. 房地产金融增加房地产开发资金投入，支持房地产商品供应

"得金融者得天下"，资金被喻为经营活动的血液，尤其对于需要大量资金的房地产行业，资金的重要性更是不言而喻。房地产的开发建设离不开金融业的大力支持。金融业发挥自身筹融资的功能，通过吸收社会闲散资金，并在房地产开发建设需要资金支持时，向其发放开发贷款，补充其建设资金的不足，使房地产开发建设项目能按计划完工，有效促进房地产业的发展。

2. 房地产金融增加房地产消费资金信贷，带动房地产有效需求

市场营销学里有个公式，即：

$$市场 = 消费者人数 \times 购买欲 \times 购买力$$

这三个因素有一项为零或很小，则没有市场或制约市场做大。目前在我国，拥有属于自己的住房是每户居民的愿望。住房商品和其他日用品不同，住房价格高，仅靠居民自身积蓄很难实现购房愿望，但如果有金融业的支持，情况就完全不同了。银行通过向居民发放住房消费贷款，使居民能够及时住上自己满意的住房，有了金融业的参与，居民的住房消费行为可提前10～20年，甚至30年，提前实现家居梦想。

3. 房地产金融执行国家房地产业政策，有效调节房地产业发展

房地产金融被称为房地产市场的"调节器"。金融业可利用信贷、利率等金融杠杆以及各种金融政策，对房地产业的发展进行调节，即对国家支持发展的房地产领域，金融业以优惠的信贷和利率政策予以经济支持，而对于国家限制发展的房地产，金融业则通过提高融资成本限制发放贷款。

（二）房地产金融对金融业的支持作用

这主要表现在调整银行信贷资产结构，改善资产质量，促进金融创新，推动金融体制改革等方面。个人住房消费贷款是银行质量高、效益好的信贷品种之一。从国外商业银行发展来看，商业银行信贷业务的重点通常放在流动性较强的中短期企业贷款上。但随着金融市场竞争的日益加剧，商业银行的业务逐步向包括个人住房贷款在内的非传统业务领域延伸，并逐步成为住房金融市场上的主要资金提供者。个人住房贷款使商业银行从长期以中短期贷款为主的资产结构，向短、中、长期贷款共同发展的方向转移，使资产结构逐步趋于合理；同时，个人住房贷款因资产质量优良、效益良好成为各家银行竞争的焦点，个人住房贷款占商业银行总资产的比重通常都在20%左右，有的甚至更高。此外，房地产企业及相关金融机构不断探索和尝试住房抵押贷款证券化（MBS）、房地产投资信托（REITs）等国外已经比

较成熟而国内尚属新鲜事物的融资工具，对于国内金融市场投融资渠道的拓展、创新，甚至金融体制改革有极大的推动作用。

四、房地产金融体系的概念

房地产金融体系是房地产经济运行过程中房地产资金供求双方运用金融工具进行各类房地产资金融通的组织系统。它是统一于社会资金融通体系中的一个组成部分，它是通过现代通信设施建立起来的组织机构体系、金融工具体系和融资活动的配套体系及其相互关系的集合。

五、房地产金融体系的构成

（一）房地产金融体系的组织机构体系

房地产金融体系中的组织机构体系则主要是指房地产融资的主体因素，也就是与不同的房地产融资渠道相对应的组织机构。房地产金融机构在房地产金融体系中扮演特殊的角色，一方面，作为资金供给者提供和发放房地产贷款，在房地产金融市场购买房地产企业发行的有价证券和其他金融工具；另一方面，作为资金的需求者又可吸收存款和发行金融工具，筹措大量资金。

在我国，根据不同的融资渠道，房地产金融的组织机构主要包括银行类的房地产金融组织机构、非银行类的房地产金融组织机构以及政府这个特殊的组织机构。银行类的房地产金融组织机构主要是通过提高房地产银行信贷为房地产企业及个人融通资金，而非银行类的金融组织机构主要是通过提供发行股票、债券、投资信托基金以及其他等融资工具为房地产企业及个人融通资金。政府在房地产金融体系中，充当了双重角色。一方面，政府作为贷款者进入房地产金融体系；另一方面，政府作为调节者在房地产金融体系中发挥作用。政府的调节作用则主要表现在通过经济、政策等手段对房地产金融市场进行宏观调控；通过政府贴息等支持住房消费，改善住房状况；以政府信用对抵押贷款机构提供担保，促进和保证抵押贷款市场及证券化市场发展等。

在整个房地产金融体系的组织体系中，政府这个特殊的机构将放在房地产金融配套体系建设这部分中介绍。因此，在下面将论述的房地产金融组织体系建设主要针对房地产金融组织机构体系的尝试与探索。

（二）房地产金融体系的金融工具体系

房地产金融体系中的金融工具有很多，主要有两类：一类是一般金融体系共有的，例如股票、债券、票据、流动资金贷款、信托贷款、委托贷款等；另一类是房地产金融体系特有的，例如抵押贷款、房地产项目债券、房地产信托投资基金、房地产海外融资以及住房抵押贷款契约证券等。

房地产融资主要包括直接融资和间接融资。直接融资主要指企业通过发行股票和债券在资本市场获得资金，间接融资是指企业通过银行信贷的方式获得资金。此外，还包括一些其他的融资渠道，例如投资信托基金、海外融资等。随着金融市场的不断发展和信用工具的不断创新，房地产金融工具也将不断丰富。

（三）房地产金融体系的配套设施体系

任何一个金融体系都不仅由组织机构体系和金融工具组成，还有一个重要的部分就是相关的配套体系，包括房地产的政府宏观调控和监管、房地产评估机构、房地产担保机构、房地产保险机构等中介服务机构以及信用评价、法规政策形成的法律环境等。

六、房地产金融体系中三个层次的相互关系

在整个的房地产金融体系中，各种类型的房地产金融组织机构体系，都是为消费者和房地产开发企业服务的。一方面通过企业和个人的存款以及投资等形式筹集资金，从而使企业和个人创造金融资产并使之实现保值、增值；另一方面通过银行信贷、股票债券以及投资基金等多种形式房地产企业的生产经营活动和房地产消费提供资金融通，从而形成以企业和消费者为中心的房地产金融运行体系。房地产金融配套体系则通过政府的宏观调控、金融的风险监管、完善的法律法规、中介配套的服务以及市场行为的规范来辅助、保障和支持整个房地产金融运行体系，见图1-1。

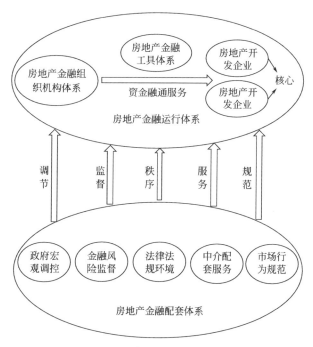

图1-1 房地产金融体系中三个层次的相互关系

思 考 题

1. 房地产业与金融业有什么关系？
2. 我国房地产业发展对金融业发展有什么影响？
3. 与一般金融相比，房地产金融有什么特点？
4. 货币政策具有哪些手段？
5. 金融工具有什么特征？
6. 房地产金融的概念、特点及作用是什么？
7. 房地产金融体系由哪些体系构成？

第二章　房地产金融市场与房地产金融机构

第一节　金融市场和房地产金融市场

市场机制推动了不同行业经济活动一体化的进程。这样的背景下，尽管房地产交易与其他市场交易仍存在很大差异，但围绕房地产进行的相关活动，如开发、经营、管理，已经日渐成为金融体系的组成部分，并开始遵循金融市场的运行规律。

一、金融市场

（一）金融市场的概念

金融市场是指实现货币资金借贷、办理各种票据和有价证券买卖的市场。

金融市场有广义和狭义之分。广义金融市场泛指资金供求双方运用各种金融工具、通过各种途径进行的全部金融性交易活动的场所，包括存贷款市场、拆借市场、票据市场、证券市场、黄金市场、外汇市场、信托市场、租赁市场、保险市场。狭义金融市场是指以票据和有价证券为金融工具进行的融资活动、金融机构之间的同业拆借以及黄金和外汇交易。狭义金融市场通常不包括银行借贷业、金融信托业、保险业。

（二）金融市场的分类

为了更充分地理解金融市场，尽可能地反映这个复杂市场的全貌，可以从多个角度对金融市场进行分类。

1. 按标的物划分

按标的物划分，金融市场可分为货币市场、资本市场、外汇市场和黄金市场。货币市场是指以期限在1年以下的金融资产为交易标的物的短期金融市场。资本市场是指期限在1年以上的金融资产交易的市场。外汇市场是指以不同种货币计值的两种票据之间的交换市场。黄金市场是指专门集中进行黄金买卖交易的中心或场所。

2. 按中介特征划分

根据资金融通中的中介机构的特征来划分，可将金融市场分为直接金融市场和间接金融市场。直接金融市场是指资金需求者直接从资金所有者那里融通资金的市场，一般是指通过发行债券和股票方式在金融市场上筹集资金的融资市场。而间接金融市场则是指通过银行等信用机构来进行资金融通的市场。在间接金融市场上，资金所有者将手中的资金贷款给银行等信用中介机构，然后再由这些机构转贷给资金需求者。

3. 按金融资产的发行和流通特征划分

按金融资产的发行和流通特征划分，金融市场可分为初级市场、二级市场、第三市场和第四市场。资金需求者将金融资产首次出售给公众时所形成的交易市场称为初级市场、发行市场或一级市场。证券发行后，各种证券在不同投资者之间买卖流通所形成的市场即为二级市场，又称流通市场或次级市场。它又可分为两种：一种是场内交易市场，即证券交易所；另一种是场外交易市场。证券交易所是依照国家有关法律规定，经政府主管机关批准设立的证券集中竞价的有形场所。场外交易市场又称柜台交易市场或店头交易市场，它是在证券交易之外进行证券买卖的市场。原则上在场外交易的证券以未上市的证券为主，然而现在情况发生了很大的变化。为数不少的上市证券，尤其是政府债券和公司债券也都纷纷涌入场外交易市场进行交易。

此外，在发达的市场经济国家还存在着第三市场和第四市场，它们实际上都是场外交易市场的一部分。第三市场是指原来在交易所上市的证券移到场外进行交易所形成的市场。第三市场的交易相对交易所交易来说，具有限制更少、成本更低的优点。第四市场是指投资者和证券的出卖者直接交易形成的市场。其形成的主要原因是机构投资者在证券交易中所占的比例越来越大，它们之间的买卖数额很大，因此希望避开经纪人直接交易，以降低成本。

4. 按成交与定价的方式划分

按成交与定价的方式划分，金融市场可分为公开市场与议价市场。公开市场是指金融资产的交易价格通过众多的买主和卖主公开竞价而形成的市场。金融资产在到期偿付之前可以自由交易，并且只卖给出价最高的买者，一般在有组织的证券交易所进行。在议价市场上，金融资产的定价与成交是通过私下协商或面对面的讨价还价方式进行的。在发达的市场经济国家，绝大多数债券和中小企业的未上市股票都通过这种方式交易。最初，在议价市场交易的证券流通范围不大，交易也不活跃，但随着现代电信及自动化技术的发展，该市场的交易效率已大大提高。

5. 按有无固定场所划分

按有无固定场所划分，金融市场可分为有形市场与无形市场。有形市场即是指有固定交易场所的市场，一般指的是证券交易所等固定的交易场地。在证券交易所进行交易首先要开设账户，然后由投资人委托证券商买卖证券，证券商负责按投资者的要求进行操作。而无形市场则是指在证券交易所外进行金融资产交易的总称，它的交易一般通过现代化的电信工具在各金融机构、证券商及投资者之间进行。它是一个无形的网络，金融资产及资金可以在其中迅速转移。在现实世界中，大部分的金融资产交易均在无形市场上进行。

6. 按交割方式划分

按交割方式划分，金融市场可分为现货市场与衍生市场。现货市场实际上是指即期交易的市场，是金融市场上最普遍的一种交易方式。相对于远期交易市场来说，现货市场是指市场上的买卖双方成交后须在若干个交易日内办理交割的金融交易市场。现货交易包括现金交易、固定方式交易及保证金交易。现金交易是指成交日和结算日在同一天发生的证券买卖；固定方式交易则是指成交日和结算日之间相隔很短的几个交易日，一般在7天以内；保证金交易也称垫头交易，它是投资者在资金不足又想获得较多投资收益时，采取交付一定比例的现金，其余资金由经纪人贷款垫付，从而买进证券的一种交易方法。衍生市场是各种衍生金融工具进行交易的市场。所谓衍生金融工具，是指由原生性金融商品或基础性金融工具创造出的新型金融工具，它一般表现为一些合约，这些合约的价值由其所依附的基础性金融资产的价格决定。衍生金融工具包括远期合约、期货合约、期权合约、互换（Swap）协议等。

7. 按地域划分

金融市场按其作用的地域范围来划分，可以分为国内金融市场及国际金融市场。国内金融市场是指金融交易的作用范围仅限于一国之内的市场。它除了包括全国性的以本币计值的金融资产交易市场之外，还包括一国范围内的地方性金融市场。国际金融市场则是指金融资产交易跨越国界进行的市场，是进行金融资产国际交易的场所。国内金融市场及传统的国际金融市场都受到所在国金融监管当局的管制，而新兴的国际金融市场（如离岸金融市场）则可以说是完全国际化的市场，它不受任何国家法令的限制，主要经营境外货币。国际金融市场是国内金融市场发展到一定阶段的产物，是与实物资产的国际转移、金融业较为发达、资本的国际流动及现代电子信息技术的高度发展相辅相成的。

（三）金融市场的功能

金融市场对于国民经济的作用是极端重要的，它对于优化金融资源配置、提高资金使用效率等方面都具有重要意义。概括起来，金融市场具有如下几种功能。

1. 资本转换功能

在社会总储蓄向总投资的转化过程中，必须借助于一定的中介才能顺利完成。金融市场就充当了这种转化的中介。因为在社会资金的供求者之间，关于资金的数量、资金成本、资金占用时间等方面往往难以取得一致，而通过金融市场的介入能够有效弥合供求双方的分歧，使社会资金流动成为可能。金融市场既是投资的场所又是融资的场所，它创造了多样的金融工具并赋予金融资产以流动性，从而使得资金的需求者方便、经济地获取所需资金，使资金供给者获得满意的投资渠道。因此，借助金融市场，可以达到社会储蓄向社会投资转化的目的。

2. 资源配置功能

在金融市场上，随着金融工具的流动，相应地发生了价值和财富的再分配。金融市场的这种配置功能表现为如下三个方面：一是资金的配置，即通过金融市场使资金流向最有发展潜力、能为投资者带来最大利润的企业和部门，从而使得稀缺的资源得到最有效率的利用；二是财富的再分配，政府、企业和个人通过持有金融资产来保有财富，而各种金融产品价格的波动就实现了财富的再分配；三是风险的再分配，根据对风险的偏好程度不同，经济主体可以分为风险偏好型、中立型和厌恶型，利用金融市场中的金融工具，厌恶风险的经济主体就可以把风险转嫁给偏好风险的经济主体，从而实现风险的再分配。

3. 经济结构调节功能

在经济结构方面，人们对金融工具的选择实际上是对投资方向的选择。金融机构或者金融市场参与者对这些部门的追逐或疏远将导致部门间的优胜劣汰，从而达到调节经济结构的目的。在宏观调控方面，政府实施货币政策和财政政策从来都离不开金融市场，如中央银行的公开市场操作离不开银行间市场，而财政政策则离不开国债市场。

4. 宏观经济状况揭示功能

金融市场被公认为国民经济的"晴雨表"，是国民经济的信号系统。金融市场交易直接或者间接地反映了货币供给的变动，宽松或从紧的货币政策都要依靠金融市场来实施，因而通过观察金融市场的波动就可以了解政策情况。此外，随着世界金融市场形成和信息技术的进步，人们可以通过观察一个国家或地区的利率和汇率变迁来了解该国甚至世界经济状况。总之，金融市场不仅反映了微观经济的运行情况，而且反映着宏观经济的状况。

二、房地产金融市场

（一）房地产金融市场的内涵

房地产金融市场是指房地产资金供求双方运用金融工具进行各类房地产资金交易的场所。其业务内容以吸收房地产业存款、建立住房储蓄、审批发放贷款为主，也涵盖房地产投资、信托、保险、典当和货币资金结算以及有价证券的发行与交易等。房地产市场可以是一个固定的场所，也可以采用无形的交易方式，交易方式既可以是直接融资方式，也可以是间接融资方式。

（二）房地产金融市场的分类

房地产金融市场作为金融市场的一个重要组成部分，可以按照多种标准进行分类。

1. 按照市场层次的不同，房地产金融市场可分为一级市场和二级市场

房地产金融一级市场又称初级市场，是指借款人通过房地产金融中介机构或从资本市场直接进行资金融通的市场，它包括初级房地产抵押贷款市场、新的房地产证券发行和交易市场等。房地产金融二级市场是指房地产融资工具的再交易和再流通市场，包括房地产融资中介机构将持有的房地产贷款直接或以证券的形式出售给二级市场机构的交易市场以及房地产有价证券的再转让市场，如二级抵押贷款市场。

2. 按照服务对象的不同，房地产金融市场可分为房产金融市场和地产金融市场

房产金融市场是指银行及其他非银行金融机构为房屋再生产进行资金融通的市场。在房产金融市场上，住宅金融占据着非常重要的位置。而地产金融市场是指以土地作为抵押向金融机构融通资金的活动的总称，即以土地为抵押品，筹集融通资金，以达到对土地进行开发和利用的目的。实际上，房产金融市场和地产金融市场并不是截然分立的，二者有着紧密的联系，它们相互影响、相互作用，共同构成完整的房地产金融市场。

3. 按照金融交易工具期限的不同，房地产金融市场可分为货币市场和资本市场

货币市场是融通短期资金的市场，而资本市场是融通长期资金的市场。资本市场是房地产金融市场的主要构成部分，其金融产品包括住房储蓄存款、住房按揭贷款、房地产抵押贷款、房地产信托、资产证券化、房地产保险等。随着信用工具的不断创新和日益发达，房地产金融市场的业务范围将日益扩大。

（三）房地产金融市场的构成要素

与其他市场一样，一个完整的房地产金融市场通常包括交易主体、交易客体、交易工具、交易价格、市场机制等基本构成要素。

1. 交易主体

交易主体是指房地产金融市场的参与者，其中狭义的交易主体是指参加房地产金融交易资金盈余或不足的企业、个人以及金融中介机构，广义主体是指包括房地产资金供给者、资金需求者、中介人和管理者在内所有参加交易的单位、机构和个人。

（1）居民个人　随着经济水平和收入水平的提高，居民个人可能会将日常消费支出后的结余部分用于银行储蓄投资，或者直接用于购买房地产股票、债券、专门的住房储蓄等，也可能由于购房资金的不足向银行等金融中介机构申请房地产抵押贷款。因此居民个人既是房地产金融市场上重要的资金供给者，也是房地产金融市场上最大的资金需求者。

（2）企业　各类企业在生产经营的过程中可能出现资金的盈余或暂时闲置。企业可以用

这部分资金购买房地产金融工具或将之存入银行等金融中介机构，以获取投资收益。由于房地产开发经营通常需要投入巨额资金，并且房地产项目的运作周期较长，资金占用时间长、回收慢，所以房地产开发、施工等企业很可能由于资金的短缺向金融中介机构申请贷款，或通过发行股票、债券等方式从房地产金融市场筹集所需资金。因此，与居民个人相似，企业也以资金的供给者和需求者的双重身份参与房地产金融市场的资金融通。

（3）金融机构　金融机构是房地产金融市场中资金供给者和需求者之间的重要桥梁，承担着市场中介的作用。包括各类存款性金融机构和非存款性金融机构。前者如商业银行、储蓄机构、信用合作社，后者如保险公司、养老基金、投资银行、投资基金等。金融机构一方面可以通过广泛吸收存款或发行金融工具等方式筹措资金；另一方面可以发放各类房地产贷款，或从金融市场中购进房地产有价证券和其他金融工具。此外，还可以提供房地产金融咨询、代理发行房地产证券等中间服务。

（4）政府　在各个国家和地区的房地产金融市场上，政府都充当着资金的供给者、需求者和监管者等多重角色。一方面，政府可能拨专款支持房地产的发展；另一方面，为弥补财政资金的不足，政府可以通过发行债券从房地产金融市场筹集资金用于房地产建设；此外，政府可以通过经济、行政、法律等多种手段对房地产金融市场进行宏观调控，如利率的变动、房地产税收政策的变化、信贷额度的调整、金融机构业务范围的规定等。

2. 交易客体

交易客体即交易对象。房地产金融市场的交易对象不管具体形态如何，都是货币资金。其交易都是实现货币资金的所有权、使用权转移的过程。在交易中，资金供给者出让了货币资金的使用权，并根据对该笔资金的所有权收取报酬即利息或股息，并在债权期满后收回本金；资金需求者在承诺了对方债权或股权后获得货币资金使用权，并以支付利息或股息的方式给予对方一定的补偿。随着流通市场的发展和金融衍生市场的兴盛，实际交易对象是什么已经不那么重要了，人们关注更多的是各类金融交易工具。

3. 交易工具

交易工具是交易的载体。金融市场的交易工具是金融交易的证明，简称金融工具。金融市场的发展与创新使房地产金融工具品种繁多。传统金融工具主要是各种债权和产权凭证，如股票、债券、商业票据、存单等。在传统金融工具基础上又逐渐开发出各类衍生金融工具，主要包括期货合约、期权合约、认股权证、掉期合约等。目前我国房地产金融市场仍然以股票、债券、商业票据、存单、房地产抵押贷款契约等传统金融工具居多。近年来，关于房地产抵押贷款证券、房地产投资信托基金券等金融工具的尝试和探索日益增多。

4. 交易价格

每笔房地产金融交易都是按照一定的价格成交的，通常以利率表示。利率是利息率的简称，即利息与产生利息的本金的比率。其中利息是资金的使用者为获取一定量资金在一段时间内的使用权而付出的资金成本，包括资金借出者因推迟消费遭受的损失以及借出资金因通货膨胀而发生的购买力损失两部分。在金融领域中，利率的概念通常是各种利率的统称，它常用各种金融工具的到期收益率计算。在激烈的市场竞争推动下，各类房地产金融交易也受到供求规律的支配，其交易价格由金融工具代表的交易价值决定。因此，金融工具的估值成了判断价格高低的关键。当市场供求实现均衡时形成的交易价格即为均衡价格，被认为是与实际价值相吻合的收益。

5.市场机制

市场机制即市场运行的实现机制,是指市场机制体内的供求、价格、竞争、风险等要素之间互相联系及作用机理。它是市场经济成长过程中最重要的驱动因素。市场机制是一个有机的整体,一般情况下主要包括供求机制、价格机制、竞争机制和风险与收益机制。对房地产金融市场而言,还包括拆借与贴现机制、证券发行与交易机制等。

(1) 供求机制　供求机制是指通过商品、劳务和各种社会资源的供给和需求的矛盾运动来影响各种生产要素组合的一种机制。在房地产资金融通过程中,由于资金供求关系不断变化导致资金价格即利率的涨落,利率的涨落又反过来调节资金供求的数量,从而使供求机制成为一种制衡机制,调节整个金融市场的运行。因此供求机制是房地产金融市场运行最基本的机制。利率机制、竞争机制、风险机制等其他机制都必须通过供求机制形成并发挥其具体功能。

(2) 价格机制——利率机制　价格机制是指在市场竞争过程中,市场上某种商品市场价格的变动与市场上该商品供求关系变动之间的有机联系的运动。由于各类金融交易的价格以利率形式表现,因此房地产金融市场的价格机制表现为利率机制。在市场经济条件下,利率水平是由资金的供求关系决定的。即当资金供大于求时,利率会下降;而当资金供不应求时,利率则会上升;在一定利率水平下,资金供求基本平衡,这种利率便是均衡利率。由此可见,利率水平是金融市场资金供求关系作用的结果。然而,利率并非单向地决定于供求关系,它也反过来影响资金的供给与需求,发挥调节资金供给量和需求量的作用。因此,利率机制不仅通过货币资金的价格信息来反映和调节资金供求关系,还能引导资金在各部门之间的自由流动,从而实现资金资源的优化配置。

(3) 竞争机制　竞争机制是指在市场经济中,各个经济行为主体之间为自身利益而相互展开竞争,由此形成的经济内部的必然联系和影响。在金融市场运行过程中,存在着众多的资金供给者和需求者,其融资利益必然按照竞争原则来选择和实现。由于竞争机制通过价格或非价格竞争优胜劣汰,激励市场参与者最大限度地发挥各自的主动性和创造性以确保自身的生存和发展,因而,竞争机制一方面可以保证社会资金的有效运用,并不断推动房地产金融业的发展和创新;另一方面又可以保证利率等机制功能的发挥。

(4) 风险与收益机制　在房地产金融活动中,风险与收益并存。风险机制与收益机制相互作用,对房地产金融市场的稳定与繁荣起着重要作用。其中风险机制是市场交易主体在资金融通过程中盈利、亏损与破产之间的相互联系和作用的机制。它以收益为诱导并以损失为压力作用于各交易主体,迫使金融市场活动的参与者对风险和收益进行反复平衡,并对资金融通与企业经营做出谨慎性决策,从而大大减少资金流动的盲目性。风险机制又可以分为风险补偿机制和风险平衡机制。风险补偿机制是风险与收益补偿之间相互作用和制约的收益保护的安全机制。风险平衡机制是分散、选择和平衡风险,消除和降低金融市场风险的平衡机制。收益机制是收入与利率、风险之间的相互联系与作用方式,是金融市场运行的最大动力。

(5) 拆借与贴现机制　拆借与贴现机制是货币市场即短期金融市场运行的重要机制。其中,拆借机制是金融同业内部充分利用时间差、空间差和行际差,调剂资金余缺进行短期资金融通的市场机制。贴现机制是商业票据持有者在票据到期之前为获得现款向银行付出一定的利息实现资金融通的一种票据转让机制。与贷款机制相比,贴现机制能够更迅速、更灵活地满足贴现者的流动性需求,有效提高资金的运转效率,促进金融市场的繁荣活跃。

（6）证券发行与交易机制　证券发行与交易机制是证券市场即长期金融市场运行的重要机制。其中，证券发行机制是初级证券市场出售信用工具、筹集资金的市场机制；证券交易机制是二级证券市场提供流通和转让有价证券的机制。这两种证券市场机制相辅相成，共同作用，既满足了房地产企业和房地产金融机构面向社会公开筹资的需求，也为社会公众的投资创造了便利条件。

第二节　房地产金融机构

一、房地产金融机构的含义

房地产金融机构是指经营房地产金融业务的各种金融中介和经营附属房地产金融业务的各种金融企业，主要包括专业银行、商业银行及非银行金融机构如证券公司、保险公司、信托公司等。房地产金融机构是房地产金融运营的载体。从世界范围看，各国的房地产金融机构组织体系都因各国不同的政治、经济、文化背景而不同。有些国家只允许专门的房地产金融机构经营房地产金融业务；有些国家不设专门的房地产金融机构，而由一般的商业银行兼营房地产金融业务；而大多数国家则是由专门的房地产金融机构和一般金融机构共同经营房地产金融业务。

二、房地产金融机构的性质

房地产金融机构产生、存在和发展的过程中呈现出以下固有特性。

（一）金融性

房地产金融机构是以经营和管理货币资金为主营业务的专业机构。与其他金融机构一样，信用也是其生存的基础和前提。在金融管理上，需要接受银监会、证监会、保监会等相应监管部门的监督管理。

（二）企业性

除监管机构外，大多数房地产金融机构是办理货币信用的经济实体，借助各种金融工具从事货币资金的保管、结算、兑换、出纳、贷放及证券发行、管理等经营活动，实行独立的经济核算，并在资金融通过程中实现资金的增值，获取经营利润。

（三）行业性

随着住房制度和土地使用制度改革的深化，国家不断完善房地产金融机构体系，旨在通过金融专业化，分离、转化和筹集房地产特别是住房建设资金，促进房地产业的发展，解决居民住房问题，同时贯彻国家的各项房地产政策。因此，房地产金融机构必须突出行业特色，以房地产业及相关产业为服务对象，集中资金支持房地产业的发展。在办理房地产资金结算、贷放及发行和管理各类房地产证券时，必须结合房地产企业特点和房地产商品属性，相比一般金融业务而言专业性更强。

（四）政策性

房地产金融机构不仅应当认真贯彻执行国家的各项金融政策方针，而且肩负着支持住房建设和住房制度改革的重要使命，因此其业务具有较强的政策性。除市场化的房地产金融业务外，房地产金融机构还参与房改，承担各项政策性房地产金融业务，如受托管理住房公积金、特定条件下提供优惠的住房抵押贷款等。此外，通过房地产金融机构的金融服务活动贯彻执行各项房地产金融政策也是国家对房地产金融市场进行宏观调控的重要途径。

三、房地产金融机构的分类

由于经济基础、金融环境及房地产金融制度的差异，各国房地产金融机构的设置呈现不同的特点。总的来讲，各国房地产金融机构从不同的角度可分为以下几类。

（一）根据所从事的主营业务进行的类别划分

根据所从事的主营业务，房地产金融机构可以分为银行和非银行金融机构两大类别。银行是经营货币和信用业务的特殊企业，通过吸收存款、发放贷款、办理结算汇兑等业务融通资金。包括中央银行、商业银行和各专业银行。而非银行金融机构是指那些经营各种金融业务但又不称为银行的金融中介机构。如保险机构、投资信托机构、证券机构、财务公司等。

（二）根据金融市场级别进行的类别划分

按其服务的金融市场级别，房地产金融机构可以分为房地产金融一级市场机构和房地产金融二级市场机构。房地产金融一级市场机构主要是在一级市场直接提供资金融通或提供担保、保险等金融产品和服务的金融机构。如开办房地产贷款业务的商业银行、互助储蓄银行、保险公司、置业担保公司等。房地产金融二级市场机构是指在二级市场上为房地产抵押贷款证券化提供相关金融产品和服务的金融机构。如购买住房抵押贷款资产组合的机构、为抵押贷款证券化担保的机构以及发行抵押贷款证券的特设机构等。

（三）根据资金筹集和运用方式进行的类别划分

按照资金筹集和运用方式的不同，房地产金融机构可以分为吸收存款型房地产金融机构、契约型房地产金融机构和投资型房地产金融机构。吸收存款型房地产金融机构的资金主要来源于个人和机构的存款，筹集来的资金主要通过发放各类贷款的方式运用出去。这类机构多为银行类金融机构，如开办房地产业务的商业银行、储蓄银行等。契约型房地产金融机构通过长期契约方式筹集资金，资金主要投向资本市场。如为抵押贷款提供保险或担保的保险公司、在资本市场上购买房地产股票或债券的养老基金等。投资型房地产金融机构主要通过出售短期商业票据或者发行股票、债券和受益凭证等来筹集资金。其资金运用方式较为灵活，可以向个人和企业提供贷款，也可投资资本市场，或者投资不动产和实业。如证券公司、信托公司等。

（四）根据各金融机构从事金融活动的目的进行的类别划分

按其从事金融活动的目的，房地产金融机构可以分为商业性房地产金融机构、政策性房地产金融机构和监管性房地产金融机构。商业性房地产金融机构主要以盈利为目的，其服务对象主要是建筑与房地产企业和居民个人。这类金融机构按其所从事的具体业务活动又可以分为商业银行、专业银行和非银行金融机构。政策性房地产金融机构是由政府为解决居民住房资金问题专门设立的，以政府政策目标的实现为主要服务目的，其服务对象主要是符合政府在某一时期政策规定条件的各经济主体。如我国的住房公积金管理中心、日本的住宅金融公库、美国的联邦住房管理局等。监管性房地产金融机构是对金融交易行为主体进行全面性、经常性检查督促的特定机构。包括外部监管机构和自律性监管机构。前者如中央银行、银保监会等国家设立的监管机构，后者如银行业协会、证券业协会等金融系统内各类行业自律性协会组织。

（五）根据经营性质进行的类别划分

按经营性质，房地产金融机构可以分为公营房地产金融机构、私营房地产金融机构和合作房地产金融机构。公营房地产金融机构包括政府相关机构、国有银行等。如美国的政府国民抵押协会、新加坡的中央公积金局等。这类机构以执行国家房地产（特别是住房）发展政策，调节住房金融市场资金余缺为主要服务目的。私营房地产金融机构包括商业银行、保险公司和私营储蓄银行等。合作房地产金融机构如英国的建筑协会、美国的住房储蓄与贷款协会、我国的住房合作社等以互助合作方式进行住房资金融通。

四、房地产金融机构的设置体系

我国房地产金融机构体系是在 20 世纪 80 年代改革开放的宏观背景下，为了适应土地使用制度改革和住房制度改革的需要，伴随着房改金融业务产生和发展起来的。经过 30 多年的探索、培育与发展，我国房地产金融机构体系日臻完善。一是建立了以金融监管当局和行业自律性组织为核心的监管体系。二是形成了以国有控股商业银行为主，股份制商业银行、城市商业银行、信用合作机构等机构并存的银行类房地产金融机构体系。三是成立了专业性住房储蓄银行。四是陆续成立了服务于住房融资及担保、保险业务的非银行类金融机构，比如信托投资公司、住房置业担保公司、保险公司等。我国目前的多层次、多类型的房地产金融机构体系如图 2-1 所示。

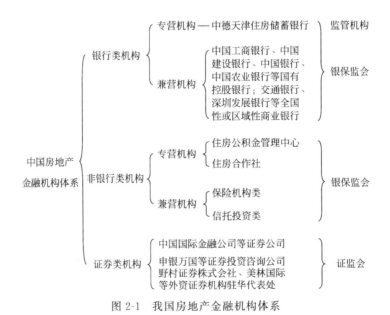

图 2-1 我国房地产金融机构体系

（一）商业银行

商业银行是指依法设立的，面向社会公众，吸收公众存款、发放贷款、办理结算等业务，以获取利润为经营目的的企业法人，也称存款货币银行。它是具有现代企业基本特征的特殊金融企业。目前我国商业银行有三类。第一类是中国工商银行、中国农业银行、中国银行、中国建设银行等国有控股商业银行。第二类是股份制商业银行，目前包括交通银行、深圳发展银行、中信实业银行、中国光大银行、华夏银行、中国投资银行、招商银行、广东发展银行、福建兴业银行、上海浦东发展银行、海南发展银行、中国民生银行12家。第三类是北京银行、天津银行等110余家股份制城市合作银行，是在原城市信用合作社清产核资的基础上，吸收地方财政、企业入股组建而成的。

（二）住房储蓄银行

住房储蓄银行是专门经营住房储蓄贷款的专业银行，是一种自愿合作建房组织。与一般商业银行的个人住房贷款不同，其业务特点是：先存后贷、低存低贷、固定利率、专款专用、封闭运作。根据自己的住房需要和储蓄能力，客户先与银行签署"住房储蓄合同"，然后有规律地或者一次性地进行储蓄。存款期内客户除获得存款利息外，还能得到政府奖励。在存款总额达到合同金额的一定比例时，储户就可以向银行申请合同全额的购房贷款。银行将所积累的资金按特定的公式，对住房储蓄者进行配贷，储户的存贷款利率差是它的主要利润来源。住房储蓄银行只向住房储蓄客户吸存，也只向自己的住房储户放贷。此外，各国政府通常会对参与住房储蓄的储户给予一定的贴息支持或者储贷奖励。

住房储蓄银行的建立是对我国住房金融体系的进一步完善。它以类似于公积金体系的低存低贷的运作机制建立了住房金融互助合作体系，为老百姓提供了一种安全、可靠的住房金融工具，通过将自有资金的积累和融资手段有机结合的方式，刺激个人为住房积累资金，从而提高其住房投资的能力，特别是对不在公积金的覆盖范围之内的相当一部分中低收入的城镇职工而言，增加了其购房贷款的获取渠道，减轻了中低收入者的买房负担。相比一般商业银行的房贷业务来讲，住房储蓄银行吸纳的资金及储户的还款专款专用，不得用于风险投资，而且配贷机制严格，从而降低了银行房贷业务的风险。可见，住房储蓄银行对于改善人民居住条件、保障金融安全、促进社会稳定和经济发展等具有重要意义。

由于设立时日尚短，住房储蓄银行在我国的发展还有一些亟待解决的问题。主要表现在：相关法律法规体系尚不健全；与住房公积金贷款相似，对于中低收入者来讲在合同期限内达到配贷条件比较困难，存在"穷人帮助富人"的问题，即中低收入者"低存"的资金收益通过"低贷"转给了收入相对较高且更快达到配贷条件的人；相比国内一般商业银行长达30年的还款期限，住房储蓄银行的贷款期限短，还款压力大；高达50%的最低存款额比例，导致客户达到配贷条件的时间过长；封闭式运作模式下，银行获取利润的途径单一等。因此，住房储蓄在我国尚处于摸索阶段，有必要结合我国房地产金融市场的具体情况，进一步探讨和完善其政策法规体系、市场运营模式等。

（三）住房合作社

根据国际建房与储蓄组织联盟的定义，住房合作社是一种互相帮助、共同建房的非营利性团体，属于集体合作性质，它是以建房资金融通和储蓄、建设和管理一体化来解决住房问题的，不以盈利为目的的群众性的公益团体。其宗旨是改善社员居住条件，为社员住宅提供现有条件下的最佳服务。它以自愿、协作、平等互利、民主管理为组织原则，实行入社自愿，退社自由。广大社员筹集资金，由合作社以合作形式进行住宅建设，并对建成的住宅进行分配、维修和管理。合作社成员参与制定合作社的规章制度来共同管理社区。合作住房在立项、征地、规划等方面需要办理的手续与普通商品住房基本一致，但由于省去了中间的开发商环节，且通常享有政府的税收和土地优惠，所以社员的住房成本大大降低了。可以说，它是解决中低收入者住房问题的良好途径。

我国的住房合作社建设起步较晚。改革开放前，有人曾提出过"合作住宅""民建公助"

"公建民助"等建房形式，但受计划经济体制所限未能实现。住房制度改革开始后，各省市相继出现了民建公助、公建民助、民建互助等建房形式。但是随着1998年住房分配货币化制度的实行和城市化进程的加快，单位和行业逐渐从住房建设领域退了出来，各地政府在城市经营中出于经济利益驱动等多方面原因，对住宅合作社在税收、土地等方面给予的支持也一再减少，导致我国住房合作社的发展陷入了停滞期，全国住房合作社总数比20世纪90年代上半期锐减一半以上，合作建房量不到全国建房总量的1%。

我国的住房合作社主要包括四种类型：一是社会型住宅合作社，由政府机构组织成立，社员由本行政区域内的中小单位及其职工组成；二是危改型住宅合作社，由政府机构组织危改区片居民组成；三是系统型住宅合作社，由各系统利用已有划拨用地组织本系统职工参加；四是单位型住宅合作社，由各单位组织本单位职工参加。与国外住房合作社相比，我国的大多数住房合作社实际上只是城镇职工合伙集资建房的合作方式，即人们共同出资买地建房或者直接买房，房屋建造完或买到手后，房屋产权各归各人所有。这种职工型住房合作社是我国特定历史和政策的产物，并非真正意义上的住房合作社。随着我国住房分配制度的改革和商品房市场的逐步完善，这种类型住房合作社的发展目前已处于十分缓慢的状态。除部分高校和少数大型国企外，一般单位已停止发展这种类型的住房合作社。

（四）住房公积金管理委员会及住房公积金管理中心

住房公积金管理委员会是由各直辖市和省、自治区人民政府所在地的市以及其他设区的市（地、州、盟）设立的，由人民政府负责人和财政、建设、人民银行等有关部门的负责人以及有关专家、工会代表、职工代表和单位代表组成的住房公积金管理的决策机构，其中有关部门负责人及专家占1/3，工会代表和职工代表占1/3，单位代表占1/3。住房公积金管理委员会在住房公积金管理方面履行的职责主要包括：制定和调整住房公积金的具体管理措施并监督其实施；拟订住房公积金的具体缴存比例；确定住房公积金的最高贷款额度；审批住房公积金归集、使用计划；审批住房公积金归集、使用计划执行情况的报告。另外，住房公积金管理委员会应当按照中国人民银行的有关规定，指定受委托办理住房公积金金融业务的商业银行。国务院建设行政主管部门会同国务院财政部门或者由省、自治区人民政府建设行政主管部门会同同级财政部门对住房公积金管理委员会进行监督管理。

住房公积金管理中心是各直辖市和省、自治区人民政府所在地的市以及其他设区的市按照精简、效能的原则，设立的直属城市人民政府的不以盈利为目的的独立的事业单位，负责住房公积金的管理运作。每个直辖市或省、自治区人民政府所在地的市以及其他设区的市（地、州、盟）只能设立一个住房公积金管理中心。县（市）不设立住房公积金管理中心；但是前述住房公积金管理中心可以在有条件的县（市）设立分支机构。

（五）保险机构类

作为一种经济补偿制度，现代意义上的保险，最初产生于海上运输的需要。公元前2000年，航行在地中海的商人在遭遇海难时，为避免船只和货物同归于尽，往往抛弃一部分货物，损失由各方共同分摊，形成"一人为大家，大家为一人"的共同海损分摊原则，成为海上保险的萌芽。1347年10月23日热那亚商人勒克维伦开立的承担"圣克维拉"号船从热那亚至马乔卡的航程保险单是世界上最早的保险单。18世纪后，保险业迅速发展。进入19世纪后，保险对象和范围不仅限于传统的财产损失和人身伤亡，逐步扩展到生存保险、责任保险、信用保险和再保险等业务。

保险公司是一种专门经营商业保险或再保险业务的非银行金融机构。1676年成立的汉堡火灾保险社是最早的专营保险的组织。根据保险种类的不同，西方各国建有形式多样的保险公司，如财产保险公司、人寿保险公司、火灾和事故保险公司、老年和伤残保险公司、信贷保险公司、存款保险公司等。其中人寿保险公司的规模最大。保险公司将投保人交纳的保险费集中起来建立保险基金，一旦某一投保人发生意外，保险公司将在保险合同规定的责任范围内担负损失补偿的责任。保险公司收取的保险费，除支付赔偿款和业务开支外，剩余的巨大资金在未用作赔付外，可以进行投资以实现保险基金的增值。由于该资金来源稳定、期限长，经常被用于有价证券的投资。因此，保险公司通常是金融市场重要的资金供给者。

我国保险业的发展较为坎坷。1949年10月1日前，我国保险市场基本被外国保险公司垄断，未形成完整的市场体系和保险监管体系。1949年后我国保险业起伏较大。1949年中国人民保险公司成立起至1952年新中国保险业经历从无到有的大发展；1953年停办农村保险、整顿城市业务；1954年恢复农村保险业务，重点发展分散业务；1958年停办国内业务；1964年保险机构大力发展国外业务；1966年由于历史原因几乎停办国外保险业务；1979年恢复国内保险业务，我国保险业进入一个新的发展时期。目前形成了包括保险公司、保险资产管理公司、再保险公司、保险专业中介公司在内的中资与外资保险机构并存的较为完整的保险机构体系。

由于房地产在生产、交换到消费的全过程中，可能面临各种财产损失、责任损失，西方各国保险公司逐渐推出了房地产产权保险、房屋保险、建筑工程保险、信用保险、房地产责任保险等品种齐全的房地产保险业务。自恢复国内业务开始，我国的保险机构即开始参与住房制度改革。在借鉴国外成功经验的基础上，以保险公司为主的各类保险机构在我国房地产金融市场上发挥日益重要的作用。

保险机构在普通保险产品的基础上，又陆续推出了房屋财产保险、住房抵押贷款保险、建筑工程保险、安装工程保险等专门的房地产保险产品，既解除了房屋购买者的后顾之忧，为房地产业资金融通提供了重要保证，又促进了房地产信用体系的建立和完善。此外，保险公司可以通过业务创新，将保险业务与抵押贷款业务相融合直接参与房地产资金融通，还可以作为机构投资者以资金供给者的身份为房地产业提供重要资金来源。可见，房地产保险已经成为我国房地产金融市场的有机组成部分。

（六）证券机构类

证券公司是一种专门从事有价证券买卖的非银行金融中介机构，主营业务包括承销债券、股票发行、代理个人或单位从事证券交易、自行买卖有价证券、提供证券集中登记过户等。根据其业务种类，可以将证券公司分为综合类证券公司和经纪类证券公司。前者可以开展综合业务，后者只能从事代理客户买卖证券业务。自1987年9月我国第一家证券公司——深圳经济特区证券公司成立以来，我国证券公司经历了从无到有、从小到大的快速发展历程，成为金融市场的重要组成部分。

近年来，在我国房地产业迅速发展和银根紧缩的金融调控背景下，证券公司纷纷涉足房地产金融业务，主要包括：为房地产及相关企业发行股票、债券等有价证券；接受房地产及相关企业委托代理买卖有价证券；基金的发起和管理；为房地产企业提供企业重组、收购与合并服务；房地产项目融资顾问；接受房地产及相关企业委托进行外汇买卖或者其他资产管理；为房地产及相关企业委托提供投资顾问等金融中介服务。证券公司还为个人提供证券市场交易资金第三方托管等中介服务。此外，综合类证券公司也可以机构投资者的身份在证市场自行买卖房地产及相关企业证券,成为房地产金融市场的资金供给者。

(七) 信托投资公司

信托业务发源于英国,由于其特殊的制度功能,迅速被其他国家引进并得到发展壮大,已成为与银行、证券和保险并举的现代金融业四大支柱之一。信托投资公司则是以受托人的身份,主要经营信托业务的非银行金融机构。

1979年10月4日,中国国际信托投资公司的成立是我国信托业起步的标志。之后,我国信托业的发展一度出现膨胀过快、业务混乱的局面。至1989年,各地信托投资公司约有1000家。自1982年至今,我国先后对信托业进行了六次整顿,为信托业的发展奠定了坚实的基础。《信托法》《信托投资公司管理办法》和《信托投资公司资金信托业务管理暂行办法》的相继颁布和实施,为我国信托投资公司的发展提供了更为坚实的法律保障。

信托投资公司业务特点是收益高、责任重、风险大、管理复杂等。国际上信托投资公司的投资业务大多分为两类:以某公司的股票和债券为经营对象,通过证券买卖和股利、债息获取收益;以投资者身份直接参与对企业的投资。现代信托业是在英国的土地尤斯制的雏形下发展起来的,因此,信托业与房地产业的融合由来已久。近年来,由于业务范围广、筹资方式灵活多样、筹资规模大,信托投资逐渐成为国内外房地产金融市场的融资新宠。目前我国信托投资公司开展的与房地产有关的业务主要包括资产管理业务、部分投行业务、自营业务及其他中间业务。值得关注的是,信托投资公司并不等于信托,它只是直接运用信托制度和信托法律关系的金融机构之一。

(八) 其他类

主要包括金融资产管理公司、信用社、财务公司、金融租赁公司、投资基金管理公司等非银行金融机构和可视作金融机构的典当行等。作为辅助金融机构,这类金融机构的服务对象多为中小规模的房地产企业和个人短期投资,其融资规模受到一定制约,一般相对较小。

(九) 金融监管机构体系

为保护公众利益、保障房地产金融体系安全稳定及房地产金融机构的公平竞争,各国均根据本国政治经济和金融环境特点,对各类金融机构的房地产金融活动进行监督管理。完备的金融监管体系通常包括金融监管部门、行业自律性组织、中介机构及社会舆论监督。

1. 金融监管部门

在各国金融监管体制向混业监管发展的同时,我国坚持采用自1992年以来逐步形成的分业监管体制。相应地,我国的金融监管部门包括:1948年12月1日成立的中国人民银行,制定货币政策,进行货币金融管理,并对商业银行、储蓄银行等金融机构提供再贷款、再贴现、资金清算、资金转移等服务;1992年10月25日成立的中国证券监督管理委员会,对证券业实施监督管理;1998年11月18日成立的中国保险监督管理委员会,对保险业实施监督管理;2003年4月28日成立的中国银行业监督管理委员会,对全国银行业金融机构及其业务实施监督管理。2018年4月8日,原来的银监会和保监会合并,中国银行保险监督管理委员会(中国银保监会或银保监会)正式挂牌。作为国务院直属事业单位,其主要职责是依照法律法规统一监督管理银行业和保险业,维护银行业和保险业合法、稳健运行,防范和化解金融风险,保护金融消费者合法权益,维护金融稳定。

至此,我国形成了较为完善的金融业分业管理体制。上述金融监管部门主要通过非现场检查监督和现场检查两大类途径对各类房地产金融机构进行监督管理。非现场检查监督主要针对银行等金融机构提交的资产负债表等各种报表和报告进行合规性检查与风险性检查。前者主要通过计算金融机构的资本充足性、流动性、贷款集中度、准备金等指标，检查其是否符合监管部门制定的审慎政策规定。后者通过对资料数据进行对比分析、趋势分析或计量模型分析，评估金融机构的风险状况并预测其发展趋势。现场检查主要由监管部门派人进入金融机构，查阅各类财务报表、文件档案、原始凭证和规章制度等资料，核实、检查和评价金融机构报表的真实性和准确性及其经营状况、风险管理和内部控制的完善性。特别是对内部控制的检查、对资产状况的检查和对负债状况的检查。金融监管部门实施监管时通常需要综合运用法律工具、经济工具和行政工具等多种工具确保其监管目标的实现。

2. 行业自律性组织

由于金融监管机构难以覆盖所有金融活动，通过金融行业自律性组织可以对金融机构进行补充性约束。因此，行业自律性组织是金融机构的重要延伸和辅助。其监管活动以职业道德为支柱，自检互检制度为基础。我国目前的金融行业自律性组织主要包括中国银行业协会、中国信托业协会、中国保险业协会、中国证券业协会四大行业协会，另外还有中国财务公司协会、中国期货业协会等专业协会对特定领域的金融活动进行自律性监管。金融自律监管主要通过金融同业成员相互之间的信息交流与磋商，利用共享的财务资料与管理经验等揭示经营中可能存在的风险加以防范。我国房地产金融监管当局的监管活动主要围绕房地产信贷业务以及房地产股票、债券等各类有价证券业务的监管展开。由于银行信贷是我国房地产企业资金的传统来源，因而对房地产信贷业务的监管格外重要。在对商业银行房地产信贷等金融业务的监管实践中，金融主管部门主要依靠法律法规实施约束，具体监管过程中则主要依靠金融稽核。

3. 中介机构

审计事务所、会计师事务所、律师事务所和外部资信评级机构等中介机构也能够通过受金融监管部门所托进行报表审计和现场检查，对房地产金融机构起监督作用。

五、房地产金融机构的任务

房地产金融机构的任务是为房地产业筹集、融通资金，并提供结算和其他金融服务。

（一）房地产金融机构的筹资任务

房地产开发、流通和消费环节都需要大量的资金投入，房地产金融机构发挥金融机构的筹资职能，广泛筹集各类资金，支持房地产开发、流通和消费。房地产金融机构以有效的方式、方法及工具，向社会筹集资金或者代理房地产开发经营企业向社会直接筹资。房地产金融机构的筹资任务具体包括以下几个方面。

1. 吸收企业、事业单位和个人等的闲置资金

房地产金融机构将国民经济各部门、各企业、机关、团体和居民个人的暂时闲置未用的资金聚集起来，尤其是把这些单位和个人与房地产开发、流通和消费有关的资金集中起来，作为房地产金融机构筹资的主要来源。

2. 积极归集住房公积金、旧公房出售资金和房屋维修基金等各项房改资金

房地产金融机构，尤其是政策性房地产金融机构要承担起归集住房公积金、旧公房出售资金和房屋维修基金等各项房改资金的职责，积极支持住房制度改革，将个人的一部分消费资金引入住房消费上来。

3.代理房地产开发经营企业向社会直接筹集资金

房地产金融机构承担证券筹资媒介职能，代理房地产开发经营企业向社会发行公司股票、债券，归集股票、债券资金，代理发行政府有关机构发行的住宅建设债券，帮助房地产开发经营企业归集房产销售预收款等。

4.利用其他筹资工具归集资金

房地产金融机构通过发行金融债券、吸存保险费、接受信托、委托存款，办理转贴现、再贴现等业务，归集资金。

（二）房地产金融机构的投融资任务

筹集资金是投融资业务的基础，投融资业务是资金筹集的归宿。房地产金融机构投融资任务主要包括以下几个方面。

1.房地产投资活动

房地产金融机构，尤其是房地产信托投资机构、证券经营机构运用所筹资金及自有资金，从事房地产股票、债券的买卖以及房地产信托投资机构等直接投资于房地产开发建设。

2.房地产开发与经营贷款

房地产金融机构利用所筹资金及自有资金，对房地产开发经营企业在开发与经营活动中需要的生产性周转资金提供贷款。

3.房屋抵押贷款

房地产金融机构利用所筹资金及自有资金，对购房的单位和个人提供以房地产作抵押的贷款。此类贷款包括购买商品房抵押贷款、购买公有住房抵押贷款等，帮助房屋消费者提前享用明天的钱，从而缩短购房需求与资金筹集之间的时间差，支持居民住房消费和合理的房地产投资。

4.其他资金运用任务

房地产金融机构的其他资金运用包括信托贷款、信托投资、委托贷款、保险资金的营运等。

（三）房地产资金结算任务

房地产金融机构发挥支付中介职能，为房地产经济活动提供结算服务，其包括如下几个方面。

1.住房公积金结算

公积金是为推行住房商品化，实施房改政策而推行的一种带有强制性的政策性储蓄。实行公积金办法的职工个人按月缴交占工资一定比例的公积金，单位亦按月为职工缴交占职工工资一定比例的公积金，两者均归职工个人所有。住房公积金由政策性房地产金融机构按月定期为缴交者办理缴交结算，并日常办理支取、移转等结算业务。

2.房租和物业管理费结算

租住公房的职工每月缴纳的房租和住在私房的房主按期缴纳的物业管理费等，都可利用支票、现金或自动转账系统等通过房地产金融机构办理结算。

3.购售房资金结算

购房者购买房屋，包括分期付款方式和通过贷款按期还本付息方式购房，购房者都可利用支票、银行本票、现金或自动转账系统，通过房地产金融机构定期办理结算。

4.其他资金结算

房地产开发经营企业日常经营活动中除上述有关结算业务以外的结算，如取得土地使用权支付的价款、购买办公设备的付款等都可通过房地产金融机构办理结算。此外，还有其他单位通过房地产金融机构办理的结算等。

（四）其他金融服务任务

房地产金融机构的任务除了筹资、投融资和结算服务之外，还包括其他金融服务，如房地产保险服务、房地产投资咨询、代编代审房地产项目预决算、代编房地产开发建设项目招标标底、提供抵押房地产价值估算、代理房地产买卖和代理房地产租赁等。

房地产金融机构提供其他金融服务，一方面，可拓宽房地产金融机构服务领域，扩大社会影响，吸引客户，提高房地产金融机构的信誉，另一方面，还可增加房地产金融机构的收益，增强房地产金融机构的实力，降低房地产金融机构投融资活动的风险。

思 考 题

1. 金融市场具有哪些功能？
2. 如何理解房地产金融市场的概念？
3. 房地产金融市场如何分类？
4. 房地产金融市场由哪些基本要素构成？
5. 简述我国房地产金融机构体系的构成。

第三章 住房金融体系

第一节 住房金融概述

一、住房金融的含义

住房金融,是房地产金融的重要组成部分,就其包含的内容来讲,有狭义与广义之分。广义的住房金融,是指与所有的住房建设、流通、消费、修缮等经济活动有关的各项资金融通活动的总和,包括与住房建设、流通、消费、修缮等经济活动有关的货币信用、货币流通、保险以及货币结算等活动,其中最重要的是货币信用活动。狭义的住房金融,是指与居民或消费性的非营利住房机构的住房建设、流通、消费、修缮等经济活动有关的货币信用、货币流通、保险以及货币结算等各项资金融通活动。

广义的住房金融与狭义的住房金融的不同之处在于,资金融通的对象不同。广义的住房金融的融资对象包括所有的经济主体,除居民和消费性的非营利住房机构之外,还包括营利性的住房机构(其中主要是住宅开发商);狭义的住房金融的融资对象只包括居民和消费性的非营利住房机构(如住宅合作社),而不包括其他经济主体。

二、住房金融的特点

1. 资金运用量大、周转时间长

住房商品相对于其他商品而言单位价值较大,少则几万元、几十万元,多则几百万元、上千万元。因此,住房开发项目在其活动的整个过程中需要占用大量的资金,这就要求住房金融活动必须拥有大量而充裕的资金来源。另外,住房项目的开发建设要经过征地拆迁、施工建设、竣工验收、销售服务等一系列复杂而耗时的过程,相对于一般商品生产而言,所需时间非常长。一个住房开发项目,从立项设计、征地开工到竣工验收,少则一两年,多则十几年,其资金占用从投入到产出也要几年至十几年的时间。因此,住房金融提供的资金来源不但是大量而充裕的,而且是长期而稳定的。

2. 住房金融业务涉及范围广泛

它涉及与住房生产、流通、交换和消费等所有阶段相关的金融服务,不仅包括筹资、融资,还包括与住房有关的信托、保险、抵押、拍卖、评估、结算等一系列相关的服务,涉及范围广。

3. 住房金融政策性较强

由于住房是比较特殊的商品,一方面需要占用大量的资金,单靠金融信用解决难度很大;另一方面又关乎国计民生的利益,只靠纯粹的市场调节不能解决住房市场存在的全部问题。因此，各国政府都通过制定一系列的政策法规，或直接、或间接地参与住房的经营与管理，所以房地产业具有较强的政策性。而住房金融，由于其与房地产业的关系，它就成为政府影响和调控房地产业的一种工具。因此，住房金融表现了很强的政策性。这一点在我国住房改革过程中表现得尤其突出。住房金融的政策性在筹资方面表现为一般都有政策规定的资金来源，如我国的住房公积金和住房基金；在融资方面表现为在贷款的发放上有较多的政策规定，如在住房贷款发放上要优先支持城市住房建设，优先支持与房改有关的建设和安居工程建设等；在贷款利率的执行上也有一定的优惠政策，如向个人发放的购房贷款利率比较低，以适应居民购房需要和经济承受能力。

4. 宏观经济对住房金融影响较大

宏观经济形势的好坏、国民经济的繁荣与萧条都对房地产业的发展，乃至对住房金融产生很大的影响。当宏观经济由平缓向高速发展（或由低谷回升）时，房地产业会首先加速向前发展，并促进国民经济高速发展；当宏观经济发展过热需要调整时，往往房地产业会首先受到抑制，并影响整个经济的发展速度。为房地产业服务的住房金融同样会受到这样的影响，而且成为调控房地产业的重要工具。例如，在20世纪90年代初期我国的房地产开发热中，国家对经济进行调整时，也首先对房地产业进行清理整顿。住房金融机构也通过控制贷款投向、压缩贷款规模、提高贷款利率等手段对房地产业进行限制，使过度的住房开发得到降温。

5. 住房金融资金运动的区域性较强

住房与土地相联系，不可分割，而土地的空间位置是不可移的。因此，人们通常又把它称为"不动产"。因而，与"不动产"相关的生产、流通、交换、消费基本上都是在同一地域位置上完成的。这就使得住房金融的资金运作具有较强的区域性。

三、住房金融的分类

住房金融可以根据不同的标准划分为不同的类型，前面所述广义和狭义的住房金融，也是一种分类，除此之外，还有以下几种分类。

（一）正式的住房金融和非正式的住房金融

按照住房金融业务是否由正式的住房金融机构举办，住房金融可以划分为正式的住房金融与非正式的住房金融。

正式的住房金融是指由正式的住房金融机构举办的住房金融业务。其主要特点是：住房金融业务的举办者为正式的住房金融机构；住房金融活动受政府金融法规的监管；住房金融活动的当事人的权益受到政府的保护。

非正式的住房金融是指不是由正式的住房金融机构举办的住房金融业务，一般称为民间住房金融。其主要的特点是：住房金融业务的举办者不是正式的住房金融机构；住房金融活动不受政府金融法规的监管；住房金融活动的当事人的权益较难受到政府的保护。

住房金融的长期发展趋势是正式的住房金融逐渐取代非正式的住房金融。正式的住房金融与非正式的住房金融在住房金融中的地位变化的快慢取决于住房金融的发展速度。在住房金融发达的国家，非正式的住房金融的比重很低。在我国，目前非正式的住房金融的比重还相对较高，应该加快正式的住房金融的发展，迅速提高正式的住房金融的比重。

（二）政策性住房金融和商业性住房金融

按照住房金融是否根据政府特殊的政策举办，是否享受政府政策优惠，可以将住房金融划分为政策性住房金融和商业性住房金融。

政策性住房金融是指根据政府的政策,由政策性住房金融机构或者政府委托商业性住房金融机构以及其他机构所举办的住房金融业务,通常不以营利为目的。政策性住房金融业务具有以下特点:住房金融业务是根据政府的政策举办的;举办者一般可以享受政府的政策优惠;政策优惠的条件、对象、项目等都是由政府规定的。我国的住房公积金就属于典型的政策性住房金融。

商业性住房金融则是指政策性住房金融以外的,按照金融市场的原则经营的住房金融活动,通常是以营利为目的。商业性住房金融业务具有的特点有:以营利为目的;以金融市场的交易原则为根本。我国的住房抵押商业贷款就属于典型的商业贷款。

(三)住房金融结构的类型

按照住房金融机构和住房金融工具的资金来源、运作方式的不同,可以将住房金融结构大致分为开放式、封闭式、封闭式与开放式的混合(简称混合式)三类(表3-1)。

表3-1 住房金融结构的三种类型

项目	开放式	封闭式	混合式
国别	英国、美国、加拿大和澳大利亚	新加坡	德国、日本、巴西
划分标准	资金全部直接来自金融市场	资金全部来自特殊融资渠道	资金部分来自金融市场,部分来自特殊融资渠道
具体形式	美国以二级抵押市场为主,英国、加拿大、澳大利亚以一级抵押市场为主	中央公积金制度	德国的契约系统;日本的邮政储蓄和住宅金融公库贷款;巴西的保障就业基金的运用
政策性体现	减免税收形式的货币补贴、政策性保险	公共组屋低于市场价格,第一次贷款利率优惠	政策性金融机构、工具提供存款、贷款优惠

首先,开放式住房金融结构的资金全部直接来自金融市场,其典型国家有英国、美国、加拿大和澳大利亚等。在这类住房金融结构中,又可以根据住房金融工具在一级抵押市场和二级抵押市场的金融机构之间划分为不同的形式。除美国二级抵押市场超过一级抵押市场外,英国等其他国家一直以一级抵押市场为主。其次是封闭式住房金融结构及政策性的住房金融体系。这类住房金融结构的全部资金来源和金融市场隔开,资金封闭运行。较为典型的有新加坡的住房金融结构。最后,封闭式与开放式的混合住房金融结构是政策性、商业性住房金融机构和住房金融工具相结合的类型。这类住房金融结构中商业性住房金融的资金直接来自金融市场,政策性的住房金融机构有特殊的金融工具和专门的融资渠道,其资金封闭运作。德国、日本、巴西等国家的住房金融结构属于这一类型,我国的住房金融业属于该类型。

住房金融结构划分为这三种类型是以资金融通的市场性作为基本的划分标准,这种划分是从该国住房金融整体结构及其本质上来认识的。如新加坡90%左右的公共组屋由中央公积金制度这一特殊的资金渠道融资,但还有10%左右的住房是通过金融市场融资的。尽管各国的住房金融差异很大,但基本上都可以用这一标准来判断,因为这种分类标准比较适合大多数国家的实际情况。

第二节 国外住房金融体系

国外的房地产金融业有着悠久的发展历史，如果从英国建筑协会的成立开始算起，已经有 200 多年的历史了，不少发达国家和地区房地产金融业的发展经历了其经济发展的各个阶段，如工业化、城市化、后工业化等过程，已形成了较为完备且各具特色的房地产金融体系。房地产金融的发达程度与各国经济发展水平密切相关。一般在发达国家，其房地产金融业发展较充分，房地产业在国民经济中的地位较为突出。英国、美国等发达国家的房地产金融体系多是围绕着住房资金的融通逐步发展起来的，因而住房金融是其房地产金融研究的主要内容。特别是美国、日本、英国、德国、新加坡等国家住房金融的发展，对我国房地产金融的发展有重要借鉴意义。2016 年，全球经济形势更趋复杂多变，主要经济体增长态势进一步分化，美国经济总体温和复苏，欧元区经济回归复苏轨道但基础尚不牢固，日本经济复苏前景有待观察，新兴经济体增长总体放缓。除日本人口总量略有下降外，其他主要经济体人口总量缓慢增长；各国城市化进程基本完成，老龄人口比重继续上升；住房市场供给基本充足，需求整体较为稳定，住房和住房金融市场总体回暖。

一、美国住房金融制度

美国住房市场供需关系基本平衡，供给较为充足。新建住房供求比自 2009 年跌至 1.5 后逐步回升，2016 年达到 2.1；2016 年，二手住房与新建住房的成交比率略有下滑，为 9.8。2016 年末，美国住房抵押贷款（Home Mortgage）余额为 9.8 万亿美元，同比增长 2.3%。住房抵押贷款余额占 GDP 的比重从 2008 年末的 72.8% 下降至 2016 年末的 51.7%；住房抵押贷款余额与居民总资产的比值从 2008 年末的 15.0% 下降至 2016 年末的 9.0%，家庭部门呈"去杠杆化"趋势。

（一）住房金融体系

美国住房金融体系由住房金融一级市场和住房金融二级市场两部分组成。

1. 住房金融一级市场

一级市场是指购房者与贷款机构签订合同、借入资金的各项活动。购房者主要是居民家庭，美国住房抵押贷款发放机构有全国性商业银行、地区性商业银行、社区银行及私人贷款公司等多种类型。其资金来源包括吸收储蓄、自行发行抵押贷款支持证券（MBS）、将贷款出售给"两房"等机构发行 MBS 换回证券或现金、将贷款抵押给联邦住房贷款银行系统（FHLBS）获得贷款。一级市场内充分的竞争和参与，给居民家庭更多的选择，降低住房消费支出成本，使更多的人买得起住房。

住房抵押贷款产品设计灵活多样。按借款人信用等级来划分有最优贷款（Prime）、次级贷款（Subprime）、超 A 贷款（Alt-A）三类；按利率是否可变动来划分有固定利率贷款（FRM）、可调整利率贷款（ARM）；按还款方式来划分有等本息、等本金、分级偿还；按贷款后的债务整合来划分有再抵押贷款、反向抵押贷款、住房净值信贷额度和住房净值贷款等；按照担保人来划分有一般抵押贷款和政府支持抵押贷款。首付比例也灵活多变，一般要高于 20%（高于 20% 的抵押贷款无须提供保险），但对于首付比例不足 20% 的住房抵押贷款，经过联邦住房管理局（FHA）、退伍军人管理局（VA）担保后，购房者的首付款比例可以降至5%。部分机构推出了带有补贴性质的抵押贷款产品，中低收入家庭的首付款比例可进一步降低到3%。此外，政府推出了每年2亿美元的首付款资助计划，为购房的中低收入家庭提供1万美元或住房购买价格6%的首付款资助，事实上意味着"零首付"。同时对于中低收入居民家庭，所要求的信用评级分数比一般商业贷款更低，贷款期限更长。这些灵活的做法大大提高了中低收入居民家庭贷款的可得性。

美国在住房抵押贷款风险管理方面积累了丰富经验。一是借款人信用评分记录，建立全国统一的个人信用评分系统，全面记录个人住房抵押贷款、汽车贷款、信用卡和其他消费贷款偿还状况，并按不同状况进行信用等级评分，评分达不到规定要求，不予贷款。二是抵押住房产权，借款人必须将住房产权抵押给贷款机构，而且首付款比率不得低于20%，保证抵押住房价值始终高于未偿还贷款额，一旦借款人不能按时偿还贷款，贷款机构强制取消借款人赎回权，并对收回的住房依法拍卖，用拍卖收益抵补未清偿贷款本息。三是贷款担保和保险制度，如首付款低于20%，借款人可申请FHA和VA提供的担保与保险，也可向保险公司购买贷款保险，当借款人违约时，由FHA、VA或保险公司负责赔付。

2. 住房金融二级市场

二级市场的行为主体，包括流动性支持机构、资产支持证券担保机构、投资人和监管与行业自律组织。其运作机制是流动性支持机构进行住房抵押贷款证券化，为二级市场注入流动性，同时分散贷款发放机构的信用风险和市场风险。为了增强证券信用评级，在发行过程中引入特定的担保机构为抵押贷款证券化产品提供担保。

流动性支持机构收购并持有贷款发放机构的住房贷款资产，或是将其打包成资产支持证券，部分自身持有，其余在资本市场出售给投资者。房利美与房地美是这一类型的代表，主要购买FHA、VA担保的抵押贷款，也可以购买非政府担保的普通抵押贷款。

资产证券化担保机构，负责为住房抵押贷款支持证券提供按时支付收益的担保。除吉利美、房利美、房地美提供资产证券化担保外，私营机构也可以提供资产证券化担保。这类资产支持证券，都是以625万美元以上的大额住房贷款和信用等级住房抵押贷款为基础发行的，相比较有政府背景的吉利美、房利美和房地美以及不同质量的资产，其信用风险略大。

3. 一二级市场的关系

在二级市场上，金融机构通过购买一级市场上的住房抵押贷款，向一级市场注入流动性资金，同时将购买来的贷款打包成证券出售。发放证券的金融机构通过贷款机构定期收回每期贷款的本息，同时向购买他们发行证券的投资者支付每期本息。在这项业务中，发放证券的金融机构一方面承担了住房抵押贷款的利率和信贷风险，另一方面通过拥有贷款和发行证券，赚取利息差价。

例如，贷款机构向房主提供10万美元贷款，房主在未来的30年内偿还本息，然后，贷款机构把这些债权卖给二级市场上的机构，比如"两房"。"两房"把债权打包，形成抵押贷款证券，向投资者出售。"两房"会为每个资产池中的贷款提供信用担保或者违约担保。通过收取少量的服务费，贷款机构会继续代替"两房"从房主那里收取本息，扣除服务费后交还给"两房"，同时，"两房"也会向贷款机构收取担保费，以防出现违约。抵押贷款的现金流为：房主—贷款机构房利美、房地美—抵押贷款证券投资者。美国住房金融一二级市场运作机制如图3-1所示。

值得注意的是，在美国机构交易的住房抵押贷款证券超过90%均是以"TBA（To-Be-Announced）"方式交易的，即买卖双方在价格、票面利率、期限、发行人上达成协议，但

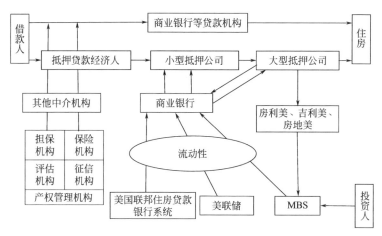

图 3-1 美国住房金融一二级市场运作机制

不明确指出具体交易哪些证券。住房抵押贷款证券发行人依据已经确定的价格和住房抵押贷款的关键要素，再到一级市场组合打包相关资产。这种方式有效降低了发行人的市场风险。

（二）政策性住房金融制度

1.政策性住房金融的主要参与者

（1）市场化机构

① 联邦住房贷款银行系统（FHLBS）　联邦住房银行系统是私有的政府支持企业（Government Sponsored Enterprise，GSE），其根据 1932 年的《联邦住房贷款银行法》建立，组织上包括遍布全美的 11 家地区性联邦住房贷款银行（2015 年 5 月之前为 12 家）。每家联邦住房贷款银行由其会员出资设立、持股并独立运营，没有中央层面的机构负责管理整个系统。各家联邦住房贷款银行通过资本市场发行统一债券和贴现票据融资，并通过预付款为其会员提供低成本融资。联邦住房银行系统也购买会员机构发放的抵押贷款，通过"两房"实施贷款证券化，为一级市场提供流动性。

② "两房"　房利美和房地美是美国两大政府支持企业（Government Sponsored Enterprise，GSE），其主要业务是在美国房屋按揭贷款级市场中收购贷款，并通过向投资者发行机构债券或证券化的抵押债券，以较低成本融资，赚取利差。

联邦政府给"两房"制定了四个方面的政策目标：第一，中低收入目标，在政府支持企业收购住房贷款的承借人家庭中，至少有 53% 的家庭的收入不高于其所在地区的平均收入；第二，特别廉价性目标，在政府支持企业收购住房贷款的承借人家庭中，至少有 23% 的家庭为极低收入家庭（家庭收入低于其地区平均值的 60%）或低收入家庭（家庭收入低于其地区平均值的 80%）；第三，廉价集合住宅目标，每年住房与城市发展部为用于廉价集合住宅的贷款设立最低贷款总数，以保证至少有该数额的资金贷款给低收入家庭；第四，地区目标（针对贷款供给不足的地区），在政府支持企业收购住房贷款涉及的住房单元中，至少有 38% 的住房单元位于中心城市、农村地区和其他贷款供给不足的地区。

作为政府支持企业，房利美和房地美具有政府的隐性担保，主要体现在：免除绝大部分联邦税和地方税；免除证券交易委员会设立的证券注册要求；紧急情况下可申请财政部贷款。但是，和大多数投资人所认为不一致的是，"两房"并不能代表联邦政府信用，财政部的救助贷款是有上限限制的。2008 年后，"两房"彻底变成了财政部控股企业。

房利美，即联邦全国抵押贷款协会。房利美在成立时为公共机构，其有权通过发行债券融资，以购买联邦住房管理局保险的房贷。1968年，政府把房利美从一个公共机构变为政府支持企业，由此房利美成了受联邦监督和管制的私有企业，并被金融市场认为是政府隐性支持的。在新的章程下，除了联邦住房管理局和退伍军人管理局保险的房贷，房利美还可以购买其他的房贷。

房地美，即联邦住宅按揭公司。1970年，联邦政府为住房贷款二级市场设立了第三个机构：房地美。该机构最初由12个地区的联邦住房贷款银行所拥有，随后于1989年被改为与房利美类似的政府支持企业。房地美的主要业务是从抵押贷款公司、银行和其他放贷机构购买住房抵押贷款，并将部分住房抵押贷款证券化后打包出售给其他投资者。与房利美类似，房地美属于由私人投资者控股但受到美国政府支持的特殊金融机构，其主要目的是盘活银行资产，开拓美国住房贷款二级市场。

(2) 联邦机构

① 联邦住房管理局　经济大萧条之前，美国住房金融市场缺少抵押保险机制，贷款者只能通过严格的借贷条件来防范风险。经济大萧条对美国住房金融市场造成了重大损失，为了恢复住房金融市场，1934年，联邦政府通过《全国住房法案》成立了联邦住房管理局，为中低收入者的住房抵押贷款提供保险（1944年成立退伍军人管理局，为退伍军人的住房抵押贷款提供保险），从而建立了美国住房金融市场政府保险制度。

② 退伍军人管理局　退伍军人管理局（Veterans Administration，VA）是一级市场上另一个承担信用保险业务的联邦机构。第二次世界大战后，退伍军人管理局成立了自己的房贷保险项目，帮助1600万归国的战时服役人员以合适的价位购买住房。退伍军人管理局项目的设置与联邦住房管理局项目特别相似，但是它的首付更低。

③ 吉利美　吉利美，即政府全国抵押贷款协会（Government National Mortgage Association，Ginnie Mae），是HUD的下属联邦机构。联邦政府在1968年将房利美私有化的同时，设立了吉利美，用来补助提供房利美先前执行的援助功能。吉利美为部分住房抵押贷款证券提供担保，而这些证券所基于的贷款已由政府机构提供保险，包括联邦住房管理局（FHA）、退伍军人管理局（VA）、美国农业部（USDA）、住房和城市发展部（HUD）下属的公共住房和印第安人住房办公室（PIH），其中联邦住房管理局（2015年占比62.1%）和退伍军人管理局（2015年占比30.8%）保险的贷款占大多数。吉利美的作用在于为美国房地产市场引入全球资金。2015年，国外投资者购买的吉利美担保抵押贷款证券达到4360亿美元，占美国当年抵押贷款证券发行总额的24.2%。

吉利美自己不购买，不出售，也不发行住房抵押贷款证券。由吉利美授权的私人贷款机构可以发放符合条件的住房抵押贷款，并将这些住房抵押贷款证券化，其发放的抵押贷款证券被称为吉利美抵押贷款证券。这些私人贷款机构包括位于不同地方的抵押贷款公司、商业银行、各种类型的储蓄机构和州立住房金融机构。1970年，吉利美授权的私人贷款机构发行了美国历史上第一支抵押贷款证券。

(3) 监管部门

① 住房和城市发展部　住房和城市发展部（Housing and Urban Development，HUD）是1965年通过合并政府原有机构而成立的隶属于联邦政府管辖的一个部门。1965年，美国国会出台《住房和城市发展法》，将原住房金融局（House and Home Financing Agency）、公共住房管理局和联邦住房管理局三个机构合并，设立住房和城市发展部，负责解决低收入

家庭住房问题和推动城市社区发展。1993 年，HUD 设立联邦住房企业监督办公室（Office of Federal Housing Enterprise Oversight，OFHEO），负责监管房利美和房地美。

② 联邦住房金融管理局　联邦住房金融管理局（Federal Housing Finance Agency，FHFA）是 1934 年由美国政府依照第一部《住宅法》建立的官方住房管理机构。2000 年，根据《住房和经济复苏法》，撤销联邦住房企业监督办公室（OFHEO）和联邦住房金融委员会（FHFB），将这两个机构职能并入联邦住房贷款银行系统，设立联邦住房金融管理局，负责监督联邦住房贷款银行和"两房"。FHFA 通过下辖的 11 家住房贷款银行、房利美和房地美向抵押贷款一级市场提供流动性支持。FHFA 可发行不超过 1 万亿美元的具有联邦政府信用的债券，以会员机构发放的住房贷款为抵押，向 8200 家会员机构提供再贷款支持。

2. 政策性住房金融的特点

（1）政府参与，市场运行　政策性住房金融作为美国政府帮助公民早日实现住房梦的重要举措，最大的特点就是政府支持。首先，政府确立了完善的担保体系，分别在一级市场和二级市场设置相应的担保机构。一级市场通过 FHA、VA、USDA 等政府担保机构分别向普通公民、退伍军人和农村居民提供住房抵押贷款保险，此外，也有私人保险公司为其他贷款居民提供住房抵押贷款保险。二级市场上通过国家信用支持的房利美、房地美和吉利美，为已获得 FHA、VA 保险的以及其他未经政府机构担保的小额抵押贷款进行 MBS 担保。通过两级市场上以国家信用担保体系为主的模式，降低了 MBS 的违约风险，使其更易被投资者接受。此外，政府设立统一担保和证券发行机构——吉利美、房利美和房地美，在更好地贯彻政府对住房目标实现导向的基础上，也有利于降低运作成本。同时，政策性住房金融的运作遵循了市场规则，确保公开、公平和高效。无论是一级市场的抵押物评估，还是二级市场的资产打包、评级、重组、簿记、发行等，都由专业机构操作，确保交易双方的权益符合法律法规。

（2）风险分散，全球销售　美国的政策性住房金融特别注重表外证券化，通过真实出售将基础资产从发行人的资产负债表中剥离，证券的信用评级取决于资产本身，与发行人整体的信用状况无关。表外证券化实现了对基础资产风险的彻底转移，在向全球销售的同时，由全球投资者分散承担风险。

（三）经验与启示

尽管历尽坎坷，美国仍是全球住房金融领域经验最丰富的样板国家，其解决人民住房问题的方式非常值得我国学习借鉴。

1. 灵活的市场化机制

美国是市场经济高度发达的国家，政府很少对经济活动进行直接干预，而是充分发挥市场的资源配置作用，在住房领域亦是如此，通过价格机制和竞争机制引导住房市场发展。注重发挥市场作用的同时，联邦政府通过间接投入干预住房市场。美国解决住有所居问题，最开始是通过实物保障，但带来财政支出压力过大的负面效应。为此，联邦政府调整了解决居民家庭住房问题的思路，转向政策性金融求解。一方面，在主要由市场发挥作用的住房金融领域，发放贷款的机构都是私营公司，贷款利率也由市场决定；另一方面，联邦政府通过提供保险与担保（FHA、VA、Ginnie Mae）和组建全国性抵押贷款机构（Fanie Mae、Feddide Mae）等方式，对各个政策性金融机构进行专业分工，促进住房金融市场发展，保证绝大部分家庭都能获得抵押贷款，提高购房能力。

从美国的实例可见，良好的政策性住房金融机构，能有效降低政府的支出责任，以市场化的机制导入私人力量，帮助全体人民实现住有所居。更进一步，政策性金融机构相互独立，各有分工，既有利于各机构分散风险，又有利于机构在专业领域深化发展。

2. 发达的二级市场

美国通过证券化解放了贷款机构的资金充足率约束与流动性约束。二级市场向一级市场及时注入资金，一级市场上金融机构的资金周转率与充足率得到提高。美国抵押贷款市场上以 15~30 年期的固定利率抵押贷款为主流，降低借款人承担的风险。另外，美国引入了期权、期货等一系列对冲工具，使市场参与者更好地管理现金流风险。美国利用其经济大国和世界金融中心的优势，通过贷款二级市场的运作，设计不同类型的抵押贷款证券，出售给世界各国的投资者，吸收全球资本解决本国住房问题，分散本国个人住房贷款风险。

市场发展到一定阶段后，二级市场成为住房金融深化的必需要素。同时，美国住房金融市场的主体在政府支持下，不断创新贷款支持品种，并进行必要的风险管理。例如，研发出期权、期货等风险对冲工具来进行套期保值。

3. 及时的危机处理

次贷危机爆发后，联邦政府推出了一系列救市措施。政府通过量化宽松政策持续购买国债，同时购买抵押贷款，为贷款机构提供流动性。政府对政策性金融机构监管体系进行改革，将分业监管改为统一监管。

正是由于超常规的货币政策操作和风险适当性原则互相配合，美国才能从危机中迅速复苏。在危机的关键时刻，美国国家信用坚定支持着住房市场，采取量化宽松政策，加强人们对经济的信心，大大减少了抵押贷款止赎，避免金融机构资产负债表继续恶化。市场平稳之后，美国又力推统一监管，确保监管的一致性，避免监管套利。

延伸阅读　日本、英国、德国住房金融制度

二、新加坡住房金融制度

（一）制度演变历程

第二次世界大战以后，新加坡处于英国殖民统治时期，当时被英国殖民统治的马来西亚联邦已实施公积金计划，为了保持政策一致、促进两块领土劳动力更好流动及巩固在新加坡的统治，英国殖民政府决定推行公积金计划。1955 年新加坡正式出台《中央公积金法》（CPF Act），同时成立中央公积金局（CPF Board），至此新加坡正式建立中央公积金制度。

中央公积金制度最初实行的目的是解决大多数中小企业职工的养老问题。主要针对社会成员的不同情况制定相应政策，已在养老金制度下的公务员不受影响，已设有雇员福利基金的大公司可以豁免，工资低于一定水平的雇员可以不缴纳公积金，以保证其基本生活需要。1965 年，新加坡获得独立后，新加坡政府开始探索将公积金运用到更广阔的范围，鉴于当时住房紧缺，急需筹集购建房所需资金，1968 年政府将公共住房计划纳入中央公积金制度范围，允许公积金会员用自己的公积金储蓄资金购买建屋发展局（HDB）建造的公共组屋。这一举措具有十分重要的意义，公积金使用的范围在养老的基础上得到拓宽。与此同时，建屋发展局提出了"居者有其屋"计划，为无力在住房市场上购买私人住房的相当一部分居民提供公共住房，目的是让公民拥有自己的财产，促进经济发展和社会稳定。

此后，公积金使用范围不断扩大，使用层次逐步升级，1978年公积金被允许用于适当的投资，既能使公积金会员通过投资获利，又提高了公积金的使用价值。1984年，允许使用公积金支付医疗费用，购买医疗保险。后来，根据社会发展的需要，陆续允许公积金用于退休保障、医疗保障增进资产计划等方面，使公积金发展成为一个集住房、教育、医疗、保健、养老等于一体，具有综合功能的社会保障体系。

经过几十年的发展实践，新加坡建立了独具一格的中央公积金制度。中央公积金是新加坡公共住房金融的核心，涉及公共住房金融的多个方面。中央公积金为公共组屋的建设提供了稳定的、持续的资金来源，并且中央公积金贷款十分有效地支援了国民购买公共组屋。中央公积金制度对公共住房的贡献还包括用于新加坡政府主导兴建的大规模公共组屋，中央公积金支持的居民购房贷款绝大多数是用于购买公共组屋。根据新加坡建屋发展局年报数据显示，截至2016年，新加坡82%的人口居住在公共组屋里，79%的人口居住在自己购买的公共组屋里，见图3-2。

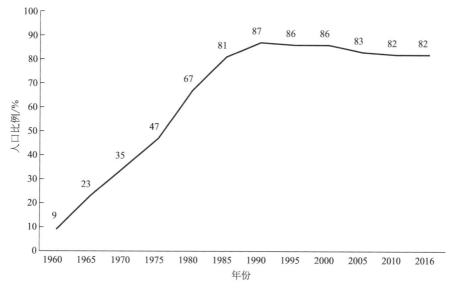

图3-2　1960—2016年新加坡居住在公共组屋的人口比例

（二）中央公积金制度

中央公积金是新加坡最具特色的一种公共住房金融工具，它有效地支持了购房家庭的首期房款和月供还款，在新加坡的公共住房金融中发挥着巨大的作用。根据《中央公积金法》的规定，所有新加坡公民和具有永久居民身份的受雇人员，每月必须扣除一定比例的工资，同时雇主每月也要按雇员月工资同样比例扣除一笔款项，存入雇员在中央公积金局的公积金账户。为保护雇主为雇员缴纳公积金的积极性，雇主扣除的公积金可以计入生产成本。

1. 公积金账户

公积金会员具有三个公积金账户，分别为普通账户（Ordinary Accounts）、特别账户（Special Accounts）和医疗账户（Medisave Accounts），每个子账户的资金都限定了各自用途。普通账户主要用于住房、保险、获准的投资和教育支出；特别账户主要用于养老和紧急支出；医疗账户主要用于住院费支出、部分批准的医疗项目支出。普通账户为主要账户，在公积金总账户的结构占比平均达50%以上，三个子账户的结构会随年龄阶段变化而有所不同。

2. 公积金缴存

缴存率是指公积金缴交额与缴交基数的比率，中央公积金局每年确定一次，主要考虑因素为当年经济景气度、居民生活水平变化、企业劳动力水平等。公积金缴存率会根据经济情况的变化而相应调整，且缴存率会随着雇员年龄的增长而降低。中央公积金CPF一共分三个户头，即普通户头（Ordinary Account，OA）、特别户头（Special Account，SA）以及医疗户头（Medisave Account，MA）。一般情况，缴交养老金的会员公积金缴存比例低于不缴养老金的会员。

3. 公积金归集与提取

中央公积金局将公积金归集后，公积金流动与使用有着严密的规定。一方面，法律对公积金的投向有严格限制，中央公积金局需按要求管理结余资金；另一方面，符合条件并经核准后，缴交人可提用公积金，如用于退休、医疗、住房等。55岁以后个人账户变为退休账户和医疗账户，用于养老和医疗。

（三）HDB贷款和商业银行住房抵押贷款制度

1. HDB贷款

HDB贷款即建屋发展局贷款，是指建屋发展局向购买组屋的家庭提供低息抵押贷款。HDB贷款主要是为公共组屋的购买者和二手组屋购买者提供较为优惠的住房抵押贷款，基于鼓励国民购买自有住房的目的，建屋发展局也为部分商品房的购买者提供优惠贷款政策。HDB优惠贷款的利率比中央公积金存款利率仅高0.1%，同时利率的调整日期一般为1月、4月、7月和10月，见表3-2。

表3-2 HDB优惠贷款利率

季度	贷款利率	季度	贷款利率
2016年10月1日～2016年12月31日	2.60%	2017年1月1日～2017年3月31日	2.60%

2. 商业银行住房抵押贷款

以下情况只能申请商业银行的住房抵押贷款：①第二次购买同样面积或是"降级"购买小型组屋者；②第三次购买组屋且已享受过两次优惠贷款利率者；③家庭月收入超过12000元的购屋者；④拥有私人房地产者购买二手组屋。商业银行对购房首付款的要求是房价总额的20%，但由于中央公积金可用作偿还商业银行发放住房抵押贷款，所以新加坡国内银行向居民发放住房抵押贷款的条件也相当优惠。商业银行机构的住房抵押贷款是新加坡购房者的一个重要选择，也是HDB贷款的强有力的补充，共同致力于新加坡的住房金融的发展。

新加坡商业银行是发放住房抵押贷款的主要金融机构，例如新加坡最大的商业银行星展银行（DBS Group），在新加坡国内共有100多个分支机构，储户多达200多万户，居民存款大部分用于购买政府债券，有助于政府发展住房市场，同时该银行还发放住房贷款，见表3-3。

表3-3 星展银行贷款与HDB贷款对比

对比项	星展银行贷款	HDB贷款
利率	FHR18+1.45%	2.6%（CPF存款利率2.5%+0.1%）
最大贷款金额	80%（市场价与购买价中，较低者）	90%（市场价与购买价中，较低者）

续表

对比项	星展银行贷款	HDB 贷款
首付	20%	10%
CPF & 现金	15% CPF + 最低 5% 现金	10% CPF + 无现金付款

（四）HPS 住房抵押贷款保险制度

HPS（Home Protection Scheme）住房抵押贷款保险是中央公积金局推出的一种降低住房抵押贷款风险的保险。HPS 保险的基本出发点是保护购房者的房产权，确保公积金会员及其家庭得以永久地拥有所购的房屋，而不会在房贷未付清之前因各种原因失去房屋。HPS 保险具有一定的强制性，中央公积金局规定，公积金会员若要使用中央公积金来偿还住房抵押贷款，则必须购买一份 HPS 保险，同时，HDB 贷款也要求贷款者必须购买一份 HPS 保险，以降低 HDB 贷款的风险。

HPS 保险有全额保险和部分保险之分。采取"二者取其短"的方式来确定保险期限，一者是从房贷者购买 HPS 保险之时距其年满 65 岁时之间的年数，二者是投保者所获得 HDB 贷期的贷款年限，选取二者之间的低者作为 HPS 保险的最终投保期。HPS 保险费是基于五个方面的因素来定的：①房屋贷款的未偿还部分；②贷款的还款期限；③贷款的种类（优惠利率/市场利率）；④投保比例（全部保险/部分保险）；⑤贷款者的性别和年龄。通常，HPS 保险收取的保险金额与投保比例、房贷金额、房贷种类和还贷期限成正比。

HPS 保险在新加坡取得了极为明显的实施效果，有效地减小了贷款资金遭受损失的风险，确保了公共住房资金的良好运转。更重要的是，HPS 保险建立了一种新的房贷保险机制以保护购房者的房屋所有权。这种机制不像其他住房抵押担保保险那样，一旦房贷持有者失去了还贷能力，购房者就失去了房屋的所有权。HPS 保险对购房者住房所有权的保障，是对新加坡政府推崇的"居者有其屋"的住房政策的最佳诠释。新加坡 2011—2015 年 HPS 参保人数占总人口比重如图 3-3 所示。新加坡 2011—2015 年 HPS 参保资金如图 3-4 所示。

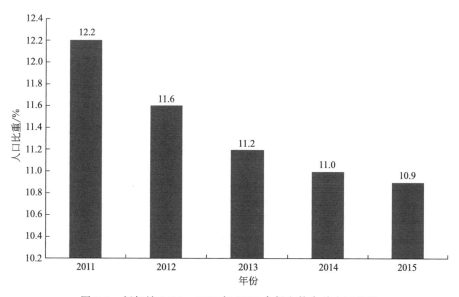

图 3-3　新加坡 2011—2015 年 HPS 参保人数占总人口比重

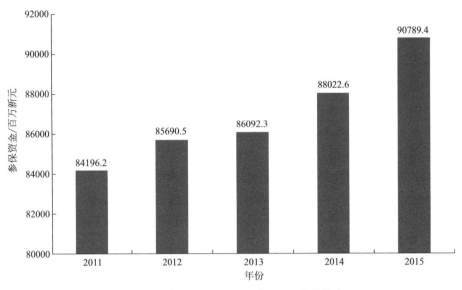

图 3-4　新加坡 2011—2015 年 HPS 参保资金

（五）住房供应环节的金融制度

新加坡政府免费划拨土地用于公共组屋项目，并为其提供建设费用和销售补贴以及政府津贴。HDB 用于公共组屋建设的资金来源有以下四种。

1. 建屋发展贷款

建屋发展贷款是由新加坡政府以低息贷款的方式提供给建屋发展局，用于资助住宅发展计划以及供建屋发展局行政方面的开支。建屋发展局以出售组屋的资金来偿还贷款。

2. 住房抵押贷款

建屋发展局用于发放个人住房贷款的这部分资金是从政府获得的。

3. 房屋维修贷款

由政府拨给建屋发展局，主要是资助公共组屋住户对住房进行修缮，由住户分期偿还。

4. 赤字津贴

新加坡政府以常年赤字补助金和贷款的方式对组屋进行金融上的支持。由于建屋发展局出租组屋的租金和出售组屋的价格由政府确定，远远低于市场价格，造成收支倒挂，政府每年从财政预算中投给 HDB 赤字津贴，用于补偿经营上的不足。新加坡政府对公共组屋的财政补贴的投效比例一直都较高，截至 2011 年 3 月，政府拨给的赤字津贴已高达 206 亿新元。政府的财政支持是新加坡公共组屋政策得以顺利实施的重要保障，见表 3-4。

表 3-4　2012—2016 年建屋发展局资金来源情况

财政年度	建设贷款/百万新元	更新贷款/百万新元	住房开发/百万新元	赤字津贴/百万新元	购房抵押贷款/百万新元
2012/2013	2308	11	—	1042	3216
2013/2014	1807	13	2992	2119	3333
2014/2015	4931	4	—	2171	5318
2015/2016	5498	1	2500	1636	5334

（六）对政策性住房金融制度的评价及启示

1. 发挥的作用

新加坡强制储蓄型住房金融制度在解决居民住房问题、稳定房地产市场上起到较为积极的作用。尤其是中央公积金制度，巧妙地运用了储蓄生命周期原理，即处于储蓄阶段的家庭将储蓄分布于住房、医疗保险和养老保险。政府在经济与社会管理中占有强势地位，管控能力较强。通过系统分析其住房制度和住宅政策性金融制度，发现其作用主要体现在以下三个方面。

（1）系统科学的法律以解决居民住房问题为目标，明确规定了不同群体的权利和义务，有效保障了各项住房政策制度的运行　中央公积金是政府利用其政策强制性的地位，通过法律规定机构与个人的法定义务，形成的一种强制性储蓄制度。按新加坡法律规定，所有受薪人员只要在新加坡参加工作，就自动成为公积金会员，依法缴纳公积金。整个公积金制度运行过程中，均有与之相配套的法律法规制度，确保了公积金在缴交运作、使用、提取等各个环节都有法可依。同时，建屋发展局提供公共组屋的各项规章制度也在法律的保障下有效运行。

（2）强制储蓄型制度，让新加坡政府融资力度加大、资金来源稳定、融资渠道可持续，对保障居民住房和稳定房地产市场发挥重要作用　中央公积金制度具有强制性，有助于其在较短的时间内筹集大量的资金，有效解决住房资金的筹集问题。资金流入稳定，根据《中央公积金法》的规定，每个雇员都必须按规定向中央公积金缴纳规定数额的公积金，资金来源面广的优势决定了其流入的稳定性。资金沉淀期长，一般情况，雇员退休后方可动用公积金储蓄存款，尽管后来公积金被允许用于购房等需求，但仍要求保留一定的公积金存款余额，以用于退休后的生活养老保障，资金沉淀期与贷款期限得到了有效匹配。融资渠道具有可持续性，通过巧妙的制度设计，资金路线的安排，在公积金会员的购房融资方面形成良性循环，公积金会员向储蓄银行和商业银行申请购房贷款时，首先用公积金存款支付房价首付款，并以未来缴交的公积金作为担保获得房价余款的银行贷款，向建屋发展局支付购房款，而建屋发展局将资金返还，用于向中央公积金局兑付其发行的长期债券。政府采取这样的制度，一方面解决了居民的住房问题，另一方面在稳定住房市场和防范泡沫风险上发挥了重要作用。

（3）HPS住房抵押贷款保险，有效防范了HDB贷款风险和保障了购房者的房产权　新加坡的HPS住房抵押贷款保险的基本出发点是保护购房者的房产权，确保公积金会员及其家庭得以永久地拥有所购的房屋，而不会在房贷未付清之前因各种原因失去房屋。HPS保险有效地减小了HDB贷款风险，确保了公共住房资金的良好运转。这种机制不像其他住房抵押担保保险那样只对抵押贷款进行担保，在那种担保制度下，一旦房贷者失去了还贷能力，就会失去对房屋的所有权，而HPS保险对购房者住房所有权进行有效保障。

2. 存在的问题

中央公积金这种为新加坡政府带来大量财务利益的社会保障制度，如今已渐显疲态。一方面，新加坡的公积金缴费比例过高，造成储蓄过度而消费不足；另一方面，由于国民在公积金里有着巨额储蓄，公积金存款利率也不高，政府必须让新元保值以维护社会稳定。这一方面需要保持较低的通货膨胀水平，另一方面需要维持汇率的坚挺。这会制约政府制定货币政策，也会对出口造成冲击。

此外，新加坡公积金制度还面临"监管"和"增值"这两大难题，新加坡国内就发生过针对公积金制度的抗议活动。抗议者不满的主要原因是认为政府运作公积金的手段不透明，容易出现暗箱操作并损害公众利益。

法律虽允许中央公积金局动用一定数额的公积金进行投资，但事实上闲置资金几乎全部用于购买政府债券，政府给予的债券利率则与公积金的存款利率相等。这种低收益如今已无法满足人们的养老、住房等需求。

3. 主要启示

（1）公积金制度在住房金融中不可或缺　公共住房建设需要大量的建设资金，充足的资金保障是公共住房政策获得有效执行的前提。在公共住房的融资渠道方面，新加坡中央公积金作为一种政策性住房资金筹集、使用制度安排，较为成功地将国民原可自行支配的部分资金以储蓄的方式归集到一起，用以支持政府的公共住房建设。中央公积金普及率高，除了极少数人群和高级公务员，新加坡绝大多数从业人员都参加了公积金储蓄，且公积金的缴纳比例约占员工工资37%（50岁以下会员）。因此，中央公积金归集的资金总量可观，且来源稳定，具备可持续性。

（2）灵活多样的购房补贴政策　新加坡政府对公共组屋购买者的补贴涉及购房的各个环节，包括：①在储蓄环节，实行强制性的中央公积金制度，一般情况，两年左右的公积金储蓄额度就能足以支付公共组屋的首付款；②在贷款环节，推出HDB优惠贷款政策，HDB优惠贷款不但帮助中低收入购房家庭轻松获得住房抵押贷款，而且还减轻了中低收入家庭的还贷压力；③在还款环节，允许公积金用作支付月供；④为特定购房者提供CPF住房补贴，CPF住房补贴设有几项补贴计划，增加了特定购房者的房屋支付能力，减轻了他们的购房压力，还通过补贴政策的设计来引导国民的住房倾向和弘扬新加坡的居住文化。

（3）完整高效的法律体系　新加坡为实现"居者有其屋"建立了较完整的法律保障体系，确保住房金融制度和公共住房政策能够统一协调运作。《中央公积金法》从法律上明确了缴存公积金的义务，规定了使用方向。《新加坡建屋与发展令》规定了住房建设的目标、方针、政策，明确各部门的职能与职责。《土地征用法令》对土地征用行为、价格、机制做出了规定。通过立法与强制规范建立的公积金不仅可为缴存者个人提供社会保障，而且可为国家积累提供借贷循环的建设资金，成为法律确认的多方共赢的战略国策。

第三节　中国住房金融体系

一、中国住房金融的历史和现状

（一）中国住房金融的历史

1. 第一阶段：住房改革和住房金融业务起步阶段（1978—1987年）

1978年党的十一届三中全会之后，我国开始全面实施经济体制改革，住房制度改革是其重要组成部分。1980年4月，邓小平同志提出突破城镇住房公有制、福利制，进行住房制度改革的设想。1980年6月，我国开始进行城镇住房改革试点，国家正式准许居民拥有自己的产权住房，试行住房商品化政策，试点城市开始试行按土建成本向城镇居民全价售房，城镇居民个人可以购买房屋，也可以自建房屋，不但新房子可以出售，老房子也可以出售。1984年全国建筑业和基本建设管理体制改革座谈会召开以后，6月《国务院关于改革建筑业和基本建设管理体制若干问题的暂行规定》（[1984]123号）发布，提出要推行住宅商品化，大中城市都要逐步扩大商品化住宅的建设规模，建设周转资金通过建设银行贷款、企业事业单位集资等多种渠道解决。同年10月，建设银行发布《关于城市土地开发和商品房贷款问题的通知》，提出在全国范围内开展城市土地开发和商品房贷款业务，并将其作为一项主要业务进行开拓。

1985年4月，建设银行深圳分行借鉴我国香港住房按揭贷款的方式，向南油集团85户"人才房"发放我国第一批个人住房按揭贷款，至此我国个人住房融资业务正式产生。为了更好地推动个人购房制度改革，1987年12月，经中国人民银行批准，烟台和蚌埠成立住房储蓄银行，专营住房金融业务，同时开办商品房经营贷款和个人住房贷款业务。同月，建设银行总行发布《中国人民建设银行住宅储蓄存款和住宅借款试行办法》，在全国范围内试行开办个人住房抵押贷款业务。

2. 第二阶段：住房金融体系的初步建立（1988—1997年）

1988年，国务院召开首次全国住房制度改革工作会议，发布《关于全国城镇分期分批推行住房制度改革的实施方案》（国发[1988]1号）。这是我国第一个住房改革总体方案，提出配套改革金融体制，调整信贷结构，除烟台、蚌埠已成立住房储蓄银行，其他城市可由当地政府委托银行设立房地产信贷部，专门办理住房生产、消费资金的筹集、融通，以及信贷结算等业务。受经济过热和通货膨胀影响，1989年下半年国家开始紧缩银根，缩减投资计划，房改方案未能全面实施，房地产业开始降温，房地产金融业务放缓。1991年，《国务院关于继续积极稳妥地进行城镇住房制度改革的通知》（国发[1991]30号）发布，提出分步提租、出售公有住房、集资合作建房、发展住房金融业务等措施，继续推进住房制度改革，住房制度改革进入全面推进阶段。这是国务院文件第一次提出发展住房金融业务，开展个人购房建房储蓄和贷款业务，实行抵押信贷购房制度。1991年，建设银行、工商银行先后成立了房地产信贷部。

1993年之后，我国房地产投资出现局部过热的现象，广东、广西和海南等地出现了较为严重的房地产泡沫，给经济发展带来负面影响；6月中共中央和国务院发布《关于当前经济情况和加强宏观调控的意见》（中发[1993]6号，"国16条"），要求各地整顿金融秩序、严控信贷规模、加强房地产市场的宏观管理。1994年，政府实施收紧银根和紧缩财政支出的"双紧政策"，为进一步规范房地产金融业务发展，12月中国人民银行发布《政策性住房信贷业务管理暂行规定》（银发[1994]313号），规定蚌埠住房储蓄银行、烟台住房储蓄银行、建设银行、工商银行、农业银行为办理政策性住房信贷业务的指定银行，其他任何金融机构均不得吸收政策性住房资金存款和办理政策性住房信贷业务。

1995年，中国人民银行发布《商业银行自营住房贷款管理暂行规定》（银发[1995]220号），对商业银行个人住房贷款和住房开发贷款的借款人资格、借款利率、期限、借款金额等进行初步规范。1996年，工商银行发布《中国工商银行个人购房担保贷款管理试行办法》。1997年，中国人民银行发布我国第一个国家级个人购房抵押贷款部门规章《个人住房担保贷款管理试行办法》，试行办法对个人住房贷款对象、贷款程序、贷款期限和利率、贷款用途、抵押物的抵押及保险、贷款的偿还和回收做出了较具体的规定。随着个人住房信贷政策的出台，商业银行开始全面推行个人住房抵押贷款业务，为我国个人住房抵押贷款的发展掀开了新的一页，我国个人住房消费信贷也逐步有了政策依据。

与此同时，1991年上海借鉴新加坡住房公积金经验率先试行住房公积金制度，1992年

《上海市住房制度改革实施方案》正式出台，实施"建立住房公积金、提租补贴、配房买债券、买房给优惠、建立房委会"五位一体的住房制度改革方案。上海住房公积金制度的试行开辟了新的个人住房融资渠道，不仅增加了职工购房资金，而且扩充了建房资金来源，极大缓解了当地职工住房紧张状况。在上海住房公积金制度试点成功之后，北京、天津、辽宁、黑龙江、湖北等地也陆续开始住房公积金试点。1994年政府在对住房公积金制度试点情况进行考察后，颁布了《国务院关于深化城镇住房制度改革的决定》（国发〔1994〕43号），决定将住房公积金制度作为房改的核心内容之一，在全国普遍建立住房公积金制度，住房公积金制度从试点阶段进入全面推行阶段。

至此，随着政策性住房储蓄银行的设立、商业银行个人住房抵押贷款制度和住房公积金制度的确立，我国个人住房融资业务体系初步建立。

3. 第三阶段：住房金融业务的规范化发展（1998—2007年）

1998年5月，中国人民银行对《个人住房担保贷款管理试行办法》进行了修订，发布《个人住房贷款管理办法》，成为规范个人住房消费融资的重要保证。1998年7月，《国务院关于进一步深化城镇住房制度改革加快住房建设的通知》（国发〔1998〕23号）下发，这是我国住房制度改革的转折点，要求1998年下半年开始停止住房实物分配，逐步实行住房分配货币化，建立和完善以经济适用住房为主的多层次城镇住房供应体系，发展住房金融，培育和规范住房交易市场。在发展个人住房融资方面提出扩大个人住房贷款发放范围，所有商业银行在所有城镇均可以发放个人住房贷款；调整住房公积金贷款方向，发展住房公积金贷款和商业银行贷款相结合的组合个人住房贷款；完善住房产权抵押登记制度，发展住房贷款保险。1999年3月，中国人民银行发布《关于鼓励消费贷款的若干意见》，将住房贷款占房价款比例从70%提高到80%，9月，中国人民银行将个人住房贷款的最长期限由20年调整至30年。1999年4月，国务院还出台了《住房公积金管理条例》，用于对住房公积金业务的规范管理，以法律形式规定了缴存住房公积金的职工使用住房公积金的范围、时限、权利和义务，同时明确了住房公积金贷款风险由住房公积金管理中心承担。2001年，《中国人民银行关于规范住房金融业务的通知》发布，要求金融机构规范住房金融业务，防范住房贷款风险，严格审查住房开发贷款发放条件。住房开发贷款对象应为具备房地产开发资质、信用等级较高的房地产开发企业，企业自有资金应不低于开发项目总投资的30%，且必须具备"四证"（《国有土地使用证》《建设用地规划许可证》《建设工程规划许可证》和《建设工程施工许可证》）；个人住房贷款首付比例不得低于20%，严禁发放"零首付"的个人住房贷款。2002年5月，《国务院关于进一步加强住房公积金管理的通知》对《住房公积金管理条例》进行修订，进一步扩大了住房公积金的外延，要求完善决策和管理机制、健全监督体系、规范业务管理、加大资金归集和贷款发放力度。2003年8月，《国务院关于促进房地产市场持续健康发展的通知》再一次提出加强住房公积金管理的总体要求，公积金制度进入全面改革完善阶段。

随着住房制度改革深化和住房商品化进程的加快，我国住房融资业务体系也不断规范，这些政策的实施在很大程度上促进了住房融资业务的快速发展。

4. 第四阶段：住房融资体系不断调整和完善（2008年至今）

2008年美国次贷危机的蝴蝶效应引发房地产市场一度陷入萧条，交易量和价格纷纷下降，一些地方的个人住房融资业务也出现负增长现象。为应对金融危机造成的经济困境，国家放松了对利率和信贷规模的管制，2008年10月央行和银监会联合发文，决定将商业银行住房贷款利率的下限扩大为贷款基准利率的 0.7 倍，最低首付款比例调整为 20%，个人住房公积金贷款利率相应下调 0.27 个百分点。这种房地产优惠政策促使房地产市场迅速回暖，也造成房地产投资日渐白热化，房价重回高位，并快速上涨。如果出现房地产泡沫化将给银行带来巨大的金融风险，为此，为抑制房价过高、投资过热的现象，从 2009 年底至今，国家先后出台了"国四条""国十一条""国十条""国五条""新国八条""新国五条""9.30 新政""房住不炒"等一系列引导和调控房地产市场的政策。通过"提高首付比例""提高二套房贷利率""停止三套房公积金贷款"对个人住房融资业务进行调整，实行更为严格的差别化住房信贷政策，打压投机、投资性购房，支持自住需求，控制房价进一步上涨，受宏观调控政策的影响，个人住房融资业务增速逐渐放缓。

在此期间，住房公积金管理制度体系也得到不断完善。全国各地以地方性法规、政府规章、政府文件等形式，明确了住房公积金缴存、提取、使用各环节的管理制度，制定了业务操作流程，建立了包括财务制度、统计制度、岗位责任制度、档案制度、审计制度以及考核奖惩制度等内容的内部管理体系。基本形成了以《住房公积金管理条例》为主导、以地方性法规和政府规章为依据、以业务操作规范为基础的多层次制度体系。

（二）中国住房金融的现状

中国住房金融 20 余年的发展可以用"高速"二字来概括。一级市场方面，个人住房贷款余额由 1998 年的 0.07 万亿元上升至 2018 年的 25.75 万亿元，增长了 366.9 倍，年均复合增长率为 36.46%；房地产开发贷款余额由 2004 年的 0.78 万亿元上升至 2018 年的 10.19 万亿元，增长了 12.1 倍，年均复合增长率为 10.20%（表 3-5）。横向比较来看，住房金融表现出三个特性。第一，与住房相关的贷款在银行体系中占主导地位，2018 年，仅个人住房贷款（个贷）和房地产开发贷款（开发贷）两项占金融机构总贷款的比例就达到 26.37%，如果考虑保障房建设贷款、公积金贷款、房地产企业并购贷款等其他项目，这一比例将超过 35%。第二，我国的住房金融一级市场是一个以商业性贷款为主体的市场，2018 年商业性贷款（仅包括个贷和开发贷）余额近 36 万亿元，而公积金贷款余额估计仅在万亿元级别。第三，商业性贷款中个人住房贷款又是重中之重，一方面满足了个人购房需求，另一方面对住房供给形成金融支撑。由于我国实行商品房预售制度，开发商在缴足土地出让金、"四证"齐全以及开发资金达到总投资一定比例时就可以向当地房地产管理部门申请《商品房预售许可证》，通过预售获得资金进一步开发项目。根据对房地产开发企业资金来源结构的统计，最大部分是其他资金来源，其中最主要的就是个人按揭贷款，2016 年后其他资金来源所占比例超过 50%。

表 3-5　中国主要住房金融产品情况

年份	个人住房贷款		房地产开发贷款		公积金贷款余额/万亿元	RMBS		REITs	
	余额/万亿元	占总贷款比例/%	余额/万亿元	占总贷款比例/%		余额/亿元	占 ABS 的比例/%	余额/亿元	占 ABS 的比例/%
1998	0.07	0.82	—	—	—	—	—	—	—
1999	0.14	1.46	—	—	—	—	—	—	—
2000	0.33	3.34	—	—	—	—	—	—	—
2001	0.56	4.95	—	—	—	—	—	—	—
2002	0.83	6.29	—	—	—	—	—	—	—

续表

年份	个人住房贷款		房地产开发贷款		公积金贷款余额/万亿元	RMBS		REITs	
	余额/万亿元	占总贷款比例/%	余额/万亿元	占总贷款比例/%		余额/亿元	占ABS的比例/%	余额/亿元	占ABS的比例/%
2003	1.20	7.55	—	—	—	—	—	—	—
2004	1.60	9.02	0.78	4.40	—	—	—	—	—
2005	1.84	9.45	0.91	4.67	—	30.17	25.52	—	—
2006	2.27	10.08	1.41	6.26	—	21.79	7.22	—	—
2007	3.00	11.46	1.80	6.88	—	21.09	6.39	—	—
2008	2.98	9.82	1.93	6.36	—	42.87	8.70	—	—
2009	4.76	11.91	2.53	6.33	—	29.89	12.76	—	—
2010	6.20	12.94	3.13	6.53	—	22.08	19.73	—	—
2011	7.14	13.03	3.49	6.37	—	17.45	25.45	—	—
2012	7.50	11.91	3.86	6.13	0.56	13.94	4.34	—	—
2013	9.00	12.52	4.60	6.40	0.77	10.64	2.39	—	—
2014	10.60	12.98	5.63	6.89	0.66	69.78	2.24	96.05	3.08
2015	13.10	13.94	6.56	6.98	1.11	353.72	5.39	225.97	3.44
2016	18.00	16.88	7.11	6.67	1.27	1498.18	13.67	341.95	3.12
2017	21.90	18.23	8.30	6.91	0.95	2758.68	14.58	534.71	2.83
2018	25.75	18.89	10.19	7.48	—	7477.61	27.97	730.23	2.73

注：资料来源于WIND。

二级市场方面，RMBS余额由2005年的30.17亿元上升至2018年的7477.61亿元，增长了246.8倍，年均复合增长率为19.18%；REITs余额由2014年的96.05亿元上升至2018年的730.23亿元，增长了6.6倍，年均复合增长率为66.05%。横向比较来看，RMBS已成为资产支持证券中最大的品种，占ABS的比例达到27.97%，如果以窄口径的信贷类ABS统计，这一比例高达68.35%。RMBS在一级市场具有如此重要的地位，其原因是基础资产规模庞大且银行处于集约资本使用的出表诉求动力较强。REITs所占比例不高，2018年仅2.73%，其原因是税收和公募方面的一些障碍还有待突破，但由于国家"租售并举"战略的推进，其初期发展较为迅猛。

二、中国住房金融的调控政策及效果

2005年之前，住房金融政策基本以扶持房地产市场发展为主，尤其是2003年房地产业被定位为国民经济的支柱产业之后，迎来超常规发展时期，房地产投资规模迅速提高，住房价格不断攀升。为防范房价过快上涨带来的潜在金融风险，2005年我国真正意义上的第一轮房地产宏观调控启动，随着我国宏观经济形势的不断变化，房地产经历了多轮调控周期。而住房金融政策作为房地产宏观调控的重要工具，也经历了多轮的调整。

（一）第一轮房地产调控中的住房金融政策（2005—2009年）

1. 住房金融政策收紧阶段（2005年—2008年8月）

2005年3月17日，《中国人民银行关于调整商业银行住房信贷政策和超额准备金存款利率的通知》（银发〔2005〕61号）发布，旨在通过提高需求方信贷价格来引导合理住房消费，取消了商业银行自营性个人住房贷款的利率优惠政策，并将利率上限放开，实行下限管理，下限利率水平为相应期限贷款基准利率的90%；同时将住房价格上涨过快地区个人住房贷款最低首付款比例由20%提高至30%。2005年3月26日和5月9日国务院连续发布《国务院办公厅关于切实稳定住房价格的通知》（国办发明电〔2005〕8号，老"国八条"）和《国务院办公厅转发建设部等部门关于做好稳定住房价格工作意见的通知》（国办发〔2005〕2号，新"国八条"）两份重要文件，提出要加强房地产开发贷款和个人住房贷款的信贷管理，严格控制不合理房地产信贷需求。2005年9月，《中国银行业监督管理委员会办公厅关于加强信托投资公司部分业务风险提示的通知》（银监办发〔2005〕212号）要求房地产信托贷款的发放必须严格执行项目"四证齐全"、房地产开发企业资质不低于二级、项目资本金比例不低于35%的要求，新增房地产信托贷款规模开始收紧。

2006年6月，《国务院办公厅转发建设部等部门关于调整住房供应结构稳定住房价格意见的通知》（国办发〔2006〕37号，"国六条"）提出要发挥信贷的调节作用，住房市场供给端要严格执行房地产开发贷款发放条件，商业银行不得对项目资本金低于35%的房地产企业发放开发贷款，严控展期贷款或任何形式的滚动授信；需求端要执行差别化住房消费信贷政策，对90m²以下的自住住房仍执行20%的首付款比例，其他个人住房贷款的最低首付款比例提高到30%。在人民币升值和房价上涨预期带动下，国际资本加速进入我国房地产领域，助推了我国住房价格的持续上涨。为限制境外资金流入我国房地产领域，2006年7月住建部发布《关于规范房地产市场外资准入和管理的意见》（建住房〔2006〕171号），9月国家外管局和住建部联合发布《关于规范房地产市场外汇管理有关问题的通知》（汇发〔2006〕47号），对外商在境内投资开发房地产和境外机构、个人在境内购买房地产做出明确规定，大幅提高了外资进入我国房地产市场的门槛。

虽然两年来，房地产调控政策密集出台，但住房价格上涨的脚步并未停止。2007年，9月发布的《中国人民银行中国银行业监督管理委员会关于加强商业性房地产信贷管理的通知》（银发〔2007〕359号）、12月发布的《中国人民银行中国银行业监督管理委员会关于加强商业性房地产信贷管理的补充通知》（银发〔2007〕452号），要求各商业银行要加强房地产信贷管理。2008年1月，中国人民银行和银监会联合发布《经济适用住房开发贷款管理办法》（银发〔2008〕13号）；鼓励金融机构加大对经济适用房开发建设的金融支持力度，意图通过提高保障性住房的供给来抑制房价上涨。2008年7月，中国人民银行和银监会联合发布《关于金融促进节约集约用地的通知》（银发〔2008〕214号），要求商业银行严格商业性房地产信贷管理，禁止向房地产开发企业发放用于缴交土地出让价款的贷款；土地储备贷款抵押率最高不得超过评估价值的70%，期限原则上不超过2年；优先支持节地房地产开发项目。

货币政策方面，在本轮调控中，2006—2008年金融危机爆发前，中国人民银行对金融机构存款准备金率进行了19次上调，将存款准备金率从2006年初的7.5%提高到金融危机爆发前的17.5%；对人民币贷款基准利率进行了8次上调，以5年以上人民币贷款基准利率为例，从2006年初的6.12%提高到金融危机爆发前的7.83%；对个人住房公积金贷款利率进行了7次上调，以5年以上个人住房公积金贷款利率为例，从2006年初的4.23%提高到金融危机爆发前的5.22%。旨在通过收缩银根和提高资金价格来影响房地产开发投资和住房消费。

从政策效果来看，在调控初期，住房价格仍不断上涨。在不断趋紧的住房金融政策影响下，政策的累积作用在2008年初开始显现，表现为全国商品住房销售面积月度累计同比开始由正转负，70城住宅价格指数同比上涨幅度开始下降，房地产开发投资热现象也出现缓解。

2.住房金融政策放松阶段（2008年9月—2009年11月）

随着2008年9月全球金融危机的爆发，我国经济增速下行压力不断增大。为应对金融危机带来的冲击，发挥房地产作为支柱产业的经济带动作用，房地产调控政策由紧缩转变为扶持。2008年10月22日，《中国人民银行关于扩大商业性个人住房贷款利率下浮幅度有关问题的通知》（银发〔2008〕302号）要求各商业银行自2008年10月27日起将居民首套自住住房和改善型自住住房的住房贷款利率下限扩大为贷款基准利率的0.7倍，最低首付款比例调整为20%，同时将个人住房公积金贷款各档次利率下调0.27个百分点。这标志着住房金融政策由收紧转为放松。2008年12月，《国务院办公厅关于促进房地产市场健康发展的若干意见》（国办发〔2008〕131号）提出加大对廉租住房和棚户区改造的投资支持力度，加大对自住型和改善型住房消费的信贷支持，支持房地产开发企业的合理融资需求。为贯彻国务院要求，2009年初，四大国有银行宣布，在2008年10月27日前执行基准利率0.85倍优惠且无不良信用记录的优质客户，原则上均可以享受住房贷款利率的七折优惠。2009年5月，《国务院关于调整固定资产投资项目资本金比例的通知》（国发〔2009〕27号）将保障性住房和普通商品住房项目的最低资本金比例下调至20%，其他房地产开发项目的最低资本金比例下调至30%。

货币政策方面，中国人民银行在2008年9月16日后实施了4次降准和5次降息。整体来看，为应对金融危机带来的冲击，我国住房金融政策从收紧转变为放松。从政策效果来看，通过降低首付比例、降低个人住房贷款利率、降低房地产开发企业贷款自有资金比例、加大对房地产开发企业信贷支持等措施，伴随宽松的货币政策和政府"四万亿"投资计划的刺激，一年时间内我国住房销售面积、房地产投资和住房价格等均经历了从下降迅速转为上升的深"V"形走势。

（二）第二轮房地产调控中的住房金融政策（2009—2012年）

1.住房金融政策收紧阶段（2009年12月—2011年）

2009年12月，时任国务院总理温家宝在国务院常务会议上提出"国四条"，标志着房地产市场进入新一轮住房金融改革收紧时期。2010年1月，《国务院办公厅关于促进房地产市场平稳健康发展的通知》（国力发〔2010〕4号，"国十一条"）要求加大差别化信贷政策执行力度，已利用贷款购买住房又申请二套住房贷款的家庭，其住房贷款最低首付比例提高至40%；加强房地产信贷风险管理，严格房地产项目资本金要求，防范信贷资金违规进入房地产市场。2010年4月，《国务院关于坚决遏制部分城市房价过快上涨的通知》（国发〔2010〕10号，"国十条"）提出实行更为严格的差别化住房信贷政策，购买首套自住住房且超过90m²的家庭，住房贷款首付款比例不得低于30%，贷款购买第二套住房的家庭，住房贷款首付款比例不得低于50%，利率不得低于基准利率的1.1倍；对不能提供1年以上当地纳税证明或社会保险缴纳证明的非本地居民暂停发放住房贷款（限贷）；地方政府可根据实际情况，在一定时期内限定居民家庭购房套数（限购）。2010年5月，住建部与中国人民银行、银监会联合发布《关于规范商业性个人住房贷款中第二套住房认定标准的通知》（建房〔2010〕83号），明确差别化信贷政策中二套房认定标准为既认房又认贷。2010年9

月24日,《中国人民银行中国银行业监督管理委员会关于进一步完善差别化住房信贷政策有关问题的通知》提出在不实施"限购"措施的城市,居民家庭首次购买普通住房的商业性个人住房贷款,最低首付款比例调整为不低于25%。2010年9月30日,《中国人民银行中国银行业监督管理委员会关于完善差别化住房信贷政策有关问题的通知》(银发[2010]275号)要求商业银行将家庭首套住房首付款比例调整到30%及以上;家庭二套住房首付款比例不低于50%,贷款利率不低于基准利率的1.1倍。2011年1月,《国务院办公厅关于进一步做好房地产市场调控工作有关问题的通知》(国办发[2011]1号,新"国八条")将贷款购买第二套住房的最低首付款比例进一步提高到60%。2011年2月,住建部发布《关于调整住房公积金存贷款利率的通知》(建金[2011]15号),将5年期以下(含5年)个人住房公积金贷款利率由3.75%上调至4.00%,5年期以上个人住房公积金贷款利率由4.30%上调至4.50%。2011年7月,国务院常务会议要求继续严格实施差别化住房信贷,并将限购政策实施范围扩大到房价上涨过快的二线、三线城市。

货币政策方面,从2010年1月开始,中国人民银行对金融机构存款准备金率进行了11次上调,对贷款基准利率进行了5次上调,货币政策全面趋紧。受上述调控政策影响,住房销售面积增速和住房价格上涨幅度从2010年初开始下降,房地产开发投资同比增速也从2011年4月开始下降,调控政策成效开始显现,房地产步入调整时期。

2.住房金融政策放松阶段(2012年)

2012年,国家层面房地产调控政策进入空窗期,但受前期调控政策影响,市场预期发生转变,土地市场交易趋冷,地方政府土地出让金收入下降,个别地方政府开始放松房地产调控政策,主要表现为增加首套住房贷款利率优惠力度和提高住房公积金贷款限额。如2012年2月,南京多家银行首套住房贷款利率回归基准利率;5月,重庆将个人住房公积金贷款最高限额从20万元提高到40万元,家庭住房公积金贷款最高限额从40万元提高到80万元;6月,河南省将家庭购买首套住房贷款利率优惠调整至基准利率下浮30%。

货币政策方面,受欧债危机影响,我国经济又一次面临下行压力,货币政策从前期的收紧转为稳健略宽松。中国人民银行在2月和5月两次下调金融机构存款准备金率0.5个百分点,在6月和7月两次下调金融机构贷款基准利率,并扩大利率浮动区间。

受上述有所放松的住房金融政策影响,房地产市场开始回暖,商品住房销售面积同比增速和住房价格在2012年第二季度开始触底回升,在第四季度开始由负转正,一线、二线热点城市出现"地王",住房价格上涨,房地产市场步入新一轮的上行周期。

(三)第三轮房地产调控中的住房金融政策(2013年—2016年9月)

1.住房金融政策收紧阶段(2013年—2014年8月)

自2013年开始,商品住房销售面积大幅增加,房价持续上涨,迎来了国家层面房地产调控政策的再次收紧。2013年2月20日,国务院常务会议确定了五项加强房地产市场调控的政策措施("新国五条"),重申要坚持以限购和限贷为核心的房地产调控政策。"新国五条"的出台,标志着新一轮从紧的住房调控政策同期正式开启。以"新国五条"为基础,2013年3月1日,《国务院办公厅关于继续做好房地产市场调控工作的通知》(国办发[2013]17号)要求继续严格实施差别化住房信贷政策,落实好首套住房贷款政策,严格执行二套及以上住房信贷政策。

从政策效果来看,随着各地落实"新国五条"的房地产调控地方版细则持续发布,政策实施力度不断加码,"京七条""沪七条""深八条""穗六条"和"汉七条"等相继出台,商品住房成交面积增速应声回落，累计同比增速下跌；住房价格环比涨幅开始下落；住房开发投资额累计同比增速也大幅下滑。

2.住房金融政策放松阶段（2014年9月—2016年8月）

2014年，中国经济进入新常态，经济增速步入换挡期，GDP增长率微调，国家层面开始稳增长。而房地产市场受"新国五条"政策影响，2014年第一季度，住房销售面积增速由正转负，三线、四线城市房地产市场库存升高，2014年5月，70城新建商品住宅价格指数出现环比下跌。2014年初，部分地方政府开始逐渐放开限购政策，而央行也要求商业银行优先满足居民家庭首套住房的信贷需求，但住房市场仍处于持续下行状态。

为稳增长、去库存和防范住房价格下跌带来的金融风险，2014年9月30日，《中国人民银行中国银行业监督管理委员会关于进一步做好住房金融服务工作通知》（"9.30新政"）提出放松限贷，将首套住房贷款利率下限下调至基准利率的0.7倍，二套住房认定标准改为只认贷；支持房地产开发企业的合理融资需求，合理配置信贷资源，支持符合条件的房地产开发企业在债券市场发行债务融资工具，稳妥开展房地产投资信托基金（REITs）试点；鼓励商业银行通过发行住房抵押贷款支持证券（MBS）和金融债券融资，增强金融机构个人住房贷款投放能力；将棚户区改造等纳入开发性金融支持范围。这标志着新一轮全国性的住房金融管制放松的开启。2014年10月，《住房城乡建设部财政部中国人民银行关于发展住房公积金个人住房贷款业务的通知》（建金〔2014〕148号）要求各地放宽公积金贷款条件，职工连续足额缴存住房公积金6个月（含）以上即可申请住房公积金个人住房贷款，并适度提高首套贷款额度，推进住房公积金异地贷款业务。

2015年3月，《中国人民银行住房城乡建设部中国银行业监督管理委员会关于个人住房贷款政策有关问题的通知》（银发〔2015〕98号，"3.30新政"）进一步放松个人住房贷款信贷政策，将二套改善型住房贷款的最低首付比例下调至40%；将住房公积金贷款购买首套住房的最低首付比例下调至20%，已结清首套住房贷款，申请住房公积金贷款购买二套住房时最低首付款比例下调至30%。2015年6月，《国务院关于进一步做好城镇棚户区和城乡危房改造及配套基础设施建设有关工作的意见》（国发〔2015〕37号）首次明确提出积极推进棚改货币化安置，可以通过发行地方政府债券和国开行棚改专项过桥贷款来获得资金支持。2015年9月30日，《中国人民银行中国银行业监督管理委员会关于进一步完善差别化住房信贷政策有关问题的通知》，将不限购城市首套住房商业银行贷款的最低首付款比例进一步下调至25%。2015年底的中央经济工作会议将化解房地产库存列为2016年五大任务之一，要求取消过时的限制性措施。2016年2月，《中国人民银行中国银行业监督管理委员会关于调整个人住房贷款政策有关问题的通知》将不限购城市居民家庭首套住房商业银行个人住房贷款最低首付比例下调至20%，二套个人住房贷款最低首付比例下调至30%。

货币政策方面，2014年11月以后，中国人民银行进行了6次降息和5次降准，市场流动性较为充裕，融资成本大幅降低，极大地刺激了房地产投资的增长和住房消费的增长。

从政策效果来看，2014年"9.30新政"实施之后，住房金融政策进入新一轮宽松周期，一线、二线城市住房市场率先复苏，住房价格开始回升，70城住宅价格指数环比降幅开始逐渐缩小，但因三线、四线城市住房市场库存较高，成交低迷，房地产市场整体走势仍然较弱。2015年，"3.30新政"、棚改货币化安置政策和中央去库存政策全面推进，住房市场开始全面复苏。从2015年4月起，商品住房销售面积大幅增加，住房价格开始上涨。随着个人住房信贷政策、房地产企业融资政策和货币政策的不断放松，三线、四线城市住房市场也全面回暖。这些强有力的救市政策，极大地促进了一线城市和二线热点城市房地产市场的回暖，使得一线城市和二线热点城市住房价格上升很快。

（四）第四轮房地产调控中的住房金融政策（2016年9月—2018年）

前期宽松的住房金融政策使一线城市和二线热点城市住房价格快速上涨，并呈现一线、二线、三线城市住房价格轮番上行的态势。2016年7月，中央政治局会议首次提及要抑制资产价格泡沫。2016年9月30日，北京市住建委等多部门联合发布《关于促进本市房地产市场平稳健康发展的若干措施》，将首套普通自住住房的最低首付比例提高到35%，二套住房最低首付比例提高到50%，二套房标准为既认房又认贷；首套非普通自住住房首付款最低比例为40%，二套最低70%。紧随其后，10月天津、广州、深圳、南京、合肥、上海等20多个房价上涨过快的一线、二线热点城市相继出台限贷、限购等政策，开启了以因城施策为特点的新一轮住房金融政策紧缩阶段。2016年底的中央经济会议提出"房子是用来住的，不是用来炒的"政策定位，要求运用金融、土地、财税等手段，加快房地产市场长效机制建设，抑制房地产泡沫的同时也要防止房地产市场出现大起大落。

从地方层面调控政策的出台来看，2016年9~11月、2017年3~9月和2018年3~8月这三个调控政策密集出台时期，出台住房调控政策区域从一线城市和二线热点城市扩展到几乎所有一线、二线城市和部分三线、四线城市。

从中央层面住房金融调控政策来看，主要集中在收紧房地产开发企业融资渠道和中性偏紧的货币政策两个方面。2016年11月，银监会发布《关于开展银行业金融机构房地产相关业务专项检查的紧急通知》（银监办便函〔2016〕1846号），对房价上涨过快的热点城市的银行业进行检查，主要内容包括个人住房贷款限贷政策执行情况、房地产开发贷款情况、房地产信托合规情况和涉房贷款、理财资金违规流入房地产领域问题等。2016年11月，国家发改委发布《关于企业债券审核落实房地产调控政策的意见》，提出严格限制房地产开发企业发行企业债券融资用于商业性房地产项目（用于保障性住房、棚户区改造、安置性住房项目的除外），房地产开发企业信用债融资渠道开始收紧。2017年5月，银监会发布《2017年信托公司现场检查要点》（银监办便函〔2017〕667号），加强了房地产信托业务的合规性监管，禁止信托资金违规进入房地产市场，导致房地产信托融资渠道开始收紧。2018年4月，国家发改委发布《关于完善市场约束机制严格防范外债风险和地方债务风险的通知》，要求房企境外发债融资主要用于偿还到期债务，限制其流向房地产项目和用于补充房地产开发企业运营资金，海外债券融资渠道也开始收紧。

从政策效果来看，2016年10月之后，随热点城市房地产调控政策的密集出台，房地产成交面积累计同比增速大幅下滑，直到2018年下半年调控政策进入平稳期才重新开始上涨。住房价格方面，热点城市住房价格涨幅逐渐缩小，但三线、四线城市房价出现快速上涨的情形。

（五）房地产调控中住房金融政策效果分析

从2005年到2018年底，我国住房市场经历了四轮房地产调控周期。从调控政策目的来看，主要包括促进经济增长、稳定住房价格和防范住房金融风险。当住房价格出现持续快速上涨时，为平抑住房价格和防范住房金融风险，房地产调控政策会转向紧缩；当经济增速下行压力较大或住房价格持续下滑时，为稳定经济增长，房地产调控政策会转向放松。

住房金融政策是房地产调控政策最重要的组成部分，主要包括个人住房贷款信贷政策

（主要内容为首付比例、商业银行住房贷款利率、住房公积金贷款额度、住房公积金贷款利率、利率优惠等）、房地产开发企业融资政策（主要内容为房地产开发项目自有资金比例要求及房地产开发贷款、并购贷款、信用债发行、信托贷款、REITs等融资政策）和货币政策（主要内容为调整金融机构存款准备金率和基准贷款利率）。个人住房贷款信贷政策可以从需求端直接影响居民的住房消费；房地产开发企业融资政策可以影响房地产业的投资规模，从而间接影响住房市场的供给；货币政策可以调节货币市场流动性，影响资金的价格，间接影响住房消费和供给。

从几轮房地产调控中的住房金融政策效果来看，基本遵循"住房金融政策—住房销售情况—住房价格—房地产投资规模"的路径来影响住房市场。住房销售面积对住房金融政策的反应最快，基本上没有时滞，政策出台直接对住房销售面积累计同比增速产生明显的影响。在住房金融政策紧缩阶段，住房销售面积累计同比增速下滑，随着后续政策出台和政策效果的累积，住房销售面积可能会出现大幅下滑；在住房金融政策放松阶段，住房销售面积累计同比增速会快速上升，销售市场很快变得火热。住房价格对住房金融政策的反应存在政策时滞，一般滞后两个月左右。在住房金融政策紧缩阶段，住房价格在之后两个月左右会出现环比增速下滑，随着后续政策的出台和政策效果的累积，住房价格可能会阶段性见顶回落；在住房金融政策放松阶段，住房价格环比增速会快速上升，住房价格也会快速上涨。但从几轮房地产调控期间我国70个大中城市新建商品住宅价格指数环比增速的月度数据来看，绝大部分时间均为正，表明虽然进行了多轮房地产调控，但政策只能对短期住房价格增速产生影响，整体来看我国主要大中城市住房价格仍不断上升。房地产投资对住房金融政策的反应存在较明显的时滞，时间一般为半年以上。在住房金融政策紧缩阶段，房地产投资的政策时滞相对较长，一般只有在房地产调控导致住房销售面积和住房价格同比增速均出现较大幅度下滑、整个住房市场预期出现实质性的转变时，房地产开发企业才开始逐渐缩小房地产投资规模，房地产投资完成额累计同比增速才会逐渐下降；在住房金融放松阶段，房地产投资的政策时滞相对较短，当住房销售面积和住房价格出现快速上涨时，房地产开发企业对住房市场预期明显转好，房地产投资增速会快速上升，土地拍卖市场"地王"出现较多。

住房金融政策是影响住房市场短期运行趋势的重要因素，但从紧的调控见效慢，放松的调控则见效快。从长期来看，提高住房供给水平和供给结构，抑制住房投资、投机需求，改革住房供给、土地供给、住房金融、房地产税收等基础性制度，构建房地产长效机制，是促进房地产市场平稳健康发展的根本之道。

2017年中央提出打好"三大攻坚战"，防范化解重大风险位于"三大攻坚战"之首。对于重大风险中的金融风险，习近平总书记在中共中央政治局第十三次集体学习时指出，"牢记将防范化解金融风险特别是防止发生系统性金融风险作为金融工作的根本性任务，严守不发生系统性风险底线"。我们认为，房地产金融风险有可能成为诱发系统性金融风险的重要因素，本章针对住房金融部门展开重点分析。

三、政策性住房金融

（一）政策性住房金融的构成要素

1. 政策性住房金融机构

政策性住房金融机构是由政府对特定住房金融机构给予一定的政策倾斜，如税收减免和对资金来源方面给予支持。世界各国对政策性住房金融机构的安排，大体上可以分为三种：

专营的政策性住房金融机构；政策性金融机构与商业银行共同经营住房金融业务；不设专门机构，由其他金融机构兼营政策性住房金融业务。有的国家设立专业的政策性住房金融机构经营政策性住房金融业务，并规定只允许其经营该业务。由专业的政策性住房金融机构经营的优点是可以吸收一切可用于住房的政策性资金，专门用于政策性住房贷款，尤其是能够发挥专业机构在资金运用方面专营的权威性，并在最大程度上发挥住房消费者在资金方面的互助。有的国家则由政策性住房金融机构和一般商业银行共同经营政策性住房金融业务，商业银行在整体业务中发挥主体作用，政策性住房金融机构则发挥辅助与引导作用，对商业银行业务进行补充。有的国家不设专业的政策性住房金融机构，而由一般商业银行和其他金融机构兼营政策性住房金融业务。

2.政策性住房金融工具

政策性住房金融机构根据政策惠及对象的特征，设计符合其还款能力的特殊住房金融工具，比如低息贷款等。由于政策性住房金融所需的资金量大，占用资金的时间较长，所面对的融资对象由于是居民个人而千差万别，所以政策性住房金融的融资工具也是多样化的。在政策性住房金融领域，常用的金融工具主要是以市场为主的开放型运营的各种类型的抵押、抵押贷款债券和抵押贷款担保住房基金等，也包括封闭运行的公积金和住房基金等。

3.政策性住房金融的融资模式

政策性住房金融的融资方式也多种多样。从大类上看，可分为合同储蓄模式、强制储蓄模式和资本市场融资模式。这里的合同储蓄模式，是借贷双方通过契约筹措住房资金，即潜在购房者与指定机构（通常是住房合作社）订立资金存贷合同，按合同的约定定期到指定机构储蓄，当储蓄额达到一定时间和数额后便自动取得从该指定机构获得与储蓄利率和数额挂钩的住房抵押贷款的权利。强制储蓄模式是一种政府用强制性手段筹集住房建设和消费所需资金的住房金融模式。强制性储蓄的基本运行机制是：政府凭借国家权威和信用，通过国家法律和行政规定等强制性手段，强制要求雇主和雇员将雇员工资收入的一定比例定期存入指定机构，该指定机构以优惠贷款方式支持雇员住房消费。资本市场融资是指政策性住房金融机构主要通过资本市场筹措住房资金。

4.政府的参与与干预

由于政策性住房金融具有强烈的政策性特点，所以其运行就离不开政府的干预，其业务经营将受到政府管理部门的全程监督，以此来确保政策性住房金融的有效运作。政府作为政策性住房金融的管理者，一方面对各参与金融机构进行资格的审查与登记，全面监督金融运行的情况以确保目标政策的实现；另一方面要根据国家经济发展水平和住房金融体系运行状况，及时对住房金融政策进行调整，以确保政策性住房金融体系的有效运作。

（二）政策性住房金融的基本内涵

1.政策性住房金融的责任主体是政府

从总体而言，政策性住房金融设立的初衷就是体现政府在住房金融方面特定的政策意图，所以政策性住房金融的责任主体理应就是政府。从具体操作层面来看，政策性住房金融针对特殊的收入群体，所需资金数额巨大，占用资金的时间相对较长，对居民的福利产生的影响深远，这使得只有政府才能够在全社会范围内调动各个阶层的储蓄资源，也只有依靠政府的权威和系统组织维持政策性住房金融优惠性的实施和保障居民的住房福利。

2.政策性住房金融的目标是为中低收入阶层解决住房问题提供资金支持

尽管从经济学的角度分析，市场机制应该是供应与配置住房资源最有效率的经济制度，但是由于住房本身所具有的外部性和公共产品等特性，住房市场又存在不完全竞争，再加上以中低收入者为主体的特殊阶层很难通过以效率为主市场机制来解决自身的住房问题。以上种种就决定了解决居民住房问题不能够完全依靠市场。中低收入群体只有借助于政府的帮助与支持，才能够解决其住房问题或改善居住条件。尽管市场和政府都是住房资源的配置主体，但两者应各负其责，中低收入家庭的住房问题则主要通过由政府负主体责任的政策性住房金融制度来解决。

3. 政策性住房金融能够促进社会保障制度的完善

在市场经济条件下，各生产部门之间的生产力发展水平是各不相同的，不同的生产力发展水平则会导致各部门职工收入分配的不平衡。分配的不平衡则会导致在解决住房问题时，中低收入阶层难以靠自身的积蓄完成自有住房的购买，从而对他们的住房福利产生影响。基于对居民福利的重视，政府往往高度重视中低收入群体的住房问题，社会住房保障制度的实施是为缩小由于收入差距造成的住房分配的不平等，保障中低收入者的住房权利。但政府无力也不可能以财政资金承担起全部的保障资金，中低收入者的住房问题有一部分需要通过政府提供优惠的政策性住房金融来解决，政策性住房金融的存在与作用发挥促进了社会保障制度的完善。

4. 政策性住房金融的保证和依据是立法

政策性住房金融是关系到社会福利的一项重要的社会与金融政策，为明确其特定的运营目标与运营方式等方面，需要完备而有效的法律支持。法律上需要明确规定政策性住房金融的主体、不同对象及住房金融措施，对政策性住房金融主体的进入、退出管理办法加以严格的规定，规定政策性住房金融措施根据社会经济发展和中低收入阶层收入水平变化进行调整，以保证政策性住房金融的制度化与规范化。

（三）政策性住房金融的基本特征

1. 政府的干预性

政策性住房金融是政府从社会公平的角度，以政府信用为基础，为中低收入家庭住房消费提供直接的资金支持，或者对中低收入家庭购房给予补贴或贷款担保等优惠，属于政府以货币形式进行社会再分配的一种方式。所以政策性住房金融的资金来源与运用，政策性住房金融政策的制定与实施，都必须有政府的介入，政策性住房金融体现的就是政府对住房金融市场或直接或间接的干预。

2. 需求对象的有限性

政策性住房金融的目的是解决中低收入阶层的住房问题。从住房需求者的角度看，主要是政府给中低收入阶层提供政策性的住房资金。因此，要对能够享受政策性住房金融的对象加以严格的限定与区分，使中低收入者能够切实地得到优惠的住房资金，而高收入者的住房则要完全交由市场解决。严格地区分政策性住房金融的参与者以确保这种金融措施能够更有效，更有针对性。

3. 经营的非营利性

政策性住房金融虽然是一项金融政策，但从本质上讲更是一种政策性金融，所以它具备政策性金融必须有的经营性质，也就是其运作不以营利为目的。政策性住房金融的运作主要以促进分配公平和提高社会福利为主，在实际运行中可能还存在亏损，需要政府补贴。

4. 实施的层次性

政策性住房金融的实施，必须注意体现其层次性。这种层次主要是指公平的层次，即垂直公平和水平公平问题。前者是指不同收入阶层家庭从中所获得的金融支持程度应该是不同的，后者则是指同收入阶层的家庭则应受到平等的对待。

5.融资模式的差异性

建立政策性住房金融制度以解决中低收入者的住房问题，是世界上许多国家面临的共同问题。但在具体的融资模式的设计、选择以及运作的范围、运作管理方式上，必须根据不同国情采取不同的做法，不能盲目借鉴与引入，以提高政策性住房金融运作的有效性。

6.公平与效率兼顾性

通常认为，市场是最有效率的资源配置主体，而政府干预则更多的是体现社会公平，但这二者又各自在解决公平和效率方面存在着缺陷。所以市场与政府作为资源配置两个不同的主体，二者之间绝不是相互排斥的，反而可以在确定各自的边界的基础上结合在一起，以实现提高经济效率与确保社会公平两个目标的统一。政策性住房金融的实施，正是这样一种结合体，以政府信用为基础，但尊重市场规律，在对中低收入者的住房融资中体现公平与效率的兼顾性。

（四）政策性住房金融的经济功能

从宏观的角度来说，政策性住房金融具有政策性金融所特有的功能，即对经济的补充功能与引导功能。具体来说，政策性住房金融具有促进房地产业协调发展、引导住房消费以及促进社会稳定等功能。政策性住房金融的经济功能具体体现如下。

1.促进房地产业协调发展

政策性住房金融主要用于解决中低收入阶层的住房问题。中低收入阶层住房消费负担能力差，没有政府的支持就无力购买住房。政策性住房金融的实施，无论是直接还是间接方式，都增加了中低收入家庭的住房消费支付能力，从而增加了住房市场的有效需求。同时，政策性住房金融的实施把市场不能解决的住房需求从市场中吸引出来，不会对住房供应市场造成虚假的需求。政策性住房金融资金的分配及其消费能够调节和刺激住房需求，使得住房供给与需求两个层面都得以增加，从而促进房地产业的协调发展。

2.促进经济发展

在市场经济条件下，房地产业的发展取决于市场需求。政策性住房金融的实施可以增强居民的购房支付能力，把人们潜在的住房需求转化成为现实的有效的市场需求，促进房地产市场的发展。统计数据表明，房地产业对一国经济发展有巨大的影响。与房地产业直接或间接相关的产业部门多达五十多个，房地产业可以带动上下游产业的发展，房地产业的产值每增加1个百分点，会促使相关产业的产值增加1.5～2个百分点。政策性住房金融资金的分配及其消费能够调节和刺激住房需求，促进房地产业的发展，从而发挥房地产业所具有的巨大经济推动作用。

3.培育金融发展的新增长点

生产信贷是金融机构最先发展和长期居于核心地位的金融业务。但是，由于当代不可逆转的消费信贷已得到迅速发展，消费信贷在经济发达国家的金融业务中也自然成为一个十分重要的组成部分。在许多国家，消费信贷在全部信贷业务中所占比重达到1/3以上。消费信贷的迅猛发展，有力地支持着经济的发展。现在，经济发达国家的消费信贷已经形成一个内容广泛的信贷体系，向消费者提供信贷的有金融机构也有非金融机构，而金融机构提供的消费信贷则是以住房信贷为主导的耐用消费品。信贷政策性住房金融弥补商业性住房金融的不足，引导更多的金融机构与储蓄资金进入住房金融市场，通过住房信贷的发展带动金融业的发展。

思 考 题

1. 住房金融的特点有哪些?
2. 分析美国住房金融体系的组成,对我国住房金融体系完善的借鉴意义。
3. 分析日本住房金融支援机构及其对我国政策性金融机构改革的启示。
4. 分析英国建房合作社及其对我国住房体系完善的借鉴意义。
5. 分析德国住房合约储蓄及其对我国政策性金融制度完善的借鉴价值。
6. 分析新加坡住房金融制度及其对我国住房金融体系改革的启示。
7. 谈谈进一步完善我国住房金融的基本思路。

第四章　个人住房抵押贷款

个人征信系统数据显示，2016年，个人住房贷款发放笔数和金额均较上年有较大幅度增长。截至2016年末，个人住房贷款余额18.0万亿元，同比增长36.7%，占各项贷款余额的16.9%，相当于GDP的24.1%。根据推算，目前约19.3%的存量住房有尚未结清的个人住房贷款，个人住房贷款余额占存量住房市场价值的8.2%。可见，近年来个人住房贷款在房地产市场的快速带动下取得了迅猛发展，在银行信贷资产中的比重逐步上升。

第一节　个人住房抵押贷款及其类型

一、个人住房抵押贷款的概念

个人住房抵押贷款的概念，常见的有两种解释：一种是广义上的，称为个人房屋抵押贷款，指借款人将本人名下的房地产作为抵押资产向银行借款，以获取个人合法合规资金，其用途多样，包括个人购房、购车、消费、经营等；另一种是狭义上的，特指个人住房按揭贷款，用途明确，即银行向借款人发放的用于购买自用住房的贷款，这种贷款也是以借款人所购买的房地产为抵押品，一般由借款人先行支付一定比例的首付款，剩余购房款向银行贷款，然后在一定的时期内，分期偿还所有借款本息。

二、个人住房抵押贷款的特征

（一）产品成熟、信贷业务量大

国内商业银行从20世纪90年代就开始开展个人住房抵押贷款业务，尤其是自1998年国务院颁布《关于进一步深化城镇住房制度改革加快住房建设的通知》以来，该类信贷业务量不断增长，也形成了相对规范的管理制度和操作流程，早已成为我国商业银行消费信贷业务支柱。

（二）贷款金额大、贷款期限长

购房支出通常是家庭支出的主要部分，住房贷款也普遍占家庭负债的较大份额，个人住房抵押贷款的期限一般在20~30年之间，远远长于普通对公信贷产品及其他对私信贷产品，因此，个人住房贷款相对其他个人贷款而言金额较大，期限也较长。

（三）贷款分散性程度高

个人住房抵押贷款的放款对象是符合条件的自然人，具有数量多、分布广、区域差异大的特点。此外，由于信贷客户群体信用质量具有较大的差异性，高、中、低收入者均可成为借款人，因而各笔贷款的信用质量存在较大的差异性。

（四）经济周期敏感性强

个人住房抵押贷款的经济周期性体现在业务量和信贷风险两个方面。就业务量而言，在经济繁荣时期，自然人预期收入上升，住房需求随之上升，同时由于借款人预期收入上升，商业银行将提高对借款人的信用评估，因而增加信贷供给，从而促进了住房抵押贷款业务量增长；反之，当经济处于衰退时期，人们对未来收入变得悲观，会相应减少住房抵押贷款的供给与需求。就信贷风险而言，经济繁荣时期，抵押住房的市场估值相对较高，因而，整体上，个人住房抵押贷款的信用质量处于较高的水平；反之，在经济衰退时期，抵押住房的市场估值较低，加之，借款人的还款能力处于较低水平，因而整体的住房抵押贷款的信用质量处于较低的水平。

（五）信用评估难度大

尽管中国人民银行已于2013年10月推出个人征信服务平台，但我国个人征信制度仍处于起步阶段。商业银行的个人信用评估报告尚需进一步细化到每一位社会成员的信用资料和信贷申请人的家庭征信资料，而且由于过去部分商业银行对信贷风险管理的重视程度不够，商业银行在搜集信贷申请人的信用资料时存在一定的技术缺陷。

三、个人住房抵押贷款的基本种类

按贷款利率的不同，可将住房抵押贷款分成 FRM、ARM 和混合型住房抵押贷款三种类型。

（一）FRM

FRM 是一种采用固定利率制的个人住房抵押贷款，即在签订贷款合同的时候，FRM 的贷款利率就已确定，不管将来市场利率水平怎么变化，借款人（购房者）都要按照合同约定的固定利率计算贷款利息进行支付。

（二）ARM

ARM 是一种采用浮动利率制的贷款，即贷款利率水平会随着市场利率的波动定期调节。与 FRM 不同，ARM 只需承担部分利率风险，有时会设定一定的利率调整范围，以免借款人承担较大的利率风险。

（三）混合型住房抵押贷款

混合型住房抵押贷款则分别融合了 FRM 和 ARM 的特点，它的利率风险由借款人和贷款人共同承受。一般而言，混合型住房抵押贷款的购房者按照合同约定的固定利率支付利息，在贷款几年之后就转化为浮动利率制。

第二节　借款人资格审核与信用评估

一、贷款审查与批准

（一）贷款审查

审查人员应结合贷款申请资料对受理意见以及借款申请人（含共同申请人）公积金缴存

情况、拟申请贷款期限、拟申请贷款金额、首付款比例等贷款申请相关情况进行复核。

审查人员在完成复核工作的基础上进行审查，审查应按照下列要求进行：①购买、建造、翻建、大修住房合同（协议）等文件资料应合规、真实；②借款申请人拟提供的担保应符合规范要求；③对于异地住房公积金管理中心缴存证明，应通过网络、电话等方式核实真实性；④其他应审查的事项。

对于借款申请人拟提供抵押担保的，应按下列要求进行审查：①应根据借款申请人提交的抵押物权属证明或合同（协议）等文件的相关内容，审查抵押物权属情况应符合房地产登记机构抵押登记相关政策要求；②抵押物价值应符合下列要求：对于借款申请人以所购新建自住住房作为抵押物的，应以房屋交易价格作为抵押物价值；对于借款申请人以所购再交易自住住房作为抵押物的，应对抵押物进行价值评估，并应以评估价值、房屋交易价格相比较低者作为抵押物价值；对于借款申请人建造、翻建、大修自住住房的，应对借款申请人拟提供的抵押物进行价值评估，并应以评估价值作为抵押物价值；借款申请人拟申请贷款金额不得超过抵押物价值的 80％；③借款申请人申请的贷款期限不得高于抵押物剩余使用年限；④对于需要以评估方式确定抵押物价值的，抵押物价值应由住房公积金管理中心认可的、由具有评估资质的房地产评估机构进行评估确认，并应出具符合国家房地产评估规范要求的抵押物价值评估报告；⑤其他应审查的事项。

对于借款申请人拟提供质押担保的，应按下列要求进行审查：①质物应为凭证式国债或受委托贷款银行人民币定期存单；②拟申请贷款金额不应超过质物金额的 90％；③质物到期日应晚于贷款到期日；④其他应审查的事项。

对于保证担保的，应审查保证人资格已通过住房公积金管理中心认可，并应确认保证人的保证意愿。

贷款的期限、金额、利率等，应根据借款申请人（含共同申请人）的还款能力、贷款用途、担保情况、本地区单笔最高贷款额度、国家相关政策等要素确定。

对于通过贷款审查的贷款申请，审查人员应在贷款信息系统中完成信息录入，应填写住房公积金个人住房贷款受理审批表并签署审查意见，将贷款资料整理后提交贷款批准人员。

对于未通过贷款审查的贷款申请，住房公积金管理中心应向借款申请人开具住房公积金个人住房贷款申请退回通知书，告知未通过审核原因及补正方式，退还申请资料。对于异地贷款未通过贷款审查且无法补正的，住房公积金管理中心应填写并反馈异地贷款职工住房公积金缴存使用证明回执。

（二）贷款批准

批准人员应在对审查意见进行合规性审核、对贷款申请审查资料进行完整性复核的基础上，对借款申请人贷款申请进行审批。

是否批准贷款申请，应根据借款申请人（含共同申请人）信用情况、还贷能力和担保方式等情况决定，批准人员应填写住房公积金个人住房贷款受理审批表，签署批准意见。

对于通过贷款批准的贷款申请，批准人员应在贷款信息系统中完成信息录入，应将贷款资料整理后转交贷款签约人员。

对于未通过贷款批准的贷款申请，住房公积金管理中心应向借款申请人开具住房公积金个人住房贷款申请退回通知书，告知未通过批准原因及补正方式，退还申请资料。对于异地贷款未通过贷款批准且无法补正的，住房公积金管理中心应填写并反馈异地贷款职工住房公积金缴存使用证明回执。

二、信用评估的含义

个人信用评估,就是通过综合考察影响个人及其家庭包括经济、金融、司法、工商、财产等过程在内的内外宏观、微观环境,使用科学严谨的分析方法,对个人及其家庭的资产状况、履约情况、经济承受能力和信誉进行全面评判与估价,并以一定的符号来表明其信用状况。也就是说,个人信用评估是个人资产和个人信用状况的综合反映。住房贷款信用评估就是以个人信用评估为基础,结合所购房产及贷款状况对银行资金回收的影响、个人和住房贷款状况共同形成的一个信用体,对这个信用体进行评估、预测潜在的风险就是住房贷款信用评估。

住房贷款信用评估主要包括对个人信用状态及房产状况的考核。第一,对信用状况综合性和全方位的考察,不仅包括反映个人外在客观经济环境的指标,如个人的资产状况、收入水平、社会职务与地位以及评估对象所生活的经济环境的宏观经济状况等,还包括能反映其内在道德诚信水平的指标,如历史的信用行为记录、信用透支、发生不良信用时所受处罚与诉讼情况、犯罪记录等。另外还要包括影响资金回收程度的房产状况,如房产的价值、变现等因素。第二,信用评估应使用科学的分析方法,得到定量化的评估结果。对个人主要采用定性与定量相结合判断。对房产的考核主要是针对目前我国住房贷款的抵押贷款形式,对抵押物房产状况如房产的价值、变现能力进行定性评估,考察银行通过变现房产资金回收的程度,根据房产状况的定性判断与银行资产回收的程度的关系,由定性判断结果建立量化的指标标准。第三,信用评估应包括对其履行各种经济承诺的评估和信用程度的评估,对不同的评估对象分别给出相应的评估结果。

三、信用评估的作用

对消费者而言,个人信用评估,是个人进入信用经济交易活动的一个重要环节和步骤,是对个人在参与市场经济的交往过程中,对履行有关与资本项目、融资、合同、契约,取得某种服务有关的能力及其可信度的综合评定。

从实际绩效来看,个人信用评估的推出,能使得一部分信用好的个人,通过信用提前购买生活资料,以享受到物质生活的便利和舒适。当个人需要资金进行生产经营活动时,还能通过使用信用缩短生产资料积累的周期,增加个人对社会贡献的时间。

对企业而言,个人信用评估可以增加消费者的购买力,为企业提供更广阔的市场。当前社会市场经济的发展导致市场竞争日益激烈,客户的数量以及市场占有率已成为企业赖以生存的重要基础。在西方发达国家,多数企业都采取通过信用销售的方式扩大销售,以达到扩展市场的功能。此外,通过有效的个人信用消费管理,还能帮助企业安全地进行信用销售,在一定程度上避免了坏账风险,从而保证企业的金融安全。

对社会整体而言,由于信用的货币属性,个人信用能够实现一定的经济政策功能,成为国家调控宏观经济的重要工具。一方面,大力提倡和发展个人信用的使用,能有效地刺激消费、拉动经济需求;另一方面,个人消费信用发展到一定阶段,能使得个人的信用能力增值,并转化为商业资本或产业资本,进一步带动国民经济的需求。以上两个方面分别通过加速效应和乘数效应起作用,作用于整个国民经济体系,从而保证社会经济快速、稳定地增长。

住房贷款信用评估,对消费者来说是银行提供资金支持的有力凭证;对房地产来说,可以通过消费者的信贷消费,实现资金的顺利回收;对银行来说,通过信用评估可以明确个人的信用状态,决定信贷方案的实施。可见,个人住房贷款信用评估对个人、银行、房地产都有举足轻重的作用。

四、个人信用评估方法

商业银行对住房贷款信用分析主要采用对个人信用分析的模式,通常采用经验判断法和信用评分法。

(一)经验判断法

经验判断法是信贷人员利用个人知识、直觉和经验对消费信贷进行评估的一种传统评估方法。信贷人员分析消费信贷调查中所收集的原始资料,通过对各个主要参数或项目的评估而得出最终的结论。经验判断法通常是依靠个人的主观经验对个人财务状况的分析来进行。其主要分析内容包括资产分析、收入分析、负债分析和综合分析等。贷款分析员在进行前三项分析之后将获得的每项信息有机地组织起来,进行最后综合分析,得出定性的判断结论。主要的方法有 3C 评价原则(即品德 Character、能力 Capacity、抵押担保 Collateral)和后来的 5C 评价原则(即 3C 再加上条件 Condition、资本 Capital)。3C(或 5C)评估原则的主观因素太多,指标较少,主要依赖评估人的经验和能力,具有很大的主观随意性。

(二)信用评分法

信用评分法将数学和统计学模型应用到信用评估中,它以大量的信贷历史经验为依据,以定量的分析方法来评估消费信贷的风险,并以此做出贷款决策。它首先分析各种变量之间与消费信贷质量的关系,找出最能反映贷款质量的一组变量,如住房情况、现在工作情况等,根据各个变量与贷款质量的关系,为每个变量设定一个数值,然后加总,将加总后的分值和预先设定好的接受-拒绝临界分值进行比较。如果贷款申请人的总分低于该值,则银行会做出拒绝贷款的决定;反之,同意贷款。

经验判断法和信用评分法相比,各有优缺点。两者都运用了影响贷款申请人信用因素的资料。但是,信用评分法根据影响贷款申请人信用的每项因素与其他相关因素的统计重要性来制定该项因素的权重,反映影响贷款申请人信用因素重要性的等级,而经验判断法则更多地考虑影响贷款申请人信用各项因素重要性等级变动,较好地反映贷款申请人不可量化的一些无形价值。信用评分法综合了各项影响贷款申请人信用状况的因素,经验判断法则限于人的思维能力,通常依次评价影响贷款申请人信用的各项因素。与经验判断法相比,信用评分法具有科学、一致、高效的特点,所以在现代大规模的银行和金融机构的信贷评估中,大都以信用评分法为主,而以经验判断法为补充。

20 世纪 80 年代,随着新技术的出现和计算机技术的发展,越来越多的统计方法被应用到信用评估中,降低了信用评估中的主观因素。目前主要有线性概率模型、Logit 模型、Probit 模型、判别分析、神经网络法等方法。应用这些方法进行信用评估的思路在本质上是相同的,即先确认某些决定违约概率的关键因素,然后将它们联合考虑或加权计算出一个数量化的分数,并直接根据该分数决定是否提供信用服务。在线性概率模型、Logit 模型、Probit 模型和判别分析中,自变量采用的是线性结构,但实际中,这些变量之间和自变量与因变量之间的关系可能是非线性的。因此,近年来,神经网络应用于信用评估中，为信用评估未来发展提供了良好前景。与以前自变量对于因变量只有一种线性的和直接影响的假设相比，神经网络是通过考虑自变量之间的复杂关系或相互作用来增强模型的解释能力。

五、我国住房贷款信用评估体系现状

（一）现状概述

目前我国对住房贷款个人信用评级中就借鉴了国外的一些评估技术，建立了一套个人信用评分体系，作为我国目前信用评估的重要手段。我国的社会信用体系正在逐步建立，建立个人的信用资料档案制度的实行，为个人住房贷款的信用评估提供良好的社会环境和真实的数据资料。中国人民银行于1999年2月发布了关于开展个人消费信贷的指导意见，要求逐步建立个人消费贷款信用登记制度，我国已经开始在一些经济发达地区（如上海、广州等）试行建立"个人信用档案"制度。2000年4月1日中国开始实行储蓄实名制，与此同时，我国开始按照"统一管理，统一标准，统一程序，统一质量检查，统一公告登录"的原则组建社会中介信用评估机构，并取得较好成绩，我国目前的个人信用系统只在国内几个大城市中开始使用。社会信用体系为建立有效的信用评估体系提供了良好的社会环境。

国内有一些银行如建设银行、交通银行、农业银行已建立了个人信用评分系统用于个人消费贷款，主要针对住房、汽车等耐用品，通过个人信用评分体系加贷款抵押物、质押物状况等进行定性分析。例如在进行审核个人住房贷款信用风险时，首先分析个人信用状况，再考察房产状况，最后确定贷款状况。

我国目前银行建立的个人信用评分体系，基本思路都是借鉴国外成熟的信用评估体系，从个人的基本情况和资信状况两个大方面设置指标，但各银行在指标选取上没有统一标准，体系具有一定的局限性。现以江西某农业银行的评估指标体系为例进行分析，见表4-1。

表4-1 某农行的个人信用评估指标体系

一级参数	评分标准									
	项目	指标类别	分	指标类别	分	指标类别	分	指标类别	分	指标类别	分
基本情况	年龄/岁	18～24	2	25～30	3	31～44	4	>45	1		
	婚姻状况	有配偶有子女	4	有配偶有子女	3	单身有子女	2	单身无子女	1		
	人寿保险	有	2	无	0						
	文化程度	硕士以上	5	本科	4	大专	3	中专,高中	2	其他	0
	职称	高级	4	中级	2	初级	1	无	0		
	户口性质	常住户口	2	临时户口	0						
	行业类别	国家机关	7	金融行业	7		6		6		
		上市企业、大企业	6	三资企业、民营企业	3	其他	2				
	岗位性质	单位主管	6～8	部门主管	4～6	一般职员	1～3				
	工作年限/年	>5	4	1～5	3	<1	1				

续表

一级参数		评分标准									
资信状况	本人月收入/元	10000	7	8000~10000	5	5000~6000	4	4000~5000	3		
		3000~4000	2	2000~3000	1	1000~2000	0	1000以下	-3		
	与当地平均月收入相比	>5倍(含)	6	3~5倍	4	2~3倍	2	1~2倍	2		
		1/2~1倍	-2	1/2倍以下	-4						
	家庭月收入/万元	>3	8	2~3	6	1.5~2	5	1~1.5	4	0.5~1	3
		0.2~0.5	2	0.1~0.2	1	<0.1	0				
	与当地平均家庭月收入相比	>5倍(含)	7	3~5倍	3	2~3倍	3	1~2倍	0		
		1/2~1倍	-3	<1/2倍	-5						
	家庭财产/万元	>100	11	70~100	8	50~70	6	30~50	6		
		20~30	3	20~30	2	10~20	0	5~10	-1		
	房产/家庭财产	>75%(含)	0	50%~75%	1	25%~50%	2	<25%	3	无房地产	-1
	本行账户	有信用卡账户	1~5	有储蓄账户	1~3	无	0				
	本行存款余额/万元	>3	6	1~3	4	<1	2				
	业务往来	频繁	3	一般	2	极少	0				
	信用记录	有借款已还清	5	有借款未还清	4	从未借款	3	有拖欠记录	-5		

这个体系通过指标把个人信息转化为相应的分值,最后加总。银行根据总分确定是否发放贷款。具体的判断标准是个人信用分在80分(含80)以上的借款申请人,可以申请个人信用综合消费贷款;80分以下的不可以申请综合消费贷款。

(二)我国银行信用评分的优点

表4-1中某农行的评分指标体系主要由个人的基本情况和资信状况两大部分组成,主要考察个人的家庭、工作性质、收入情况、财产状况、历史信用状况等。通过个人收入和财产状况反映个人的还款能力,还款意愿只能从个人与银行的交易记录来反映。我国银行在信用评估指标设置中考虑到影响个人资信状况的各个因素,如基本情况、财务状况和信用状况,指标具有全面性。并且银行也引入了"房产/家庭财产"这个比率性的指标,反映个人的资产状况。

个人信用体系有明确的评分标准,每个指标都有不同的等级,根据个人的具体情况打分,体现了信用评分体系的基本思路。评分标准基本符合各指标的变化与个人信用度的关系。计分方法按照传统的加权计分方式。

(三)我国银行信用评估体系完善方向

1. 现有指标有待进一步加强科学性

(1)个人工作状况的考核 由表4-2可以看到,这个指标体系中对个人工作状况的考核主要有行业类别、岗位性质、工作年限三个指标。行业类别这个指标分类模糊,如专业机构具体指哪些部门?答案不确定,审核人员没有明确的区分标准。上市企业、三资企业是企业的性质,例如中国移动通信集团安徽有限公司属于通信行业,但它的企业性质是外资,按照上述指标,如果按照通信、水电行业可以得6分,但按照三资企业可以得2分,答案相差甚远,继而影响评分结果。于同一个行业有两个结果,答案不唯一,不符合指标体系唯一性的原则。同时也给操作过程带来很大选择空间,主观性加大。

表 4-2 个人工作状况

行业类别	国家机关	金融行业	通信、水电行业	专业机构
	7	7	6	6
	上市企业、大企业	三资企业、民营企业	其他	
	5	3	2	
岗位性质	单位主管	部门主管		一般职员
	6~8	4~6		1~3
工作年限	>5年	1~5年		<1年
	4	3		1

(2) 个人还款能力 指标体系中采用个人和家庭工资收入作为评价指标,缺乏个人的债务、消费支出等财务支出的考核。个人的工资收入其中一部分保证家庭日常生活必需消费,贷款人可能还有其他方面的债务支出,如果个人的收入很高,但消费支出、债务支出也很大,那么其用来偿还银行贷款的有效收入相对减少,还款能力不一定高。个人还款能力直接影响到银行资金回收的比率,仅考虑个人及家庭收入作为指标,没有从本质上把握个人的还款能力,不能达到规避风险的目的。对此,应引入收支比、资产负债比两个比率指标来衡量个人的还款能力。

(3) 收入的考察 对收入的考察有两个指标:一个是绝对收入,一个是与当地平均月收入的比较值,这两个指标具有重复性。由于城市的工资水平各有不同,不同城市的收入没有可比性,而在同一城市,工资的绝对数值具有可比性,因为它有一个共同的参考标准。如就目前而言,在A地3000元可以说是较高的收入,但在B地3000元只处于低收入阶层,绝对工资相同,但收入的高低却不同,所以工资的高低要有一个参照系,即其所处的城市环境,才有比较意义。与当地平均月收入的比较值,是与当地整体工资水平比较得出的结果,能真实反映出个人的收入水平。当地的工资收入水平从统计局的资料中可以查出,作为参照标准,个人的工资收入与此相比就很容易得出相对收入,并且由这个相对收入可以了解绝对收入,所以说指标具有重复性。对此,应采用个人绝对工资与当地同期最高工资的比率来衡量个人的收入状况,对现有的收入绝对性考核进行改进。

2. 指标有待进一步完善

个人住房贷款信用风险评估,只考察了个人的信用状况,没有对房产情况进行考虑。房地产项目在个人贷款的过程中起到关键的作用,信用风险的来源包括房地产商的道德品质、开发项目的质量、能够引起购房者与开发商的纠纷的一系列问题。开发商的信用在影响购房人的决策上起到一定的作用。个人的理性违约大多是由房屋无法入住或者房屋质量问题造成的。因此,对房产状况考核也应该作为信用风险防范的指标。

3.指标权重有待进一步优化

信用体系中,从各指标的最高分数分布来看,家庭收入、岗位性质设置 8 分,行业类别、本人收入设置 7 分。分数基本反映了各指标在体系中所占的重要程度,如家庭收入占首要位置,本人收入次之。作为银行对个人信用状况的考核体系,个人的还款能力应为首要因素,但这个体系的权重设置与目前我国社会状况有一定差距,重要性系数有待进一步调整。另外,判断标准单一,仅有一个拒绝与接受的界限,银行只吸取最优客户,对于大量信用状况良好的客户拒之门外。

第三节 贷款条件与贷款风险

一、个人住房抵押贷款的条件

个人住房抵押贷款的条件有:①具有完全民事行为能力的自然人,年龄在 18(含)~65(不含)周岁之间,外国人为借款人的,应在中华人民共和国境内居住满一年并有固定居所和职业;②具有合法有效的身份证明、户籍证明(或有效居留证明)及婚姻状况证明(或未婚声明);③具有良好的信用记录和还款意愿;④具有稳定的收入来源和按时足额偿还贷款本息的能力;⑤有明确的贷款用途,贷款用途符合国家法律、法规及有关规定,承诺贷款不以任何形式流入证券市场、期货市场和用于股本权益性投资、房地产项目开发,不用于借贷牟取非法收入,以及其他国家法律、法规明确规定不得经营的项目;⑥能提供银行认可的合法、有效、可靠的房屋抵押;⑦在工行开立个人结算账户;⑧银行规定的其他条件。

二、个人住房抵押贷款的风险分类

(一)信用风险

信用风险是指在交易过程中,交易双方如果有一方不能兑现付款承诺而对另一方造成损失的概率。产生信用风险的原因是借款人因为种种原因不能或是不愿意按照规定的期限偿还贷款本金和利息,从而造成了银行信贷资金的损失,产生了信用风险。

(二)流动性风险

流动性风险是指银行资金中短期存款或长期贷款难于变现的风险。其原因主要包括两点:一是我国银行固有资产债权难于变现,从而非常容易导致流动性风险的产生,造成银行机会成本带来损失的概率变大,同时银行也可能会失去在金融市场有利的投资机会;二是我国目前的住房贷款主要由居民储蓄存款和住房公积金组成。

(三)经济周期风险

经济周期风险是指国民经济整体水平周期性波动过程中产生的风险。经济扩张时,居民收入水平提高,居民就会加大对房地产的投资,房地产需求量会增大,从而导致银行发放的住房抵押贷款数量的上升。经济萧条时,居民的收入下滑,进而导致贷款无法偿还,只能将房屋抵押给银行。于是,抵押风险转变成了银行的损失和不良债权,就容易导致银行的信用危机乃至破产的发生。

（四）利率风险

利率风险是指市场利率水平的波动给银行资产价值所带来的损失危害的概率。当利率上调，住房抵押贷款的利率随之上涨，使得借款人偿还贷款压力可能增大。当利率下调，借款人又可能因利率低而重新借款，或者从当前市场融资，来提前还款。提前还款的发生使得住房贷款的现金流发生不稳定性，给银行的资产负债造成一定困难。

三、个人住房抵押贷款风险管理

第一步：贷前调查。贷款调查人员与申请人进行面谈并做好记录，要求申请人填写有关个人基本情况的材料，并进行实地调查。通过面谈与实地调查，银行进行对比评估。调查人员按照银行规定填写审批表，提出调查意见，并开具是否同意贷款的结论。

第二步：贷中审核。审查人员应通过面谈资料和其他信息，对借款人提供资料完整性和购房风险进行评估。审查人员出具是否同意贷款的意见，并经审查主责任人签署后送至审批人进行审批。

第三步：贷款审批。贷款审查后，贷款审查员向上级部门递交申请人材料、调查意见和自己的审查意见，上级部门根据以上信息做出是否贷款与贷款金额多少的决策。目前我国商业银行的贷款审批一般由信贷科科长负责，超越其权利范围的则需要递交到上级银行信贷管理部门审批。

第四步：贷后管理。贷款发放后，贷款银行需要对发放的个人住房抵押贷款进行定期检查。借款人购买期房的，银行应密切关注楼盘进度，在规定时间内申请与借款人办理抵押登记。银行还应将所得信息进行汇总，分析贷款评估房产抵押物的价值变化，避免因抵押物的价值变化而导致借款人违约行为。银行对借款人的档案进行分类管理，对逾期偿还本息的客户档案进行重点管理，避免借款人利用相同的材料进行再次贷款。

第五步：信贷审计。商业银行的信贷业务审计部门会出于对银行内部风险控制的目的，对其分支机构的个人住房抵押贷款信贷政策和制度执行进行审计，其中包括贷款操作流程和贷款风险管理等方面。

第四节　个人住房抵押贷款担保与保险

一、个人住房抵押贷款担保的内涵

个人住房抵押贷款担保就是指由依法设立的机构或者组织为合格借款人申请高比例（低首付）的个人住房抵押贷款而与贷款人签订保证合同，当借款人不能按期偿还贷款本息时，由该机构或者组织承担约定的清偿责任的信用担保行为，它具有以下几个方面的特征。

（一）个人住房抵押贷款担保的主体是依法设立的机构或者组织，而不是一般的自然人

这种依法设立的机构或者组织既可以是政府机构（如美国的联邦住房管理局和退伍军人事务部等），也可以是政府出资设立的独立于政府之外的法人实体（如加拿大的抵押贷款与住房公司等），还可以是以营利为目的的商业保险公司（如美国的联邦抵押保险公司和通用资本抵押保险公司等都是专门从事个人住房抵押贷款担保的商业保险公司）。

（二）个人住房抵押贷款担保是一种保证担保，或者说信用担保行为

也就是说，担保机构在提供担保时，并不需要提供特定的财产，而是以自身的信用或者说一般财产作担保。贷款人之所以接受这种担保方式，是因为担保机构本身具有较高的信用，它们有的是政府机构，以政府信用作保证；有的虽然不是政府机构，但却是由政府出资设立，隐含着政府信用；有的虽然是商业保险公司，但法律对其设立了较高的市场准入门槛，而且其在风险管理方面具有特殊的专业优势，还须接受政府的严格监管，资信度较高。

（三）个人住房抵押贷款担保的对象为合格借款人，即具有相应住房购买力的借款人

如在美国，借款人申请联邦住房管理局担保的，其月还款额与月总收入之比不得高于29%，月总债务与月总收入之比不得高于41%。在加拿大，借款人申请抵押贷款与住房公司担保的，其月住房消费支出与月总收入之比不得超过32%，月总债务与月总收入之比一般不得超过40%。

（四）个人住房抵押贷款担保的主要功能是为借款人申请高比例的个人住房抵押贷款提供信用支持，即降低购房借款人的首付款比例

按常规个人住房抵押贷款机制，借款人申请个人住房贷款，首先得按规定支付一定比例的首付款（一般为20%以上），并以其所购住房作抵押；获得贷款后，借款人须按约定分期偿付贷款本息；在还款期内，借款人一旦停止支付贷款本息，且超过规定的延期支付期限，不论其已偿付的贷款本息有多少，贷款人均有权依法以该住房折价或者以拍卖、变卖该住房的价款优先受偿。从理论上看，随着贷款的不断偿还，借款人所欠的贷款余额不断减少，其在抵押住房中的权益不断增加，即使借款人违约，但由于处置抵押住房所得大于贷款余额的概率不断增加，贷款人遭受损失的可能性也相应地不断降低。也就是说，在通常情况下，只要借款人以其所购住房作抵押，并按规定支付了相应比例的首付款，即足以保障贷款人的债权安全。个人住房抵押贷款担保的机理在于：借款人在贷款人原定的贷款条件之外向担保机构支付一定比率的担保费建立"担保基金"，为贷款人提供担保，使得贷款人的风险得以转移、分散或者降低，贷款人即有义务在原定贷款条件的基础上给予借款人一定的优惠。如在美国，20世纪70年代中后期，普通个人住房抵押贷款的贷款比例为80%，年利率为10%；而由联邦住房管理局担保的个人住房抵押贷款的贷款比例可达85%~95%，年利率为5%；到了20世纪80年代，由联邦住房管理局担保的个人住房抵押贷款的贷款比例进一步提高，最高可达97%，贷款期限可达30年。在加拿大，普通个人住房抵押贷款的贷款比例为75%，而由抵押贷款与住房公司担保的个人住房抵押贷款，借款额在18万加元以下的，贷款比例可达90%，最高可达95%。在澳大利亚，普通个人住房抵押贷款的贷款比例为80%，而由住房贷款保险公司担保的个人住房抵押贷款的贷款比例可达97%，甚至可以是100%的全额贷款。

二、我国现行个人住房贷款担保方式

我国住房金融体系决定了个人住房贷款的来源：一种是银行的商业性贷款；另一种是公积金贷款，由于现阶段公积金缴存期限比较短，贷款额度受到相应的限制，为了维

护借款人的利益,一些地方商业银行和公积金管理中心协作推出了商业性贷款和公积金贷款相结合的混合型贷款。

中国人民银行《个人住房贷款管理办法》要求各商业银行在发放个人住房贷款时,借款人必须提供担保,具体担保方式按《中华人民共和国担保法》规定,主要有抵押、质押、留置、定金和保证人四种形式。但目前我国开展的个人住房贷款中,一部分采用住房抵押担保方式,银行认为借款人资信比较低的情况下,要求借款人在提供住房抵押的基础上必须再提供贷款担保人,即所谓的"抵押+担保"来分散化解风险。在当前住房抵押贷款中,可供借款人选择的担保人主要有借款人所在的单位、房地产开发商、具有一定经济实力的自然人和城市住房置业担保公司四大类。个人住房贷款"抵押+担保"方式如图4-1所示。

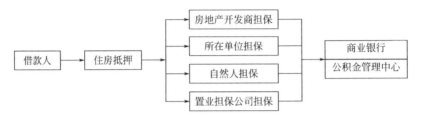

图4-1 个人住房贷款"抵押+担保"方式

借款人所在的单位作为担保人受到诸多条件的限制。《中华人民共和国担保法》规定:国家机关不得作为担保人;学校、幼儿园、医院等以公益性为目的的事业单位、社会团体也不得作为担保人。因此,购房借款人是国家公务员、教师、医务工作者都不能要求所在单位作为其购房担保人。

个别有担保能力的企业并不乐意为本企业职工提供担保。当前随着企业用人制度的改革,企业职工流动日益频繁,企业很难保证借款人在今后几年、十几年内不流出本企业。一旦借款人流出企业后发生违约事件,原担保企业将成为银行追索借款的被告。

自然人作为担保人只在理论上存在。《中华人民共和国担保法》规定具有代为清偿债务能力的公民个人也可以作为担保人。但是作为担保人,一旦借款人违约就要承担连带责任。在当前市场经济条件下,一般来说,没有哪一个自然人愿意为购房借款人作担保人。所以自然人作为借款申请人的担保人只在理论上成立,在实际操作中是很难找到这样的自然人来为借款申请人作担保人的。

开发商作为担保人是迫于销售的需要。如果借款人由所购房产的开发商作为担保人向银行申请住房抵押贷款,这就是目前各地广泛开展的住房按揭贷款。房地产开发商作为一家企业,其自有资产是有限的,实际上并不具备担保的能力。一旦购房者违约,银行所遇到的一系列风险转嫁到开发商身上,并没有使银行的风险得以化解。所以当前把开发商作为借款申请人的担保人仅是权宜之计。

三、我国个人住房抵押担保制度的要点

我国个人住房贷款抵押担保组织机构主要是城市单位的公司,机构的性质为房地产中介,担保业务只局限于住房融资,不能经营房地产中介以外的业务;担保公司为有限

公司或股份公司，注册资本必须在 1000 万元以上，资本金来源主要有地方政府预算、国有资产转让、开发商的出资，公司的担保规模必须在注册资本的 30 倍以内；对于质押权的设定限定在抵押合同签订后至本息全部还款结束前有效，质押物业的保险没有硬性规定，可以要求强制保险，必须设定担保机构为第一受益人；当出现借款人违约时，担保公司代为清偿债务，对设定的抵押物可以处置，担保公司有义务向居住困难的被担保人提供住房咨询和斡旋，因此，担保公司必须有一定的存量房。风险准备金的提取必须从担保收入中支出，用专用账户管理。信息网络的建立各地情况不同，整体来看尚未建立，人才的培养制度尚需进一步完善。担保公司的监督管理机构以住建部和地方政府为主，人民银行间接干预，但在实际运作过程中几乎没有来自建设部的直接监督、管理。我国现行个人住房抵押担保制度的要点见表 4-3。

表 4-3　我国现行个人住房抵押担保制度的要点

监督管理体制	住建部和地方政府(实际上以地方政府为中心) 人民银行的间接干预
机构的基本性质	房地产服务业(房地产中介的一种) 独立法人 有限公司或股份公司
规模必要条件	1000 万元以上的注册资本 拥有一定的住房存量
组织结构	城市单位的公司(担保公司) 地区间或与上级行政地区之间没有合作 几乎没有来自建设部的直接监督、管理
资金筹措	一部分来源于地方政府预算(含间接的) 国有资产的转让 大型开发商的出资
质押权的设定	必须(抵押合同签订后 30 日内) 至本息全部还款结束前有效
质押物业的保险	没有硬性规定，可以要求强制保险 设定担保机构为第一受益人
债权回收	可以处置债权(拍卖)等，但实际操作困难 担保公司有义务向居住困难的被担保人提供住房咨询和斡旋
业务范围	担保只局限于住房融资 不能经营房地产中介以外的业务
风险准备金	必须从担保费收入支出 用专用账户管理
担保规模限制	注册资本的 30 倍以内
信息网络	各城市情况不同，但整体来看尚未建立
人才培养	资格、培训等制度尚需进一步完善

四、个人住房抵押贷款保险的内涵

广义的个人住房抵押贷款保险是指一切与个人住房抵押贷款有关，为保证个人住房抵押贷款的安全而开办的各类保险业务，包括个人住房抵押贷款房屋险、个人住房抵押贷款人身险和个人住房抵押贷款保证保险等；狭义的个人住房抵押贷款保险仅指个人住房抵押贷款保证保险，它与个人住房贷款、个人住房担保贷款和个人住房抵押贷款等概念紧密相关。个人住房贷款是指贷款人向借款人发放的用于购买住房的贷款。与一般消费性贷款相比，个人住房贷款具有贷款额度大和贷款期限长等特点。为了保证贷款债权的安全，防止由于借款人不按期偿还贷款本息而遭受损失，贷款人在发放个人住房贷款时，除了要求借款人按规定支付一定比例的首付款外，通常还要求借款人提供某种形式的担保，如抵押、质押或者保证等，此为个人住房担保贷款。由于住房具有固定性、保值性和增值性等特点，贷款人在发放个人住房贷款时，一般要求借款人以其所购住房作抵押。因此，个人住房贷款通常又被称为个人住房抵押贷款。但住房是一种特殊的不动产，其价格高昂，特别是对大多数中低收入者和积累较少的年轻人而言，其购买住房的主要障碍就是难以一次性支付数额不菲的首付款。个人住房抵押贷款保险就是指由依法设立的机构或者组织为合格借款人申请高比例（低首付）的个人住房抵押贷款而与贷款人签订保证合同，当借款人不按期偿还贷款本息时，由该机构或者组织承担约定的清偿责任的行为。

五、个人住房抵押贷款保险的功能

个人住房抵押贷款保险的主要功能是为借款人申请高比例的个人住房抵押贷款提供信用支持，即降低购房借款人的首付款比例。按常规个人住房抵押贷款机制，借款人申请个人住房贷款，首先得按规定支付一定比例的首付款（一般为20%以上），并以其所购住房作抵押；获得贷款后，借款人须按约定分期偿付贷款本息；在还款期内，借款人一旦停止支付贷款本息，且超过规定的延期支付期限，不论其已偿付的贷款本息有多少，贷款人均有权依法以该住房折价或者以拍卖、变卖该住房的价款优先受偿。从理论上看，随着贷款的不断偿还，借款人所欠的贷款余额不断减少，其在抵押住房中的权益不断增加，即使借款人违约，但由于处置抵押住房所得大于贷款余额的概率不断增加，贷款人遭受损失的可能性也相应地不断降低。也就是说，在通常情况下，只要借款人以其所购住房作抵押，并按规定支付了相应比例的首付款，即足以保障贷款人的债权安全。除非房地产市场发生重大逆转，住房价格的下跌幅度超过了借款人在抵押住房中的权益。个人住房抵押贷款保险的机理在于：借款人在贷款人原定的贷款条件之外向保险人支付一定比率的保险费建立"保险基金"，为贷款人提供保证保险，使得贷款人的风险得以转移或者降低，贷款人则有义务在原定贷款条件的基础上给予借款人一定的优惠。从经济学的角度看，贷款人对资金的时间价值和风险价值行使管理权并获取相应的收益，其贷款利息收入包括源于时间差的利息收入和源于风险的利息收入；保险人为贷款人提供保险，使贷款人的风险得以转移或者降低，保险人则应有权获得贷款人发放的贷款资金中相应的风险价值收益权；而保险人为贷款人转移或者降低风险的基础是借款人缴纳的保险费，因此，保险人应当将其从贷款机构获得的风险价值收益权转移给借款人，即借款人有权获得贷款人在贷款条件方面给予的优惠。

如在美国，20世纪30年代普通个人住房抵押贷款的贷款比例为50%～60%，贷款期限通常为3～5年，而由联邦住房管理局保险的个人住房抵押贷款的贷款比例最高可达80%，贷款期限均为20年，且利率固定；20世纪70年代中后期，由联邦住房管理局保险的个人住房抵押贷款的贷款比例可达85%～95%；到了20世纪80年代，由联邦住房管理局保险的个人住房抵押贷款的贷款比例进一步提高，最高可达97%，贷款期限可达30年。在加拿大，普通个人住房抵押贷款的贷款比例为75%，而由抵押贷款与住房公司保险的个人住房抵押贷款，借款额在 18 万加元以下的，贷款比例可达 90%，最高可达 95%。在澳大利亚，普通个人住房抵押贷款的贷款比例为 80%，而由住房贷款保险公司保险的个人住房抵押贷款的贷款比例可达 97%，甚至可以是 100% 的全额贷款。

第五节　还款违约和强制收回

一、个人住房贷款的还款方式

根据借款合同的约定，借款人归还贷款可以采取分期还款方式，或到期一次还本付息方式。借款期限在 1 年（含 1 年）以内的，通常采取到期一次还本付息方式。借款期限在 1 年（含 1 年）以上的，通常采取分期还款方式。

个人住房贷款还款方式主要有等额本息还款法、等额本金还款法、等比本息还款法、等差本息还款法以及上述还款方式派生的各种还款方法等。借款人可以根据自己的偏好和对自己未来收入的预期，合理选择还款方式，但通常一笔借款只能选择一种还款方式，合同签订后一般不得更改。无论何种还款方式，都需要根据已知条件确定还款额。需要指出的是，分期还款额并不是一成不变的，可根据有关条件（限额以上提前还本、贷款延期、利率变动等）对其进行相应调整。

（一）还款额的计算

1. 现值和终值

由于资金具有时间价值，不同时点的资金必须要经过某种等值换算才能进行比较。现值和终值是为了便于比较不同时点发生的金额而引入的两个概念。现值是指未来时点的资金相当于现在时刻的价值，又称本金；终值是指现在时点的资金相当于未来时刻的价值，又称本利和；利率又称贴现率或折现率，是指计算现值或终值时所采用的利息率或利率；期数是指计算现值或终值时的期间数。

2. 单利和复利

单利是计算利息的一种方法，只以本金作为计算利息的基数，而由本金所生的利息，无论借贷期限多长，都不再加入本金重复计息。复利不同于单利，它是指在一定期间按一定利率将本金所生利息加入本金再计利息，即"利滚利"。

单利利息的计算公式为：

$$I = P \times i \times n$$

式中　I——贷款利息；

　　　P——贷款金额；

　　　i——贷款利率；

　　　n——贷款期限。

单利终值的计算公式为（指按单利的现在时点资金在未来时刻的价值）：

$$F = P + P \times i \times n = P(1 + i \times n)$$

式中　F——还款额；

P——贷款金额；

i——贷款利率；

n——贷款期限。

单利现值的计算公式为（指按单利计算的未来时点的资金在现在时点的价值，俗称贴现）：

$$P = F - F \times i \times n = F(1 - i \times n)$$

式中　F——还款额；

P——贷款金额；

i——贷款利率；

n——贷款期限。

需要注意的是，货币的时间价值通常按复利计算。复利终值是指一定量的本金按复利计算若干期后的本利和。如果已知现值、利率和期数，则复利终值的计算公式为：

$$F = P + P \times i = P(1 + i)$$
$$F = P(1 + i) + P(1 + i) \times i = P \times (1 + i)^2$$
$$F = P \times (1 + i)^n$$

式中　F——还款额；

P——贷款金额；

i——贷款利率；

n——贷款期限。

【案例 4-1】　某市房地产业的平均年报酬率为 12%，A 企业拟将 1000 万元投资于一宗开发项目，投资回收期为 3 年，则 A 企业的预期 3 年后能收回的资金为：

$$F = P \times (1 + i)^n = 1404.90 (万元)$$

复利现值是复利终值的逆运算，它是指今后某一规定时间收到或付出的一笔款项，按贴现率所计算的货币的现在价值。如果已知终值、利率和期数，则复利现值的计算公式为：

$$P = F \frac{1}{(1+i)^n} = F(1+i)^{-n}$$

式中　F——还款额；

P——贷款金额；

i——贷款利率；

n——贷款期限。

【案例 4-2】　某开发项目的预期投资报酬率为 20%，B 企业拟在 3 年后获得本利和 1000 万元，则现在应投入多少资金？

答案：578.70（万元）

3. 年金终值和年金现值的计算

年金是指在一定时期内每隔相同的时间发生相同数额的系列收付款项。例如，住房按揭贷款的分期偿还。年金主要包括普通年金、现付年金、递延年金、永续年金。

普通年金终值犹如零存整取的本利和，它是一定时期内每期期末等额收付款项的复利终值之和。普通年金终值的计算公式为：

$$F = A(1+i)^0 + A(1+i)^1 + A(1+i)^2 + \cdots\cdots + A(1+i)^{n-1}$$

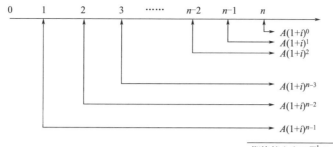

【案例 4-3】 双龙公司拟在今后 10 年中，每年年末存入银行 10000 元，银行存款年利率为 6%，10 年后的本利和是多少？

10 年后的本利和为：
$$F=10000\times(P/A,6\%,10)=10000\times13.181=131810(元)$$

普通年金现值是指一定时期内每期期末收付款项的复利现值之和。普通年金现值的计算是已知年金、利率和期数，求年金现值的计算，其计算公式为：

$$P=A\frac{1-(1+i)^{-n}}{i}=A(P/A,I,n)$$

【案例 4-4】 某企业租入一台设备，每年年末需支付租金 120 元，年利率为 10%，租期 5 年，问现在应存入银行多少钱？

$$P=A(P/A,i,n)=120(P/A,10\%,5) \quad P=A(P/A,I,n)=120(P/A,10\%,5)$$

（二）固定利率住房抵押贷款

固定利率住房抵押贷款（FRMs）是指预先确定利率和分期付款方式，在确定的期限内利率不随物价或其他因素的变化而调整的抵押贷款方式。固定利率住房抵押贷款一般包括等额本金还款方式和等额本息还款方式两种。

1. 等额本息还款方式

等额本息还款方式又称等额法，是指借款人每期以相等的金额偿还贷款，其中每期归还的金额包括每期应还的利息、本金。每月的还款额等于以贷款金额为现值计算的年金。这种还款方式是把按揭贷款的本金总额与利息总额相加，然后平均分摊到还款期限的每个月中，所以每个月的还款额固定，但每月还款额中的本金比重逐月递增、利息比重逐月递减。该方法的优点在于付款方式简单明了，每月还贷金额完全相等，使借贷双方都能准确掌握借贷成本，适合于预期收入在未来整个贷款期间比较稳定的借款人，是目前最为普遍，也是大部分银行长期推荐的方式。

（1）月还款额的计算 设贷款金额为 p，贷款月利率为 i，按月计算的贷款期限为 n，

每月还款额为 a，则：

$$a = p\frac{i(1+i)^n}{(1+i)^n-1} = p\frac{i}{1-\dfrac{1}{(1+i)^n}}$$

式中　a——月还款额；

　　　p——贷款金额；

　　　i——贷款利率；

　　　n——贷款期限。

【案例 4-5】 某家庭购房抵押贷款 100 万元，贷款年利率为 5%，贷款期限为 15 年，采用月等额还款方式还款。试计算该家庭的月还款额。

贷款金额 $p=1000000$ 元，月利率 $I=5\%\div12=0.4167\%$，按月计算的贷款期限 $N=15\times12=180$，则该家庭的月还款额计算如下：

$$a = p\frac{i(1+i)^n}{(1+i)^n-1} = 7908(元)$$

（2）每月付款的构成　从银行贷到一笔款后，除了要还清本金，还要支付利息。分期付款时，每月付款中，到底有多少是本金，有多少是利息呢？

贷款年期是 15 年，每月付款为 7907.94 元，总共有 180 期（15 年×12 个月），假设 15 年内利息率不变，则付款总额为 $7907.94\times180=1423429$ 元。贷款本金为 100 万元，则利息的总支出为 42.3429 万元。这是总的本金和利息，它们又是如何分摊到每个月的呢？

付款总共分为 180 期，我们首先分析第一期。

第一个月的付款 7907.94 元的构成如下：

本息：$1000000\times5\%\div12=4166.67$ 元

本金：$7907.94-4166.67=3741.27$ 元

第二个月的付款 7907.94 元的构成如下：

本息：$(1000000-3741.27)\times5\%\div12=4151.08$ 元

本金：$7907.94-4151.08=3756.86$ 元

依此类推，通过上述分析，我们可以总结它的特点：每月还款额是相等的，便于计算；每期的贷款本金余额逐渐减少，每期所付利息也在减少。

（3）贷款余额的计算　贷款余额可以采用将年金转换为现值的公式来计算。贷款余额在数量上等于以后的月还款额的现值之和。设贷款余额为 P_m，已偿还期为 m，贷款期限为 n，根据年金现值的计算公式，该时点的贷款余额为：

$$P_m = a\frac{(1+i)^{n-m}-1}{i(1+i)^{n-m}}$$

【案例 4-6】 在上题中，假设该家庭已按月等额偿还了 5 年。试计算该家庭的贷款余额。

月还款额 $a=7908$ 元，按月计算的已偿还期 $m=5\times12=60$，则家庭的贷款余额计算如下：

$$P_m = a\frac{(1+i)^{n-m}-1}{i(1+i)^{n-m}} = 745571(元)$$

2. 等额本金还款方式

等额本金还款方式指的是在贷款期限内均匀地摊还本金，并按照实际本金余额和合同利率支付利息。在这种方式下，每月的还款额由清偿的本金和当月应付利息两部分共同构成。其中本金部分等于贷款额按月均摊的数额，利息部分则由当月贷款余额（即贷款总额减去已归还的本金部分）决定。在等额本金还款方式中，贷款利息随着本金余额的逐月递减而递减，相应的每月还款总额也会逐月递减，因此又称递减法。每期所还本金计算公式为：

$$P_n = \frac{P}{N}$$

式中　P_n——第 n 期应还贷款本金；
　　　P——贷款本金总额；
　　　N——贷款总期数。

各期应还利息应为：

$$I_n = i \times [P - (n-1)P_n]$$

式中　i——贷款利率；
　　　I_n——第 n 期应还利息；
　　　n——当期贷款期数；
　　　P_n——第 n 期应还贷款本金。

可以求得第 n 期还款额为：

$$R_n = I_n + P_n$$

式中　P_n——第 n 期应还贷款本金；
　　　I_n——第 n 期应还利息；
　　　R_n——第 n 期应还款金额。

【案例 4-7】 贷款 120 万元，分 10 年摊还，年利率为 12%，每月付款是多少呢？

每月偿还本金为 1200000÷120＝10000 元

第一个月的利息为 1200000×12%÷12＝12000 元

第一个月分期金额为 10000＋12000＝22000 元

第二个月的利息为（1200000－10000）×12%÷12＝11900 元

第二个月分期金额为 10000＋11900＝21900 元

依此类推。

固定还本法的特点是贷款人每月支付的本金是均等的，每月偿还的利息越来越小，每月付款也越来越小。缺陷是每月还款额先大后小，不符合居民的收入水平不断增长的实际情况，给贷款人归还贷款造成了较大困难。在贷款初期，月还款额大，使得许多借款人的月收入难以偿还贷款，不利于吸引贷款，影响抵押贷款业务的拓展。因此等额还款抵押贷款在房屋抵押贷款中是最常用的付款方式。

3. 两种还款方式的比较

假定借款人从银行获得一笔 20 万元的个人住房贷款，贷款期限为 20 年，贷款月利率为 4.2‰，每月还本付息。如果不考虑时间因素，将每月还本付息额简单累加，在整个还款期内，等额本金还款法借款人共付利息 101212 元，而等额本息还款法共付利息 117856 元，两者相比，等额本金还款法少付 16620 元。但考虑时间因素，以月利率 4.2‰将两种还款方式下每月还本付息差额折现到贷款发放日，则相加之和为 0。即是说，从静态看，两种还款方式存在着利息差，但从动态看，在考虑时间因素情况下，两种还款方式完全不存在差异。正因为忽略了资金的时间价值因素，很多借款人误以为自己选择等额本息还款法多付了利息。

（三）可调利率住房抵押贷款

可调利率住房抵押贷款（ARMs）是指当市场利率（通常是国库券利率）变动时，其利率也随之变动的抵押贷款。其优点是贷款银行能在利率上升时得到较高的利息收益，具体做法是银行规定利率在整个抵押贷款期间可变动，为了吸引客户，其初始利率可以低于固定利率抵押贷款的利率，并在利率上涨中得到回报。

可调利率住房抵押贷款出现后，由于其偿还利息可能比较高，许多公众仍偏好固定利率抵押贷款，于是两种方式长期共存。直到20世纪80年代，由于美国市场利率波动频繁，使得按固定利率贷出抵押贷款的银行遭到很大损失，再加上金融市场中各类债券收益不断上升，出现了资金纷纷从抵押市场抽走的现象。于是美国政府允许金融部门经办可调利率的抵押贷款。起初上调利率的幅度限制在5%以内，后来由于利率涨幅过大，5%的上限已远不能弥补上涨的差距，所以美国政府同意银行办理不受限制的可调利率贷款。而作为贷款人，银行必须按某些公布的利率指数进行调整，并在调整前30~50天通知借款人，如果借款人不接受此项调整而提前还款也不收罚息。可调利率抵押贷款对贷款人有较大吸引力，从而可以增加抵押市场的资本流动性，保证足够的信贷资金。

可调利率住房抵押贷款目前主要还是在西方发达国家比较流行，在中国尚比较少见，这里针对可调利率下的等额本息还款方式进行介绍。基本计算程序是：首先按照合同约定的初始利率和贷款期限，用贷款利率不变的等额还款公式计算月还款额；到第一个利率调整周期，根据约定的利率指标确定新的贷款利率、贷款余额、剩余贷款期限，再用贷款利率不变的等额还款公式计算新的月还款额；以后各个利率调整周期均按上述方法计算月还款额。

【案例4-8】 某家庭购房抵押贷款10万元，贷款期限为30年，贷款年利率为6%，借贷双方约定每年年初按1年期国库券的利率加上2%的附加率调整贷款利率。设1年期国库券的利率在贷款期限的第2、第3、第4、第5年分别为6%、8%、9%和9%，则第2、第3、第4、第5年的贷款利率分别为国库券的利率加2%，即8%、10%、11%和11%。

根据上述方法计算的月还款额和贷款余额如表4-4所示。

表4-4 贷款利率变动下的还款期

年份	贷款年利率/%	月还款额/元	贷款余额/元	月还款额变化/%
1	6	599.6	98772	0
2	8	730.9	97871	21.9
3	10	869.1	97199	18.90
4	11	939.9	96582	8.1
5	11	939.9	95894	0

从表4-4中可以看出，贷款利率变动下的分期还款变化很大，如第2年的月还款额向上浮动了21.9%。经过利率调整虽然可能将利率风险转嫁给借款人，但如果借款人的月还款额变化幅度过大，超过其实际支付能力，就不可避免地造成违约，贷款人也将面临较大的违约风险。

二、个人住房抵押贷款的违约条款

违约是指借款人逾期不偿还贷款或借款人在事实上已经无力偿还贷款。一般来说，借款人违约的原因主要有：①房价下跌，在房价下跌时，如果贷款余额超过房价，借款人特别是投资性的住房购买者有可能通过违约减少损失；②由于离婚、失业或疾病等原因，借款人无力偿还贷款。在借款人违约时，贷款人可以行使抵押物的处置权，通过诉讼、拍卖等手段弥补贷款损失。

我国《个人购房借款合同》规定："借款人应按期偿还贷款本息，如未按约定的时间归还，贷款人将按国家规定对逾期贷款每日计收万分之二点一的罚息。"也就是说，如果买房人延期还款，每天都要承担罚息，经济上遭受损失。此外，《个人购房借款合同》明确指出："本合同有效期内，发生下列事项的，贷款人有权在以下任何一项或多项事情发生时宣布本合同提前到期，并向借款人和保证人发出《提前还款函》，要求借款人在《提前还款函》规定的期限内清偿部分或全部贷款本息（包括逾期利息），而无须为正当行使上述权力引起的任何损失负责：①借款人违反合同借款条款中的任何条款；②借款人连续三个付款期或在合同期内累计六个付款期未按时偿还贷款本息。"也就是说，如果买房人违反了与银行签订的合同，银行可能让买房人提前还款，如买房人无法提前还款，银行可以按照合同中"抵押条款"提前处置抵押物。

虽然我国法律明确规定，在借款人违约的情况下，贷款人可以依法行使抵押物的处置权，甚至强制要求借款人提前偿还贷款，但是实际执行的法律风险大，处置难度大，成本高。2005年12月，最高人民法院公布了《关于人民法院执行设定抵押的房屋的规定》的司法解释（下称《执行抵押房屋的规定》），就人民法院根据抵押权人申请，执行设定抵押的房屋的问题做出规定。依据该司法解释，对于被执行人所有的已经依法设定抵押的房屋，人民法院可以查封，并可以根据抵押权人的申请，依法拍卖、变卖或者抵债。另外，《执行抵押房屋的规定》对于以低保对象为被执行人的情况做了特殊规定。但是，在实际过程中，法院基本上不会支持对一套房进行强行查封、拍卖，甚至对拥有多套房的炒房者也强制不多。

银行作为抵押权人，可以要求处置抵押物，以处置所得款项扣除处置过程中产生的诸如诉讼、拍卖、过户等成本后优先受偿。银行在司法诉讼过程中，抵押物的处置成本将包含诉讼、拍卖、过户等部分。由于处置成本高，即使能够顺利行使处置权，银行也未必能够全额收回贷款本金及利息。

三、个人住房抵押贷款违约的界定

个人住房抵押贷款违约通常指购房人购房后与银行存在债务关系，应当按照合同要求及时偿还本金和利息，但因为种种原因未能履约的情形。由于导致违约的诱因不同，个人住房抵押贷款违约又进一步分为被动违约和主动违约。其中，被动违约主要指借款人因为宏观经济衰退、利率上浮、失业、疾病、离婚等导致个人现金流入减少，其偿债能力减弱或缺失，无法继续按期还款，银行将收回被抵押的房产，进行拍卖来保障还款来源的情况；主动违约主要指借款人在房地产市场价格大幅度下降时，出于维护自身权益的考虑，当资产价值下降到低于抵押贷款价值时，为避免遭受更大的损失，自愿放弃到期还款的义务的情况。

从理论上看，上述两种违约情形分别对应到能力支付理论和权益理论，前者是借款人总体收入下降，被迫停止还贷，后者则是借款人的一种理性选择，故意停止还贷。同时，在概念上，个人住房抵押贷款违约不能直接等同于"逾期"，违约是指借款人房产抵押权的赎回被取消，与"逾期"不同，因为有些暂时的住房抵押贷款逾期会在日后通过借款人选择合同复活而继续履约。由于违约也通过逾期表现出来，按照《巴塞尔新资本协议》中对违约客户的界定，通常将逾期90天（即连续三个月）未能偿付贷款本息的现象看作是违约。同时，虽然"提前还款"严格上说也是一种违约，但这种违约不会导致银行坏账。

四、个人住房抵押贷款违约的影响因素

根据《巴塞尔协议》关于违约的界定，同时参考商业银行针对不良贷款的规定及国内外学者的研究成果，可将违约影响因素归纳为以下几个方面。

（一）借款人的基本特征

现阶段，审查借款人的基本特征是国内外商业银行在办理个人住房抵押贷款业务时不可或缺的流程。因此，借款人的基本特征应被纳入个人住房抵押贷款违约因素的分析框架内。借款人的基本特征主要影响因素包括借款人的年龄、婚姻状况和拥有孩子的数量等。

现有研究表明，借款人的年龄不同其获取收入的能力和对风险的偏好也会有所不同。具体来说，年轻人的家庭收入偏低，属于风险爱好者。随着他们进入中年，收入日益增加且逐渐稳定，对风险的偏好日趋中立。而步入年老退休后，家庭收入剧烈下降，对待风险的态度也发生了转变，成为风险回避者。因此，借款人的年龄因素可能是分析个人住房抵押贷款违约的一个重要影响因素。

另外，借款人是否结婚往往可以用来说明家庭收入的构成不同。一般来说，已婚借款者的家庭收入来源于夫妻双方，而未婚借款者只有其个人收入。当发生失业、疾病等意外事件时，已婚者比未婚者的收入更稳定些。在我国，一般以家庭为单位申请个人住房抵押贷款，所以性别对违约的影响可能并不显著。

与此同时，拥有孩子的数量越多，在既定的收入水平需要的养育成本也就越大。《经济学人》援引瑞士信贷的一份报告显示，在中国一个家庭平均每年养育孩子的成本约2.25万元。据《新京报》报道，在北京生二胎的成本总计达到38.6万～143万元。尤其在全面放开二胎的今天，拥有孩子的数量可能会对违约风险水平产生影响。

（二）借款人的收入能力

借款人的收入能力主要包括受教育程度、工作行业和月还款额占家庭月收入的比例等因素。基于被迫违约理论，实际收入能力的下降甚至恶化是个人住房抵押贷款发生违约的主要原因之一，也是商业银行关注的重点。因此分析这些变量对研究个人住房抵押贷款违约影响因素具有很大的参考价值。

借款人受教育程度越高，往往意味着在相同的工作环境中获取高收入的可能性越大，而且也越稳定。高学历的借款人的职业规划和理财观念更为合理些，出现实际收入能力下降的可能性也就越小。

工作行业的差异也决定着借款人享受到的医疗保险、住房、退休等方面的福利待遇不同，收入的稳定性也会有所不同。

另外，月还款额占家庭月收入的比例是衡量借款人还款能力的主要指标，所占比例越大，说明借款人的还款能力越弱，这也间接反映了借款人的实际收入能力。在美国金融机构要求月还款额占比不得超过28%，否则不予批准申请，由此可见这一指标的重要性。

（三）贷款特征

贷款特征主要包括贷款价值比、贷款利率和首付比例等因素。具体而言，贷款的基本特征直接决定着借款人的还款能力。目前，国内外金融普遍采取控制贷款特征的相关因素来降低违约风险。

贷款价值比是指贷款金额与所抵押住房的评估价值之比，直接反映了借款人在住房投资中的初始权益。国内外实证研究均表明，贷款价值比与违约呈正相关关系，据测算，当贷款价值比为80%时，损失率只有13%，倘若贷款价值比上升至89%以上，则损失率就变成20%。

贷款利率的高低意味着借款人利息负担的大小，与违约风险息息相关。目前商业银行为了转嫁利率风险，在与借款人签订的个人住房抵押贷款合同中，普遍约定的是浮动利率。因此，利率的波动会对违约产生较大的影响。根据加拿大按揭经纪及贷款协会的测算，若贷款利率的提高使得月还款额增加50元，则对10%的借款人产生重大影响；倘若使月还款额增加50~100元，则另有11%的借款人也将会受到较大影响。另外，首付比例也是值得关注的影响因素，首付比例越高，说明借款人所需贷款的金额相对越少。因此，调整首付比例也是政府和商业银行降低违约风险、抑制房地产市场投机行为的重要举措。

（四）房产特征

房产特征主要包括住房建筑面积和住宅区域分布等因素，这些因素不但决定着总房款，而且还影响着借款人的还款意愿。因此分析违约影响因素也要综合考虑房产特征。

住房建筑面积的不同直接体现了不同的居住要求，从另一个侧面也反映了借款人对其收入水平或偿债能力预期的不同。因此，当借款人发生财务危机或者房价出现大幅波动的情形时，购买不同建筑面积住房的借款人发生违约的可能性也会有所不同。

住宅区域分布可以用来判断住房的区位环境、社区文化和邻里关系等状况，在一定程度上体现了借款人的收入能力和贫富程度。因此，关注住宅区域分布因素有助于判断不同群体的违约概率。

（五）法律成本

现阶段，随着我国法律制度的不断完善，人们的法律意识也在普遍加强，法律成本对借款人违约与否的影响也越来越深远。法律成本主要包括欠利息、案件受理费和律师代理费等因素。

目前，在与借款人签订的个人住房抵押贷款合同中均对罚息做了约定。一般是以逾期罚息利率和合同约定的结息方式来计收的，而罚息利率通常为在贷款利率的基础上再上浮50%。同时，合同里还明确告知借款人，若借款人发生违约行为，将以法律手段追偿贷款。因实现债权所引起的一切费用包括律师代理费、案件受理费等费用均由借款人来承担。由此可见，一旦借款人发生违约行为，除本应承担的借款本金和利息外，还有额外的诸如罚息、案件受理费和律师代理费等费用要承担。因此，法律成本逐渐成为借款人考虑是否违约的重要影响因素。

五、理性违约和被迫违约

从个人住房抵押贷款借款人违约的动机看，违约行为的发生一般可分为两种情况，即理性违约和被迫违约。在通常情况下，理性违约发生在房价快速下跌的市场中。如果市场房价上升，即使借款人无力继续还款也不可能违约，因为此时借款人可以通过转让房产还清贷款，收回投资与成本，甚至赚取部分利润。

（一）个人住房抵押贷款理性违约

理性违约是一种主动的违约行为，与借款人的实际支付能力无关，是一种主观上认为放弃继续还款能带来更大的收益而产生的违约行为。当房地产价格下跌时，如果借款人转让房地产所得的收入不足以还清贷款、收回投资与成本时，为了避免损失，借款人就可能主动违约。理性违约的另一种方式是借款人提前还款。通常，当市场利率降低时，借款人可以以较低的利率进行再筹资，再次归还原抵押贷款。这样对于银行来说，造成了预期的现金流来源的不稳定，增加银行再投资风险和服务成本，同样也增加了市场风险。通常，当房价下跌的幅度大于借款人投入的资金及成本时，理性违约的行为便可能会出现，即房价的大幅下跌是借款人选择理性违约的直接诱因。

除了房价的波动引起借款人理性违约之外，利率的波动也同样是引起借款人理性违约的重要原因。当住房贷款的利率为固定利率时，利率的下降使合同的利率大于市场利率，将促使借款人通过以更低的利率再融资进行提前还款；当住房贷款为浮动利率时，利率的上升促使合同中的利率低于现在或将来的市场利率，因为理性违约与借款人的实际偿付能力无关，此时借款人将通过提前还款来规避利率上升的损失风险。当然，市场利率的波动并不必然导致借款人提前还款的违约行为，影响提前还款的因素还包括借款人的经济状况、借新还旧的交易费用等，因此提前还款的发生是多种因素综合作用的结果。

（二）个人住房抵押贷款被迫违约

被迫违约是借款人在购房后，由于受到客观条件的限制，比如失业或其他突发性事件，造成其支付能力下降，从而无法继续正常向贷款机构如期还本付息的一种被动违约行为。所以被迫违约理论的核心在于对借款人支付能力的评估，尤其是支付能力的稳定性。因此，很多学者认为被迫违约一般与房地产市场价格变化没有直接关系，主要与突发事件和失业导致的收入下降有关。银行控制和测度被迫违约风险的最好方法是建立一个评估借款人实际支付能力的分析框架，而建立支付能力分析框架就是要分析与家庭支付能力有关的各项指标。从借款人支付能力稳定性来看，支付能力的稳定性取决于收入的稳定性。弗里德曼认为一个人的收入可分为持久性收入和暂时性收入。所谓的持久性收入就是稳定的、正常的收入，在当前财富水平以及现在和未来赚取的收入给定的条件下，一个人能够在他或她余生维持稳定消费的比率。暂时性收入则是不稳定的、意外的收入。弗里德曼认为，决定人们消费支出的是他们持久的、长期的收入，而不是短期的可支配收入，因为短期可支配收入是受许多偶然因素影响而经常变动的量。为了实现效用最大化，人们实际上是根据其长期能保持的收入水平来进行支付规划的。弗里德曼的持久收入的估算可用公式表示为：

$$Y_p = Y + b(Y - Y_{-1}), 0 < b < 1$$

式中，Y_p 为持久收入；Y_{-1} 为上年收入；Y 为当年收入；b 为系数。

可见，持久收入与当年收入以及过去收入相关，是2个年度收入水平的移动平均。持久收入是接近当年收入还是上年收入，在当前收入既定的条件下取决于权重，收入不稳定的人具有较低的值，而收入稳定的人则值较大。依据弗里德曼持久收入假说准确预测借款人收入稳定性是评估支付能力稳定性的重要手段，但还不够全面，另外还要考虑借款人家庭特征，比如家庭支出模式、家庭生命周期等因素，这样就可预测借款人理论上的月还款能力。最后，银行再结合自身的风险承受能力和风险偏好，确定借款人合理的月还款比例，使借款人的实际月还款额小于理论上的月还款能力。

延伸阅读　案例分析与问题讨论1

思 考 题

1. 个人住房抵押贷款的类别及担保方式有哪些？

2. 从各种还款方式的月供计算公式，分析借款人每月偿还银行贷款本息的变化，试说明不同还款方式对借款人个人收支的影响。

3. 某借款人申请了 40 万元个人住房贷款，贷款年利率数值为 5%，贷款期限为 20 年，若在整个贷款期内，利率不变，等额本息还款方式下，该借款人第一个月末应偿还本金额、利息金额和贷款余额分别是多少？等额本金还款方式下，第一个月末和最后一期期末还款额分别是多少？

第五章　住房公积金制度

住房公积金制度是我国城镇住房制度改革的基本内容，是实现职工住房社会化、商品化的一种重要方式。建立住房公积金制度对促进城镇住房建设、加快城镇住房制度改革、提高城镇居民的居住水平发挥了重要作用。2016年，全国住房公积金实缴职工人数13064.5万人，全年缴存住房公积金16562.9亿元，提取11626.9亿元，发放个人住房贷款12701.7亿元，发放支持保障性住房建设试点项目贷款20.8亿元。截至2016年末，全国住房公积金缴存总额106091.8亿元，缴存余额45627.9亿元；累计发放个人住房贷款66061.3亿元，贷款余额40535.2亿元；个人住房贷款率88.8%（个人住房贷款余额占缴存余额的比例），个贷逾期率0.02%。2016年，全国住房公积金行业实现增值收益687.7亿元，其中提取公共租赁住房（廉租住房）建设补充资金371.7亿元。可见，2016年住房公积金缴存覆盖面进一步扩大，资金使用效率明显提高。住房公积金各项业务稳步增长，服务管理水平不断提高，资金运作安全有效。住房消费类提取额和个人住房贷款发放额继续增加，全国住房公积金个人住房贷款率接近90%。住房公积金制度在支持缴存职工解决住房问题、促进房地产市场平稳健康发展方面发挥了重要作用。

第一节　住房公积金制度概述

一、住房公积金制度的内涵

我国现行的《住房公积金管理条例》由1999年4月3日中华人民共和国国务院颁布，根据2002年3月24日《国务院关于修改〈住房公积金管理条例〉的决定》修订，并根据2019年3月24日《国务院关于修改部分行政法规的决定》再次进行了修订。根据条例我们知道住房公积金是一种长期住房储蓄资金，它是由国家政府机关和国有企业单位、集体企业、外资企业、城镇中的私营企业和除此之外的企事业单位中的在职员工定期进行缴存的。条例中规定了住房公积金的所有权归职工个人，住房公积金通常由两部分组成，职工所在单位为职工缴存的住房公积金款项和职工自己进行缴存的住房公积金的支配权归属员工。而我国的直辖市以及各省市和自治区政府和一些其他地、州、盟等地区都应该以高效能、超精简的原则进行住房公积金管理中心的设置，从而完成住房公积金的运作。住房公积金制度的实质是通过政策性的融资渠道为一些职工解决住房问题，它最基本的功能是住房保障功能，是我国社会保障体系中很重要的一部分，这种制度增加了住房工资，从而缓解了百姓的住房分配问题。

二、住房公积金制度的性质

住房公积金的本质属性包括工资性、保障性和福利性。住房公积金是单位职工按照工资比例进行缴存的资金，它是住房分配的一种货币化形式。住房公积金的实质是对职工发放的住房工资，并以此来实现以往的住房分配机制的转换目标。住房作为一种商品也是用来交换和使用的，人们的劳动报酬中也有对于住房的消费，这部分消费和职工的其他合法性收入同为职工所有，因此工资性也是住房公积金的属性。住房公积金是一种带有互助性的基金，对于职工来说，住房公积金带有很强的福利性。首先，住房公积金的一部分是由职工个人缴存，另一部分是由所在单位按照一定配比交纳，但是这两部分的资金都交由职工来进行支配。换句话说，住房公积金实现了单位为自己的职工进行的福利津贴。其次，职工使用住房公积金贷款买房时，其支付的利率低于商业银行的贷款利率，体现出了明显的福利性，从很大程度上缓解了职工的还款压力。住房公积金具有社会保障性，住房公积金的产生就是为民生服务的，它的实质是一种住房的保障性制度。住房公积金建立的最终意图就是通过城镇的机关和各个单位为其职工定期缴纳公积金存款，从而为在职人员建立一个住房的专用款项，减轻职工的住房负担，从而使得大部分百姓都能拥有称心如意的居所。住房是劳动者最基本的生活资料需求，也是每个职工进行生产生活的基本保障，如果无法安居何谈乐业。随着市场经济的发展和楼市的升温，住房问题成为人们茶余饭后的焦点问题，住房公积金为缓解居民在解决住房资金问题上的矛盾起到重大作用。首先，住房公积金能够归集大量资金进行住房建设，使职工的住房需求得到满足；其次，住房公积金以贷款的方式提供给职工购房，将职工短期的住房需求通过长期的住房公积金存款来得以实现。

三、住房公积金制度的特点

住房公积金是一种长期性储蓄基金，它本身具有很多区别于其他类型的基金的特点。

（一）住房公积金具有强制性

《住房公积金管理条例》由国务院颁发提出，其强制性体现在如下几个方面。第一，所有企事业单位都必须为其职工缴纳一定额度的住房公积金，同时在职员工也必须进行定期缴存，不得逾期或者拒绝缴存。新入职的员工也必须在录用之后及时办理住房公积金的缴存登记，并且与公司原有职工按照统一时间和额度进行缴交。第二，如果存在用人单位不为员工进行住房公积金的缴交，没有办理员工的住房公积金登记或者进行住房公积金账户的设立的情况时，住房公积金管理单位可责令其进行办理，若在规定期限内没有完成住房公积金账户办理的，住房公积金管理中心办事处可对其酌情进行罚款。第三，当企事业单位无视住房公积金管理中心办事处的催缴，不能按规定期限进行住房公积金的逾期补缴时，也可由人民法院凭借法律的强制性进行执行。第四，住房公积金的存款利率低于其他银行的存款利率，这一利率由国务院批准实施，是人民银行与建设部门的商议结果，具有很强的强制性。住房公积金是一种互助性的基金，它的存款利率低，不同于其他的储蓄和基金，很多职工对于住房公积金的缴纳有抵触情绪，然而为了保障和帮助全部职工都能有所居，就必须要求全部职工进行公积金的缴存，这一矛盾的解决必须由强制性的措施来实现。

（二）住房公积金具有普遍性

《住房公积金管理条例》规定所有在职员工都必须缴纳住房公积金，包括所有的国家机关和企事业单位。不难看出住房公积金的覆盖范围遍及所有城镇企业职工，不管其工作性质、职位状况、收入状况如何以及是否已有房屋，都需要按照规定进行住房公积金的缴交。住房公积金的设立目标决定了它具有普遍性的特点。由于住房公积金是为保障居民住房而设立，而房屋的建设需要大量资金作为支持，国家对于房屋的分配政策已经取缔，城镇职工住房主要由其工资积累和单位补贴购得，国家通过要求全体职工每月存储住房公积金，以便于聚集资金和分散使用，从而缓解职工短期住房压力。

（三）住房公积金具有专用性

住房公积金顾名思义，是专门用于解决住房问题的款项，住房公积金来源于人民，自然要用于职工的住房建设，也就是所谓的"专款专用"。《住房公积金管理条例》中明确指出住房公积金的用途，包括职工对房屋的购买，大修、建造及翻盖自己的房屋。此外，住房公积金可以在保障性住房的建设中进行资金的补充，帮助解决城市的住房建设问题。住房公积金只能围绕着职工的住房需要进行使用，任何管理人员、单位和个人都不得以任何理由、任何方式进行资金的挪用和他用。此外，国务院委员会获批的部分资金可用于购买国债等产品，从而达到保值增值的目的。

（四）住房公积金具有返还性

职工在职期间由所在单位和自己缴纳的住房公积金在一定情况下是可以返回给职工个人的。当职工在退休离职和重病丧失劳动能力的情况下，或者是职工的户口迁出了原来所在城市，再或者是职工与用人单位终止了劳动合同，可以将住房公积金账户中的资金余额进行支取。若职工本人死亡，其账户资金将交由其法定继承人，或者遗嘱中的赠与人。

四、住房公积金制度运行机理

住房公积金制度属于一种房改政策，它是结合我国城镇居民的住房情况而推出的长期住房政策，它包括对于住房公积金从缴纳到管理以及最后的使用和返还等一系列环节的制度管理和运行机制。第一，住房公积金的缴纳由国家和住房公积金管理中心强制要求定期缴存，各企事业单位职工的住房公积金按照国家规定交纳到各地区的住房公积金管理中心和公积金的受托银行。第二，住房公积金制度规定了公积金的提取程序和使用规则。职工必须按照规定的法规和程序提取住房公积金，住房公积金管理中心对于资金的运用也需要参照当地的住房公积金制度。第三，住房公积金制度包括住房公积金的管理和监督规定。住房公积金的高效率运用和保障性职能的发挥都要有健全的管理体制和严格的监督体系。住房公积金制度力图促进资金的安全运转和合法运用。

我国的住房公积金制度试图解决居民的城市住房问题，满足百姓的住房需求，然而在解决职工的保障性住房的问题上仍需完善。在我国住房公积金制度的建设中需要遵循以下基本原则。第一，要尊重我国的国情，以循序渐进的方式进行住房公积金建设的原则。我国作为一个人口大国，各地区的人口密度、经济发展状况都有所差异。各地区的居民收入水平的差异也造成了区域发展的不平衡，我国必须建立一个符合我国国情的，具有中国特色的政策制度。根据我国处于并将长期处于社会主义初级阶段的国情和当下的人民经济水平差距，我国的住房公积金制度要从低收入群体的水平考虑，通过大范围的覆盖与各地区的发展情况和特点结合来满足人们的居住需求。在住房公积金制度的推进过程中也切忌急于求成，要考虑生产力的发展情况在循序渐进的原则下不断完善我国的住房公积金制度。第二，要把社会保障制度作为住房公积金制度的基本原则。如大家所知，住房公积金本身就是为民生政策服务的一种保障性制度，所以在住房公积金制度的建立和完善过程中必须遵循这一基本的原则。社会保障性制度需要坚持普遍性、强制性、公开性、公平性和福利性等原则，同样住房公积金制度的建设中这些原则也不可或缺。第三，住房公积金制度要坚持与其他保障性制度互相促进、共同发展的原则。因为我国的社会保障制度是一个大的体系，在这个大系统中的子系统虽然各自担负着自己的职责，都有自己保障的对象，其保障的内容和保障的水平有所不同，然而只有各个子系统互相补充、互相促进才能推动整个社会保障体系的健康运转，也只有坚持此原则才能促使这个保障系统没有漏洞，高效运转。

第二节　住房公积金的缴存、提取和使用

一、住房公积金缴存

国家机关、国有企业、城镇集体企业、外商投资企业、城镇私营企业及其他城镇企业、事业单位、民办非企业单位和社会团体及其在职职工都应按月缴存住房公积金。有条件的地方，城镇单位聘用进城务工人员，单位和职工可缴存住房公积金；城镇个体工商户、自由职业人员可申请缴存住房公积金。职工缴存的住房公积金和单位为职工缴存的住房公积金，全部纳入职工个人账户。

缴存基数是职工本人上一年度月平均工资，原则上不应超过职工工作地所在城市统计部门公布的上一年度职工月平均工资的2倍或3倍。缴存基数每年调整一次。缴存比例是指职工个人和单位缴存住房公积金的数额占职工上一年度月平均工资的比例。单位和个人的缴存比例不低于5%，原则上不高于12%。具体缴存比例由住房公积金管理委员会拟订，经本级人民政府审核后，报省、自治区、直辖市人民政府批准。

二、住房公积金提取

住房公积金提取，是指缴存职工符合住房消费提取条件或丧失缴存条件时，部分或全部提取个人账户内的住房公积金存储余额的行为。职工有下列情形的，可以申请提取个人账户内的住房公积金存储余额：①购买、建造、翻建、大修自住住房的；②偿还购建自住住房贷款本息的；③租赁自住住房，房租超出家庭工资收入一定比例的；④离休、退休和出境定居的；⑤职工死亡、被宣告死亡的；⑥享受城镇最低生活保障的；⑦完全或部分丧失劳动能力，并与单位终止劳动关系的；⑧管理委员会依据相关法规规定的其他情形。

三、住房公积金使用

（一）发放个人住房贷款

设立个人住房公积金账户，且连续足额正常缴存一定期限的职工，在购买、建造、翻建、大修自住住房时，可以向住房公积金管理中心申请住房公积金个人住房贷款。缴存职工在缴存地以外地区购房，可按购房地住房公积金个人住房贷款政策向购房地住房公积金管理中心申请个人住房贷款。住房公积金个人住房贷款和商业性个人住房贷款除贷款资金来源不

同，在贷款对象、贷款流程以及贷款利率、额度等方面也存在较明显差异。

（二）购买国债

在保证职工住房公积金提取和贷款的前提下，经住房公积金管理委员会批准，住房公积金管理中心可将住房公积金用于购买国债。

（三）贷款支持保障性住房建设试点

2009年，国家开展了利用住房公积金贷款支持保障性住房建设试点工作。试点城市在优先保证职工提取和个人住房贷款、留足备付准备金的前提下，可将50％以内的住房公积金结余资金贷款支持保障性住房建设，贷款利率按照五年期以上个人住房公积金贷款利率上浮10％执行。利用住房公积金结余资金发放的保障性住房建设贷款，定向用于经济适用住房、列入保障性住房规划的城市棚户区改造项目安置用房、政府投资的公共租赁住房建设。

综上所述，住房公积金的归集和使用过程简化后，可以用图5-1来表示。

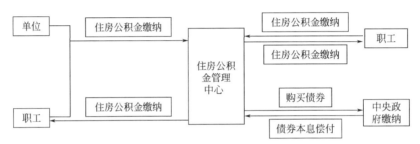

图5-1 简化的住房公积金归集和使用过程

第三节 住房公积金贷款

住房公积金贷款是以公积金作为资金来源的政策性较强的一种贷款种类。若仅从银行信贷的角度来看，它与其他贷款在受理、审核、发放贷款和监督方面没有本质的区别。但在具体运作环节上，住房公积金贷款是受住房资金管理中心委托的政策性较强的贷款（体现在贷款对象、利率、保证方式等方面），与典型的住房抵押贷款有较大的区别。从发展趋势来看，住房公积金贷款的主要对象是个人，在下面的描述中住房公积金贷款均指针对个人的住房公积金贷款。

一、住房公积金贷款的概述

住房公积金贷款是指政府部门所属的住房资金管理中心运用公积金，委托银行向购买自住住房（包括建造、大修）的住房公积金缴存人和离退休职工发放的优惠贷款。

住房公积金贷款与一般个人住房贷款的区别在于以下几点。

（一）性质不同

住房公积金属于政策性个人住房贷款，资金来源为单位和个人共同缴存的公积金存款。个人住房贷款属于商业银行自主发放的商业性的贷款，资金来源为银行自行吸收的各类存款。

（二）发放方式不同

住房公积金贷款的贷款人是住房公积金管理中心，贷款风险由住房公积金管理中心承担。贷款方式属于委托贷款，由住房公积金管理中心委托指定银行办理发放手续，并签订委托合同。个人住房贷款由商业银行发放，贷款风险由银行自己承担。

（三）贷款对象有所不同

住房公积金贷款对象是指住房公积金缴存人和汇缴单位的离退休职工。商业银行发放的个人住房贷款可对一切具有完全民事行为能力符合银行规定的贷款条件的自然人发放贷款。

（四）贷款条件有所不同

在贷款额度、期限上有不同的规定。另外，住房公积金贷款利率比个人住房贷款利率优惠。

住房公积金贷款可分为两类：一类是纯公积金贷款（一般称为住房公积金个人购房贷款），即职工仅申请公积金贷款；另一类是组合贷款（一般称为个人住房担保组合贷款）。组合贷款是申请住房公积金贷款不足以支付购买住房所需费用时，购房者既申请公积金贷款，同时又向商业银行申请一般个人住房贷款，两部分贷款一起构成组合贷款。

二、住房公积金贷款的特点

2014年以来，随着住房和城乡建设部会同财政部、人民银行等部门出台多个放宽住房公积金贷款政策的文件，住房公积金个人住房贷款发放量大幅提升，西部地区尤为明显。2016年，全国共发放住房公积金个人住房贷款327.5万笔、12701.7亿元，分别较上年增加15.0万笔、1619.1亿元，增幅分别为4.8%、14.6%；单笔个人住房贷款金额平均每笔为38.8万元，较上年增加3.3万元，增幅为9.3%；全年个人住房贷款发放额占缴存额的比例为76.7%，基本与上年持平；回收个人住房贷款5034.6亿元。

截至2016年末，全国累计发放住房公积金个人住房贷款2826.6万笔、66061.3亿元，较上年末分别增长13.1%、23.8%；住房公积金个人住房贷款余额40535.2亿元，较上年末增加17670.7亿元，增幅为23.3%。分地区看，东、中、西部地区住房公积金个人住房贷款余额分别为24716.4亿元、9198.3亿元、6620.6亿元，江苏、上海、北京、广东4个省市的贷款余额均突破300亿元。全国住房公积金个人住房贷款逾期额为7.9亿元，逾期率为0.02%。总体而言，我国住房公积金贷款主要有以下四大特点。

（一）公积金贷款政策性强，贷款利率低

住房公积金制度是我国住房保障制度的重要组成部分，旨在提高城镇居民的居住水平，因此，住房公积金贷款的利率较低。以5年期以上贷款为例，公积金贷款利率要低于中长期贷款基准利率1.5~2.6个百分点。1999年6月至2015年12月，我国5年期以上住房公积金贷款利率平均为4.39%，同期贷款基准利率为6.33%。公积金贷款利率低很可能导致所发行的RMBS融资成本高于资产池的收益，因而需要公积金管理中心进行贴息。

（二）公积金贷款的安全性高

首先，公积金覆盖范围主要是国家机关、事业单位和国有企业，这些单位的职工收入来源稳定，受宏观经济和就业形势影响相对较小。其次，公积金贷款最高限额低，杠杆率低。以北京为例，借款申请人购买政策性住房或套型建筑面积在90m^2（含）以下的首套自住住

房，贷款最高额度为120万元；购买套型建筑面积在90m² 以上的非政策性住房或第二套住房，贷款最高额度为80万元，贷款价值比较低。再次，公积金贷款利率低，居民还款负担较轻。据统计，截至2014年，全国公积金贷款逾期额为3.16亿元，逾期率为0.12%，同期内，公积金贷款风险准备金余额为895.07亿元，占个人住房贷款余额的3.51%。

（三）各地公积金使用效率差异大

目前，我国公积金管理主要以地级市为单位设立公积金管理中心，负责公积金的管理运作，资金不能跨区调剂使用。由于各地区房地产发展分化严重，各地住房公积金的使用效率存在显著差异。中小城市的公积金贷款需求不足，资金大量闲置；大城市贷款需求旺盛，资金紧张，流动性风险凸显。据统计，2014年，重庆市公积金的个贷率高达93.44%，而山西省公积金的个贷率仅为23.9%，相差将近70个百分点（图5-2）。如果具体到各地级市，差异则会更大，个别城市的个贷率已经超过100%。

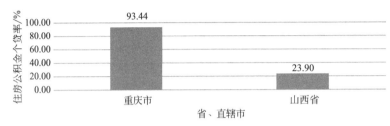

图5-2　住房公积金个贷率

（四）公积金管理中心是一个承办金融业务的事业单位

目前，我国《住房公积金管理条例》规定，住房公积金管理中心是不以营利为目的的独立的事业单位。因此，我国的公积金管理中心实际上是一个承办金融业务的事业单位。这种性质定位上的多重性对住房公积金管理造成某种程度的障碍。例如，贷款审批烦琐、审批周期长；资金保值增值的激励不足，将大量闲置资金沉淀在银行；公积金管理中心不受人民银行等金融监管机构的监管，只受政府财政审计监督。

三、住房公积金贷款的程序

不同地区住房公积金贷款规定有所不同，但基本规定和原则比较相似。下面以上海市为例，介绍住房公积金贷款的程序。住房公积金贷款基本程序包括借款申请、借款审批、借款手续办理、借款使用及偿还等。

（一）借款申请

住房公积金贷款要向所在地的住房公积金管理中心提出借款申请。借款人可以到住房资金管理中心或受委托的银行领取并填写"个人住房担保贷款申请表"，借款人提出借款申请时，需要提交借款申请书、本人身份证和本市城镇常住户口证明、房屋买卖合同。借款人配偶或者同户成员（均必须具有常住户口）可以作为共同借款人。共同借款人承担偿还公积金贷款的连带责任。

根据上海市公积金贷款实施细则的规定，上海市住房置业担保有限公司受住房公积金管理中心委托，代为受理公积金贷款申请。公积金中心与担保公司签订委托合同。合同内容包括：委托双方当事人的名称；委托的事项；贷款资金计划额度的确定及调整原则、方式；贷款资金的划拨时间、方式；贷款资金使用情况的监管责任；公积金贷款统计报表的编制；公积金贷款的风险责任承担；委托的费用及支付的条件、时间、方式；委托的期限；违约责任；当事人认为需要约定的其他事项。

（二）借款审批

公积金中心在受理借款申请之日起 15 日内，按照受理时间的先后顺序，作出准予贷款或不予贷款的决定。准予贷款的，公积金中心发放准予贷款决定书，并书面通知申请人到受托银行办理贷款手续。准予贷款决定书载明贷款人可以申请贷款的金额及贷款的期限。当申请借款的金额已超出当年贷款资金的计划额度时，市公积金中心应当允许申请人办理预申请手续，待下一年度公积金开始发放时，由市公积金中心按照受理预申请时间的先后顺序，优先办理审批手续。在公积金资金比较充裕的城市如北京，公积金贷款并不受贷款计划额度的限制，凡是满足贷款条件的借款人均可获得公积金贷款。

贷款审核要求申请人必须同时符合下列条件：具有上海市城镇常住户口；申请前连续缴存住房公积金的时间不少于 6 个月，累计缴存住房公积金的时间不少于 2 年；所购买的房屋符合市公积金中心规定的建筑设计标准；购房首期付款的金额不低于规定比例；具有较稳定的经济收入和偿还贷款的能力；没有尚未还清的数额较大、可能影响贷款偿还能力的债务。

（三）借款手续办理

在准予贷款决定书规定的有效期内，借款人凭准予贷款决定书到受托银行办理借款手续。借款人可以选择任何一家公积金贷款受托银行办理贷款手续。

受托银行与借款人应当以书面形式签订公积金借款合同。公积金借款合同主要包括以下内容：借款人的姓名和住所；贷款人、受托银行的名称和住所；贷款的金额、期限、利率；贷款资金的支付时间；贷款偿还方式、每月还款额的计算方法；担保方式和担保范围；违约责任；当事人需要约定的其他事项。借款人在办理借款手续过程中，还要提供借款人认可的担保。

上海市公积金贷款办法规定贷款担保采取担保公司担保的方式，要求申请人提供担保机构作为偿还贷款的连带责任保证人，并将贷款购买的有所有权的住房抵押给担保机构作为反担保。公积金贷款的保证责任范围包括公积金贷款本金及利息、违约金、损害赔偿金和实现债权的费用。

担保公司提供公积金贷款连带责任保证的，要与住房公积金的委托贷款人、受托贷款人订立书面保证合同或书面保证条款。保证合同或保证条款应当包括以下内容：被保证的公积金贷款金额；借款人履行公积金贷款的还款期限；保证担保的范围；保证担保的期间；双方认为需要约定的其他事项。

担保机构担保公积金贷款的保证期间为：借款人将所购买的自住住房抵押给担保机构之日起至公积金贷款债务全部清偿时止。若借款人没有按公积金贷款合同的约定履行还款义务，并且时间达 6 个月时，受托贷款银行向担保机构送达《履行连带保证责任通知书》，担保机构接到《履行连带保证责任通知书》后 7 日内，承担偿还贷款本息的责任。

担保机构在承担保证责任后 6 个月内，根据借款人的不同情况决定是否行使反担保权及行使反担保权的方式。若借款人因丧失劳动能力、缺乏经济来源或者丧失生活自理能力需要依赖社会救助等不可抗拒的因素而发生贷款逾期，担保机构承担保证责任，并在承担保证责任后 6 个月内，做出对借款人债务延期、债务重组、免除罚息等安排。如果借款人不是因为上述原因而产生贷款逾期，担保机构在承担保证责任后 6 个月内，可采取拍卖、变卖、协议作价抵押物等方式行使反担保权。

根据担保机构提供保证的责任范围，公积金中心和借款人需分别交纳担保费用。担保费标准根据所担保的贷款本金的数额、期限、预计逾期率等因素综合确定。

（四）借款使用及偿还

贷款本息的偿还方式除现金支付外，借款人可以提取本人住房公积金账户储存余额用于偿还贷款。当借款人住房公积金账户余额不足时，可以提取其配偶、同户成员和非同户直系血亲的住房公积金账户余额，但要征得被提取人的书面同意。需要提取住房公积金账户储存余额的借款人，应当向市公积金中心提出申请，经审核同意后在借款合同中约定，并由受托银行以转账方式代为办理提取手续。提取住房公积金账户储存余额的申请审批手续，可以在借款申请审批时一并办理，也可以在还款期间办理。借款人与非同户直系血亲的关系，应当经公证机关公证。

贷款申请人或者共同贷款申请人不能用其住房公积金账户中的余额支付购房首期款。贷款申请人或者共同贷款申请人的住房公积金账户中余额为零的，不能获得公积金贷款。

经贷款人同意，借款人可以提前偿还部分或者全部贷款本息。借款人第一次提出提前偿还部分公积金贷款的，应在原贷款合同履行1年后。借款人提前偿还部分贷款的，提前偿还的金额不得少于原贷款合同约定的6个月的还款额。提前偿还全部贷款的，借款人应当支付贷款本金余额，受托银行不再计收贷款利息，按照借款合同已收取的贷款利息也不退还。提前偿还部分贷款的，受托银行与借款人应当以书面形式变更借款合同，由受托银行根据变更后的贷款期限、提前还款当日的同档次公积金贷款利率和贷款本金余额重新计算出剩余期限内的每月还款额。变更后的贷款期限不得长于原借款合同约定的贷款期限。

借款人死亡、被宣告失踪或者丧失民事行为能力的，其财产的继承人、受遗赠人或者代管人应当继续履行借款合同，但继承人放弃继承或者受遗赠人放弃遗赠的除外。

四、住房公积金贷款的方式

（一）贷款期限

贷款期限由公积金中心或受托银行根据借款人的申请及偿还能力确定。每项公积金贷款期限最长不超过30年，并不长于借款人法定离休或者退休时间后的5年。共同借款的，贷款期限最长不超过30年，并不长于其中最年轻者法定离休或者退休时间后的5年。借款人的申请期限短于规定的最长期限的，贷款期限以申请期限为准。

（二）贷款金额

每项公积金贷款的具体金额，按照借款人的申请金额和规定的贷款限额标准计算。申请金额不超过所有贷款限额的，以申请金额作为贷款金额；申请金额超过任意一项限额的，以其中最低的贷款限额作为贷款金额。

贷款限额即每项公积金贷款金额应当同时符合下列所有限额标准：不得高于按照借款人住房公积金账户储存余额的倍数确定的贷款限额；不得高于按照房屋总价款的比例确定的贷款限额；不得高于按照还款能力确定的贷款限额。其计算公式为：借款人计算住房公积金月缴存额的工资基数×规定比例×12个月×贷款不得高于最高贷款额度。

北京市住房资金管理中心对个人公积金住房担保委托贷款额度规定为：在职职工家庭购买房改价房、安居房、经济适用房及自建大修自住住房的，申请个人住房担保委托贷款，其单笔最高贷款额度必须同时满足下列三个条件：①不得超过该职工交存住房公积金余额的15倍；②不超过新购住房评估值的80%；③不超过30万元（含30万元）。在职职工家庭购买市场价房的，申请个人住房担保委托贷款，其单笔最高贷款额度除必须同时满足上述②、③条件外，还不得超过该职工交存住房公积金余额的10倍。如申请人公积金余额不足300元，按3000元计算该申请人委托贷款的额度。离退休职工家庭申请个人住房担保委托贷款，其单笔最高贷款额度根据离退休职工及其共同申请人的收入水平确定，但不得超过30万元（含30万元），也不得超过所购住房评估价值的80%。

（三）贷款利率

住房公积金贷款利率按照国务院批准的利率标准执行。根据人民银行规定，现行个人住房公积金贷款利率为：贷款期限为5年以下（含5年）的，贷款年利率为4.14%，贷款期限为6～30年的，贷款年利率为4.59%。遇人民银行调整公积金贷款利率时，银行将按规定于次年1月1日起执行新的贷款利率。

（四）还款方式

1年期以内的公积金贷款，应当于到期时一次还本付息；1年期以上的公积金贷款，应当按月偿还贷款本息。

公积金贷款还款方式与一般个人住房贷款相同。一种是按月等额本息还款方式，指借款人每月偿还的贷款本金和利息总额不变，但每月还款额中贷款本金逐月增加、贷款利息逐月减少的还款方式。这种方式是主要的还款方式，在所有公积金贷款中占很大比重。另一种是按月等额本金还款方式，即借款人每月偿还的本金固定不变、贷款利息逐月递减的还款方式。借款人可以选择一种还款方式，并在合同履行期限内不做变动。

五、住房公积金贷款的担保

住房公积金贷款的担保方式与商业银行其他贷款的担保方式没有本质的区别，目的是要达到商业银行认可的贷款担保。具体方式可分为四种。

（一）抵押担保

借款人将所购的住房抵押给银行，同时还要有具法人资格、符合担保条件的第三方给予担保。

（二）抵押加购房综合保险

如果不选择第三方担保，可在办理房屋抵押时，买一份综合保险，它将为借款人提供保证、保险。

（三）质押

把相当于贷款额的"硬通货"押给银行，如债券、存单等。

（四）由房地产公司担保

前三种担保方式与商业银行一般个人住房贷款业务的担保方式基本相同，第四种方式也是国际上通行的担保方式。如美国联邦住房管理局、退伍军人管理局、加拿大政府CMHC公司等，它们的主要职能就是为特定贷款者提供贷款担保（实质上是一种政府保险）。

房地产担保公司在我国还是新事物，主要服务于政策性住房贷款。建设部、中国人民银行《住房置业担保管理试行办法》出台后，我国陆续有20多个城市组建了房地产担保公司。

下面以上海市为例叙述住房贷款担保的运行模式。

上海市公积金贷款的担保方式是住房担保公司担保。为此，上海市成立了上海市住房置业担保有限公司，该公司是从事个人住房公积金贷款的专业性担保机构。主要业务为：受上海市公积金管理中心委托，对住房公积金个人购房贷款资格、贷款额度进行审批；提供公积金贷款及房地产政策法规的咨询；为公积金新增贷款担保，即为购房人向银行贷款提供还款信用保证，购房人将所购住房作为反担保；为公积金贷款的存量通过一定方式提供担保；代办个人住房公积金贷款手续、代办住房抵押登记手续等。

个人住房公积金担保对象为具有完全民事行为能力的自然人，且须同时具备以下条件：具有本市城镇常住户口或蓝印户口；申请时连续缴存住房公积金的时间不少于6个月，累计缴存住房公积金的时间不少于2年；购房首期付款的金额不低于规定比例（目前为总房价的20%）；具有较稳定的经济收入和偿还贷款的能力；没有尚未还清的数额较大且可能影响贷款偿还能力的债务。

担保公司为借款人提供三项社会性保障。第一，意外事故债务免除。主借人因意外事故造成死亡或因意外事故致残完全丧失劳动能力的，由其继承人、受遗赠人提出书面申请，经担保公司查证情况属实的，由公司承担连带保证责任。第二，生活特困罚息减免。在还款期间内，主借人因生活来源发生重大变更而造成生活特困，且配偶、其他参与借款人均无生活来源，由借款人向担保公司提出书面申请，并提供有关证明，经担保公司查证属实的，担保公司可以酌情减免或缓收应收取的逾期罚息。第三，抵押物灭失债务免除。借款人由于下列情形之一造成抵押物灭失，经担保公司查证属实的，免除尚欠借款债务，由公司代为偿还：火灾、爆炸（借款人故意行为造成的除外）；暴风、暴雨、雷击、冰雹、雪灾、洪水、海啸、龙卷风、地面突然塌陷；空中运行物体坠落。

担保公司担保费收费标准为年度贷款本息余额的1%。如果被担保人一次性提前偿还贷款的，可以凭提前偿还债务的凭证，根据提前偿还的债务占整个债务的比例，计退担保费。凡由担保公司承担连带保证责任的公积金贷款，除借款人自愿向保险公司投保所购住房财产险外，借款人可不必办理财产险。

担保公司担保的业务流程如下。

1. 担保申请和受理

借款人到贷款公司查询是否符合贷款担保条件及贷款担保最高限额和最低期限，若可以，填写个人住房公积金借款申请书。借款申请人提供相关资料，经初审后符合担保借款条件的，借款申请人凭《个人住房公积金贷款担保受理单》，按借款金额和年限支付担保费，并在《个人住房公积金购房担保借款合同》上签字。

2. 办理房地产公司有关手续

如借款申请人购买期房的，需房地产公司在个人住房公积金购房担保借款合同上盖章。申请人还需办理委托还款协议。

3. 办理抵押登记

借款申请人持相关资料到购房所在地的区县房地产交易中心办理住房抵押登记手续。

4. 通知银行放款

借款申请人凭办妥抵押登记手续的凭证及经合同各方当事人承诺的《个人住房公积金购房担保借款合同》向担保公司递交相关资料。担保公司审批同意后，向贷款银行发出《放款通知书》通知其放款。

5. 领取个人资料

所有手续办完后，担保公司通知借款人来领取个人保管资料，进入正常还款过程。

房地产担保公司为住房贷款提供担保是一些国家成功的做法，已经有较长的历史，为住房金融业务和住房市场的发展提供了有力的保证。这种公司一般都有政府支持，实力和担保能力较强。相比之下，我国以担保公司形式为住房贷款提供担保才刚刚起步，而且都是地方性公司，其实力和市场信誉还较差，还不能为大规模住房贷款业务提供有可靠保证的担保，存在较大的业务运作风险。

第四节　组合贷款和政策性贴息贷款

一、组合贷款

（一）组合贷款的概念

组合贷款一般称为个人住房担保组合贷款，指的是符合个人住房商业性贷款条件的借款人又同时缴存住房公积金的，在办理个人住房商业贷款的同时还可以申请个人住房公积金贷款，即借款人以所购本市城镇自住住房（或其他银行认可的担保方式）作为抵押可同时向银行申请个人住房公积金贷款和个人住房商业性贷款，是政策性和商业性贷款组合的总称。

（二）组合贷款的申请方法

申请组合贷款，初审手续与公积金贷款相同。初审通过后，借款人到银行办理公积金贷款其他手续时，要按照银行要求填写商业贷款部分的借款申请表并办理有关手续。两部分贷款审批完成后，同时由银行拨付到售房单位账户。在组合贷款中，公积金贷款和商业贷款的贷款期限、借款日期和还款日期都是相同的，只不过执行不同的利率。

（三）组合贷款的程序

购买商品房、经济适用住房办理个人住房公积金贷款（组合贷款）的程序可分七步。

第一步：到贷款银行提出借款申请。借款人持购房合同和开发商售房许可证复印件、身份证、住房公积金储蓄磁卡、印章到各区县的建设银行房地产信贷部申请住房公积金贷款（使用夫妻双方住房公积金贷款的，还须携带结婚证或其他夫妻关系证明），填写"个人住房公积金贷款（组合贷款）申请书"。

第二步：银行审核。贷款银行根据借款人提供的资料，考核借款人是否符合贷款条件，计算贷款额度，确定贷款期限。

第三步：到贷款银行签订借款合同。贷款银行审核借款人的申请后，借款人与银行签订借款合同和抵押合同（不用房屋担保的签订质押合同）。

第四步：办理贷款担保手续。办理住房公积金贷款（组合贷款）有两种担保方式，第一种是借款人用自有、共有或第三人房产进行抵押，第二种是用国债、银行定期存单等贷款银行认可的有价证券进行质押，借款人可以根据自己的实际情况选择其中的任何一种。

第五步：办理住房抵押保险手续。借款人到产权部门办理完抵押或质押手续后，连同借款合同、抵押合同（质押合同）、房屋他项权证、抵押权证明书等借款资料交贷款银行办理房屋保险手续。

第六步：签订还款协议和划款。采用储蓄卡代扣方式还款的，借款人到建设银行储蓄网点办理还款代扣储蓄卡，并与贷款银行签订代扣协议。委托单位代扣还款的，单位与贷款银行签订协议。

第七步：银行划款。借款人按与贷款银行约定的时间到贷款银行办理领款手续，贷款银行将款项划入售房单位；用于修、建房的贷款，借款人按借款合同支取。

（四）组合贷款和纯公积金贷款的区别

组合贷款基本运作方式与纯公积金贷款相似，它们的区别反映在以下几个方面。

申请组合贷款的，必须同时符合住房公积金管理部门有关公积金贷款的规定和有关住房商业性贷款的规定。申请组合贷款，借款人应先向商业银行提出申请，同时提供相关证明材料，由商业银行凭借款人相关证明材料代借款人向公积金受托银行提出公积金贷款申请；公积金受托银行经审核，书面向借款人承诺公积金贷款可贷额度、期限等，同时通知商业银行；商业银行经审核，书面向借款人承诺商业性贷款额度、期限等。组合贷款发生日必须为同一天。

组合贷款由同一银行发放的，借贷双方可以分别签订住房公积金贷款合同和住房商业性贷款合同，也可以合并签订一份住房担保贷款合同。组合贷款的贷款人为非同一银行的，分别由公积金受托银行与借款人签订住房公积金贷款合同，同时由提供商业性贷款的银行为借款人提供公积金贷款的担保，由提供商业性贷款的银行与借款人签订商业性贷款合同、住房担保合同。商业银行在成为抵押权人的同时，必须向公积金受托银行做出承诺，保证当借款人没有按公积金贷款合同约定履行还款义务时，由其承担连带还款本息的责任。

办理组合贷款的商业银行应在每月收到贷款本息后，按约定的时间，将其中应还的住房公积金贷款本息用转账的方式划转到经办住房公积金贷款银行。非同一银行发放的组合贷款的借款人没有按住房担保贷款合同约定，按月归还公积金贷款本息的，发放住房商业性贷款的银行履行归还贷款本息的义务。

贷款银行对抵押物或质押物进行处置的，应当采取转让、拍卖或者法律、法规、规章允许的其他方式。处置抵押物所得的价款应当按下列顺序分配：首先支付与处置抵押物或质押物有关的费用；其次扣除与抵押物或质押物有关的税费；再次如抵押物或质押物为共有的，按共有产权的份额偿还其他共有权人；最后有第一抵押权人的，偿还第一抵押权人的贷款本息余额及违约金、损害赔偿金等。

个人住房担保贷款为组合贷款的，抵押人在办理抵押物财产保险时应明确住房公积金贷款委托人为保险的第一受益人。

（五）组合贷款的好处

组合贷款能够使更多的参加了住房公积金制度的职工享受其应该享受的住房公积金优惠贷款的权利。由于是组合贷款，个人贷款额度中可含大量的商业银行信贷资金，这就可以大大提高个人住房贷款的可贷比率，缓解单纯依靠现有住房公积金积累对个人贷款可贷比率造成的限制，使更多的职工得以进入贷款买房的行列。

由于实行组合贷款，大量的银行贷款资金进入个人住房贷款，在贷款职工具备相应的还贷能力的前提下，可以使个人住房贷款额度大幅增长。

实行组合贷款之后，个人承受的贷款利率是住房公积金的优惠利率和商业银行住房贷款利率的组合，相对纯商业性住房贷款利率来说要低一些，这既能适当减轻个人的贷款利息负担，又能够大大提高职工贷款买房的积极性。组合贷款的推出能大大促进银行住房个人信贷资金的发放，从而使社会住房消费资金大幅增长。比单纯依靠有限的住房公积金信贷的消费刺激力量要大许多倍，对推动住宅产业发展和国民经济增长会产生比较显著的效果。

依照目前的个人住房贷款办法，如果同时申办住房公积金贷款和商业银行住房贷款，必须分头办理两套相当复杂的手续，而且基本上是重复的手续，不仅如此，由于个人用于贷款的抵押物——所购住房很难重复抵押，所以分别申请住房公积金贷款和商业银行贷款实际上行不通。而"组合贷款"实际上是两种贷款的"统一办理"，所购住房"一物抵两贷"，手续上和抵押值上均能行得通。

二、个人住房政策性贴息贷款

（一）个人住房政策性贴息贷款的概念、性质及与其他形式住房贷款的区别

个人住房政策性贴息贷款，是指住房资金管理部门与有关商业银行合作，对商业银行发放的商业性个人住房担保贷款，凡符合住房公积金管理部门贴息条件的借款人，由住房公积金管理部门根据借款人可以申请的贴息额度，按照商业性个人住房贷款和个人住房公积金贷款的利息差额进行贴息。

由此可见，贴息贷款是商业银行运用自有资金发放的贷款，性质上属于商业银行的自营贷款；而住房公积金贷款是住房资金管理部门将其管理的住房公积金委托有关商业银行，向符合条件的借款人发放的一种住房贷款，性质上属于委托贷款。这也是贴息贷款与住房公积金贷款的本质区别。贴息贷款与商业性个人住房贷款、住房公积金贷款的区别见表5-1。

表5-1 贴息贷款与商业性个人住房贷款、住房公积金贷款的区别

项目	贴息贷款	商业性贷款	公积金贷款
贷款资金来源	贷款银行自有资金	银行自有资金	住房资金管理部门委托资金
贷款对象	正常缴存公积金并且具备还款能力的购买、建造、翻修自住住房的人	具备还款能力的商品房购买人	具备还款能力、正常缴存公积金的购买、建造、翻修自住住房的人
实际利率	部分贷款享受公积金贷款利率，其余部分为商贷利率	商业贷款利率	公积金贷款利率
担保方式	专业担保机构连带保证担保	开发商阶段性连带保证担保加抵押担保	专业担保机构连带保证担保或保证保险
当事人和参与人	当事人：银行（贷款人）、借款人（被贴息人、购房人）、住房资金管理部门（贴息人）、专业担保机构（保证人）；参与人：律师事务所、开发商、信用评估机构、保险公司	当事人：银行（贷款人、抵押权人）、借款人（购房人、抵押人）、开发商（售房人、保证人）；参与人：律师事务所、保险公司	当事人：借款人（购房人）、住房资金管理部门（委托贷款人）、专业担保机构或保险公司（保证人）；参与人：银行、律师事务所、信用评估机构、开发商

（二）个人住房政策性贴息贷款产生的原因

贴息贷款实际上是组合贷款的替代产品。在贴息贷款出现之前，借款人在购买房屋时，如果其可以申请的公积金贷款额度无法满足其资金需求，那么借款人就必须在申请公积金贷款之后再申请一笔商业性贷款，即所谓的组合贷款。由于组合贷款需要借款人向两个不同的部门申请两次贷款，因此借款人需要投入的时间多、费用高、等待周期长，这使得相当多的

借款人怠于办理组合贷款。在这种情况下，借款人为了方便或是迫于开发商的付款压力，干脆放弃公积金贷款利益而去全额申请简便快捷的商业性贷款。为了适应借款人的客观需求，促进房地产金融的发展，中国银行率先与住房资金管理部门合作推出了个人住房贷款贴息业务，即贴息贷款。可以说，贴息贷款产生的主要原因是房地产金融市场的需求。贴息贷款产生的另一个原因，是由于我国房地产市场的迅速发展，住房公积金贷款需求急剧膨胀，致使住房资金管理部门所持有的资金无法满足贷款需求。在贴息贷款中，住房资金管理部门只需拿出很少一部分资金向借款人支付利息差，因此贴息贷款的推出不仅维护了借款人应当享有的利益，而且有效地缓解了住房资金管理部门贷款资金不足的压力。无疑随着贴息贷款的出现，组合贷款将逐渐退出金融市场，但是贴息贷款却不能取代公积金贷款。因为按照我国住房公积金的管理规定，住房公积金余额只能定向用于发放公积金贷款和购买国家债券，可见住房公积金的增值收益主要来源于公积金贷款和国债利息，而贴息资金的来源也是住房公积金的增值收益，所以公积金贷款是贴息贷款存在的基础。由此可见，在目前我国住房公积金管理体制下，公积金贷款和贴息贷款必须同时存在。

（三）个人住房政策性贴息贷款申请人必备的条件

申请个人住房贴息贷款的购房人可在商业银行直接领取贷款，无须再到管理中心、银行跑两套手续，交两笔手续费，而商业贷款和公积金贷款之间的利差，则由政府住房基金提供的利息返还给商业银行，最后的贴息实惠仍落在贷款人身上。但申请个人住房贴息贷款的申请人必须具备以下五个条件：①具有完全民事行为能力，具有稳定的职业和收入，具有偿还贷款本息能力的公民；②贴息申请人已在管理中心连续6个月累计12个月，且目前正在缴纳住房公积金，同时贴息申请人需是个人住房贷款申请人本人或其配偶；③已签署购买《商品房买卖合同》或购房协议；④已支付不低于购房总价款20％的首付款证明；⑤建设银行要求提供的其他文件或材料。

（四）个人住房政策性贴息贷款的办理程序

个人住房政策性贴息贷款的办理程序如下：①申请人与开发商签署《商品房买卖合同》，缴首付款并约定采用银行按揭贷款付款方式；②申请人向指定的律师事务所咨询具体事宜，了解银行的贷款规定和各项收费标准；③申请人及配偶与律师见面，提交贷款所需资料，缴纳相关费用并签署贷款相关法律文件；④律师对申请人的资信及提交资料的真实性进行初审，并出具《法律意见书》；⑤管理中心根据借款人资料审批给予借款人的贴息额度，担保中心确定是否为其提供担保，银行根据中心审批意见，审批通过后发放贷款；⑥借款人按合同约定期限归还贷款本息。

（五）贴息房贷的好处

在政策性个人住房贷款需求旺盛，住房公积金归集量有限的情况下，个人住房贷款贴息业务的推出可以使更多公积金缴存人享受到公积金个人住房贷款的优惠利率。

组合贷款手续相对复杂，借款人要同时缴纳商业性贷款的律师费、保险费、公积金贷款的评估费以及抵押登记费。而贴息业务是银行、资金中心和担保中心共同委托律师事务所受理个人的借款、贴息及担保申请手续，借款人只进一次门即可办妥申请事宜，不但手续简化，而且费用降低，在很大程度上减轻了借款人的经济负担。

经过银行和北京市资金管理中心同意，借款人可根据自己的经济状况提前还款、改变借款期限。银行与资金中心共同为借款人提供贴息服务。

第五节　住房公积金改革与公积金贷款证券化需求

一、住房公积金改革

（一）中国住房公积金制度改革的总体要求

1. 提升价值观念

在提升价值观念的过程中，应更加注重公平，实现公平和效率的双赢。我国处理公平与效率的价值取向经历了如下的演变过程：第一阶段是坚持公平优先；第二阶段是既坚持公平又坚持效率；第三阶段提出效率优先，同时兼顾公平性；第四阶段是在一次分配时注重效率，之后二次分配时注重公平性；第五阶段由于经济发展越来越快，因此更注重公平性；第六阶段提出在两次分配阶段都要平衡好效率性和公平性这两者之间的关系，且更注重公平性。

2. 深化住房保障功能定位

以住房保障功能为主导，兼顾政策性住房金融功能，即遵循公平为先、兼顾效率的原则，住房公积金应当融入住房金融和住房保障两个功能之中，并且更加强调住房保障功能，住房保障功能是住房公积金制度的首要功能。住房公积金制度设计的重心应该是为中低端收入群体的住房保障体系提供融资服务，同时兼顾高收入人群。通过强制储蓄功能、金融服务功能、投融资功能的共同发力，保障更多人群解决住房问题或改善住房状况，实现住有所居，促进社会和谐发展。

3. 丰富战略定位

住房公积金制度在战略定位上要进行调整，以化解覆盖范围狭窄这一症结。从时间上可以将战略定位分为近期战略定位和远期战略定位。

从我国实际情况出发，近期战略定位应该继续定位于"在城镇在职职工中全面建立住房公积金制度"，考虑该项制度的社会公平性质和效用最大化。

远期战略定位应明确为"在全体劳动者中全面建立住房公积金制度"。在财政和配套制度逐步健全之后，争取住房公积金能与全民低保（城乡居民最低生活保障）、全民医保并驾齐驱，将住房公积金纳入政府执政的考核目标，实现住房公积金制度的城乡全覆盖。

4. 强化资金管理

对于最为主要的住房公积金个人贷款业务，可以探索"倒按揭"（也称"住房抵押反向贷款"或"以房养老"）、公积金住房贷款证券化等创新业务，发挥住房公积金制度的金融属性，实现资金的期限错配。

对于沉淀资金的管理，可探索性地形成投资体系，在住房公积金管理委员会的监督下，住房公积金管理中心可投资于固定类收益产品，一定程度提高收益率，最后将收益反哺于长期未使用过住房公积金的缴存职工，在保证提取的前提下，进一步开辟住房公积金保值增值新途径。

（二）新常态下住房公积金制度的改革机遇

新常态的主要特点包括：在经济增速方面，从高速增长转为中高速增长；在经济结构方面,经济结构不断优化升级;在经济增长动力方面,从要素驱动、投资驱动向创新驱动转变。新常态将给中国带来新的发展机遇,同时也给住房公积金制度的发展带来了福音。概括来说,主要体现在以下四个方面。

1.经济增量可观,人们住房消费的多元化和阶梯性,为住房公积金制度的发展提供了良好的经济环境,也有条件对住房公积金制度给予必要的支持

从1978年的改革开放以来,经过30多年高速增长,中国经济体量已今非昔比。从经济总量看,我国目前已成为仅次于美国的第二经济大国。从发展速度看,30多年来,中国经济以世界少有的年均接近两位数的增长速度高速发展,创造了经济增长的"中国奇迹"。试想30多年前,我国的经济还是一穷二白的时候,根本不可能对住房有多样化的需求,住房的融资更是无从谈起。随着30多年的高速发展,温饱基本解决,人们对住房的需求也日趋多样化,正是对于住房多样化的需求,才给住房公积金制度的改革提供了良好的经济基础。

经济新常态下,我国站在发展的十字路口,30多年积累的发展红利将依托住房公积金制度这个载体得以释放。多年来发展形成的经济存量,国家制度的完善,财政实力的雄厚,能够对促进住房公积金制度在全社会范围内的改革提供有力的资金保障。从我国的发展实际看住房公积金制度改革的引入,给我国房地产调控提供了一个可行的思路。新常态下虽然不完全依靠投资驱动的发展模式,但是住房公积金制度改革的引入,让人民群众享受发展红利的设想愈发明显,党的十八大确定的"两个百年"奋斗目标是能够实现的,也将为中国经济带来更多"大国红利"。

2.城镇化、工业化进程加快会进一步推动住房公积金制度改革

我国进入经济发展新常态,经济韧性好、潜力足、回旋空间大。从城镇化角度看,我国正在经历世界上速度最快、规模最大的城镇化过程,城镇化伴随的大规模人口迁移,将推动消费持续增长,这将成为中国经济增长的强大推动力。2015年我国的名义城镇化率仅为56.10%,户籍城镇化率则低得多,仅为36%左右。与发达国家(接近于80%)相比,还有很大的发展空间。城镇化的大规模发展需要为更多的人解决住房问题,大量的农村人口将转移到城市,对住房的需要日趋强烈。因此住房公积金制度的改革迫在眉睫,加速推动城镇化的相关政策支持也为更快地深化住房公积金改革创造了新的机遇。

从工业化角度看,我国工业化的任务远没有完成,除东部部分省市基本完成工业化外,中部、西部等省区工业化的发展还不是很充分,仍有很大的发展空间,根据相关学者的研究,我国的经济发展会呈现大雁结构,这是新常态下中国经济改革的重要机遇。工业化的实现需要更多的高新技术人才,而人才的流动也必然伴随着住房问题的出现。工业化的进程需要住房公积金制度的改革提供有力的支持。

3.经济结构转型优化为住房公积金制度改革提供契机

2013年,我国第三产业增加值占GDP比重达46.1%,首次超过第二产业,2015年的统计公报显示,这一比例攀升至50.5%,首次超过50%,这是非常好的经济结构优化迹象。在支撑我国30多年的高速增长中,内需结构中投资占比相对较高,近年来,消费率出现较快增长趋势,截至2015年底,消费率也超过50%,在经济结构中占比再次超过投资率,名副其实地成为"三驾马车"中拉动力最强的一驾。消费的基础性作用和投资的关键性作用逐步得到体现。由于地理条件、发展基础、历史文化等因素,我国区域经济结构中,东、中、西部发展差距较大,随着"一带一路"、京津冀协同发展、长江经济

带等区域发展战略的制定和实施，区域结构亦在逐步得到优化，将为中国经济带来更多"发展红利"。经济结构的转型升级同时为住房公积金制度的改革创造了机遇，住房公积金制度应顺应时代的潮流，与时俱进，在经济结构转型的过程中，充分利用好改革带来的红利，让住房公积金制度惠及更多的群体，我国在需求结构、区域结构、城乡结构、收入分配结构等还有很大的调整空间，这些因素在制约着中国经济质量的整体提高，住房公积金制度的改革将有效调整经济结构。

经济结构的转型，使得原本投资驱动（房地产投资模式）的增长态势将得到改变，房价增速放缓。这些因素的变化，都为住房公积金制度的改革带来了一定的推动作用。

4. 政府职能不断转变，为住房公积金制度的创新提供了更多的契机

在经济新常态下，政府职能转变的核心仍然是处理好政府和市场的关系。当前政府将简政放权、转变政府职能作为全面深化改革的"突破口"和"当头炮"，目的就是要从体制机制上给各类市场主体松绑，发挥市场在资源配置中的决定性作用。2013年以来，国家先后取消和下放了共700余项行政审批事项，涉及将工商登记前置审批事项改为后置审批等一系列具体举措。政府职能的积极转变，不仅活跃了市场，也为住房公积金制度的改革提供了更加有效的改革空间，能够将市场机制的作用发挥到最大化，因此，经济新常态下政府的简政放权，对住房公积金制度的改革提供了更大的发展契机。

二、公积金贷款证券化的演变与发展

我国住房公积金贷款证券化起步于2015年。2014年10月，住建部、财政部和央行联合下发《关于发展住房公积金个人住房贷款业务的通知》，鼓励住房公积金个贷率在85%以上的城市，主动采取措施盘活存量贷款资产，积极探索发展公积金贷款证券化业务。武汉市住房公积金管理中心于2015年6月尝试发行了我国第一笔公积金贷款支持证券，发行总额为5亿元。2015年9月，住建部、财政部和央行联合发布《关于切实提高住房公积金使用效率的通知》，提出要拓宽贷款资金筹集渠道，有条件的城市积极推行住房公积金个人住房贷款资产证券化业务。此后，公积金贷款证券化步伐明显加快。

截至2015年底，我国共发行7笔公积金贷款支持证券，累计发行额93.6亿元。其中，有2笔通过银监会，以信贷资产证券化的方式完成，发起人均为上海市住房公积金管理中心；有5笔通过证监会，以资产支持专项计划的方式完成，发起人分别是泸州市、三明市、湖州市、杭州市和武汉市住房公积金管理中心。

三、开展公积金贷款证券化的意义

一是可提高公积金管理中心的资金使用效率。公积金资产证券化将小额、分散的基础资产打包、分层，转化成标准化的债券资产在资本市场出售，有利于提高公积金管理中心资产周转率，从而提高资金使用效率、增加贷款供给，提升公积金贷款在我国住房金融体系中的重要性。

二是可缓解我国房地产去库存压力。据统计，2000—2015年，全国房屋累计新开工面积175亿平方米，而累计销售面积只有119亿平方米（其中还有相当一部分是二手房），住房供给与销售之间的差额远超60亿平方米，房地产面临巨大的去库存压力。与此同时，我国又有大量居民，特别是新市民和农民工还没有住房。如何平稳地实现去库存？一方面，应适当减少房地产投资规模，降低经济体对房地产的依赖；另一方面，更要释放居民合理的住

房需求。开展公积金贷款证券化，有助于增加公积金贷款供给，促进住房消费，帮助房地产业平稳地去库存，避免房地产市场出现崩溃，进而避免商业银行不良贷款率大幅上升，维护金融稳定。

三是可巩固并加快我国城镇化进程。目前，我国城镇化率仅为55%，远低于欧洲、美国、日本等发达国家或地区。而城镇每年新增人口超过1000万，城镇化的潜力还很大。新增人口需要买房，而收入水平却普遍有限，对公积金贷款的依赖性较高。公积金贷款证券化有助于提高公积金管理中心的信贷供给能力，从而可以扩大公积金贷款的覆盖面，满足部分新市民的购房需求。"居者有其屋"将从根本上提高我国城镇化的质量。

四、住房公积金贷款证券化的现状

（一）我国住房公积金业务及其证券化与美国的异同

2008年次贷危机使得美国的"两房"成为世界的焦点，至今人们都对房利美、房地美"谈虎色变"。虽然美国的住房抵押贷款市场为全球最大，但次贷危机依旧打破了住房抵押贷款市场的发展"神话"，一度使得美国的房地产陷入"釜底抽薪"的困境，导致金融市场爆发多米诺骨牌效应。

我国住房公积金业务与美国"两房"的相似之处在于：一是发起机构均享有一定的政府信用；二是均用来推动本国住宅金融市场发展；三是以较低的成本来筹集资金；四是通过证券化来提高资金的运营效率，使市场资金参与其中。但是，与美国的"两房"模式相比，我国的住房公积金业务有以下不同：一是我国的公积金管理中心直接发放住房公积金贷款，美国"两房"并不直接发放贷款；二是美国"两房"对其所发行的个人住房贷款资产支持证券基础资产的信用风险提供担保，而我国的公积金中心一般不会对其所发行的资产支持证券提供担保。

（二）美国"两房"业务对我国住房公积金贷款证券化的借鉴意义

考虑到住房公积金本身的福利属性，在证券发行过程中可借助一定的外部（政府）信用，为证券提供担保，承担证券化产品的信用风险，投资者承担包括利率风险等在内的其他风险，使公积金管理中心发行的证券成为AAA级别的无风险证券，降低证券发行利率，节约公积金筹资成本。政府对住房公积金贷款资产支持证券采取一定的政策倾斜，如类似"两房"的监管便利、流动性支持（公积金中心发行的AAA级标准抵押贷款证券纳入央行的合格抵押品库或成为质押式回购标准券）等，增加住房公积金贷款证券化的发行效率，降低发行成本，并提供市场流动性。已发行住房公积金贷款证券化项目见表5-2。

五、公积金证券化的未来发展

公积金证券化未来发行规模有望大幅增长。目前，上海公积金管理中心发行的两单沪公积金2015年第一期个人住房贷款资产支持证券1号和2号均已成功发行。在资产池利率较低、剩余期限较长且抵押和担保模式分别发行的情况下，取得较好的发行结果，说明市场对住房公积金贷款的安全性及公积金中心贷款管理能力的认可，为以后的住房公积金贷款证券化提供了重要参考价值。预期今后我国会有更多地区尝试住房公积金贷款证券化，发行期数和发行规模均会显著增加。

第五章 住房公积金制度

表 5-2 已发行住房公积金贷款证券化项目

项目	发起主体	规模/亿元	期限/年	项目进度	发行利率/%	增信措施	基础资产	是否出表	特点
银行间市场公募	上海公积金中心	1号:19.40 2号:50.23	1号:14.7 2号:9.5	已发行	1号:优先A-1、3.2;A-2、4.4 2号:3.65	优先/次级、超额抵押	纯公积金贷款	是	1号基础资产为抵押基础贷款;2号基础资产为担保基础贷款
	武汉公积金中心	5	32	已发行	5.01	优先/次级、超额抵押	纯公积金、组合、商转公贷款	否	违约资产原始权益人需进行赎回,发起人和投资者有权进行回购和回售
上交所市场公募	常州公积金中心	6.19	0.5	已发行	—	—	—	—	—
	杭州公积金中心	5	1.5	已发行	优先级01、4.0;优先级02、4.2;优先级03、4.2	优先/次级、超额现金流覆盖	—	否	类资产证券化产品,转移的是收益权,早游风险有"特定合同替换"条款
	湖州公积金中心	4	29.2	已发行	发行综合成本 6.5	—	—	否	发起人和投资者有权进行回购和回售
	武汉公积金中心	3.55	—	已发行	4.07	优先/次级、超额抵押	—	否	类资产证券化产品,转移的是收益权
私募	盐城公积金中心	4.27	—		—	优先/次级、第三方担保	—	否	类资产证券化产品,转移的是半年收益权
	湖州公积金中心	2	12		5.90	—	—	否	类资产证券化产品,转移的是收益权
	三明公积金中心	5			4.51	—	—	否	—

延伸阅读　案例分析与问题讨论2

思 考 题

1. 简述我国住房公积金的运作过程。
2. 联系实际，你认为现行住房公积金制度存在哪些问题？
3. 联系本章内容并查阅相关资料，谈谈住房公积金制度改革应该重点关注哪些问题？

第六章　住房抵押贷款证券化

第一节　房地产证券化概述

一、证券化概述

证券化是指证券类业务在金融业务中所占比重不断增大的金融发展趋势。有广义和狭义之分，广义的证券化包括宏观层面、中观层面、微观层面三种含义，狭义的证券化即为微观层面的含义。

宏观层面上，证券化指社会融资方式的直接化，即绝大部分资金需求者改变原有主要依赖于商业银行信贷的间接融资方式，转向发行有价证券的直接融资方式，从而使债券和股票在资本总量中占比不断扩大的过程。由于融资的成功与否更多依赖于资金需求者自身的资信能力，因此证券化一般为信用度较高、品牌卓越的企业或者政府机构所采用的融资方式。中观层面上，证券化指资本证券化，即商业银行改变过去以经营存贷款业务、获取净利息收入为主的传统盈利模式，转而以在一级市场上发行和流通有价证券为主要经营模式，在赚取手续费收入的同时增强自身资本流动性，实现盈利与安全的双重目标。微观层面上，证券化指资产证券化，即原始权益人将其流动性较差、能够产生可预计现金流的资产（实体资产、证券化资产、信贷资产等）作为基础，经过角色设计和制度安排，对资产中的风险和收益进行重组和分散，以发行证券的方式传递到投资者手中的过程。

二、房地产证券化

（一）房地产证券化含义及结构

房地产证券化是指高价值房地产转化为流动性更强的证券资产，以便投资者可以将其房地产的直接物权转换为股权持有证券，即房地产投资将直接转换为证券投资。实质上，它是一种以低流动性、非证券化的房地产作担保，将房地产股权投资权益化作证券化资产。房地产证券化主要以抵押型证券化和权益型证券化两大种类构成。其交易主体结构实施路径如图 6-1 所示，辅助结构包括信用评级机构、信用增级机构、服务商、承销商和受托人。

图 6-1　房地产证券化交易主体结构流程

（二）房地产证券化特征

在发展过程中，房地产证券化呈现出下列特点。

一是流通性较好。由原来房企固有资本转化为可在市场自由交易的资本性证券，实现资产轻型化。而且，房地产证券化种类多样化，利于投资者进行产品转手。

二是专业化管理。在房地产证券化过程中，涉及评级机构、信托机构、专门服务机构等许多法律主体。投资者不需要参与经营管理，将资产交由专业人员进行专业化经营管理，从而实现资本整合，提升经营管理的绩效。

三是安全性较高。投资者的风险不是以发起人的整体信用作为担保，而是由底层资产现金流收入风险决定。它使房企的融资风险多元化，并降低了投资者的投资风险。

第二节 住房抵押贷款证券化

住房抵押贷款证券化是房地产证券化的重要形式和重要的组成部分。

一、住房抵押贷款证券化的含义及其动因

（一）住房抵押贷款证券化的含义

住房抵押贷款证券化是指银行等金融机构将其所持有的住房抵押贷款债权向专业机构转让，专业机构在资本市场上将抵押贷款债权进行结构性重组，经政府或机构的担保和信用增级后，向投资者发行证券的过程。

最早起源于美国的住房抵押贷款证券化已经成为房地产证券化的重要内容之一，它属于房地产抵押贷款的二级市场。

房地产抵押贷款一级市场是房地产抵押贷款形成的市场，即银行等金融机构以借款人或第三人拥有的房地产作为抵押物发放贷款的市场。市场中涉及两个主体：一个是抵押人，即购房人，包括个人或企事业单位等，亦称为原始债务人；另一个就是抵押权人，即放款的银行或非银行的住房公积金管理中心等，亦称为原始权益人。

房地产抵押贷款二级市场是房地产抵押贷款交易的市场，原始权益人为了减少自身风险，让房地产抵押贷款重组、打包、担保、信用增级后，出售给机构或个人投资者。

一级市场是二级市场的基础，二级市场使得银行等金融机构信贷资金回笼，风险分散，反过来促进一级市场的健康发展。

（二）住房抵押贷款证券化的动因

住房抵押贷款适宜于证券化在于三个方面的原因。

一是信贷普及率高、规模大。住房抵押贷款是最大、居民最熟悉的消费信贷，庞大的住房抵押贷款规模是形成抵押贷款组合，并以此为基础发行抵押贷款证券不可缺少的先决条件。

二是可形成稳定的收入流。抵押贷款支付方式明确，可形成稳定的还款本息收入流，适宜于以此发行证券产品。

三是贷款的违约率低、安全性高。由于住房抵押贷款的发放有一套严格的信用风险管理制度，以不动产作为抵押，因而一直是银行安全性较高的信贷资产。高安全性意味着高质量

的信贷资产，高质量的信贷资产意味着发行证券的高信用等级。

二、住房抵押贷款证券化的操作模式

所谓运行模式就是指一国在住房抵押贷款证券化过程中采用的一系列安排和措施，在证券化的过程中一国应该根据自己的经济背景和经济体制而制定模式。纵观实行住房抵押贷款证券化的国家或地区，住房抵押贷款证券化进程都与该国或地区所处的经济金融发展背景存在着密切联系。由于各地区金融制度方面存在着差异，不同模式的住房抵押贷款证券化对政府的依赖程度也存在着较大的差异，因此形成不同的运作特征。

在抵押贷款证券化的过程中，根据政府作用的不同进行分类，可以分为三类：政府主导模式、混合模式和市场主导模式。同时，根据特殊目的载体的地位和作用进行的分类也可以分成三类：表外证券化模式、表内证券化模式和准表外证券化模式。

（一）依据政府作用不同的分类模式

1. 政府主导模式——以美国为例

（1）美国住房抵押贷款证券化的运作流程　第一步是必须建立特殊目的机构，实现抵押贷款的出售。原始的发起人（一般为贷款的出售银行）将自身的抵押贷款组合成抵押贷款池，并将抵押贷款池通过协议出售的方式出售给特殊目的机构，出售可以以债务更新、转让和从属参与的形式进行。典型的住房抵押贷款出售时，必须保证是"真实出售"，当原始发起人发生破产清算时，该资产不列入清算的范围，以达到该抵押贷款组合的"破产隔离"的目的。判断"真实出售"的标准取决于各国的法律解释和法庭判例。根据美国《财务会计准则》第77条的规定，实现真实出售必须满足三个条件：一是出让人必须放弃对未来经济利益的控制；二是出让人必须有能力合理估计在附有追索权条款下应承担的义务；三是附有追索权。否则，受让人不能将资产退还给出让人。

第二步是信用增级。抵押贷款组合中有多对矛盾，最突出的矛盾来自各笔贷款的偿付期限的不同与以它为发行基础发行的证券期限匹配问题。这个问题往往由于贷款期限长、价值大、抵押人的违约和拖欠等而被激化。为了吸引投资者，使投资者对抵押证券产品充满信心，必须对资产进行信用提高。

第三步是抵押支持证券的评级。在信用增级后，特殊目的载体应聘请专门的评级机构对该抵押支持证券进行评级。评级主要的参考因素是抵押贷款的信用风险，评级的结果应向投资者公布。

第四步是证券发行。由承销商向投资者销售抵押支持的证券，按照合同规定的价格把发行收入的大部分支付给原始发起人。

第五步是对抵押贷款组合的管理，实施资金的分配。一般来说，原始发起人应当对抵押贷款组合进行管理，负责收集抵押贷款组合中产生的现金流，并将这些收入存入托管行的专门账户中，形成积累资金。

（2）政府主导模式的市场环境与效果分析

① 政府是多个主要机构的发起者和设立者　GNMA、FNMA、FHLMC等都是在政府主导下设立的，这些机构在运作成熟后，或成为政府的全资机构，或成为准政府机构，作为特殊目的机构的重要内容在市场上发挥重要作用。

② 特殊目的载体的存在　特殊目的载体GNMA、FNMA、FHLMC的设立有几个作用。第一，特殊目的载体为实现银行资产与已出售资产的真实剥离，在银行其他资产与已出

售资产之间构建"防火墙"。第二，它是实现"表外证券化"的必要手段。

③ 特殊目的载体分工明确，倾向性强　政府主导模式下的抵押贷款证券化，主要是支持中低收入居民购房，因此证券类型也可以分为三种：GNMA 证券化、FNMA/FHLMC 证券化和私人机构证券化。GNMA 只购买经过 FHA 保险的面向中低收入居民的贷款，为中低收入居民贷款提供充足的资金来源；FNMA/FHLMC 只对贷款额度为 25 万美元以上的非保险的常规贷款进行证券化；贷款额度超过 25 万美元的大额贷款则由私人机构从事证券化。

④ 综合性强，操作难度大　美国的住房抵押贷款体系是个综合性的大工程。正如在住房金融体系中所讨论的那样，美国的住房金融体系决定了住房贷款证券化的内容和架构。从结构看，抵押贷款一级市场考虑了多方面的贷款需求，既包括一般购房者，又包括像退伍军人这样的特殊购房者。抵押贷款二级市场通过政府支持等方式设立相应机构保证抵押贷款证券化的顺利运行。从法律保障看，除了常规的法律保障外，还有《二级抵押贷款信用提高法》《税收改革法案》等为房地产抵押贷款证券化提供信用增级、税收等方面优惠。

2. 混合模式——以加拿大为例

(1) 加拿大的抵押贷款市场概况　与美国抵押贷款市场不同，加拿大没有专门的住房金融机构，任何金融机构都可以发放住房抵押贷款，抵押贷款市场能够完全融入金融市场当中。2005 年底，加拿大的住房抵押机构 CMHC 住房抵押贷款余额达到 1821 亿加元，比 2004 年增加 10.9%。随着加拿大政府财政赤字的减少和资本市场的发展，加拿大政府债务的数额在逐渐减少，公司也越来越依靠资本市场直接融资。目前，加拿大抵押贷款市场的总额数量越来越大，已经超过政府债务和公司债务，成为加拿大最大的债务品种。

就贷款机构而言，在 20 世纪 50 年代以前，加拿大只允许人寿保险公司和信托公司发放抵押贷款，商业银行不允许发放抵押贷款。1954 年，加拿大议会修改《商业银行法》，允许商业银行发放抵押贷款。目前加拿大的金融机构包括商业银行、人寿保险公司、信托公司、养老基金和信用社等，都可以发放抵押贷款。在这一历史演变过程中，商业银行的市场份额在不断扩大，作用日趋明显。

(2) 加拿大模式的核心：抵押担保制度　与美国类似的是，加拿大对于住房抵押贷款有自己的担保制度。在加拿大，进行抵押贷款担保的机构是成立于 1944 年的加拿大房屋抵押贷款与住房建设公司（CMHC），该机构是属于联邦政府独资拥有的皇家公司。这个机构的担保制度由以下几个项目组成。

① 对担保费率的规定　首期付款比例是衡量贷款风险的主要指标。在加拿大，抵押贷款主要有两类，一类是个人购房抵押贷款，另一类是出租住房建设抵押贷款，这两类贷款的风险不同，后者要高于前者。

② 对担保费用的规定　这项费用由借款人承担，可以一次支付，也可以分期支付。

③ 担保投资基金　收到保费后，CMHC 把所有保费集中起来，设立担保投资基金，用担保投资基金的收入偿还可能发生的担保损失。为提高担保投资基金的偿还能力，成立担保投资基金操作室，专门负责担保投资基金的增值工作。

④ 担保操作步骤　CMHC 抵押贷款担保通过以下四个操作步骤实现运作。第一步，CMHC 和发放抵押贷款的金融机构签订合作协议。第二步，借款人提出申请。第三步，贷款机构审批。贷款机构根据借款人的还贷能力、借款人资信状况、所购住房的价值和住房市场总体情况，决定是否给借款人发放贷款。第四步，违约处理。在上述四个因素中，借款人

的还贷能力最为重要,审查还贷能力的指标主要是家庭收入与住房消费支出比。

(3) 抵押担保制度的作用

① 抵押担保制度对借款家庭有利　抵押担保大幅度降低了抵押贷款的首期付款比例,借款家庭不必积攒一笔很大资金就可申请贷款买房,从而提前获得住房。

② 抵押担保制度对贷款机构有利　由于CMHC提供的担保是100%担保,金融机构不承担任何信用风险,这就最大限度地保证了贷款资产的安全。

③ 抵押担保制度对政府有利　抵押担保制度既对借款家庭有利,也对贷款机构有利,实际上是既刺激了抵押贷款的需求,又鼓励了抵押贷款的供给,从而推动了住房市场的发展,解决了中低收入家庭的住房问题,同时还带动了总体经济的增长,一举三得。

(4) 混合模式的市场环境与效果分析

① 政府的主导与市场操作相结合　加拿大首先是在政府主导下成立了CMHC,在CMHC发展到一定程度和市场允许的情况下,将CMHC转变成为抵押贷款证券化过程中的唯一保险者,政府由原先的保险者转变成担保者,并逐渐从原先的职能逐渐脱离,让CMHC在市场中发挥核心作用。同时政府仍然很好地保持原先的宏观调控职能,保证住房抵押二级市场的稳健运营,为CMHC提供良好的运作环境。

② 不存在特殊目的载体　在加拿大模式中,贷款发起人和证券发行人常常是同一个机构,但是由于政府担保的存在,这个系统有独立的证券托管和支付体系,可以在银行资产负债表上实现证券化,即表内证券化。加拿大模式中,CMHC只负责贷款的保险、证券按期支付的担保,并且作为代价,它会从中提取保险、担保费和资格审查费。这样,在CMHC的资产负债表上,主要的内容是保险产品与保费支付,保费的收入与支出形成的差额就是公司的收入来源。

③ 风险控制机制——抵押担保制度　CMHC作为贯彻执行抵押担保制度的主要机构,在风险控制方面作用十分突出。通过CMHC资格认定的方式加强监督,降低抵押贷款证券化的运作风险;通过收取保费补偿拖欠风险,保障本息的及时支付;通过调控抵押贷款证券化的发行规模和频率调控市场。这样,既避免了由于资产负债不匹配产生的融通资金问题,又不会引致政府债券规模扩大问题。

④ 操作简单易行　没有特殊目的机构、完善的抵押担保制度,使得加拿大的住房抵押贷款证券化减少了很多中间环节;政府主导和市场操作相结合的方式,促进了抵押贷款证券化的发展。

3. 市场主导模式——以澳大利亚为例

(1) 澳大利亚住房抵押贷款证券化主要机构:麦格里(Macquarie)证券化有限公司

麦格里证券化有限公司成立于1991年,是麦格里银行的全资子公司。在其目前已经发行的抵押债券中,国内发行与欧洲发行约各占一半,还有一部分已在美国上市。麦格里证券化有限公司发放的住房抵押债券多数为3A级,完善的运营机制保证了它能够得到标准普尔的最高信用评级,并且从欧洲筹得大量资金支持本国住房消费。在这套系统中,住房贷款由证券化公司发放或者由证券化公司委托其他非银行机构发放,住房贷款发放标准化、信用审核制度严格而缜密、健全的保险制度可行性强、债券增级措施得当、风险管理机制灵活等因素都促进了麦格里证券化有限公司抵押贷款证券化的发展。另外,在特殊目的载体的具体设立上,麦格里证券化有限公司采用的是机构式的特殊目的载体(往往以子公司形式存在),以保证其资产与其他的业务风险相隔离,从而提高债券信用等级,增强对投资者的吸引力。

(2) 澳大利亚抵押贷款证券化模式的市场环境与效果分析

① 从运作主体上看 相比美国的政府主导模式和加拿大的混合模式，澳大利亚的住房抵押贷款证券化更多的是一种商业化运作，主要是商业银行和投资银行依靠自己原有体系去运作。

② 从模式的倾向性看 澳大利亚模式之所以成功，是因为抵押贷款利润十分丰厚，吸引了像麦格里（Macquarie）这样的投资银行通过证券化所筹集资金来发放按揭，分享抵押贷款的利润。新的贷款不断进入市场，抵押贷款竞争加剧，促进了利率的降低、服务的改善、贷款产品的创新和多样化，居民贷款越来越方便，资金供给市场实现了双赢。

（二）依据特殊目的载体作用不同的分类模式

1.美国住房抵押贷款证券化的操作模式——表外模式

表外证券化模式是指商业银行将住房抵押贷款出售给特殊目的载体，由特殊目的载体根据抵押贷款的特点发行证券。这种模式的特点是商业银行对抵押贷款的出售是"真实出售"，该贷款从资产负债表中剥离出来，贷款合同所附带的所有法律上的权利和义务关系被完整地转移，从而实现贷款资产的破产隔离以保护投资者的利益。

"如果有一个稳定的现金流，就将它证券化。"这是流传于美国华尔街的一句名言。以美国1999年为例，全美住房贷款余额4.76万亿美元，证券化余额2.57万亿美元，占贷款余额的54%，证券化已成为住房融资的主要方式。美国住房抵押贷款证券化的运作过程可以简要地概括如下。

第一，由住房抵押贷款机构（如商业银行、住房储蓄机构等）充当原始权益人（又称发起人，Originator），以"真实销售"（True Sale）方式将其持有的抵押贷款债权合法转让给"特殊目的载体"。在转让过程中，通常还有评估机构、担保机构或保险机构参与其中，对抵押贷款债权进行信用保障。

第二，特殊目的载体是为证券化目的而成立的"特殊目的机构"，它以受让的基础抵押为支撑，经信用增级或评级后，在资本市场上发行抵押担保债券募集资金，并用募集的资金来购买发起人所转让的抵押债权。

第三，服务人负责向原始债务人收款，然后将源自证券化抵押债权所产生的现金转交特殊目的载体的受托人，再由该受托人向抵押担保证券的投资者支付利息。

美国住房抵押贷款证券化的特点如下。

(1) 政府在证券化中起主导作用 在美国，住房抵押贷款证券化不仅仅是一个商业行为，它同时也担负着相当多的公共政策目标，包括促进住房金融稳定、支持中低收入居民购房、促进住房贷款一级市场运作标准化等，这都是政府应当承担的职责。政府在证券化运作中起着核心作用。

(2) 银行贷款真实出售机制 银行将住房抵押贷款以真实出售的方式出售给"特殊目的载体"。所谓"真实出售"，其含义是：即使银行经营不良导致破产，银行对住房贷款也已不具有追索权，因为"特殊目的载体"是独立于银行而存在的，银行的经营运作与"特殊目的载体"无关。由于银行出售的住房抵押贷款已移出资产负债表，即实行表外运作、真实出售，实现"破产隔离"，所以美国模式也称表外运作模式。这样做一方面是降低银行流动性风险的必要条件，另外在美国的税收体制下还有利于规避双重纳税。

(3) 抵押贷款一级市场与二级市场互相促进发展的机制 美国、加拿大在这方面具有共同的特点：先有一级市场的住房抵押贷款保险和担保，在一级市场比较规范的基础上发展二级市场。一级市场就是住房贷款的发放市场,二级市场则为证券化市场。由于有一级市场的保险和担保,二级市场对抵押贷款证券担保的风险大大降低。目前,美国、加拿大住房抵押贷款利率与抵押贷款证券化利率之间的利差一般只有0.5%,其中包括了服务费和二级市场的担保费。如果一级市场不规范,个贷风险很大,那么二级市场对抵押贷款证券化担保的风险就很大,或者对抵押贷款证券化进行信用增级的成本就很高,就会削弱投资者对抵押贷款证券化的兴趣。同时,二级市场的发展又进一步促进了一级市场的规范。

2. 德国住房抵押贷款证券化的操作模式——表内模式

表内证券化模式是指不需要设立特殊目的载体购买银行的住房抵押贷款,银行直接以一组住房贷款为抵押发行债券。这种模式的特点是住房贷款实际上是债券的抵押物,债券的本金和利息偿付来自贷款产生的现金流。如果银行破产,债券投资者作为贷款的抵押权人获得优先偿付。因此,表内证券化的实质是不进行破产隔离,贷款也没有从银行的资产负债表上隔离出来。

在德国,住房抵押贷款证券化的运作过程中没有设立特殊目的载体,住房抵押贷款的发放人就是住房抵押贷款证券化产品的发行人,抵押贷款发起人以自己的名义发行以抵押贷款作支撑的证券。住房抵押贷款仍为发起人的资产,所发行的证券则为发起人的负债,二者都位于抵押贷款发起人的资产负债表中,因而该模式也被称为"表内运作"模式。

德国的住房抵押贷款机构相对较多,主要有储蓄银行、专业性抵押银行、保险公司、储蓄与住宅贷款机构。在证券化过程中,由于贷款发放机构并没有把住房抵押贷款出售出去,抵押证券的风险也是自己承担,所以金融机构主要靠贷款的抵押物来控制风险,若借款人违约,金融机构收回抵押物进行拍卖,通过拍卖款项偿还贷款。由于是靠抵押物控制风险,贷款机构必须保证抵押物价值始终大于抵押贷款的数额,抵押贷款首付额一般控制在35%左右,很少低于20%。德国抵押贷款证券的推出没有得到政府强有力的支持,多是金融机构以自己名义发行抵押贷款证券,各金融机构的资金实力、资信等级参差不齐,为了提高抵押证券的信用等级和赢得投资者的信赖,发行人更加依赖信用增强机制,但信用增强费用增加了发起人的发行成本。再就是德国是一个高福利国家,对住房抵押贷款一直实行低存低贷的政策,金融机构的住房贷款利率相对较低,在发行住房抵押贷款证券化的过程中,较高的证券评级费、信用增级费、税费等成本又降低了抵押贷款证券的收益率。由于以上各种原因,住房抵押贷款证券化在德国的发展水平没有较大的增长幅度。德国住房抵押贷款证券化运作模式如图6-2所示。

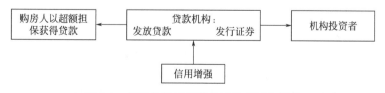

图 6-2 德国住房抵押贷款证券化运作模式

3. 澳大利亚住房抵押贷款证券化的操作模式——准表外模式

准表外证券化模式是指银行设立全资公司或者控股子公司,由子公司作为特殊目的载体向银行购买贷款,进而发行住房抵押支持债券。这种模式的特点是贷款的出售是真实出售,商业银行实现了破产隔离。但是子公司的资产负债表要与母银行合并,子公司的贷款资产最终还是要体现在母银行的资产负债表上。因此,虽然这种住房抵押贷款证券化操作也是表外模式，但是不是彻底的表外模式，所以称为准表外证券化模式。

澳大利亚模式兼具美国、德国模式的特点：抵押贷款发放人与住房抵押贷款证券发行人具有母、子公司关系，住房抵押贷款证券发行人是由银行设立的子公司。该子公司作为特殊目的载体存在，它购买银行的住房抵押贷款，并在市场上发行证券。母行与该子公司之间的资产转移也属"真实销售"，母、子公司各自独立经营运作，但子公司的经营业绩最终将反映到母行资产负债表中，因此称为准表外运作模式。

与美国相比，澳大利亚没有特设政府机构，而是支持商业银行自行运作，但澳大利亚中央银行规定，住房抵押贷款证券化必须采用表外方式，法律规定了母行与子公司的资产转移是"真实销售"，住房抵押贷款不属于母行的破产资产，因此保证了投资者的利益。

与德国相比，澳大利亚的特殊目的载体虽属贷款银行的附属机构，但二者之间的住房抵押贷款的转移属于"真实销售"。在运作过程中，银行子公司为了提高抵押证券的等级，更多采用了多种信用增级措施，比如银行的过渡担保、优先/次级证券、外部担保等。

三、住房抵押贷款支持证券的品种类型

从固定利率抵押贷款到可调利率抵押贷款，都是为了防范风险而产生和发展起来的，但是抵押贷款的流动性风险依然很大，为了提高这部分信贷资产的流动性，借助金融工具的创新，抵押贷款二级市场上出现了多种抵押贷款证券。

房地产抵押贷款证券化的基本思路是，以一定数量的在期限、利率、贷款类型等方面具有相似性的房地产抵押贷款，构成一个抵押贷款组合，并以此组合为依据发行抵押贷款支持证券（Mortgage-Backed Securities，MBS）。

房地产抵押贷款证券化所使用的金融工具统称抵押贷款支持证券。其形式主要有以下几种。

（一）抵押过手证券（转递证券）

抵押过手证券是抵押贷款证券最基本的形式之一，也称抵押转手证券。

其运作方式是银行等金融机构将若干种类的抵押贷款组合成一个集合，以这个集合所产生的现金流量（即该集合中的抵押贷款的本金和利息收入）为基础，委托证券发行商（SPV）经信用增级后发行证券。每一张抵押贷款证券都代表着该抵押贷款组合总体收益的一部分，因此，抵押过手证券是一种所有权凭证。银行和证券发行商在扣除自己的中介费用（一定担保费和服务费）之后，将该组合中抵押贷款的本息收入全部转交给抵押贷款证券的投资者。在这一过程中，发行人只起到中介作用，抵押贷款证券并不出现在其资产负债表中。转手抵押贷款证券中信贷资产产生的现金流并没有重新安排，而是直接转手给证券投资者，因此，证券投资者也要承担原始债务人提前还贷的风险。

在美国，最初的抵押过手证券是以固定利率、完全均付的抵押贷款组合为基础发行的。后来，随着金融工具的不断创新和证券市场的发展，以可调利率抵押贷款、七年一次性支付抵押贷款、大额抵押贷款和多户住房抵押贷款组合为基础发行的抵押过手证券也逐渐推向市场。

好处如下：①抵押过手证券通过一系列目的性极强的转换，大大减小了银行的流动性风险；②由于经过信用增级，其证券信用等级高，吸引了众多投资者；③在证券经营机构看来，可以获得稳定的服务费。

因此，它一经推出，就受到投资者的追捧和证券经营机构的欢迎，并很快成为市场上的

热销产品。

（二）抵押支持债券

抵押支持债券是指银行以其持有的住房抵押贷款作为担保发行的债券。

它是一种债务凭证，而不是所有权凭证，其所有权仍由抵押支持证券的发行人所有。与抵押过手证券相比，抵押支持债券发行人重组了信贷资产的现金流。发行人既可以用抵押贷款组合产生的现金流量，也可以用其他来源的资金来偿还债务本息。抵押支持债券不必像抵押过手证券那样按月支付本息，而是与一般债券一样，可以按季或半年支付利息，本金则在债券到期日支付给投资者。而且为了提高抵押支持债券的信用等级，发行机构一般会按债券本金的110%～200%对担保债务进行超额抵押，从而更好地满足了证券投资者的要求。

（三）抵押转付债券

抵押转付债券也是以住房抵押贷款为担保而发行的一种证券，是前两种证券化工具的衍生形式，结合了抵押过手证券和抵押支持债券的优点。

它与抵押支持债券相似之处在于，它也是一种债务凭证，不是所有权凭证。发行人同样拥有抵押贷款资产的所有权，并不随着证券的发行转移给证券投资者。

它与抵押过手证券相似之处在于，都规定注入抵押资产组合的现金流（原始债务人每期所还的抵押本金及利息）都要转手给债券投资者，借款人提前还贷的风险也因此由证券投资者承担，与抵押支持债券到期才还本不同。

（四）担保抵押债券

担保抵押债券是抵押转付债券的衍生品，也是以抵押贷款组合为担保而发行的债券，注入资产组合的本金和利息"过手"给债券投资者。

这种证券与前三种证券的主要区别是，担保抵押债券是以同一抵押贷款组合为基础发行的多种期限、多种利率、多种组合的抵押证券，以满足不同投资者不同的风险偏好。

它的最大优势在于期限、利率和种类的多样化，这对众多机构投资者具有很大吸引力。构成担保抵押债券的基础资产可以是原始抵押贷款资产，也可以是发行人将持有的抵押过手证券集合起来作为担保发行新的证券。

典型的担保抵押债券是按级别顺序支付本息，其结构设置使得每种类型的债券依次到期，包括正规级（A级、B级、C级及类推）和剩余级（Z级）。只有A级债券获得本息支付后，B级债券才能获得本息支付，以此类推。Z级债券类似于零息债券，在正规级债券本金清偿前只按复利方法计算利息，并不支付本息，只有当正规级债券本金全部支付完毕后，Z级债券才开始支付本息。

A级、B级、C级和Z级债券的利率由低到高，期限由短到长，从而有效满足了不同证券投资者的风险偏好。

A级作为短期债券，一般为1～3年，以吸引短期投资者，如个人投资者；B级、C级作为中期债券，一般为3～5年和5～10年，适合保险公司及养老基金等机构投资者；Z级是一种相对长期的债券，一般达到10～15年，主要由追求长期投资的机构投资者购买。

（五）剥离式抵押支持证券

剥离式抵押支持证券又称抵押贷款剥离证券，其基本做法是将抵押贷款组合中的本息收入流分开，分别以贷款的利息收入和本金收入为基础发行抵押贷款本金证券（Principle Only，PO）、利息证券（Interest Only，IO）。

这种精心的设计和安排，使得本金证券和利息证券各具特色、功能各异。

本金证券投资者获得100%的本金收入，利息证券投资者只获得贷款利息收入。

由于组合中固定利率抵押贷款有着分期付款和每期金额相同的特点，剥离后的本金证券和利息证券的投资现金流便呈现出两种不同的特征：利息证券的投资现金流在还贷初期比较大，并随贷款余额的下降而递减；本金证券的投资现金流在还贷初期比较小，但随贷款余额和利息支付的下降而呈现增长趋势。

正是这种现金流的差异，使得投资者各自面对不同的投资风险和投资回报，使得本金证券和利息证券成为投资者进行套期交易的理想工具和金融工程中的创新产品。

四、住房抵押贷款证券化的风险管理

住房抵押贷款证券化是一把"双刃剑"，它虽然可以将风险转移以及风险多样化，但是住房抵押贷款证券化是一个复杂的过程，势必有将部分风险进一步地扩大到整个系统之中的可能。因此，我国住房抵押贷款证券化在具体实施的过程中，应当充分发挥其优势，规避相关风险，做好防范措施，让其成为促进我国经济积极健康发展的推动力。

任何投资都是有风险的，但是我们不能因为风险而拒绝投资。我们应当知道，风险的完全避免是难以做到的，然而我们可以通过对风险的充分了解制定合适的战略，立足于已经发现的风险去预测未来可能出现的风险，对风险进行科学的预测和防范，将损失降低到最小。

1. 建立完善的征信机制

众所周知，综合性、扩散性、积累性、隐蔽性以及突发性是信用风险的几大特点，我们要从信用风险的特点着手，逐个击破。首先，建立专业的信用检测平台，可以从政府和市场两个方面去考虑，在国家政策的支持和引导之下，市场充分发挥其有活力、有弹性的优势，建立一个全网资源共享的信用检测平台。其次，对于信用的评级要更加准确明了，有着明显的区分度，防止在实施过程中出现模棱两可的情况。最后，要通过政府和市场的力量加大宣传，无论是投资人还是贷款人都应该充分了解信用的重要性，从根本上防止信用风险的发生。

2. 明确分工，分散风险

住房抵押贷款证券化是一把"双刃剑"，由于其过程过于复杂，很容易便将局部的风险演变成整体的风险。这个时候就需要政府和银行的共同努力，将风险更细更小地分担开来。当前时期，我国的住房抵押贷款证券化主要是由商业银行开展的，银行承担了过多的风险，市场缺乏动力。在政府方面，应当适当地扩大能够参与住房抵押贷款的金融机构的范围，让那些非银行金融机构参与进来，这样做不仅能将分工细化，减小银行身上的负担，还能够使得金融机构之间的关系更加紧密，共同承担风险，分享利益。在商业银行方面，要起到龙头作用，将资本合理使用，谨慎开发，促进整个金融行业的多元化发展。

3. 修改补充相关法律法规

我国住房抵押贷款证券化的起步较晚，又历经挫折，对于相关法律法规的建设方法可以说是一无所知，只能借鉴国外的先进经验，然而国情和经济体制的不同始终制约着资产证券化的发展。在此基础上，我们要认真吸取近些年来总结出来的经验，结合国外经验修改补充符合我国基本国情和经济体制的法律法规，使得我国在住房抵押贷款证券化方面的法律空白得到进一步的补充，让法律对这项业务的实行更加友好、更加规范，更加有利于这项业务在我国的发展。对相关问题进行明确的法律监督，有利于严格规范市场的准入条件，确定的法律定义有助于主体资格、破产隔离和真实出售等问题的法律界定，并制定住房抵押贷款证券化产品的许可制度和审批、发行、信用增级和信用评级、信息披露、市场交易及会计和税收等制度。

4. 完善金融监管体系

首先建立起全网资源共享的征信平台，其次明确分工，细化合作，最后在有完善的法律法规支持下，良好的金融监管体系的建立也势在必行。完善金融监管体系，加大对住房抵押贷款证券化的监管力度，我们要从以下两个方面去考虑。

第一，要构建丰富有效的金融监管体系，就必须加大与国外发达国家的金融监管合作。在国际范围内，与这方面水平较高的国家进行积极的沟通交流，对于细节有更好的把握控制，我们要吸取经验，避免走过多弯路。我国住房抵押贷款证券化的进程同国际先进水平要逐渐接轨，构建一个防护网，共同应对可能到来的金融风险。

第二，对于金融监管不能有丝毫懈怠，2007年美国次贷危机的爆发警示着我们不能有丝毫的马虎，准确细节是最基本的要求，要进行实时监控，力争信息对称，在问题出现的第一时间就要发现，避免出现更大的损失。同时，在向市场披露信息时要及时精确，保证信息的时效性。

5. 立足实际，大胆创新

当前国际上有很多住房抵押贷款证券化业务成功的案例，我们可以借鉴，但是不能忽略我国的实际情况，针对现有制度，金融创新就不可避免。近些年来，我国住房市场经济处于上升的趋势，市场需求不断扩大，利润也不断增加，在这种大趋势下，个别金融机构不顾及实际情况，大刀阔斧地进行金融创新，给市场带来诸多麻烦，这种情况我们应当坚决抵制。立足实际，大胆创新，拒绝房地产泡沫，这是对我们最基础的要求。值得一提的是，不仅仅是金融创新，对于金融监管的创新也不能停下脚步，源源不断的金融创新带来的是金融工具运转方式的改变，基础的变化势必要求我们在监管方式上要跟上步伐，不能再用旧规矩去管理新方法。

住房抵押贷款证券化是一种新型的金融衍生工具，刚刚接触到的时候我们以为是解决相关问题的有效方法，但随着实践的深入，发现资产证券化的风险层出不穷，让人望而却步。在这种情况下，我们更应当一步一个脚印，总结整理已知的风险，预测防范可能的风险，合理调度，将住房抵押贷款证券化的业务做得越来越好。

五、住房抵押贷款证券化实践

由于住房抵押贷款证券化的表外模式是最完全意义上的资产证券化，因此，本部分以表外模式为例来介绍住房抵押贷款证券化的实践。

（一）主要参与者

1. 发起人

住房抵押贷款证券化的发起人是住房抵押贷款一级市场上的原始债权人，即提供贷款资金的商业银行及非银行金融机构。

发起人进行住房抵押贷款证券化的目的是减小抵押贷款资产的流动性风险。在证券化过程中，发起人将抵押贷款资产出售给特殊目的机构。

2. 特殊目的机构

特殊目的机构（Special Purpose Vehicle，SPV）是一个专门的住房抵押贷款证券公司，该机构从商业银行购买住房抵押贷款，进行评估、组合，然后发行抵押贷款证券，委托券商销售，是住房抵押贷款证券的发行人。

其责任是充当发起人和投资者中间的桥梁。

特殊目的机构还负责对抵押贷款资产进行信用增级，并聘请信用评级机构对发行证券进行信用评级。

然后，它还要选择证券承销商发行证券，委托服务人从原始债务人处收取本金和利息，委托托管人向住房抵押贷款证券投资人按约定的方式进行本息偿付。

3. 证券承销商

证券承销商负责销售由特殊目的机构发行的住房抵押贷款证券。在整个证券化过程中，证券承销商都要和SPV一起筹划、组织证券化的整个过程，以使其符合法律、会计和税收等要求，实现发起人融资的目的。

4. 信用增级机构

信用增级机构的主要任务是通过对住房抵押贷款的担保及保险来提高拟发行证券的信用等级，它可以是政府成立的担保公司，也可以是保险公司，或是商业银行。

通过信用增级，可以提高拟发行证券的认购率，降低融资成本，因此，信用增级机构在住房抵押贷款证券化的操作过程中处于重要的地位。

5. 信用评级机构

住房抵押贷款证券化需要完善的证券发行评级规则和评级机构，这是解决信息不对称，引导投资者合理投资的重要因素。

评级机构评出的证券等级将直接影响到证券的认购和发行成本。如果评级高，就可以实现快速和低成本融资；如果评级低，则发行风险较大。

美国有两大最具权威的信用评级机构，即标准普尔公司（S&P）和穆迪公司（Moody's）。标准普尔公司评出的信用等级包括AAA、AA、A、BBB、BB、B、CCC、CC、C和D级。前四个级别投资风险较小，属于投资级证券；从第五级开始，属于投机级证券，风险大，收益也较大。

6. 服务人

服务人负责收取到期抵押贷款的本金和利息，或追讨过期的抵押贷款，一般是证券发起人或其设立的附属公司。服务人还负责向托管人和投资者提供披露与基础资产相关信息的定期报告。

7. 托管人

托管人负责对抵押贷款资产进行现金流管理。在住房抵押贷款证券化后，托管人设立专门账户保存服务人收取的抵押贷款本金和利息，并按期向住房抵押贷款证券投资人支付本金和利息。

8. 投资者

投资者是指购买住房抵押贷款证券的机构和个人。一种金融工具能否顺利推销，需求是一个决定性的因素。由于抵押贷款证券的复杂性，在发达的市场经济国家中，机构投资者占据住房抵押贷款证券市场的主体，包括商业银行、投资银行、养老基金、退休基金和保险公司等。

（二）操作程序

住房抵押贷款证券化主要由以下几个步骤构成。

1. 确定证券化资产

发起人要按照自身资金需要状况、抵押贷款资产情况来确定证券化的目标。然后，筛选出符合条件的抵押贷款资产，作为抵押贷款证券化的对象。

2. 设立特殊目的机构

根据 SPV 性质不同，可以分为三种类型：一是政府设立的 SPV；二是政府支持，社会公众或法人机构持股以企业形式运作的 SPV；三是纯粹由社会法人，甚至是私人持股的 SPV。

从世界范围来看，由政府设立或支持的 SPV 容易得到投资者的信任，因而比较普遍；而第三种则由于风险较大而发展有限。

3. 发起人将信贷资产出售给特殊目的机构

在表外证券化模式下，信贷资产的真实出售是证券化的关键步骤。发行人将资产出售给 SPV 后，实现了这部分资产的破产隔离，即当发起人以后宣告破产时，其已出售的证券化资产不在清算范围之内，从而保证了证券投资者的利益。

4. 信用增级

通过信用增级，才能顺利实现证券的销售。信用增级方式按来源不同可以分为内部信用增级和外部信用增级。

（1）内部信用增级　内部信用增级是指由住房抵押贷款证券发起人或发行人承担的，通过证券化结构的内部调整，使债券达到所需信用等级。具体方法有如下几种。

① 建立超额抵押　超额抵押是指发行人建立的抵押资产组合从价值上大于所发行的抵押贷款证券总价值，超额部分用作支付证券本息的担保。

② 划分优先/次级结构　这种方式将拟发行证券分为优先级与次级两个档次，优先级证券获得本息的优先偿还，而次级证券只有在优先级证券本息全部清偿后才能得到本息的证券偿还。次级证券一般不出售，由发行人自己持有，实质上成为支付优先级证券本息的保证金。

③ 建立储备金账户　建立储备金账户是为了通过事先设立用以弥补投资者可能损失的现金账户来防范风险。当借款人不能按时偿还本息时，该储备金可用来对证券本息进行支付。

④ 利差账户担保　利差账户担保是指发行人将发行住房抵押贷款证券收入存入专门的利差账户，作为出现支付风险时的担保。

⑤ 建立担保投资基金　这种方式一般与次级证券结合使用。信用增级提供者拿出建立担保投资基金，用于购买自己发行的一部分住房抵押贷款证券。这部分证券在优先级证券和次级证券受偿后，才能得到偿付，因此，实质上形成了对前者的担保。

（2）外部信用增级　外部信用增级是由发起人与发行人以外的金融机构提供全部或部分信用担保。由于涉及公众投资安全，因此，对担保人资格有严格的要求，一般是信用良好的银行、担保公司或保险公司。分述如下。

① 由银行提供担保　商业银行提供担保的主要形式有银行保函、备用信用证、第一损失保护、现金抵押担保账户等。

银行保函是指商业银行应发起人的要求，向住房抵押贷款证券投资者开出的保证书，以保证发行人不能偿还投资者本息时，将由担保银行进行偿付。

备用信用证是指商业银行应发起人要求，向投资者开出的信用证，当发行人未能履行偿还本息义务时，由开证行付款。

第一损失保护是指只保护抵押贷款资产价值的第一损失部分，而非全部资产。第一损失保护的额度由两个因素确定：一是同一发起人类似资产的历史损失数据；二是发行人希望达到的证券信用等级，等级越高，第一损失保护的额度也就越大。

现金抵押担保账户是指商业银行提供一定数量的资金，存入专门账户，用于弥补证券投资者可能的损失。

② 由保险公司提供担保　为了提高拟发行证券信用等级，发起人可以向保险公司购买保险，在约定的条件下当投资者利益受损时，由保险公司提供补偿。

③ 由专业担保公司提供担保　专业担保公司是专门为金融产品提供担保服务的金融担保公司。

专业担保公司提供的是一种无条件不可撤销的本息偿付担保，对发起人及证券产品的要求很高，但发起人一旦获得专业担保公司担保，对提高证券信用等级大有帮助。

④ 由政府或准政府机构提供担保　世界各国及地区的发展可以证明，住房抵押贷款证券化离不开政府的大力推动，其重要的一个作用就是对住房抵押贷款证券提供担保。政府的担保效力往往是最高的。

⑤ 回购条款　根据回购条款，当抵押资产组合的未清偿余额低于一个指定额度（一般是5%～10%）或在一定期限内，由一个具有较高信用级别的第三方参与者必须回购所有未清偿的抵押贷款资产，这部分回购资金则作为弥补证券投资者可能损失的担保。

5. 信用评级

信用增级后，发行人和承销商聘请证券信用评级机构进行拟发行住房抵押贷款证券信用评级，并向社会公告，作为投资者决策依据。由于经过了信用增级，一般会得到较高的信用评级。

6. 证券销售

证券承销商负责向投资者销售住房抵押贷款证券。由于其较高的信用等级，因此，一般住房抵押贷款证券都能以较好的条件售出。

7. SPV获得证券发行收入，向原始权益人支付购买价格

在表外模式下，SPV作为抵押贷款资产的所有者，获得证券发行收入，然后，依与原始权益人签订的购买合同，向原始权益人支付购买价格。

8. 实施资产管理

证券售出后，由服务人负责对抵押贷款资产的现金流进行管理，包括收取、催讨并记录贷款本息的偿还情况，并将流入资金存入托管人专门账户。

9. 按期还本付息，并对聘用机构付费

到了约定的期限，托管人对投资人还本付息。等住房抵押贷款证券到期后，托管人还得负责对各种聘用机构支付服务费用。

（三）运行条件

住房抵押贷款证券化运作比较复杂，涉及的利益相关者比较多，具体实施也需要完善的内外部条件，包括一、二级市场建设、制度建设、法律建设、政府主导等多个方面。

1. 成熟的房地产市场

住房抵押贷款是在房地产市场上形成的资金债权债务关系，没有成熟的房地产市场，也就不可能有成熟的住房抵押贷款一级市场。我国目前的房地产市场经过多年的建设，已经具

备了证券化的条件。

2. 拥有成熟的住房抵押贷款一级市场

成熟的住房抵押贷款一级市场是实施证券化的前提和基础。一个成熟的一级市场需要有以下几个特性。

（1）抵押贷款产品多样性　住房抵押贷款产品十分丰富，基本上有两大类：固定利率抵押贷款和可调利率抵押贷款。

固定利率抵押贷款包括本金等额偿还的抵押贷款、本息均摊的抵押贷款、分级付款的抵押贷款、飘浮式贷款、逆向年金抵押贷款、双周付款的抵押贷款等品种；可调利率抵押贷款包括随物价指数调整的抵押贷款、随利率指数调整的抵押贷款和分享增值抵押贷款等种类。

不同类型的抵押贷款由于还款方式不同，适合于不同的贷款人。产品的多样性体现了市场的成熟程度。

（2）抵押贷款机构多元化　抵押贷款的多元化，降低了单个机构对市场的影响力量，促进了市场的发展，便于政府进行规范和引导。

（3）一级市场抵押贷款总量要达到一定规模　一级市场上各种金融机构发展的抵押贷款总量直接体现了市场的发育程度，只有到了一定的规模，才能降低成本，吸引更多的机构进入这一市场，才有进行二级市场发展的基础。

从这几个方面来看，我国的住房抵押贷款一级市场品种不够丰富，由于各大银行都致力于推选住房抵押贷款，机构多元化较好，一级市场总量已经颇具规模。根据上海银监局提供的数据，2003年末，我国金融机构个人住房贷款余额达到11779亿元，首次突破万亿大关，2004年末达到15922亿元，2005年末达到18430亿元，2006年末达到22506亿元，增长十分迅速。

3. 成熟的证券市场

住房抵押贷款证券化是二级市场的目的和表现形式，证券的设计、承销、交易都需要成熟的证券市场。我国证券市场发展虽然取得了巨大的进步，但在制度和管理上仍然有许多可优化的空间。对于住房抵押贷款证券化的发展来说，证券市场方面应该说基本具备了条件。

4. 强大的中介机构体系

住房抵押贷款证券化需要各种专业化的中介机构的参与，如证券公司、信用评级公司、担保公司、信用增级机构等，这些中介机构都是证券化操作不可缺少的环节。从这个方面来看，我国实施证券化必需的中介机构的发展培育方面还有较大差距。

5. 完备的法律法规和会计准则

证券化是一项复杂的系统工程，参与主体多，涉及大量的资产的计算和转移，出问题的影响和危害也大，因此，需要制定完备的法律法规和会计准则。为了能在我国发展二级住房抵押贷款市场，从现在起就应开始有关法律法规、条例的制定，如"住宅金融法""住宅抵押贷款法""住宅金融组织法""住宅抵押贷款保险法""住宅抵押证券化指引条例"等法律法规；同时，应对现有的《民法通则》《证券法》《保险法》等法律中不适合证券化发展的条款进行修订。

6. 政府的主导作用

从世界各国住房抵押贷款证券化的发展来看，离不开政府的主导作用。政府在SPV的设立、担保、保险等诸多方面都起着重要的作用。我国住房抵押贷款证券化市场的培育和发展同样应该发挥政府的主导作用。

第三节 我国住房抵押贷款证券化

一、住房抵押贷款证券化在我国推行的意义

住房抵押贷款证券化作为一项金融创新产品,对于促进房地产金融市场的健康发展具有特殊的意义。

(一)分散金融机构发放住房抵押贷款的风险

从我国金融机构所发放的住房抵押贷款的期限来看,一般为10年以上,最长可达20年。贷款期限越长则贷款风险越大,随着房地产市场的调整、消费需求的变化甚至是人口结构的变化等都会影响到贷款的全额回收问题。因此,通过住房抵押贷款证券化,金融机构可以出售住房抵押贷款资产,提前收回贷款,降低风险。

(二)扩大金融机构住房贷款的资金来源

据统计,2014年我国金融机构的个人住房贷款总额已经达到10万亿元,但这些资产存放在银行缺乏流动性,银行无法从这些资产中回收资金来发放新的贷款。如果这些住房抵押贷款总额的一半进行证券化,银行将可以回收4万~5万亿元的资金,相当于市场获得相应的流动性。这对于银行、企业和个人都是多方共赢。

(三)增加证券市场的投资工具

住房抵押贷款债券作为一种风险介于国债和企业债券之间的金融投资品种,其收益高于国债而信用评级却高于企业债券。如果能够大力发展住房抵押贷款证券化,可以为投资者提供风险相对较低而收益相对较高的债券投资途径,也为我国证券市场提供了新的交易品种,有利于活跃债券交易。

(四)支持保障性住房建设

我国在保障性住房建设的投入方面主要是国家财政资金,由于保障性住房资金投入大、回收期长、经济效益低,目前已面临资金短缺的瓶颈。纵观国外的情况,很多是通过金融市场来筹集保障性住房的建设资金。在美国,住房抵押贷款证券化在完成利率市场化之后快速发展,MBS余额从1980年的111亿美元大幅增长至2007年的9.3万亿美元,同期住房抵押贷款的资产证券化率也从7.6%上升至64%,极大推动美国住房市场的发展和解决中低收入家庭的住房困难问题。在2014年中国人民银行、银监会下发的《关于进一步做好住房金融服务工作的通知》中,提出加大对保障性安居工程建设的金融支持,对公共租赁住房和棚户区改造的贷款期限可延长至不超过25年。

二、我国住房抵押贷款市场的建立

1999年初,为配合我国住房制度改革,研究解决个人住房金融业务发展中出现的银行流动性问题,中国人民银行首次在政策层面探索研究在我国开展个人住房贷款证券化业务的可行性和相关政策设计。由此开始,金融管理部门开始关注这项业务。

1999年6月,深圳市人民政府向建设部和中国人民银行报送《关于在深圳市实施住房抵押贷款证券化试点的请示》,首次提出在我国开展住房抵押贷款证券化业务试点。9月,

中国建设银行向中国人民银行报送《关于发行住房抵押贷款债券的请示》（建总报〔1999〕80号），提出发行住房抵押贷款证券。

2000年，中国人民银行在上海和深圳先后组织召开国际研讨会，要求国内外专家共同研讨在我国开展住房贷款证券化的相关政策问题。同年，中国人民银行、财政部、建设部和中国建设银行组团对美国和加拿大住房抵押贷款证券化业务及香港按揭证券有限公司进行考察。

2001年12月，国家开发银行首次向中国人民银行提出，拟借鉴美国联邦国民抵押公司（Fannie Mae）的经验，以国家开发银行的国家信用为支撑，发行专门的住房抵押贷款证券用于购买商业银行的住房抵押贷款，开展我国资产证券化业务。

2004年6月，建设银行第六次上报方案，提出以信托模式在我国开展住房抵押贷款证券化业务试点，以实现标准资产证券化模式要求的"破产隔离"和"真实出售"，最终获得批准。

2004年12月，中国人民银行、中国银监会向国务院报送《关于在我国银行业开展信贷资产证券化业务试点工作的请示》（银发〔2004〕301号），请示国务院批准选择国家开发银行和中国建设银行作为试点银行在我国银行业开展信贷资产证券化业务试点。国务院批准了这一请示，并明确由中国人民银行牵头成立"信贷资产证券化试点工作协调小组"，周密设计试点方案，建立和完善规章制度，并做好风险防范工作。

2005年，中国人民银行牵头成立"信贷资产证券化试点工作协调小组"。同年，《信贷资产证券化试点管理办法》《信贷资产证券化试点会计处理规定》《关于个人住房抵押贷款证券化涉及的抵押权变更等级有关问题的试行通知》《资产支持证券信息披露规则》以及《金融机构信贷资产证券化试点监督管理办法》等一系列管理法规发布，从会计准则、个人住房抵押贷款抵押权变更程序、信息披露规则及风险管理等方面对信贷资产证券化业务进行规范。这一年也被称为我国银行业资产证券化元年。

2005年12月，中国银监会批复同意中国建设银行作为发起机构，中信信托作为受托机构，开展个人住房抵押贷款证券化业务（MBS）试点。"建元2005-1"个人住房抵押贷款支持证券通过中央国债登记结算有限责任公司的招标系统正式发行，发行总金额为30.16亿元。此次试点中，基本确立了以信贷资产为融资基础、由信托公司组建信托型SPV（特殊目的机构）、在银行间债券市场发行资产支持证券并进行流通的证券化框架。

2007年4月，国务院批准资产证券化扩大试点，即第二轮试点启动。此次试点机构数量增加到6~8家，其中包括浦发银行、浙商银行、兴业银行、工商银行以及上海通用汽车金融公司等银行和机构。

2007年12月，"建元2007-1"个人住房抵押贷款支持证券发行，中诚信托为其受托人，发行总金额为43.61亿元。

按原计划，在第二批试点结束后，我国信贷资产证券化成为一项常态的金融业务在相关金融机构中全面展开。但在第二次试点临近结束之时，席卷全球的次贷危机不期而至，被认为"罪魁祸首"的资产证券化在中国也暂停了试点的步伐。

我国资产证券化市场于2005年兴起，个人住房抵押贷款证券化产品试点也随之开展。中国建设银行率先于2005—2007年发行2单个人住房贷款资产支持证券。2008年，受到国际金融危机影响，我国资产证券化试点进入暂停状态。2012年5月17日，人民银行、银监会、财政部联合发文《关于进一步扩大信贷资产证券化试点有关事项的通知》（银发〔2012〕127号），规范了信贷资产证券化的基础资产、风险自留、信用评级、资本计提、信息披露等有关事项，推动信贷资产证券化业务健康可持续发展，我国信贷资产证券化试点工作重启。

2014年11月20日，银监会发布《关于信贷资产证券化备案登记工作流程的通知》（银监办便函〔2014〕1092号），明确信贷资产证券化项目实施备案制。2015年1月4日，银监会下发文件批准27家商业银行获得开办信贷资产证券化产品的业务资格，备案制正式启动。2015年5月12日，国务院常务会议确定5000亿元信贷资产证券化试点规模，我国信贷资产证券化业务明显提速，同时，资产证券化基础资产类型不断丰富、投资者群体迅速扩容、管理人水平逐步提高、产品结构创新不断涌现。

为规范信贷资产支持证券的信息披露情况，提高产品信息透明度，确保投资信息对称性，更好地保护投资者权益，经人民银行同意，中国银行间市场交易商协会陆续发布了《个人汽车贷款资产支持证券信息披露指引（试行）》《个人住房抵押贷款资产支持证券信息披露指引（试行）》《棚户区改造项目贷款资产支持证券信息披露指引（试行）》及《个人消费贷款资产支持证券信息披露指引（试行）》，进一步规范资产支持证券（以下简称ABS）信息披露行为，市场政策建设制度日臻完善。

2015年9月30日，住建部联合财政部和人民银行发布《关于切实提高住房公积金使用效率的通知》（建金〔2015〕150号），指出"有条件的城市要积极推行住房公积金个人住房贷款资产证券化业务，盘活住房公积金贷款资产"，进一步丰富和完善了个人住房贷款支持证券的发起主体。

截至2016年末，我国资产证券化市场累计发行规模17116亿元，市场存量为10687.32亿元，同比增长66.37%。其中，信贷ABS累计发行规模9784.44亿元，市场存量为4568.96亿元，同比增长13%；商业银行个人住房抵押贷款证券化产品累计发行规模1449.15亿元；公积金个人住房贷款证券化产品累计发行规模483.52亿元。

2016年，全国资产证券化产品共发行8420.51亿元，比上年多发行2490.12亿元，同比增长41.99%。其中信贷ABS发行3868.73亿元，占发行总量的45.95%，比上年减少187.6亿元；商业银行个人住房抵押贷款证券化产品发行1049.43亿元，占发行总量的12.46%，比上年多发行789.63亿元；公积金个人住房贷款证券化产品发行390.12亿元，占发行总量的4.63%，比上年多发行2676亿元。

截至2016年末，发行过银行个人住房贷款证券化产品的机构有中国建设银行、中国邮政储蓄银行、中国银行、招商银行、民生银行、北京银行、工商银行、江苏江南农商行、广东顺德农商行、苏州银行、徽商银行等机构。其中，中国建设银行发行8单，发行规模总计531.1亿元，在同业机构中位居榜首。

发行过公积金个人住房贷款证券化产品的机构包括上海市、武汉市、杭州市、湖州市、三明市、滁州市、泸州市、苏州市、龙岩市、泉州市的10家公积金中心。其中，上海市公积金中心共计发行4单，发行规模共计381.2亿元，位列第一。

三、我国住房抵押贷款证券化运作

一般而言，住房抵押贷款证券化主要包括以下六个步骤。

第一，由发起人确定资产证券化的目标资产，组建资产池。住房抵押贷款证券的发起人一般为商业银行。发起人将根据自身的融资需求以及现有金融资产的情况，选择适于证券化的资产组成资产池。一般来说，资产池中的基础资产具有以下特征：具有稳定、可预期的现金流；借款人有良好的信用记录；违约风险、到期日结构、收益水平等信贷要素方面具有同质性；借款人具有广泛的地域和人口统计分布；抵押物质量较高等。

第二，发起人向特殊目的载体出售贷款组合，剥离贷款，实现破产隔离。特殊目的载体（SPV）是一个专为隔离风险而设立的特殊实体。从法律角度上看，它完全独立于基础资产的原始权益人，不受发起人破产的影响。发起人将资产转移到SPV的过程实质上是一个真实出售的过程：基础资产出售后，SPV承担资产的全部收益和风险。若SPV破产，SPV的债权人不得追索发起人的其他资产；同理，发起人的债权人也不得向SPV追索该资产。这一设计，保证了证券化资产的独立性，将发起人需要证券化的资产与发起人的其他资产相隔离，同时也使发起人的破产风险和SPV相隔离，从而起到了破产隔离的目的。

第三，对资产支持证券进行信用增级。为了吸引投资者，保证证券的顺利发行并降低融资成本，SPV在取得资产组合后一般会对其进行信用增级。信用增级的方式主要有内部信用增级和外部信用增级两种。内部信用增级的方式包括超额抵押和资产支持证券分层结构等；外部信用增级包括第三方担保、信用证和保险等。一般而言，经过信用增级的证券，信用级别都会高于发起人的信用级别。在美国、加拿大等一些国家和地区，住房抵押贷款证券可以获得政府或准政府机构的信用担保，享有AAA级的信用等级，监管机构将其视为与国债一样的无风险证券。通过信用增级，抵押贷款证券成为广受欢迎的新型投资工具。

第四，由中立的信用评级机构对拟发行的抵押贷款证券进行信用评级。信用增级后，SPV将聘请中立的信用评级机构对资产组合未来产生现金流量的能力进行评估，向投资者客观且直接地展示出抵押贷款证券的信用风险信息，为证券的销售做好准备。需要特别注意的是，此处的信用评级主要是针对抵押贷款组合的信用风险，而不是针对发起人的综合信用水平。而且，不同的交易结构设计以及不同的信用增级方式会对评级结果产生很大影响，因此评级结果有很大的灵活性。

第五，安排证券销售。住房抵押贷款证券的承销工作一般是由SPV委托给投资银行进行。在通常情况下，购买公募方式发行的证券的投资者一般为对流动性要求较高的小额投资者，希望证券能够在二级市场上随时变现，对于这部分证券，SPV需要申请到交易所或场外市场挂牌上市。而对于以私募方式发行的证券，投资者多为各类金融机构，对流动性要求较低，可以不必申请上市。

第六，管理资产池，按期偿付本息。通常，SPV委托发起人或者资产管理机构作为托管人对资产池进行管理，负责收取、记录由资产池产生的现金收入，并按约定建立积累金，以便到期对投资者还本付息。

延伸阅读　住房按揭证券化尝试

第四节　个人住房抵押贷款资产支持证券市场

个人住房抵押贷款资产支持证券（Residential Mortgage Backed Securitization，RMBS）是指金融机构作为发起机构，将个人住房抵押贷款委托给受托机构，由受托机构以资产支持证券的形式发行证券，以基础资产产生的现金流支付资产支持证券本息的结构性融资活动。RMBS 的基础资产为银行发放的个人住房抵押贷款，贷款用途均为购置房产，有一定的首付比例，且均有个人住房作为抵押。

RMBS 是一款在成熟的金融市场较为流行的证券化产品，在美国等发达国家 RMBS 在结构融资产品总量中的占比连续多年保持首位。RMBS 的主要功能包括增强资产的流动性和实现风险转移等，对于投资者而言，其分散的投资标的和相应的交易结构设计能有效降低证券的违约风险。作为重要的住房金融产品，RMBS 是助力住房金融市场实现良性发展、解决居民住房消费问题的重要工具之一，美国 RMBS 在稳定住房市场贷款利率、解决住房民生问题方面发挥了巨大作用，相比之下，我国 RMBS 尚存在较大发展空间。本节对我国 RMBS 市场进行讨论，以期在支持 RMBS 发展，保障国内住房市场的稳定方面提供一定参考。

一、发展现状

（一）发行情况分析

自 2012 年信贷资产证券化重启以来，监管机构出台了一系列鼓励发起机构发行 RMBS 的政策，极大地提升了发行管理效率、激活了参与机构的能动性和创造性，使得 RMBS 的发行规模持续攀升。截至 2018 年 12 月 31 日，银行间市场共发行 106 只 RMBS，发行总额达 9416.08 亿元。

RMBS 发行规模逐年增加，2018 年发行量呈爆发式增长。自 2012 年我国正式重启信贷资产证券化试点工作以来，邮政储蓄银行于 2014 年发行了首只 RMBS，发行规模达 68.14 亿元。2015 年随着监管机构对 RMBS 政策支持力度的加强，RMBS 发行规模显著提升。2018 年受供需两旺和政策推动的多重影响，RMBS 发行规模再次迎来爆发式增长，当年 11 月和 12 月单月发行量超千亿元，全年银行间市场共发行 54 只，发行额达 5842.63 元，是 2017 年发行额的 3.42 倍，是 2015 年发行额的 17.74 倍。

RMBS 市场占比逐年上升，2018 年发行额超过银行间市场 ABS 发行额的一半。2014 年、2015 年 RMBS 的发行额占比均处于 10% 以下，2016 年的发行额显著增加，2017 年 RMBS 开始成为银行间市场发行额占比最大的产品，2018 年 RMBS 市场占比进一步上升，达到 62.70%，市场占比超过一半。

从发起机构看，全国性国有商业银行在 RMBS 发起机构中占主导地位，全国性股份制商业银行活跃度显著提升。2015 年之前发行的 RMBS 的发起机构均为全国性国有商业银行，2015 年之后发起机构的种类逐渐增多，包括全国性股份制商业银行、地区性商业银行、住房公积金管理中心，但整体看，全国性国有商业银行依然占主导地位。具体来看，建设银行和工商银行是 RMBS 的主要发起机构，截至 2018 年 12 月底，全年共有 22 家发起机构参与发起了 106 只 RMBS，其中，建设银行发起 39 只，累计金额 3790.37 亿元，工商银行发起

20只,累计金额2541.79亿元,分别占2005—2018年RMBS发行规模的40.25%和26.99%(表6-1)。2018年全国性股份制商业银行共发起7只RMBS,累计金额5227.89亿元,同比增长229.48%。

表6-1 2005—2018年各类发起机构发起RMBS证券数量及金额

发起机构	证券金额/亿元	发行数量/只
中国建设银行股份有限公司	3790.37	39
中国工商银行股份有限公司	2541.79	20
中国银行股份有限公司	990.48	11
兴业银行股份有限公司	494.3	5
上海市公积金管理中心	381.22	4
中国邮政储蓄银行股份有限公司	249.28	3
交通银行股份有限公司	231.38	3
招商银行股份有限公司	212.58	4
中国农业银行股份有限公司	103.16	1
中国民生银行股份有限公司	98.69	2
中信银行股份有限公司	71.97	1
广发银行股份有限公司	52.78	1
杭州银行股份有限公司	40.58	1
江苏江南农村商业银行股份有限公司	39.46	3
北京银行股份有限公司	29.9	1
华夏银行股份有限公司	22.01	1
武汉住房公积金管理中心	20.41	1
广东顺德农村商业银行股份有限公司	19.21	1
杭州市住房公积金管理中心	10	1
徽商银行股份有限公司	6.29	1
湖州市住房公积金管理中心	5.14	1
苏州银行股份有限公司	5.08	1
总计	9416.08	106

注:资料来源于WIND,中债资信整理。

(二)交易情况分析

2018年RMBS二级市场交易量迅速增长,但整体交易量仍较低,二级市场活跃度有待提升。RMBS产品主要通过现券交易(现券买卖)的方式在二级市场流通,2018年RMBS全年现券交易量为117281亿元,同比增长262.22%,占全部ABS现券交易量的38.42%,增长较为迅猛(表6-2),但与中期票据、记账式国债相比,RMBS现券交易量仍较小。交易活跃度方面,RMBS整体活跃度较低,2018年换手率为15.68%,虽然较以前年度有所上升,但与中期票据和记账式国债换手率相比仍处于较低水平。整体来看,RMBS存量大,相比其他证券活跃度低,未来二级市场交易量仍有较大增长空间。

表 6-2　2014—2018 年 RMBS、ABS、中期票据、记账式国债现券交易量

项目	现券交易量/亿元				
	2014 年	2015 年	2016 年	2017 年	2018 年
RMBS	4.00	20.70	141.26	323.78	1172.81
ABS	146.89	394.29	1435.28	1694.29	3052.50
中期票据	35466.49	31282.40	16593.46	63155.60	73995.77
记账式国债	57291.91	94625.35	123463.01	120159.43	187430.52

注：资料来源于 WIND，中债资信整理。

2018 年，RMBS 二级市场交易取得的重大突破在于实现了首单质押式回购交易和做市交易。"建元 2018-8"是首只引入质押式回购交易的 RMBS，证券的牵头主承销商作为资金融出方，接受以优先档资产支持证券作为质押券，与优先档资产支持证券持有人开展银行间质押式回购交易，并尝试为 RMBS 优先档提供连续双边报价做市服务。质押式回购和做市服务的出现，表明市场参与者积极推动 RMBS 二级市场建设，有利于促进 RMBS 二级市场流动性的进一步提升。

（三）存续情况分析

截至 2018 年 12 月，银行间市场共有 106 只处于存续期的 RMBS，存量余额 7477.61 亿元，占信贷 ABS 存量余额的 68.35%，占中国债券市场存量的 0.87%。存续期证券均表现良好，未发生违约事件及任何对证券化信托财产和信托事务管理产生重大影响的事项。

1. 基础资产情况

（1）基础资产特征分析　2018 年 RMBS 发行数量和金额在从 2005 年至今 RMBS 发行规模中的占比超过 50%，因此本节着重分析 2018 年发行的 RMBS 的基础资产情况。

从违约率来看，2018 年我国个人住房抵押贷款不良率依然保持在极低水平，一定程度上反映了 RMBS 基础资产良好的信用质量，个人住房抵押贷款整体不良率从 2008 年的 0.9% 下降到 2017 年的 0.3%，明显低于个人信用卡贷款和个人汽车贷款，形成了较为稳定的低位趋势。在此基础上，商业银行根据交易文件规定的资产合格标准（通常会优于本行个人住房抵押贷款平均水平）筛选出有一定账龄表现且信用风险相对较低的个人住房抵押贷款作为 RMBS 入池资产，以确保资产端能够产生相对稳定的现金流用来支付 RMBS 证券端的费用、利息和本金。

从资产池特征来看，以发行量占比较大的全国性国有商业银行和全国性股份制商业银行为例，个人住房抵押贷款形成的基础资产还表现出以下特点：入池资产笔数多、分散度高，资产之间同质性强，借款人之间相关性弱，单户借款人违约对资产池整体违约率影响有限；资产池加权平均贷款利率较低，2018 年 RMBS 基础资产加权平均贷款利率为 4.84%，虽然仍处在较低水平，但相比 2017 年的 4.75% 上升了 9 个基点；入池资产普遍具备一定账龄表现，伴随账龄增加，贷款价值比（LTV）不断下降，有助于降低借款人违约意愿；加权平均剩余期限相较其他证券化产品略长，风险暴露期加长，基础资产池信用质量易受未来经济形势影响；抵押率充足，初始 LTV 保持在较低水平（表 6-3）。

（2）重点参数分析

① 累计违约率分析　某一收款期间的累计违约率是指该收款期间以及之前各收款期间的所有违约贷款在成为违约贷款时的未偿本金余额之和占初始起算日资产池余额的比例。从

表 6-3 2017 年、2018 年部分机构 RMBS 基础资产特征

基础资产特征	全国性国有商业银行		全国性股份制商业银行	
	2018 年	2017 年	2018 年	2017 年
未偿本金余额/亿元	113.92	99.48	74.85	53.82
入池资产笔数/笔	44217	41372	20028	13145
加权平均贷款利率/%	4.83	4.76	4.84	4.54
加权平均账龄/年	3.40	3.16	2.92	3.33
加权平均剩余期限/年	11.06	10.07	9.71	12.97
LTV/%	62.34	61.90	61.14	61.87
一线、二线城市占比/%	43.41	39.58	49.38	56.15

注：资料来源于中债资信根据相关资料整理。

各 RMBS 产品来看，RMBS 产品违约率低，信用质量好，所有存续期项目在其存续期间累计违约率最大为 1.22%，除"居融 2015-1"外，其余项目在存续期的累计违约率均低于 1%，其中存续期满 1 年、2 年、3 年的平均累计违约率分别为 0.11%、0.27%、0.51%。

从发起机构来看，RMBS 存续期累计违约率最低的发起机构为住房公积金管理中心，其后依次是全国性国有商业银行、全国性股份制商业银行、地区性商业银行（发达），平均累计违约率和累计违约率最大值均出现在地区性商业银行（非发达）的 RMBS 项目中（表 6-4）。

表 6-4 各类发起机构存续期 RMBS 累计违约率情况

机构类型	总期数/期	平均累计违约率/%	最大累计违约率/%	最小累计违约率/%
住房公积金管理中心	232	0.04	0.70	0.00
全国性国有商业银行	805	0.13	0.77	0.00
全国性股份制商业银行	227	0.16	0.73	0.00
地区性商业银行(发达)	85	0.22	0.57	0.00
地区性商业银行(非发达)	144	0.24	1.22	0.00

注：资料来源于公开市场信息，中债资信整理。

整体来看，存续项目累计违约率呈现平稳上升的趋势，尚未出现多只 RMBS 累计违约率集体跃升的现象，基础资产整体违约风险平稳可控。

② 违约回收率分析 违约回收率是指发起机构针对违约贷款，通过正常还款、处置抵押物等方式回收的金额占总违约金额的比例。

从回收率水平来看，由于住房抵押贷款通过处置抵押物实现回收周期较长，而目前存续期 RMBS 的存续期较短，所有存续期 RMBS 平均违约回收率为 18.48%，首期回收率仅为 0.2%，存续期 RMBS 在前 36 期的平均违约回收率低于 50%，之后逐渐升高。

从发起机构来看，全国性国有商业银行回收情况最好，月平均违约回收率为 23.60%；其后是住房公积金管理中心，月平均违约回收率为 14.91%；全国性股份制商业银行，月平均违约回收率为 12.19%；地区性商业银行（发达）和地区性商业银行（非发达），月平均违约回收率均为 3.94%。

整体来看，存续期 RMBS 违约回收率整体呈波动上升趋势。其中，住房公积金管理中心违约回收率波动稍大，商业银行的回收率较为稳定，随存续期的增加稳步上升。

③ 提前还款率分析　提前还款是指借款人在每月还款日之前提前偿付利息、本金的行为，包括部分提前还款和提前结清。提前还款率同贷款利率设置、贷款类型、账龄、房价上涨预期和国家房地产调控政策等息息相关。

从提前还款率来看，存续期 RMBS 年化提前还款率区间为 0~33.87%，大部分维持在 10%~12%，平均年化提前还款率为 10.72%。

从发起机构来看，各类发起机构提前还款率差异不大，住房公积金管理中心、全国性国有商业银行和全国性股份制商业银行存续期 RMBS 最大年化提前还款率相对大于地区性商业银行。平均年化提前还款率方面，由于贷款利率差异的影响，住房公积金管理中心相对较低，地区性商业银行（发达）最高（表 6-5）。

表 6-5　各类发起机构存续期 RMBS 平均年化提前还款率情况

机构类型	平均年化提前还款率/%	最大年化提前还款率/%	最小年化提前还款率/%
住房公积金管理中心	9.35	33.87	0.58
全国性国有商业银行	10.92	31.58	0.09
全国性股份制商业银行	10.93	31.93	3.28
地区性商业银行(发达)	11.65	23.90	1.61
地区性商业银行(非发达)	10.66	28.10	0.00

注：资料来源于公开市场信息，中债资信整理。

2. 证券情况

（1）交易结构分析　交易结构安排是资产证券化的重要环节，包括信用增信措施、支付顺序、信用事件触发机制等，都会在一定程度上降低优先档证券发生损失的可能性。

① 信用增信措施　目前，RMBS 产品的交易结构安排都会设置信用增信措施，主要措施包括以下几种。

(a) 优先/次级分层设计　优先/次级分层设计是指将整个证券划分为优先档证券和次级档证券，次级档证券为优先档证券提供信用损失保护，目前发行的 RMBS 产品都有优先/次级分层设计，绝大部分产品仅设置优先 A 档证券，部分产品设置了优先 B 档证券，优先 B 档证券与次级档证券为优先 A 档证券提供信用支持，次级档证券为优先 B 档证券提供信用支持。

(b) 本金账回补收益账　本金账回补收益账是指为了确保优先级费用及优先档证券利息的支付，本金账在支付优先档证券本金之前，会对收益账内各项优先级费用和优先档证券利息的支出进行差额补足，收益账在支付完优先级费用及优先档证券利息之后，若有剩余，则转移到本金账。

(c) 超额抵押　超额抵押是指初始起算日资产池余额超过证券发行额的部分。超额抵押的现金流可用于弥补低利率贷款或贷款违约等因素造成的回收款不足。由于公积金项目的资产端利率较低，无法满足证券端利率需求，因此会设置超额抵押的内部增信结构。初期未设置"超额抵押"信用增信措施的债券随着后续证券的支付，也会出现超额抵押。

② 支付顺序　我国目前发行的 RMBS 产品支付顺序大体一致，违约发生前区分收入账、本金账，收入账优先支付各中介机构报酬及优先档证券利息，不足部分由本金账回补，剩余部分转入本金账，与本金账一起依次支付证券本金；违约发生后不再区分收入账、本金账，按照优先级费用、优先档证券利息和本金、次级档证券本金和次级档证券超额收益的顺

序依次支付，充分保障优先档证券投资者的权益。

③ 信用事件触发机制　大部分RMBS产品设置了加速清偿事件与违约事件触发机制，一旦信用事件触发机制启动，基础资产现金流支付机制将被重新安排，以保证优先档证券的偿付。

触发加速清偿事件后，收益账资金在支付完优先级费用及优先档证券利息后，将不会支付次级档证券的期间收益，剩余资金将全部转入本金账，用于支付优先档证券本金。

触发违约事件后，信托账户项下不再区分本金账与收益账，在支付完税费等优先级费用后，将依次支付优先档证券利息和本金、次级档证券本金、次级档证券超额收益，充分体现劣后档证券对优先档证券的信用支持。

(2) 偿付方式分析　目前，我国发行的RMBS偿付类型包括过手型、固定摊还型（含目标余额型），以过手型为主。从时间趋势上看，2005—2014年发行的3只RMBS产品均为过手型产品，2015年出现了过手型偿付与到期一次性偿付、过手型与固定摊还型相结合的偿付模式，2018年首次出现了目标余额型偿付。

① 过手型　过手型是指在每个支付日没有固定的还本金额安排，而根据现金流的实际情况，在扣除相关费用后直接按比例分配给投资者。过手型偿付方式可有效减少现金在信托账户的沉淀闲置成本，但每期证券本金的偿付金额完全依赖资产池在当期的现金流入情况，证券期限具有较大确定性。

② 固定摊还型　固定摊还型是指证券本金的偿付在支付日期和支付金额方面有固定的摊还计划，证券本金的偿付按照预先约定的计划进行，因此投资者未来现金流更容易计算和量化，证券期限也相对确定。通常为了契合投资人的管理需求、降低销售维度，RMBS的优先档证券的偿付方式同时包含固定摊还型与过手型。

③ 目标余额型　2018年，RMBS产品的偿付首次出现了目标余额型偿付方式，即某1~2档优先档证券在摊还日设定了目标余额，可分配金额用于先行支付该优先档证券本金至目标余额，剩余款项将用于其余优先档证券的本金分配，如果可分配金额不足以支付至目标余额，则在以后期间补足至当期目标余额。严格来讲，目标余额型属于固定摊还型的一种，其与固定摊还型的区别是，在一定的提前还款假设下现金流才能达到目标余额，且可分配金额不足以支付至目标余额一般不触发加速清偿事件。

相比传统的固定摊还型偿付证券，目标余额型偿付证券具有以下特点：第一，目标余额的设定使得支付更加灵活，可避免基础资产的提前还款导致证券期限过短，平滑投资人现金流，保障优先级投资者利益；第二，交易结构设计技术要求更高，在进行结构设计的时候需要进行多轮测算，以便合理估计一定提前还款率假定下的未来现金流情况，因而对预测基础资产提前还款的准确性提出了更高的要求。

(3) 期限分析　早期RMBS的证券期限都很长，和资产池最长剩余期限相同。2005—2014年发行的3只RMBS，所有级别证券的期限都在25~32年。从2015年开始，相关机构开始根据资产池的现金流归集和支付顺序设计不同的证券期限，出现了0.08~19.88年的证券期限，证券期限不再和资产池的最长期限一致。

就2018年发行的RMBS而言，在到期期限方面，优先档证券期限平均为3.71年，次级档证券期限平均为18.63年。从发起机构类型来看，全国性国有商业银行优先档证券到期期限普遍短于股份制商业银行，而次级档证券到期期限普遍长于股份制商业银行。

(4) 发行利率分析　RMBS的发行定价，既是投资者获得投资价值和进行风险管理的关键，也关乎 RMBS 市场的健康发展。

① 证券加权平均发行利率与资产池加权平均利率对比分析 RMBS 产品较容易出现利率倒挂的问题，主要原因是流入端房贷的利率较低，而证券端资金面紧张导致利率较高。2018 年 RMBS 优先 A 档证券发行利率区间为 3.55%～5.92%，平均发行利率为 4.51%，发行的 54 只 RMBS 中有 18 只出现了利率倒挂现象，主要集中于上半年，下半年利率倒挂现象逐渐缓解，这可能和上半年资金面较为宽松，下半年资金面较为紧张，使得资金成本有所变化有关。

② 流动性溢价逐渐缩小，市场认可度逐步提升 RMBS 优先 A 档证券发行利率与短期融资券、中期票据和国开债收益率均存在一定同步性，并且普遍存在一定的流动性溢价。2018 年优先 A 档证券平均发行利率较同期短期融资券利率高 17.99 个基点，较同期中期票据利率高 14.54 个基点，较同期国开债利率高 60.10 个基点。其中 RMBS 发行利率与同期国开债收益率同步性最高，存在较为稳定的正利差。2018 年下半年，优先 A 档证券发行利率与短期融资券、中期票据的利差逐渐收窄，流动性溢价缩小，一定程度上说明市场对同期同级别 RMBS 的认可度逐渐提高。

（四）发展现状小结

RMBS 的跨越式发展一方面得益于政策的鼓励和监管的引导；另一方面归功于其独有的功用和价值。从供给层面来看，RMBS 可以盘活信贷资产存量，腾挪信贷额度，提高资产使用效率；从需求层面来看，RMBS 基础资产分散度较高、抵押物的回收保障性强、发行利率与短期融资券和中期票据相比通常有一定的溢价，可以为投资者提供新的投资品种。发挥 RMBS 的功用和价值，与我国目前的经济发展思路相契合，对支持我国经济结构调整，促进经济提质、增效、转型具有重要意义。

一是 RMBS 有利于盘活房贷发放机构存量、优化信贷结构。通过发行 RMBS，发起机构将住房抵押贷款这类期限长、流动性差的资产转化为现金和流动性较高的证券，一方面能够补足银行即期资金，缓解信贷规模紧张局面；另一方面在一定程度上解决了银行资产负债的期限错配问题，提高商业银行流动性管理能力。此外，通过发行 RMBS，发起机构可以将不同区域、利率类型的资产组合打包销售，如早期低利率贷款、信贷规模紧张的热点城市贷款等，从而灵活调整信贷资产结构，提升综合收益率。

二是 RMBS 有利于发挥金融工具能效、支持实体经济发展。由于存在 SPV/SPE 这一风险隔离机制设计，RMBS 发起机构的资产可以脱离资产负债表实现表外融资，从而降低财务杠杆比率和负债水平，及时补充银行现金储备，缓解资产负债表快速扩张的"负重压力"，探索实现"轻资产"运营模式。同时，发起机构通过调整 RMBS 自持结构和比例，可以节约风险加权资产和监管资本，在相同的资本充足率要求下开展更多业务，配合住房租赁市场的发展，保护低收入人群租房、购房权益，保障住房领域资金的精准投放和体内循环，实现"居者有其屋"的良好社会生态。

RMBS 产品作为直接融资的创新方式，日益受到市场机构的青睐，市场对 RMBS 的需求也有望继续保持增长态势，但我们也应关注产品本身存在的提前还款风险、利率风险、违约风险和抵押物跌价风险等相关风险因素，有序推进 RMBS 市场持续健康发展。

二、现存问题

我国 RMBS 市场培育初见成效，但与国外成熟证券化市场相比仍有较大差距。RMBS

作为国际市场上最主流的资产证券化产品，不仅是个人住房抵押贷款经营机构盘活存量、进行资产端直接融资的重要工具，更与利率市场化、住房金融政策施行等一系列宏观金融问题紧密联系。因此，如何提升RMBS市场活跃度、加强市场风险控制、促进市场持续稳定发展是市场各方都需认真思考的问题。

（一）一级市场发行体量较小，发起人积极性需进一步培育

我国住房金融改革的愿景之一是使RMBS成为贷款发放机构的主要融资渠道。目前，RMBS发行体量较小，市场规模尚难以对住房金融改革资金供给形成有效支持，发起人的发行积极性需进一步培育。

目前，我国RMBS市场上最为活跃的发行主体为建设银行，其RMBS的发行频率较高、规模较大，而其他发起机构以及尚未发行RMBS的商业银行的发行积极性和潜力仍需发掘。就内生动机来说，金融机构尤其是大型商业银行要实现常态化发行RMBS还需继续完善内部制度，加强系统建设；就外生环境来说，目前个别RMBS发行备案审批速度具有一定不确定性、RMBS的发起机构资本节约效果有限以及市场销售不畅等制约因素，也在一定程度上阻碍了RMBS一级市场的发展。

（二）RMBS定价机制仍需完善，投资环境有待优化

我国RMBS市场刚刚起步，相关机构投资积极性尚待培育。目前，我国RMBS二级市场交易量虽然在逐年增加，但绝对值仍较小，整个二级市场的流动性机制建立仍处于起步阶段。二级市场流动性差对RMBS投资者积极性的影响是显著的。相比其他证券化产品，RMBS产品期限普遍较长，若缺乏流动性，投资者将只能长期持有，面临更大的信用风险、利率风险，存在投资顾虑。除一级市场供应量较小之外，二级市场流动性差的主要原因还有RMBS证券定价机制尚不成熟，市场参与者很难获得和把握市场定价估值标准，难以基于有效价格开展市场交易。

（三）房贷利率和发行利率关联尚未建立，RMBS市场利率传导器作用有待开发

个人住房抵押贷款利率和RMBS发行利率尚未建立合理联系的主要表现为利率倒挂，即发行利率低于基础资产池加权平均利率，这意味着发起人的发行成本很可能高于资产池所能提供的收益。此外，部分公积金贷款资产支持证券采取折价发行，也意味着基础资产池加权平均利率无法支撑平价发行的证券端利率。发生利率倒挂的原因是我国的RMBS的资产池利率不能决定发行利率，发行利率也不能决定资产池利率。资产池利率即贷款利率在官方公布的贷款基准利率基础上浮动，而证券发行利率由投资人基于当时的资金面情况、SHIBOR等市场基准利率加上流动性溢价、信用风险利差确定，即发行利率的确定滞后于资产池利率的形式，但又不以资产池利率为锚，在资金面紧张、发行利率升高的情况下，RMBS很容易出现利率倒挂。

与美国市场大部分RMBS由TBA市场证券发行利率决定贷款发放利率的状况不同，我国商业银行目前的主要负债来源还是存款，且没有"预成交"市场，尚未建立市场基准利率通过RMBS传导从而确定住房抵押贷款利率的机制。因此，RMBS的发行还不能促使投资人和发起人对贷款利率和发行利率形成一致预期。这一方面不利于实现利率市场化目标；另一方面也会导致发起人产生发行亏损的预期，不利于夯实RMBS可持续发展的基础。

（四）风险控制等配套机制的建设尚待探索

根据国外成熟市场的经验教训，在发挥RMBS对国家住房金融市场发展的促进作用的

同时，也不应该忽视其配套风险控制机制的建设，如对基础资产信用质量的把控和信息披露的要求。一直以来，我国对房贷发放的把控都是较严的，体现在对借款人资质和首付比例的要求上，因此我国房贷质量整体较好，这也是我国 RMBS 表现良好的重要基础。但是值得关注的是，我国 RMBS 市场不能忽视其中房贷信用风险的上升，例如，借款人杠杆率的实质性增高，以及个别银行执行不同的房贷发放标准和在发放贷款时对相关法律规定执行力度的放松，可能对 RMBS 违约率和回收率造成不利影响。除此之外，我国证券化市场的投资人保护机制和市场规范化建设尚在起步阶段，贷款服务机构和受托人要恰当履行管理和受托责任还需要认识上的培育、实践上的积累和系统的持续建设升级。在此背景下，应当居安思危，以把控基础资产质量为核心，以建设市场风险控制机制为重点，在资产合格标准设置、信息披露、逾期率/违约率等关键指标评估、数据提供和披露的完整与准确性等方面进一步加强 RMBS 风险控制制度的建设，防患于未然。

延伸阅读　美国住房抵押贷款证券化实践

第五节　美国住房抵押贷款证券化的经验与教训

美国是全球住房抵押贷款证券化市场最有代表性和最完善的市场，其成功发展的经验值得我们借鉴，住房抵押贷款证券化在美国商业银行中得到了长足的应用和发展，从开始推动居民住宅市场、解决民众安居要求，到助力美国消费型社会结构的形成、推动美国经济增长和金融市场繁荣，都起到了不可或缺的重要作用。但因为次贷危机的爆发，给市场带来的毁灭性的影响也暴露出一些不容忽视的问题，注重基础资产质量，防范贷款发放机构、评级机构的道德风险，以及加强金融监管力度，加强对投资者的保护，成为危机后重点关注的风险点。而对比于中国现在的发展情况，在很多方面仍可借鉴美国的经验与教训，不断加强住房抵押贷款证券化的发展，发挥其在我国市场中应有的作用。

一、美国住房抵押贷款证券化基本发展情况

（一）美国住房抵押贷款证券化的兴起背景

1. 期限错配带来了严重的流动性风险

1929—1933 年美国经济大萧条时期，为刺激经济复苏所采取的如大力推动以房贷为代表的住房金融体系发展，颁布法律严格限制银行业竞争等措施，形成了美国低竞争的银行业经营环境，这一时期成立的以发放住房抵押贷款为主要业务的储贷协会，其利润主要来源为以短期储蓄存款对接期限为 20~30 年的长期住房抵押贷款，但严重的期限错配也给银行埋下了严重的流动性和利率风险。1960 年后，美国通货膨胀严重，国家采取利率管控的举措，使得投资者对到银行进行储蓄存款的这种理财方式的动力大大下降，存款流失严重。加上战后"婴儿潮"一代人对住房贷款需求急剧上升，短期流动性减弱，长期贷款需求增加，原本银行可以依靠的以短期存款对接长期贷款的盈利模式难以为继。

2.金融脱媒与利率市场化并行，银行利差缩小，寻求金融创新

1970年后，回购协议和货币共同基金（Money Mutual Fund）等新投资工具的出现对银行存款产生了强烈的替代效应，公司债券和商业票据市场的发展也缓慢地冲击了融资市场的银行贷款的垄断优势地位。商业银行业务市场缩小，利润不断缩小。美国国会为帮助银行解决业务经营困境，开始放松对银行业的控制，推动利率市场化进程开始。这项举措使得商业银行获得了平等的竞争条件，也极大地迫使商业银行改变原有商业模式，加快金融创新寻求新的利润增长点。信贷资产证券化尤其是住房抵押贷款证券化成为银行主动管理资产负债、优化信贷规模、提高资本充足率和扩大中间业务收入的重要手段。

3.低风险投资标的相对不足，资产支持证券弥补市场缺口

这一时期，一方面是存款利率大大下降，到银行进行储蓄存款的动力不足，另一方面是市场上低风险投资标的产品的相对不足，典型的低风险投资工具如国债、政府机构债券的新增数量在相对投资需求旺盛的背景下，显得格外匮乏。加上，作为市场上主流投资工具的货币共同基金和回购协议等，需要达到一定的安全保障和要求，才能作为投资者的投资产品。因而这一时期出现的带有政府担保性质的住房抵押贷款证券很快成为投资者热衷的投资产品。

4.对银行资本充足率的新要求推动了资产证券化的发展

在20世纪80年代后期，《巴塞尔协议》建立了以资本充足率为核心的新监管方法，这增加了对低风险高评级资产的需求。利用住房抵押贷款证券化这一融资利器，银行可以将原持有至到期的长期住房贷款质变为现实存在的流动资金。这样做不仅可以提升银行资产的流动性，而且通过"真实出售"，抵押贷款资产的所有权脱离商业银行的资产负债表发生转移，所发行的住房抵押贷款债券变成了"特定交易机构"的负债，而不再属于商业银行，通过"出表"这一方式，证券化提高了银行的资本充足率。一时间，具有高信用评级又能实现资产出表的住房抵押贷款资产支持证券成为银行的青睐对象，发展迅速。

（二）美国住房抵押贷款证券化的运作过程

美国住房抵押贷款证券化的运作过程主要可分为以下六步。

第一，考虑基础资产。如果想要将住房抵押贷款证券化，那么发起结构首先要做的工作是对自身的资产和未来的可持续现金流心中有数，基础资产能否支撑以后证券化所带来的风险以及将带来的损失。

第二，出售或转让资产。选定了基础资产形成资产池后，发起人就可以通过建立一个独立的SPV出手或转让资产。

第三，信用增级。当顺利实现了抵押贷款证券组合，SPV将合理化证券形式，并邀请信用评级机构初步评级。如果评级的档次比较低的话，发行人为了证券产品能够得到投资者的广泛认可，则不得不利用信用增级措施来获得更高的信用级别，也是完善发行条件、节约融资成本的要求。

第四，信用评级。不管是拟发行的证券还是其他债券，都需要多个国际或国内的专业评级机构进行评级。产品评级主要考虑的因素是基础资产的信用风险、证券交易结构的可靠性、信用提高的强度等。

第五，证券发行与交易。信用评级结果一出，在一般情况下，证券就可以向外发售了，机构投资者是被发行对象的主要部分。发行成功后，证交所就会将所发行证券进行挂牌交易，此时场内外交易都是被允许的。

第六，后续服务与管理。证券发行后，发行机构需要服务机构来对后期的工作进行完善，服务机构需要把贷款人贷款到期本金和利息按时收回，如果出现逾期，也要一并追收。最终将所收本息都打到 SPV 的封闭账户上。一般而言，服务机构就是发起人。

（三）美国住房抵押贷款证券化的主要形式

1. 吉利美（Ginnie Mae）主导

吉利美属于专为低收入居民服务的贷款，只能够选择联邦住房管理局的保险。这种形式主要有三个特点：一是贷款机构通常是债券发行和贷款出售者，贷后服务与发行集于一身，贷款机构（即发行人）发行吉利美担保的住房抵押贷款必须先经吉利美批准；二是没有特定的 SPV，直接由银行贷款机构以 MBS 的形式把贷款出售给投资者，破产隔离的作用是实现法律安排，如果银行破产，抵押贷款池不会被清算，会由吉利美接管；三是吉利美行使双重职能，一方面对 MBS 按时支付本金和利息，提供完整的政府信贷担保，另一方面对发行人的资质进行审批和监督。

2. 房利美（Fannie Mae）和房地美（Freddie Mac）主导

这两个机构只对贷款金额在 25 万美元以下的联邦住房管理局保险传统贷款证券化。这种结构也隐含政府信贷担保。所不同的是，这个结构是建立一个独立的经济实体（SPV）作为债券的发行人。

在美国，房利美和房地美是从事抵押支持证券业务的主要机构，实际由美国政府在背后支持，提供担保。美国从政治经济方面考虑，为了让中低收入居民能够拥有自己的住房，通过一系列法案，确保了银行等金融机构次级贷款发放，即向经济能力较差、风险较高的私人或是商业机构发行房地产抵押贷款，而房利美和房地美主要承担购买这些贷款并打包证券化的工作，完成转移发放机构风险的政策目标。在美国政府推动的大背景下，房地产抵押贷款证券化迅速发展并占领市场，呈现了一种非理性繁荣。

二、美国住房抵押贷款证券化成功发展的经验分析

（一）主要经验

美国最早发明了住房抵押贷款证券化的模式，在金融市场中得到了成功的应用，这是与美国政府的全面协调并结合市场化的运作方式分不开的。在这一模式的发展过程中，美国积累了宝贵的经验，其主要的经验体现在以下几个方面。

第一，发展住房抵押贷款证券化需要健全住房金融体系。发达且完备的住房金融体系是美国住房贷款证券市场建设最重要的基石，一直以来，"美国梦"里就包含着有自己的居住房屋。在这一理念下，美国为了能让不符合商业住房抵押贷款条件的穷人也能拥有自己的住房，先后设立了联邦住房管理局和退伍军人管理局。前者于 1965 年并入美国住房与城市发展部，其主要工作是为低收入家庭的房屋贷款提供担保，为普通美国人尤其是低收入者提供负担得起的住房。而后者主要是为了退伍军人贷款进行担保。这一设计不仅使许多低收入者通过抵押贷款买到了住房，同时也完善了住房抵押贷款的一级市场，扩大了住房抵押贷款的发放规模和发放范围，为后期资产证券化提供了充足的、高质量的基础资产。同时，作为美国联邦政府发起的二级市场机构，Fannie Mae 和 Freddie Mac 不仅对贫困家庭提供住房抵押贷款担保，同时还可以购买抵押贷款以及抵押贷款证券，向市场提供抵押贷款资金。由此看来，健全的住房金融体系为住房抵押贷款证券化提供了契机，在发展住房抵押贷款证券化的

过程中，需要不断完善住房金融体系，促进更多的机构和部门参与进来，这也是美国在资产证券化进程中的重要经验。

第二，住房抵押贷款证券化的开展需要能在风险上得到保障，这是在住房抵押贷款证券化进程中所需要重点考虑的，在美国不断的探索中，为了解决这一问题，同时促进美国个人住房抵押贷款业务，具有政府性质的 Ginnie Mae 和准政府性质的 Fannie Mae 和 Freddie Mac 等为住房抵押贷款提供了经济担保或保险。这一保险制度实质上是政府机构的双重担保：联邦住房管理局和退伍军人管理局在住房抵押贷款一级市场上为个人住房抵押贷款提供经济担保；同时，在住房抵押贷款证券化之后，在住房抵押贷款二级市场上，Ginnie Mae、Fannie Mae 以及 Freddie Mac 等对证券的收益进行担保。通过美国政府或准政府机构的信用担保，投资者减少了对住房抵押贷款证券收益不确定性以及违约风险的担忧，住房抵押贷款证券享有仅次于美国国债的信用等级评级——AAA级，这使得住房抵押贷款证券成为广受欢迎的新型投资工具。

第三，建立统一的贷款制度和标准化合约，规范市场交易，促进了住房抵押贷款证券化健康持续的发展。而就在出现抵押贷款证券之前，美国抵押贷款二级市场一直缺乏充足的流动性。由于住房抵押贷款的地域性强、各金融机构之间制定的条款差别大，抵押贷款的种类、期限、信用等级等核心要素不同等原因，加上存在早偿风险和信息不对称等问题，抵押贷款交易成本较高且定价困难，较难实现。为了解决这一问题，美国政府通过 Ginnie Mae、FHA 等政府机构创设了一套统一的抵押贷款标准化合约，对住房抵押贷款的金额、种类、贷款人收入、还款额占收入的最高比例等做出严格规定。通过建立统一的贷款制度和标准化合约，减少了交易双方的信息不对称问题，同时，使资产池中的抵押贷款具有同质性、分散性等特征，便于运用数理统计学原理估算住房抵押贷款证券的早偿率（PSA）、违约率、抵押品质量以及住房抵押贷款价格。这一设计扫清了住房抵押贷款证券在住房抵押贷款二级市场上的流通障碍，提高了住房抵押贷款的流动性，为住房抵押贷款二级市场的形成奠定了良好的基础，成为美国发展住房抵押贷款证券化的重要经验。

综上所述，可以看出，美国模式是在美国政府的全面协调下，结合市场化方式运作的。美国政府通过建立健全的住房金融体系、为弱势群体提供担保服务、建立统一的贷款制度和标准化合约、规范市场交易、维护市场秩序等对市场进行了全面的协调作用，这在住房抵押贷款证券化的运作中至关重要。这种模式极大地促进了美国住房抵押贷款市场的发展。

（二）成功原因

美国在发展住房抵押贷款证券化的过程中，不断摸索，积累了大量的经验，其能在住房抵押贷款证券化方面取得成功，主要来源于三个方面的因素。

1. 政府机构对促进证券化市场发展起到非常关键的作用

美国住房抵押贷款的主要模式是住房抵押贷款机构通过将新发放的住房抵押贷款收集，发行住房抵押贷款转手证券，从而为住房抵押贷款来筹集资金，政府来对这些资金提供担保。偿还转手证券的利息和本金的资金来自美国政府担保的住宅抵押贷款所形成的现金流。为了保证投资者对于证券的认同度，转手证券由政府国民抵押协会（GNMA）进行担保。美国政府对 GNMA 的信用进行支持，就是说这些转手证券是具有美国的信用保证的。在20世纪70年代初，一种名叫 FHLMC PC 的证券也在市场上发行，这种证券连带损益权证，该证券的担保者是联邦住宅抵押公司，即后来的房地美。政府机构的这种双重担保保证住房抵押贷款证券获得 AAA 的评级，有效解决了抵押贷款证券的延期偿付和收益的不确定性的问题，成为美国信用等级仅次于国债的第二大债券，使得抵押贷款证券作为一种新型的投资工具受到投资者的广泛关注和欢迎。由上可以看出，政府不惜深入介入住房抵押贷款市场，通过政府支持企业或政府直接赞助的方式，为资产证券化提供担保，促进住房抵押贷款证券在市场上的流通。美国政府在推动住房抵押贷款市场的发展中起到了明显的作用。

2.完善的法律体系和规则，提供了有利的政策环境

有完善的法律法规作为美国资产证券化的兴起与发展的司法保障，是美国住房抵押贷款证券化取得巨大成功的重要原因。美国国会相继推出了一系列有关住房抵押贷款证券化的法律，如1933年制定了《住宅抵押再贷款法》，尤其是1949年制定的《住宅法》，强调了国家在都市建设、住房发展、住房金融等领域需承担更大的责任，并规定了政府在发展住房方面的目标、责任和措施，该法后来成为政府支持住房抵押的基石。在建立住房抵押贷款证券化之后，为保障住房抵押贷款证券化的顺利实施，美国又先后制定了一系列与住房金融证券相关的法律制度。这些法律制度包括《金融资产证券化投资信托法》《房地产投资信托法》《金融机构改革复兴和强化法案》等。同时，美国政府还在会计方面、税收方面以及监管方面等为证券发起机构提供了诸多优惠政策。例如，在会计方面，证券发起机构选择联邦储备银行的记账系统、欧洲清算系统等机构为其提供结算服务；在税收方面，投资住房抵押贷款证券所得的收益享受地方税减免；在监管方面，住房抵押贷款证券享有与国债一致的信用评级，被视为无风险投资工具，金融机构不仅可无限持有此类证券，还可以此作为担保获得贷款，并且储贷机构持有的5年期内到期的住房抵押贷款证券可以视为流动资产等。美国所采取的这一系列优惠政策为住房抵押贷款证券市场的发展提供了有利的政策环境，极大地激发了发行机构的积极性，为美国住房抵押贷款证券化的发展起到了良好的保障作用。

3.稳定成熟的机构投资者推动了市场的发展

住房抵押贷款证券的顺利发行需要有比较稳定的市场需求。美国住房抵押贷款证券的主要投资者是养老基金、商业银行、投资基金、保险公司等。这类投资者拥有一定的专业能力，对金融产品的认识比较深刻，尤其是其中非存款金融机构规模的扩大，和市场需求的不断释放，极大地促进了抵押贷款二级市场的发展。一些资本雄厚的私营金融机构，如投资银行等，也陆续进入住房抵押贷款市场，专门从事非常规抵押贷款证券化的业务。这些机构的存在完善了美国住房抵押贷款二级市场，不仅为住房抵押贷款市场提供了充足的流动性，还使得住房抵押贷款中的提前偿付风险、利率风险和流动性风险得以分散。

三、美国住房抵押贷款证券化引爆危机的教训分析

（一）美国住房抵押贷款证券化引爆的危机

在美国，依据对个人信贷资质的信用评分不同，可以把美国的抵押贷款市场分为三个层次：优质抵押贷款市场（Prime Market）、超A类抵押贷款市场（Alt-A market）和次级抵押贷款市场（Subprime Market）。而在次级抵押贷款市场中，借款人的信用分数普遍低于前两者，且无任何还款能力证明，有可能面临破产或放弃赎回抵押物。这类借款人往往选择首付低于15%或月供超过收入55%的浮动利率抵押贷款，前期还款负担较轻，但过了利率优惠期后还款压力陡增。此类借款人的大批违约直接导致了美国次贷危机的爆发。

从美国住房抵押贷款证券化引发的危机过程来看，最早在2004年，宏观经济状况变得不稳定，美联储被迫采取加息策略来抑制通货膨胀和房地产泡沫。2004年6月至2006年6

月的两年间，美联储连续加息17次，联邦基金利率从1%飙升至5.25%，这使得美国次级抵押贷款市场的基础发生了根本性的转变。

联邦基金利率的走高使得房贷利率也随之攀升，这不仅给美国经济降了温，还导致房价出现了大幅回落。宏观经济的这一变化引起了一系列连锁反应。一方面，2004—2006年次级抵押贷款规模大幅扩张期间发放的贷款自2007年开始利率优惠期结束，利率的重设导致购房人还款压力陡增，再加上美联储对利率的上调，80%的次级抵押贷款人每月按揭金额在不到半年的时间里激增了30%～50%，这令越来越多的贷款人不堪重负；另一方面，自美联储加息以来，美国房地产价格持续回落。在抵押品贬值而还款压力却大幅上涨的情况下，大量通过次级抵押贷款购房的投资者倾向于放弃房产，止损出局。

次级抵押贷款者资不抵债的困境使次贷危机初现端倪。次级抵押贷款拖欠、违约及放弃抵押赎回权的数量不断攀升。据统计，2006年浮动利率的次级抵押贷款逾期近15%，为近4年新高，比固定利率抵押贷款的逾期率高出近5个百分点。截止到2007年11月，次级抵押贷款人总数达到了200万人，金额达1.3万亿美元，保守估计其中有25%左右面临违约风险。次级抵押贷款借款人的违约使大量次级抵押贷款放款机构陷入困境。2007年4月，以美国新世纪房屋贷款公司申请破产保护为开端，美国次级抵押贷款市场的风险开始显现。随后，美国房屋抵押投资公司等80余家抵押贷款公司纷纷陷入破产、清盘泥沼，各大抵押贷款机构相继破产、投资基金被迫关闭、股市剧烈震荡。贝尔斯登、美林化券、花旗银行和汇丰银行等国际金融机构也相继宣布数百亿美元的次贷危机损失。紧接着，风险迅速向以次级抵押贷款为支撑的各类证券化产品持有者转移。投资者大幅抛售次级抵押贷款类的金融衍生品，导致其价格暴跌。同时，曾经受到市场追捧的次级抵押债券的信用评级直降至垃圾债券，使投资者遭受到巨大损失。由于对未来市场的不确定预期和恐慌性心理，投资者纷纷撤出高风险市场，黄金、原油、外汇等市场亦出现大幅波动。对此，银行也采取避险措施，借贷气氛渐浓，进一步导致资金供应趋紧，同业拆借利率飙升。一系列接踵而至的利空消息直接引发了全球范围金融市场的动荡，并形成了一场影响全球的金融危机。

（二）美国住房抵押贷款证券化引爆危机的原因

美国在次贷危机爆发前，住房抵押贷款证券化一直呈现着持续健康的发展，次贷危机爆发后，不仅给本国经济，给全球经济的发展也带来了深重的危机，究其引爆危机的原因，主要还是在于信用管理方面的缺失，纵容了次级贷款的增加，对次级按揭贷款人在利率和还款方式虽有较为严格要求，但受美国昔日信贷宽松、金融创新活跃、房地产和证券市场价格上涨的影响，没有得到真正的实施，次级按揭贷款的还款风险就由潜在变成现实。而美国有的金融机构为一己之利，纵容次贷的过度扩张及其关联的贷款打包和债券化规模，使得在一定条件下发生的次级按揭贷款违约事件规模的扩大，到了引发危机的程度。该事件具体引发的原因及过程可按如下进行分类。

1. 次级债券市场过度发展

一是美国政府对房地产市场的过度干预。美国政府错误的住房激励政策直接促进了房产抵押贷款的发放，直接导致了房地产泡沫的产生，房价维持在不合理的高位，而高房价又反过来助推了金融机构对房产抵押贷款发放的积极性，次贷市场高度繁荣。随着经济对房地产行业的依赖不断加大，使得利率调控的影响大大超出了美国政府的预期，一发不可收拾。

二是监管缺失。早期，次级抵押贷款被市场参与者称为"住宅权益贷款"（HEL），次级抵押贷款支持证券在1980年较晚的时候才开始登陆美国资本市场。但20世纪90年代后期，随着金融机构竞争的加剧，为争夺更多的市场份额，考虑到在房价上涨的过程中，次级贷款的坏账率不会太高，贷款机构陆续调低贷款要求，发放越来越多的次级贷款，这一做法没有受到相关部门的任何监管。在这种情况下，很多贷款人开始热衷于鼓动房主进行这类二次抵押贷款融资，很多人不仅向具有优质信贷记录的房主兜售 HEL，也向那些有不良信用记录的人发放抵押贷款，从贷资者角度来讲，虽然次级贷款的利率相对较高，但是房价的增值部分能有效弥补利息损失。次级抵押贷款证券变身为资产证券化市场中发展最为迅速的一个板块。在利益的推动下，他们通过大量发行风险更高的次级贷款获取高额回报，次级抵押贷款本身是风险很高的资产，但是通过资产证券化过程，次级贷款发放机构不仅收获丰厚利润，而且还成功将风险转移，这极大地刺激了贷款机构发行次级贷款的积极性。2002 年次级抵押贷款证券的发行额达到 1500 亿美元规模，2003 年达到 2150 亿美元，2004 年突破 4000 亿美元，2005 年、2006 年更是每年达到了 5200 亿美元的发行额。

三是过度创新导致抵押贷款市场风险急剧增加。为了进一步拓展业务，贷款发行机构在贷款发行上进行了创新，出现了浮动利率抵押贷款模式，初期利率较低，但后期还款负担较重。目的就是在贷款初期以较低的利率吸引客户，后来还出现了仅付利息债券（IO）和仅付本金债券（PO）等贷款方式。这吸引了大量的低收入群体，抵押贷款市场风险也急剧增加。

四是追求自身利益的道德风险导致评级机构评级结果不再客观。通过对次级贷款打包形成证券化产品中最为复杂的担保债务凭证，后来又出现了再平方、立方等创新结构。很多资产证券化产品进行了 2 次乃至多次证券化，并使用了信用违约互换化（CDS）等衍生产品，由于产品过于复杂，风险难以了解，一般的投资者无法评估债券的风险，因此，评级机构成为投资者决策的重要参考。但是评级机构的收入是由发行机构支付，债券的评级越高，发行机构的发行成本就会越低，监管机构对评级机构也没有实行有效监管，出于追求自身利益最大化的考虑，评级机构没有做出客观的评级。

在这种情形下，大量的次级抵押贷款打包后被境内、境外的投资者购买。证券化为贷款机构提供了源源不断的现金流，这些现金源源流入房地产市场，慢慢推高了房地产价格，导致投机性需求增加，形成资产泡沫。

2. 泡沫破灭，危机产生

一是利率连续上调，房价下跌，违约现象剧增。连续三年的货币宽松政策之后，在 2003 年美国的流动性开始泛滥，通货膨胀迹象出现。从 2004 年中期开始，美联储开始紧缩货币政策，连续 17 次调高利率，由 1% 调高至 5.25%。一方面是利率的上调，另一方面是房地产市场住房供给开始出现过剩，2007 年美国房价开始出现下跌行情，伴随着房价的下跌，次级贷款借贷人手中的房产开始大幅贬值，企图通过房价上涨实现权益再融资的计划落空；同时，房屋开始滞销，企图通过变卖房产还贷也不能实现。房价的持续下跌，使得房屋的负债超过了房屋的权益，对于一些借贷人来讲，违约是更为经济的理性选择。在这种状况下，低收入者选择违约。次级贷款的拖欠率、止赎率的上升，使得房产的供给量增加，房价下行压力不断增加。房价的进一步下跌又使得住房贷款违约率进一步提高，两者形成恶性循环。

二是评级下降，证券化产品价格骤降。随着住房抵押贷款违约率的不断上升，与之相关的证券化产品风险也急剧增加。评级机构事前评级不够客观，在事后却加深了风险的蔓延程度。评级机构从 2007 年开始调低证券化相关产品的信用评级，证券化相关产品价格进一步下降。美国金融机构采取的会计制度，在资产价格下跌时，要求对资产进行减持，而减持导致大量持有该证券化产品的大型金融机构损失惨重。证券化产品价格不断下跌的趋势使得证券化市场失去活力，金融机构不能通过证券化途径将贷款转移至表外，并且因持有的证券化产品风险的加大，对资本充足率提出了更高的要求，信贷市场上流动性急剧收缩。为获得流动性，大型机构开始出售证券化资产，证券化产品价格进一步下跌。

三是雷曼兄弟的破产引发了一系列灾难性的连锁反应。资产价格的不断下跌和信贷市场的不断收缩，使得贷款发放机构首先受到冲击，他们无法收回贷款，收回的房产也在不断贬值，面临巨大的经营风险。在 2007 年美国有百余家次级贷款发放机构破产。当拥有巨大金融规模的雷曼兄弟破产后，金融系统由此引发了一系列灾难性的连锁反应。美林银行被美国银行收购；美国最大的保险公司——美国国际集团被美国政府出资接管；华盛顿互惠银行被美国联邦存款保险公司接管。到 2008 年，美国前五大投行只剩下 2 家，造成社会财富减少、信贷市场收缩、消费信贷下降等诸多不利的影响，美国实体经济出现衰退现象。资产证券化将次级抵押贷款打包成为次级等金融衍生品，并在全球范围销售，最终也给全球的投资者带来损失，美国经济的衰退通过国际贸易、国际资本市场等途径拖累了世界经济的发展，引发了一场全球经济危机。

思 考 题

1. 房地产证券化的含义是什么？它是如何兴起的？
2. 房地产证券化的主要特征是什么？它具有哪些基本功能和作用？
3. 房地产抵押贷款证券化的意义何在？基本思路又是什么？
4. 根据投资标的差异，REIT 分为哪几类？
5. 美国税法对 REIT 组织结构、资产运用和收入来源的限制是什么？
6. 中国推行房地产证券化的必要性何在？是否具备了实施条件？
7. 中国推行房地产证券化存在哪些现实障碍？如何推行这项工作？
8. 导致国外房地产证券化成功的基本条件有哪些？
9. 什么是房地产证券化？房地产证券化包括哪两种形式？
10. 开展住房抵押贷款证券化应具备哪些条件？你认为我国开展住房抵押贷款证券化的条件成熟了吗？为什么？

第七章 项目融资

第一节 项目融资概述

一、项目融资的含义及特征

项目融资的概念来源于实践，是通过对大量的项目融资实践进行抽象总结并提炼其共性特征后形成的，即先有项目融资实践，后有"项目融资"这一名称。因此，不同的人对项目融资的定义可能有所不同，但都是围绕项目融资的主要特征进行的。下面列举几个典型的项目融资的定义。

《美国财会标准手册》（1981年）把项目融资看作"对需要大规模资金的项目采取的金融活动。借款人原则上将项目本身拥有的资金及其收益作为还款资金来源，将项目资产作为抵押，而该项目实施实体的信用能力通常不作为重要因素来考虑"。该定义强调项目融资的两个主要特征：一是以项目资产作抵押，以项目收益还贷付息；二是项目实施实体本身的信用不重要。在实践中，项目实施实体常常是为实施项目而专门成立的公司，没有任何历史信用记录，因而其信用能力不作为重要因素来考量。该定义仅表明项目融资是筹集项目资金的金融活动，而没有明确具体的融资工具。

Cifford Chance法律公司在其编著的《项目融资》一书中写道："项目融资用于代表广泛的，但具有一个共同特征的融资方式，该共同特征是：融资不是主要依赖项目发起人的信贷或所涉及的有形资产。在项目融资中，提供优先债务的参与方的收益在相当大的程度上依赖于项目本身的效益，因此他们将其自身利益与项目的可行性以及潜在不利因素对项目影响的敏感性紧密联系起来。"这个定义明确地用总结项目融资共性特征的方式进行阐述，它突出项目融资的三个主要特征：一是融资主要不是依赖项目主办人的资信或其有形资产；二是债务的偿还依赖项目本身的效益；三是债权人承担一定的项目风险。该定义仅表明项目融资是债务融资方式，没有明确具体的融资工具。

中华人民共和国国家计划委员会和国家外汇管理局联合颁布的《境外进行项目融资管理暂行办法》（计外资［1997］612号）将项目融资定义为"以境内建设项目的名义在境外筹措外汇资金，并仅以项目自身预期收入和资产对外承担债务偿还责任的融资方式"，并强调项目融资应具有以下性质：①债权人对于建设项目以外的资产和收入没有追索权；②境内机构不以建设项目以外的资产权益和收入进行抵押、质押或偿债；③境内机构不提供任何形式的融资担保。虽然上述对项目融资的定义也是以列举其主要特征的方式进行的，但完全针对中国当时项目融资的状况，不具有普遍性。例如，把项目融资的范围限定为"在境外筹措外汇资金"，而把国内资金市场排除在外。此外，"境内机构"主要指政府部门和国有企业，不考虑私营企业，主要是防止国有资产的流失。上述定义强调"在境外筹措外汇资金"，却没有明确采用什么样的融资工具去筹措外汇资金；定义中还提到了"追索权"，强调不能追索建设项目以外的资产和收入。

P. K. Nevitt 和 F. Fabozzi 在其合著的《项目融资》一书中，把项目融资定义为"贷款人（或称放贷人）在向一个经济实体提供贷款时，考察该经济实体的现金流和收益，将其视为偿还债务的资金来源，并将该经济实体的资产作为贷款的抵押，若对这两点感到满意，则贷款人同意放贷"。该定义突出项目融资的两个要点：一是项目融资是以一个经济实体为主体安排的融资，而不是以项目主办人为主体；二是项目融资中偿还贷款的资金来源仅限于项目本身产生的现金流，如果进行清算，也只限于项目本身的资产。此外，该定义突出融资工具为贷款。

根据中国银行业监督管理委员会于 2009 年 7 月 18 日发布的《项目融资业务指引》第三条的规定，项目融资为符合以下三个特征的贷款：①贷款用途通常是用于建造一个或一组大型生产装置、基础设施、房地产项目或其他项目，包括对在建或已建项目的再融资；②借款人通常是为建设、经营该项目或为该项目融资而专门组建的企事业法人，包括主要从事该项目建设、经营或融资的既有企事业法人；③还款资金来源主要依赖该项目产生的销售收入、补贴收入或其他收入，一般不具备其他还款来源。上述对项目融资的定义也是以列举项目融资的特征的方式进行的，但其含义的界定有较强的局限性，即把项目概算限定，对贷款的用款人的性质也进行了限定。

上述几种项目融资的定义都取其狭义，即为项目融入资金。综合来看，项目融资具有四个基本特征：①项目融资是以一个经济实体为主体安排的融资，而不是以项目主办人为主体；②项目融资中偿还贷款的资金来源仅限于项目本身产生的现金流；③进行清算时，一般只限于项目本身的资产，如果有担保的话，一般不超过担保范围，是一种无追索权或有限追索权融资；④项目债权人承担一定的项目风险。其基本思想是以项目自身的资信为主来筹集项目所需要的资金。此外，有些定义明确为贷款融资，有些定义则模糊处理。

因此，项目融资可定义为项目主办人通过风险隔离安排和信用增级措施，以项目资产、预期收益或权益作抵押（质押），为获得一种无追索权或有限追索权的债务资金而进行的融资活动。

二、项目融资的产生与发展

项目融资可以追溯到 300 多年前的欧洲海外远洋贸易。以往返一次远洋贸易为融资目标，其主办人投入一定的资金，其余的资金向贷款人借贷，在行程末尾进行结算，在偿还贷款的本金和利息后，利润在投资者之间进行分成。借贷的基础是该次远洋贸易的收益，贷款人只能从该次远洋贸易的收益获得偿付，如果发生亏损或船只沉没，贷款人得不到其他的补偿。因此，贷款人对每次远洋贸易的风险及回报进行全面评估之后，才做出是否放贷的决定。当远洋贸易变成一种连续不断的商业活动时，对于资金的需求就变成了正常需求而不是特例行为，因而项目融资便退出了远洋贸易活动。由此可见，项目融资与特许经营权没有必然的联系。

到了 19 世纪中叶，项目融资再度兴起，主要是以特许经营权为基础的项目融资。典型的特许经营权项目有苏伊士运河和巴拿马运河。但是苏伊士运河和巴拿马运河的项目融资与现在的项目融资有许多不同，如它们的特许期长达 99 年，而现在几乎不可能有这么长的特许期，大多数项目只有20~30年的特许期。英法海底隧道项目的特许期最初为55年，后来增加到65年；特许期最长的项目为加拿大407公路项目，其特许期为99年。

第二次世界大战以后，公司重组或公司控制权变动的需要促进了现代项目融资的发展。例如，在20世纪50年代，美国通过发行工业收益债券（IRBs）进行城市基础设施建设和地区基础设施建设融资。工业收益债券不同于一般债务债券，不是以借债人的资信为基础，而是仅仅以项目和项目预期现金流为基础。通常的做法是，项目主办人创建一个项目实体把自身业务与项目活动分开，州政府或其下级政府机构（以下统称政府）作为债券发行人向债券持有人发行收益债券，并把所筹集的资金用于项目建设；项目建成后，产权归政府所有，项目设施以租赁的方式租给项目实体或者以分期付款的形式卖给项目实体，其租金或分期付款用来偿还债券。

在20世纪60年代，项目融资的应用扩展到石油、天然气和矿产资源开发项目，通常采用三种方法：生产贷款、生产支付贷款和远期购买协议。生产贷款被设计成无追索权的循环额度贷款结构，用于开发阶段的矿井（油井）建设或提供运营资金；生产支付贷款是以未来石油、天然气和矿产资源的生产分配作担保进行融资；以远期购买协议为基础的项目融资通常是贷款人与项目实体签订协议同意为项目产品提前付款的融资方式。此后，项目融资进一步扩展到大型设备的购置，形成融资租赁。

到了20世纪80年代，以BOT模式为基础的项目融资在全球范围内兴起，特别是在发展中国家，它们希望建设和完善道路交通网络和电力等基础设施。到了20世纪90年代，政府希望把BOT模式的理念推广应用到那些社会经济效益良好但财务经济效益欠佳的"准经营性"项目和只有社会经济效益的"公益性"项目，并诞生了PPP(Public-Private-Partnership)模式，根据Public Works Financing期刊的统计，截至2006年10月，全世界123个国家计划采用PPP模式开发的项目有2670个，总造价为11460亿美元，其中只有1340个项目已经开发或正在开发之中，还有1330多个项目计划在PPP模式下进行开发，其中，绝大部分项目采用项目融资。

我国从20世纪80年代开始就引入了BOT模式，最先在火电项目中得到应用，后来应用范围扩展到高速公路、水处理等项目。截至2018年2月底，进入中华人民共和国财政部的全国PPP综合信息平台项目管理库的PPP项目为7485个，投资金额达144042亿元，包括了能源、交通运输、水利建设、生态建设和环境保护、市政工程、片区开发、农业、林业、科技、保障性安居工程、旅游、医疗卫生、养老、教育、文化、体育、社会保障、政府基础设施和其他19个行业。

三、项目融资与公司融资的比较

根据资信基础的不同，筹集项目资金的方式可分为两种：一种是建立在项目资信基础上的公司融资；另一种是建立在项目资产及其预期收益基础上的项目融资。二者的主要区别可以通过一个例子来说明。

某项目总投资为100亿元，A公司决定与B公司和C公司一起合作开发，出资比例分别为A公司45%、B公司30%、C公司25%；项目利润按相应的出资比例分配，即A、B和C三家公司分别获得项目利润的45%、30%和25%。如果采用公司融资，则A公司需要出资45亿元、B公司需要出资30亿元、C公司需要出资25亿元。每家公司的资金可以是自有资金，也可以是贷款，或者二者的混合。如果是贷款，则公司负责还贷付息，当从项目中获得的项目收益不够还贷时，公司需要利用其他的项目或业务的收益来补足；进行清算时，如果项目资产不足以抵偿债务，则追索到公司的其他资产。以 A 公司为例，A 公司的 45 亿元资金中部分是自有资金，部分是贷款，如图 7-1 所示。

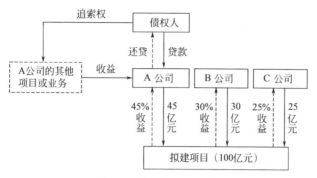

图 7-1　典型的公司融资

如果采用项目融资，需要在三家公司之外成立独立经济实体（如项目公司），由该经济实体进行项目融资。假设项目的债股比为 70∶30，则需要 70 亿元外部贷款、30 亿元股本资金，其中，A 公司需要出资 13.5 亿元、B 公司需要出资 9 亿元、C 公司需要出资 7.5 亿元。每家公司的股本资金可以是自有资金，也可以是贷款（以公司名义借款的公司融资），或者二者的混合。为了简化，这里假设股本资金都是自有资金。每家公司可以直接投资，也可以通过专门成立的子公司进行投资。为了简化，这里假设是直接投资。项目公司负责融资 70 亿元贷款，并承担还贷责任，以项目资产和预期收益作抵押，用项目收益进行还贷付息，还贷盈余才能进行分红；进行清算时，清算范围限定在项目资产之内，不追索投资公司的其他资产，如图 7-2 所示。

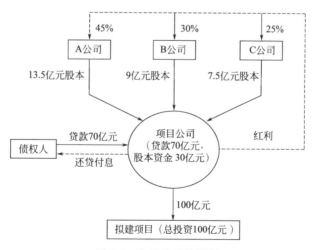

图 7-2　典型的项目融资

由上面的例子可以看出，公司融资与项目融资有很大的不同，具体表现在以下几个方面。

（一）资信基础不同

公司融资的资信基础是整个公司的资信，包括主观因素（主要是其经营团队的领导者的信用）和客观因素（公司的各种资产）。用公司融资的方式为项目筹集资金时，贷款人的贷款对象是项目主办人（借款人），其贷款决策主要考虑借款人的资信状况（资产状况和信誉水平）；而拟建项目只作参考，主要考虑如果该项目失败，是否影响公司的还贷能力。因此，即使项目本身不能产生足够的现金流或者完全失败，只要借款人有足够的资金（如其他商业活动或项目产生的现金流）还本付息即可。项目融资的资信基础是单项资产的资信，是建立在项目本身资产及其预期现金流基础上的贷款，债权人的债权清偿只能靠项目自身产生的现金流和项目实体的其他资产。用项目融资方式为项目筹集资金时，贷款人的贷款对象是为项目融资专门成立的特殊目的实体（如项目公司），其贷款决策主要考虑项目本身产生现金流的能力和资产价值；而项目主办人的资信状况只作为衡量资信担保的依据，起辅助参考作用。

（二）追索程度不同

理论上，债权人对债务人有不同程度的追索权，如无追索权、有限追索权和完全追索权。在无追索权的融资情形下，贷款的清偿完全局限在抵押资产之上，如果该抵押资产不足以清偿全部贷款，债权人无权向债务人进行追偿。在有限追索权的融资情形下，除了抵押资产外，债权人还要求由债务人之外的第三方提供担保（如完工担保），如果该抵押资产不足以清偿全部贷款，债权人有权向担保人进行追偿，但不超过担保范围。公司融资属于完全追索权的融资，要求借款人在整个贷款期内承担完全清偿贷款的责任。借款人未按期偿还债务时，被清算的资产范围是借款人的全部资产，即不限于项目本身，可涉及项目资产以外的其他资产。项目融资一般是有限追索权的融资，贷款人要求项目主办人在项目的出资以外，只承担有限的承诺，如完工担保等，被清算的资产范围只限于项目本身和项目主办人提供的担保，除此之外，不能涉及其他资产。无追索权的项目融资在实践中很少使用，被清算的资产范围完全限于项目资产本身，不涉及项目资产以外的任何资产。

（三）债务比例不同

项目融资的对象是一个特定的项目，其资产较容易控制，项目公司的业务范围比较单一，管理及资信评估相对简单；而公司融资的对象是一家公司，其资产较难控制，公司的业务范围较广，管理及资信评估较为复杂。因此，项目融资可以有较高的债务比例（一般70%以上），而公司融资一般不超过60%。进行公司融资时，银行对公司的债务比有一定的要求，并根据公司的价值确定一个信贷限额。但不影响项目主办人的信贷限额。

（四）会计处理不同

用公司融资方式筹集项目资金时，项目债务是项目主办人的债务的一部分，必须反映在资产负债表上。用项目融资方式筹集项目资金时，项目债务是项目公司的债务，反映在项目公司的资产负债表上，但是否反映在项目主办人的资产负债表上取决于项目主办人与项目公司的财务关系。一般的会计准则是：如果项目公司的持股比例超过50%，那么该公司的资产负债表需要全面合并到该投资者自身公司的财务报表中；如果其持股比例在20%~50%，那么需要在投资者自身公司的财务报表中按投资比例反映出该公司的实际盈亏情况；如果其持股比例少于20%，只需在投资者自身公司的财务报表中反映出实际投资成本，无须反映任何被投资公司的财务状况。通过合理安排，项目主办人可实现资产负债表外融资（Off-balance-sheet Financing，简称表外融资）。

值得注意的是，2001年安然事件之后，美国财务会计准则委员会紧急出台了FIN46条款，凡是满足以下三个条件中任一条件的特殊目的实体（Special Purpose Entity，SPE）都应被视作可变利益实体（Variable Interest Entity，VIE），将其损益状况并入"第一受益人"的资产负债表中：①风险股本很少，这个实体（公司）主要由外部投资支持，实体（公司）本身的股东只有很小的投票权；②实体（公司）的股东无法控制该实体（公司）；③股东享受的投票权和股东享受的利益分成不成比例。设置这样的规定就是为了防止通过 SPE 控制表外资产，却能把大量的风险和收益隐藏，从而可以保证至少有一家机构会把这样的表外资产并入资产负债表。

（五）风险分担不同

因追索程度不同，贷款人所承担的风险也不同。在公司融资中，贷款人承担的风险相对较小，主要承担借款人的资信风险（破产风险），项目风险主要由借款人承担；而在项目融资中，项目风险由项目参与人分担，贷款人承担部分项目风险。由于所承担的风险不同，导致融资成本不同。根据风险与回报均衡的原则，项目融资比公司融资的融资成本高，其利息率一般要比同等条件的公司融资利息率高 0.3%～1.5%。此外，项目融资的融资成本还包括融资的前期费用，如融资顾问费、项目评估费用、法律费用及承诺费。

（六）资金控制程度不同

项目融资的贷款条件比公司融资要严格。在项目融资中，由于贷款人的追索权除了项目主办人提供的担保外，只限于项目的资产和收入，因此贷款人对借款人的经营活动进行较为严格的控制；不允许项目公司经营项目以外的任何业务；要求对项目公司所签订的合同和协议有接管权，当项目由贷款人接管后，要求原项目公司所签订的合同和协议仍然有效；要求项目公司在贷款期内为项目购买一定的保险，等等。特别是对项目资金的控制，公司融资中一般只规定提取贷款的机制；但项目融资通常规定贷款直接支付给承约商（设计施工承包商，设备/材料/燃料等供应商、运营商等）或存入指定托管账户，而且对项目公司的账户设立和项目收入分配的优先顺序也都有具体规定，目的是在保证项目正常运营的前提条件下，最大限度地控制项目公司的现金流。

项目融资与公司融资的比较见表 7-1。

表 7-1 项目融资与公司融资的比较

项目	项目融资	公司融资（传统融资）
资信基础	项目融资和预期收益	借款人的资信
追索程度	有限追索和无限追索	完全追索
债务比例	杠杆比率高，债务比例可达 70% 以上	债务比例一般不超过 60%
会计处理	债务不出现在项目主办人的资产负债表上	债务出现在借款人的资产负债表上
风险分担	贷款人承担部分项目风险	贷款人只承担借款人的资信风险
资金控制	严格控制项目的现金流	不控制公司的现金流

四、项目融资的优势与不足

项目融资对于项目主办人和贷款人而言具有不同的优缺点。

（一）项目融资的优点

对于项目主办人而言，项目融资具有下列优点。

1. 可保护自身资产

项目融资是一种无追索权或有限追索权的贷款。当贷款没有追索权时，贷款质押或抵押只限定在项目资产和预期收益，不需要项目主办人的其他资产作质押或抵押，从而避免在项目失败的情况下，项目主办人的项目之外的资产被追偿。当贷款只有有限追索权时，其追索权只限定在某个特定阶段（一般为项目开发建设阶段）或限定在一个规定的范围内（如项目的最小现金流量担保）。除此之外，追索不超过项目本身和项目主办人提供的担保范围，在一定程度上保护了项目主办人的自身资产。

2. 可提高债务比例

利用项目本身的资信，项目的债务比例一般为70%～80%（个别项目甚至能达到几乎100%的债务融资），项目主办人只需提供20%～30%的资金就可以承担项目，可实现"小投入，做大项目"。如果实现资产负债表外融资安排，则还可以避免项目贷款对项目主办人的信贷限额的影响。

3. 可实现风险分担

在项目融资中，风险由参与各方分担。与传统的贷款不同，项目融资的贷款人也要承担部分风险。因此，当项目出现困难时，贷款人不是简单地进行项目清算，而是尽量采用其他的解决办法来渡过难关。有包销协议时，包销商一般也承担部分风险，如需求不足、价格上涨等风险。例如，在购电协议中可能有"无论提货与否均须付款"的条款，要求包销商最低承购一定的电量。

（二）项目融资的缺点

项目融资也给项目主办人带来不利因素，主要包括以下方面。

1. 融资成本较高（费用高、利率高）

项目融资的贷款利率一般比伦敦银行同业拆借利率高1%～3%，个别的甚至超过3%。此外，由于项目融资的安排比公司融资复杂，融资费用较高。例如，在英法海底隧道项目中，项目公司除了支付贷款利息外，还需支付下列费用：①付给牵头银行筹集贷款资金总额的0.125%作为牵头费；②签署贷款资金的0.875%作为签署贷款银行的费用；③从承诺贷款到正式签署贷款协议期间，按每年0.25%支付承诺金；④从正式签署贷款协议之日起到贷款提完止，每年按未提款部分的0.125%支付承诺金；⑤按半年期预算提取贷款，如有未提部分则按0.25%支付承诺金，如有超额提款，则加收0.3125%的额外费。

2. 融资结构复杂

采用项目融资的项目一般参与方众多，各方的利益取向不同。为了明确各方的权利和责任义务，保证各参与方的利益，需要签订一系列合同、协议、备忘录等。其主要文件包括：①项目公司与政府之间的合同文件，如特许权协议、批准文件（如计划部门和环境部门的批准书、经营许可证等）、土地使用协议；②项目主办人之间的合资或合作协议、股东协议；③项目公司的组织文件（公司章程、管理制度文件等）；④项目公司与贷款人的融资协议，如基本融资协议、信托协议、协调或共同贷款人协议等；⑤项目公司与其他参与人的各种协议，如设计施工合同、供应合同（如原材料供应合同、燃料供应合同、电气水供应合同等）、销售合同、使用合同或租赁协议、运输合同；⑥承包商和分包商的履约保函和预付款保函、政府安慰信、项目的各种保险文件。此外，贷款人做融资决策前，通常聘用咨询专家和顾问获得下列信息：工程顾问关于项目技术可行性的报告，环保顾问关于项目的环境影响评估报告，保险专家关于项目保险是否足够的报告，会计师关于项目主办人财务状况和项目公司股东结构的报告，法律顾问的法律意见书，等等。如此繁多的合同文件，使项目分配风险的过程变得非常复杂，融资谈判时间长。

3.管理受到限制

为了保障贷款的安全，与贷款相关的协议文件中对项目管理提出了许多要求，如项目资产用于抵押的限制、项目公司业务范围的限制、购买项目保险的要求、定期报告项目的相关信息等；对项目现金流也常常做出许多限制，如建立信托账户、设定收入分配的优先顺序等。总之，贷款人施加了比公司融资大得多的监管力度，不但降低了项目公司的管理灵活性，而且增加了管理成本。

鉴于项目融资的缺点，有些公司不提倡采用项目融资。例如，BP Amoco 集团的财务政策是一般不采用项目融资，只在三种情况下才予以考虑：一是超级规模的项目；二是不稳定地区的项目；三是项目合伙参与人差异较大的项目。

对于贷款人而言，项目融资有三大好处：①收益率（利率）较高，如上所述借款人的融资成本高，是因为贷款的利率高；②易于评估贷款的风险，项目融资时，只锁定项目本身进行评估，而项目本身范围明确，时间界限确定，因而相对较为容易评估；③资信结构可以多样化，增加资信的措施包括项目资产抵押、未来收益转让、担保、保险等。但是，项目融资对于贷款人而言也有下列缺点：①还贷主要依赖于项目资产和现金流量，对项目主办人没有完全的追索权，承担较高风险，因为项目实体要么是不具备其他资产的企业，要么是对项目主办人不能直接追究责任；②参与方多，合同和担保文件复杂，融资谈判时间长；③需要对正在建设或营运中的项目进行监控，管理费用较高；④容易鼓励项目主办人开发潜在风险高的项目。

鉴于项目融资的特点，贷款人应坚持择优供贷的原则。首先，要符合自己的贷款原则，应当符合自身的长远规划和经营战略，有利于自身发展目标的实现。其次，要进行风险和预期收益分析，分析项目会有哪些风险、贷款人预期承担多大风险、最大风险达到什么程度、有哪些风险预防措施和补救措施，估计预期收益（利息和费用收入），同时还要分析潜在收益，即可与借款人建立其他业务往来，如开立账户、存放资金、买卖外汇、托办其他金融业务等可能带来的收益。在对贷款项目进行风险和预期收益分析的基础上，选择风险较小、预期收益较好的项目。再次，评估借款人的资信，确定借款人具有项目所需的技术和经验。最后，为项目提供贷款符合自身的资产结构优化要求，做到盈利性、安全性和流动性的最佳组合。

五、项目融资的适用范围

项目融资有其独特之处，不是任何项目都可以用项目融资的方式筹集资金，只有某些特定类型的项目才适用。项目融资主要用于具有一定的垄断性或竞争性不强的项目，项目经济寿命较长，有可靠的现金流，经济效益较好。例如，资源开发项目（如采矿、石油、天然气等）、基础设施项目（如公路、隧道、桥梁、铁路、地铁、机场、港口、电厂、供水、废水/废物处理厂、电信等）和公共设施项目（如政府办公楼、医院、学校、运动场馆等）。

当有境外投资时，如果项目收益为硬通货（如美元、欧元、英镑等），则较为容易安排项目融资；否则，需要东道国政府安排外汇兑换和汇出方面的担保。如果项目中设备资金比例高，则可以安排出口信贷；如果项目产品或服务有可靠的用户/服务购买者，如签有"或取或付"销售协议，则易于安排项目融资；如果有租赁协议，则可安排融资租赁；如果项目产品有国际销售市场,则可以安排"生产支付"为基础的直接融资结构。

六、项目融资的参与者及其权责

根据项目融资的定义,项目融资是以项目本身的资产作抵押的贷款,而在签订贷款协议时,该项目资产还未形成,因此在项目资产形成过程中的任何参与人理论上都与项目融资有关。此外,根据项目融资的定义,项目收益是还贷付息的唯一资金来源,因此在项目运营过程中的任何参与人理论上都与项目融资有关。换句话说,项目融资与项目开发全过程紧密相关,项目的关系人也是项目融资的关系人。为了增加项目资信,又增加了担保和保险来分担项目风险。概括起来,项目融资的主要参与人包括:政府机构(特许经营权授予人),项目主办人(投资人),贷款人,项目承包商(简称承包商,包括设计承包商、施工承包商和工程总承包商等),包销商(用户/客户),担保人,保险人,运营商,设备/能源/原材料供应商,项目主办人之外的投资人,各种咨询专家和顾问(如融资顾问、法律顾问、工程顾问、环保顾问)等。他们各自与项目建立某种联系。项目融资的主要参与人及其基本关系如图7-3所示。

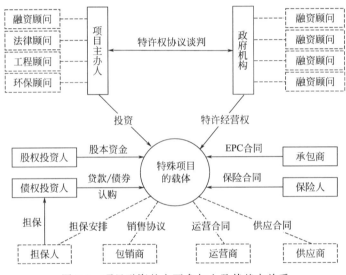

图 7-3 项目融资的主要参与人及其基本关系

以下将项目融资的主要参与人分为项目主办人、项目债权人、项目承建商、担保/保险人、咨询专家和顾问、项目所在国政府(中央政府和地方政府)、项目包销商、项目供应商、项目运营商,并分别进行阐述。

(一)项目主办人

项目主办人,简称主办人,是负责筹措项目资金、负责项目实施的项目开发商,不是简单地指首先提出项目建议书的人(项目建议书可以由政府提出,也可以由私营企业提出)。为了方便起见,本书将项目主办人和项目开发商视为同一个概念。

任何一个项目必定有项目主办人。项目主办人可以是自然人,但更多的是企业组织。一个项目可能只有一个项目主办人,但更多的是有多个项目主办人。除了少数项目主办人以投资为目的外,大多数项目主办人在项目中扮演多重角色,除了投资人的角色外,还可能承担承包商的角色。例如,在英法海底隧道项目中,15个项目主办人中有10家建筑企业,他们既是投资人,又是工程承包商。实质上,他们之所以成为项目主办人,是因为想获得隧道的施工合同。在项目融资中,项目主办人具有独特的地位,这是由项目融资的性质决定的。项目融资以融资关闭为标志分为两大阶段:融资关闭前阶段和融资关闭后阶段。在融资关闭前阶段,与贷款人打交道的是项目主办人,他与贷款人进行融资谈判,但是签订融资协议的却不是项目主办人,而是另外一个独立的法人(一般是为项目专门成立的项目公司)。在融资关闭后阶段,与贷款人打交道的是与其签订融资协议的法人。

由于项目主办人的多重角色,项目主办人通常不直接负责项目的建设和运营,而是通过设立专门的项目实体来进行,其业务只限于该项目的建设和运营。项目实体可以是有限责任公司、合伙公司、合营组织、信托机构等。有关项目管理、利润分成、利息支付、项目中止等事项都会在股东协议或合作协议中加以确定和规范。有些项目实体仅是为项目融资而成立,并不具备项目建设和运营的能力,只起资产运营公司的作用。例如,在印尼 Paiton 电厂项目中,电厂的建设由日本的三井物产有限公司领导的施工联合体负责,电厂的运行维护由 MOMI 公司(Mission Operations and Maintenance Indonesia)负责,Paiton 能源公司仅是实施项目的载体。有些项目实体承担项目的运营工作,如在英法海底隧道项目中,欧洲隧道公司负责建成后的隧道运营工作。

为保持本书的简洁性,当"项目主办人"一词需出现在图表中时,一般使用其简称"主办人"。

(二)项目债权人

项目所需资金中,除小部分是股本资金外,大部分是债务资金。因此,项目债权人(简称债权人)是项目所需资金的最主要提供者。项目债权人可能是贷款银行,也可能是债权投资人。采用项目融资的项目一般投资规模大,单一的贷款人很难独立提供全部贷款。基于对风险的考虑,任何贷款人也不愿意为一个大项目提供全部贷款。因而,项目融资中通常有多个贷款可能的贷款人有商业银行、开发银行、商业金融机构、出口信贷机构、债券市场的投资人等。

(三)项目承建商

采用项目融资的项目一般安排单一的项目承建商(简称承建商)负责项目的设计、采购和建设,并采用固定价格、确定完工日期的项目总承包合同(或称 EPC 合同、"交钥匙"合同),这种安排有利于项目管理;有时也可能与多个承建商签约,分别承担部分项目建设工作。例如,在中国台湾南北高速铁路项目中,台湾高速铁路公司获得特许经营权建设高速铁路,考虑到高速铁路的不同组成部分的特性,采用不同的采购方法:土建工程采用设计施工(D&B)合同策略,车站采用先设计、再招标、然后施工的合同策略,机车车组及交通控制系统采用设计-采购-施工为一体的"交钥匙"合同策略。铁路建设(土建部分)实行分标制的工程管理,全线(345km)共分为 12 个合同段,每段实行一标联合承揽的办法。

(四)担保/保险人

项目主办人要根据项目所在国的法律要求购买指定的保险(强制保险)。此外,为了自己的利益,要根据适用的法律购买某些保险,根据所签订协议的要求购买指定的保险。贷款人为了贷款的安全,除了要求有关的项目参与人提供担保和购买保险外,自己也常常购买政治风险保险或担保。由于项目融资涉及许多难以预料的风险,这使得担保/保险人成为项目融资中必不可少的参与者。

(五)咨询专家和顾问

咨询专家和顾问包括工程顾问、环保顾问、融资顾问和法律顾问等。项目融资是一个非常复杂的结构化融资,涉及工程、环境、金融、法律等领域,虽然项目主办人可能在某一个或几个领域具有丰富的经验,但很少能通晓所有的相关领域,特别是当地的法律等。因此,聘用相应的咨询专家和顾问是一个明智的选择。

项目主办人可以聘用工程顾问进行可行性研究,对项目进行管理、监督和验收。在项目的设计和施工中有些技术问题,也需要专家提供咨询意见。例如,在英法海底隧道项目中,项目主办人就大跨度洞室的施工广泛地征求了国际上该领域的知名专家的意见。收费公路项目的交通流量预测也常常由有关专家提供。项目贷款人中一般缺少工程技术专家,因此常常聘用工程顾问对项目进行评估,从而做出是否贷款的决定。

聘用熟知国际、国内金融市场的操作规则的融资顾问,为项目设计合适的融资结构,可降低成本和减少风险。通常项目公司选择商业银行或投资银行作为其融资顾问。项目公司在金融市场上筹集资金,往往聘请金融机构为其策划和操作,这些金融机构就是项目公司的融资顾问。

项目融资涉及的参与者众多,合同文件多,关系复杂,而且各国的法律有所不同,因此通常在项目一开始,就需要相应的律师介入,其职责包括制定相关的合同,保证合同的有效性(如出具法律意见书),避免日后的法律纠纷。

(六)项目所在国政府

项目所在国政府(中央政府和地方政府)有时在项目融资中可以起到关键的作用。在发达国家,政府很少参与项目融资。例如,在英法海底隧道项目中,英法两国政府除了授予特许经营权外,不提供任何担保或支持。如果有政府参与,一般也只是地方政府。但在发展中国家,中央政府和地方政府在项目融资中发挥重要的作用,其可以是担保方为项目融资提供帮助,也可以是项目产品或服务的购买者。此外,政府可通过制定相关的税收政策、外汇政策等为项目融资提供优惠待遇。

(七)项目包销商

任何一个项目不管是提供产品还是服务,都需要用户。但是,有的项目直接与用户打交道,如收费公路;而有的项目需要通过第三方与最终的用户建立联系,该第三方与项目实体签订购买协议,买下全部或绝大部分的项目产出,然后转售给最终的用户。例如,在独立电厂项目中,一般由电网公司与独立的发电商签订电力购买协议(Power Purchase Agreement),负责电力销售。类似的还有水处理厂项目,项目公司与自来水公司签订购水合同,由自来水公司向用户供水。在这种情况下,项目包销商(简称包销商)是项目收入的主要来源(甚至是唯一来源),因此项目包销商的资信非常重要。如果项目包销商的资信不足,就需要寻求第三方的信用支持。例如,当项目包销商是公共事业单位时,常常要求政府提供担保(直接担保、支持信或安慰信)。

(八)项目供应商

根据提供的产品不同,项目供应商(简称供应商)可分为设备供应商、原材料供应商和燃料供应商。并不是所有的项目都有项目供应商直接参与(直接与项目实体签订供应合同或者作为项目主办人之一),如一般电厂项目有设备供应商和燃料供应商,但公路项目没有燃料供应商。为了保证项目的建设和运营,在电厂项目中,设备供应商通常作为项目主办人,并通过延期付款或者低息优惠出口信贷安排,拓展项目资金来源;燃料供应商为项目运营提供可靠的燃料供应,减少项目的燃料供应风险,因而也是构成项目融资的重要参与者之一。

(九)项目运营商

项目运营商(简称运营商)可能是特殊目的实体自己,也可能是专业的运营商,其主要任务是负责项目的运营。如果项目运营比较简单,特殊目的实体可能自己负责运营,如收费公路项目一般由项目公司自己运营。如果项目运营比较复杂,特殊目的实体缺少相关的专业能力,可能委托专业运营公司进行运营,如电厂和水处理厂项目一般由专业运营公司进行运营。通常专业运营公司是项目主办人之一或项目主办人为本项目专门设立的项目运营公司。

七、项目融资的运作程序

项目从概念的提出到退出服务的整个生命周期可分为决策规划、设计施工、运营维护三个主要阶段。决策规划阶段(或称前期开发阶段)的主要任务之一是筹措资金,资金落实后方可开工建设;设计施工阶段的主要任务是项目设施的实现,将投资转变为项目设施;建设完工后才进入运营维护阶段,运营过程使项目提供产品和服务,并从产品和服务中获得收益,项目收益是否反馈到资金来源取决于融资安排。由此可见,融资、建设和运营相互关联。当采用项目融资为项目筹集资金时,项目融资作为项目开发的关键任务之一,也涉及上述三个阶段,每个阶段的任务和侧重点都不同,但重点在决策规划阶段。在决策规划阶段,主要任务是融资决策和融资谈判,在进入设计施工阶段之前,要完成融资关闭(Financial Close、Financial Closure、Financial Closing),即完成融资谈判并签署融资协议;在设计施工阶段,项目融资的主要任务是确保提款条件,保证贷款的发放及合理运用;在运营维护阶段,主要任务是贷款的偿还。项目生命周期中的主要过程及任务如图7-4所示。

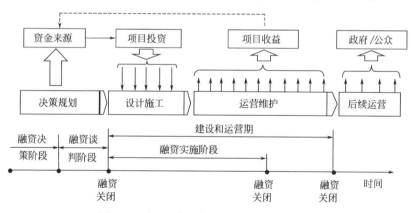

图7-4 项目生命周期中的主要过程及任务

(一)决策规划阶段

在决策规划阶段,主要解决如何筹集资金的问题。项目主办人需要做许多调查研究工作。首先,应分析项目所在国的私营企业参与基础设施开发的法律及政策框架的可行性;其次,明确项目的技术可行性及项目的商业吸引力,研究项目融资的可行性;最后,决定是否采用项目融资。如果采用项目融资,则进行下述工作:首先,进行项目分析,初步确定融资的比例(资金结构);其次,选择和设计融资工具,设计投资结构和进行资信增级;最后,在资金市场上筹集项目所需资金,实现融资交割。

（二）设计施工阶段

在设计施工阶段，主要解决如何使用资金的问题。项目融资管理的主要任务是项目融资的执行控制。融资关闭后，项目进入设计施工，对于债权人而言，进入融资执行阶段。贷款人根据贷款协议向项目提供资金，并根据有关协议文件的规定监督项目的执行，管理和控制项目的贷款资金使用。

（三）运营维护阶段

运营维护阶段主要解决如何产生资金和偿还资金的问题。项目完工后，进入运营期，开始还贷付息，债权人主要控制项目现金流的流向，确保自己的利益。对于项目公司而言，应确保满足提款条件，保证贷款的适时提取和合理运用，按时还贷付息。

如果项目投资人想要提前撤出股权资本，可以通过资产证券化的方式发行债券，用募集的资金置换出股权资本。如果金融机构想要提前撤出债权资本，也可以把多个项目的债权资本组建成资产包（或单个项目）通过资产证券化的方式发行债券，用募集的资金置换出债权资本。

因此，项目融资成功的前提是选择正确的项目。在此基础上，以风险回报均衡为原则，选择合适的投资结构，拓宽资金来源，实现最佳资金组合，增加项目资信等级，最大限度地实现各项目参与人的目标。

第二节　项目资金结构与资金成本

一、项目的资金结构设计需考虑的主要因素

不同类型的资金所承担的风险不同，期望的回报也不同。一般来说，高级债务资金的风险最低，因为清算时优先偿还，但回报也较低，固定在一定的范围之内（预先确定的固定或浮动利率）；股本资金风险最高，因为清算时最后偿还，但项目的净利润都归其所有；次级债务资金介于二者之间，其主要作用是降低高级债务资金贷款人的风险，使得项目的整体债务水平比单纯依靠项目自身现金流时有所提高。安排项目资金的基本原则是融资成本与风险分担之间的权衡。因此，合理设计项目资金结构（以下简称资金结构）应考虑下列因素。

（一）资金成本

资金成本是指资金使用成本；融资成本主要指筹资所需支付的利息和费用。不同融资方式，不同融资货币币种，不同融资期限，所支付的利息和费用各不相同。项目的股本资金成本是一种相对的成本，指该股本资金如果投在别的项目上可能获得的回报，因而也被称为"机会成本"；项目的债务资金成本（贷款的利息）则是一种绝对的成本，贷款的利息可以是固定利率、浮动利率或者二者结合（部分用固定利率，部分用浮动利率），股本资金与债务资金二者各有利弊。对于债务资金而言，股本资金是一种缓冲"垫"，可以减轻风险对债务资金的冲击。股本资金越多，其缓冲作用越大，贷款的风险越小；根据风险回报均衡的原则，贷款的利率可以相应地降低。由此可见，股本-债务比不同，债务资金的利率也不同；由于债务资金成本一般较低，负债程度越高，则综合资金成本越低。但一旦超过某一限度，增加了债权人对债权保障的忧虑，考虑到财务困境成本，一般会提高债务资金成本，因此综

合资金成本又会上升。综合资金成本由下降变为上升的转折点，资金结构达到最优。因此，选择合适的股本-债务比和合适的资金来源，可以实现资金成本优化。此外，不同的资金来源，债务资金的利率也不同。选择合适的资金来源，可以进一步减少资金成本。

（二）税务效益

根据平衡理论，当负债程度较低时，企业价值因税额庇护利益的存在会随负债水平的上升而增加；当负债达到一定界限时，负债税额庇护利益开始为财务危机成本所抵消。当边际负债税额庇护利益等于边际财务危机成本时，企业价值最大，资金结构最优。

此外，预提税（Withholding Tax）是一个主权国家对外国资金的一种管理方式，包括红利预提税（Dividend Withholding Tax）和利息预提税（Interest Withholding Tax）。其中，利息预提税一般是由借款人缴纳，其应付税款金额可从向境外支付的利息总额中扣减，也可以是在应付利息总额之上的附加成本，取决于借贷双方之间的安排。不同资金，其税务政策不同；不同国家，其税务政策也不同。利用这一点，采用不同的贷款形式、不同的利率结构和不同的货币种类形成混合贷款，如果安排得当，可以避免利息预提税，起到降低融资成本、减少项目风险的作用。

（三）资金来源的要求

项目的主要资金来源有商业银行、国际金融机构和多边开发银行、出口信贷机构、国际证券（股票、债券、基金收益凭证等）、东道国政府等，它们各有特点，且均有各自的优点和不足，其对投资区域、项目类型、服务内容及对借款人的要求也都有所不同。

商业银行主要提供融资咨询、承销债券、直接贷款等服务，其贷款对象比较宽泛，手续相对比较方便，资金使用灵活，但利息高，费用高。在20世纪70年代，商业银行率先开始进入石油、天然气、矿产项目融资，到了20世纪90年代，又开始基础设施项目融资，与保险公司（如世界银行的多边投资担保机构、美国的海外私人投资公司、发达国家的出口信贷机构）一起，是项目融资的主要参与者。

国际金融机构和多边开发银行（如世界银行、亚洲开发银行等）一般提供较广的服务业务，如融资咨询、直接贷款、政治风险担保、建立基金等。这些机构的贷款利率低、期限长，但这些机构有套标准做法，借款人必须符合它们的要求；其贷款对象被严格限制且往往要附加一些政治、经济条件，融资金额也有限，如国际货币基金组织的贷款方针是帮助成员国缓解国际收支困难，发达国家政府贷款的方针通常是援助最不发达国家。

出口信贷机构主要提供担保服务以防止政治和商业风险，有时也直接提供资金（股本资金、次级债务资金和高级债务资金）。其主要目的是促进本国企业对外产品出口或投资，因此要求借款人购买该国的产品或聘用该国的承包商。例如，"加拿大出口发展公司"（Export Development Canada）的项目融资业务主要是向大型基础设施（能源和电信）和工业项目提供有限追索权融资，可承担业务包括顾问、安排融资、提供政治风险保险、承购及直接贷款。但是，要获得上述服务，项目必须对加拿大经济有益，需要提供下列文件：①项目财务模型和已签订的所有协议；②市场研究；③保险评审报告；④独立工程师报告；⑤环境评估报告。费用取决于项目主办人的情况、市场区域和工业领域。交易费用（包括法律咨询和工程师报告费用）通常由项目主办人承担。

一些发达国家成立的投资促进机构，如美国的海外私人投资公司（OPIC）、日本的EI-DMT等，主要提供政治风险担保，有时提供贷款；与进出口信贷机构类似，一般为本国的企业提供帮助。其中，比较突出的是美国的海外私人投资公司（OPIC），其结构性融资的重点放在年收入超过 2.5 亿美元的商业活动和支持需要大量投资的项目，如基础设施、电信、电力处理、房屋建筑、机场港口、自然资源开发、高科技、金融服务等。

投资基金或其他组织主要提供次级贷款，以便获得长期的、较稳定的、较高的收益，一般只投资风险较小的项目；东道国政府在项目融资中可提供次级债务资金和高级债务资金，目的是促成项目融资关闭和提高项目主办人的投资信心。

发行国际证券融资期限可以较长，额度大，债权人分散，但手续烦琐，利率和发行费用较高，且往往受到发行所在国政府的管制；股权融资，筹资不举债，发行（出售）股票所得资金可作为自有资金，既不须付息又可长期使用，但在股权融资方式下，上市公司必须具备必要的条件，股票发行和上市须投入大量的时间、人力并增加费用开支，而且也要受到发行所在地政府当局的限制。

鉴于不同资金来源各有优缺点，筹资人就面临一个适当选择的问题。即使是同一类型的投资人，如外国的商业银行，由于各家商业银行自身不同条件和各自所面临的不同外部环境条件，它们在具体掌握融资决策方面往往会存在差别。总之，应充分了解不同资金来源的特点，选择合适的资金来源。

（四）资金结构的优化

根据债务资金占总资金的比重，可以将资金结构分为以下三种类型：①保守型资金结构，指债务资金占总资金的比重偏小，在这种资金结构下，项目的还贷付息的压力较小，从而降低了项目的风险，但因为回报率要求较低的债务资金比重较小，资本金的盈利水平因而降低，因此，项目的风险和资本金收益水平都较低；②风险型资金结构，指债务资金占总资金的比重偏大，在这种资金结构下，项目的还贷付息的压力较大，从而提高了项目的风险，但因为回报率要求较低的债务资金比重较大，资本金的盈利水平因而提高，因此，项目的风险和资本金收益水平都较高；③中庸型资金结构，指介于保守型资金结构和风险型资金结构之间的资金结构。

最优资本结构指在一定条件下使项目加权平均资金成本最低、项目价值最大的资金结构。确定最优资本结构的方法有比较资金成本法，即通过计算各方案加权平均资金成本，并根据加权平均资金成本的高低来确定最优资本结构的方法。理想的最优资本结构是一个具体的数值，而不是一个区间。在现实生活中，要实现最优资本结构是比较困难的，一般只是实现次优资本结构，一个包含理想最优资本结构的区间。

资金结构设计要做到资金结构的优化，应以用资需要、资金成本和筹资效率为标准，力求融资组成要素的合理化、多元化；应避免依赖于一种资金形式、一种筹资方式、一种资金来源、一种货币资金、一种利率和一种期限的资金；而应根据具体情况，从实际资金需要出发，注意股本资金与债务资金相结合，长期债务与短期债务相结合，以降低融资成本，减少融资风险，提高融资效益。充分利用不同形式资金的特点，形成由股权资本、次级贷款和高级贷款组成的多层次融资，实现最优资本组合。

项目主办人根据用资需要和不同时期国际金融市场的具体情况，在灵活、有效的原则下，选择最合适的融资方式。第一，要分析各种不同融资方式的可获得性，可考虑向商业银行申请银行贷款或发行债券，或通过股权融资；第二，项目主办人要考虑不同融资方式的融资成本，对不同融资方式进行比较，确定哪种融资方式的融资成本低；第三，项目主办人要考虑今后进一步融资的灵活性，也就是考虑这一次的融资会对下次的融资产生什么影响。

（五）资金结构调整的灵活性

资金结构调整是指对资金结构的组成要素进行调整，即在满足项目资金总需求的前提下，重组项目的债务及股本组合，转换项目资金的来源，进行项目再融资等，需要进行资金结构调整的原因包括：①资金成本过高，即原有资金结构的加权平均资金成本过高；②项目风险过大，虽然负债筹资能降低成本、提高利润，但破产风险较大，破产成本会直接抵减因负债筹资而取得的杠杆收益；③约束机制过严，不同的资金来源对项目资金的使用约束是不同的，如果约束过严，则有损于项目财务自主权，有损于项目资金的灵活调动与使用；④结构弹性不足，在进行资金结构调整时原有结构缺乏灵活性，如债务期限是否具有展期性、是否具有提前收兑性，负债与负债间、负债与资本间、资本与资本间是否具有可转换性。

在不同的情况下，采用不同的资金结构调整方式。当项目资金总需求不变时，如果项目的债务过高，则将部分债务资金转变为股本资金，或者将长期债务收兑或提前归还，并筹集相应的股本资金；如果债务资金过低，则通过减少股本资金并增加相应的债务资金来调整资金结构。当项目资金总需求增加时，如果债务资金过高，则通过追加股本资金来改善资金结构；如果债务资金过低，通过追加债务资金来改善资金结构。

总之，资金结构调整是一项较复杂的财务决策，必须充分考虑影响资金结构的各种因素，将综合资金成本最低的资金结构作为最优资本结构，这种调整方法是较理想的方法，符合现代资本结构理论的客观要求。

二、项目的资金构成

任何项目的实施都需要资金，资金可以是股本资金，也可以是债务资金（包括高级债务资金和次级债务资金），但更多的情况是二者按一定比例的结合。项目资金的构成称为项目资金结构（亦称项目资本结构，简称资金结构或资本结构），指项目各种资金的构成及其比例关系，即股本资金、次级债务资金和高级债务资金相互之间的比例关系。项目成本决定项目投资规模，项目收益和风险决定项目融资规模，结合其他因素就可以确定项目资金结构。

项目资金结构设计包括资金类型（股本资金和债务资金）、资金的使用期限（短期债务资金和长期债务资金）、资金币种（本币和外币）、贷款利率（固定利率和浮动利率）、资金的筹集方式、资本结构调整（包括再融资）等。股本资金、次级债务资金（简称次级债务）和高级债务资金（简称高级债务）三者之间相互关联、相互影响，如图7-5所示。

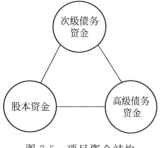

图7-5 项目资金结构

三、项目的资金成本

（一）资金成本的概念

资金成本是项目取得和使用资金而支付的各种费用，它包括用资费用和融资费用两部分内容。

1. 用资费用

其中用资费用是指项目在投资及经营过程中因使用资金比例而付出的费用，它是资金成本的主要内容，如向股东支付的股利、向债权人支付的利息等。

2.融资费用

融资费用是指项目在筹措资金的过程中为获取资金而付出的花费，如向银行支付的借款手续费。

资金成本是比较、选择融资方案的依据，也是评价投资项目可行性的主要经济指标。在市场运行中，总体经济环境、证券市场条件、企业内部的经营和融资状况、项目融资规模多方面因素对项目资金成本的高低产生影响。

（二）各种资金来源的资金成本

各种资金来源的资金成本是不同的。企业的长期资金一般有长期借款、债券、优先股、普通股、留用利润等，前两者统称为债务资金，后三者称为权益资金。根据资金来源不同，各种资金来源的资金成本也就相应地分类为长期借款成本、债券成本、优先股成本、普通股成本、留用利润成本等。

1.权益资金成本

对于股份制企业，权益资金就是股票持有者享有的权益。股票的资金成本是能使普通股的市场价格保持不变的最小收益率。

(1) 优先股成本　对于发起人而言，优先股的投资风险小于普通股，大于债务资金。

(2) 普通股成本　这里仅介绍固定增长股利政策下，以股利折现模型计算资金成本的公式。

(3) 保留盈余成本　保留盈余又称为留存收益，其所有权属于股东，是项目资金的重要来源之一。企业保留盈余，等于股东对企业进行追加投资。股东对这部分投资也会要求有一定的报酬，所以，保留盈余也有资金成本。其资金成本是股东失去向外投资的机会成本，与普通股成本的计算基本相同，只是不考虑筹资费用。

2.债务资金成本

债务资金成本主要有借款成本和债券成本。

债务资金成本与其他形式的资金成本之间的主要区别在于：为借款支付的利息可以免征所得税，同时这种资金成本是以税后数据为基础计算的。从计算方法看，长期借款和短期借款的成本计算是相同的。

债券成本是由企业实际负担的债券利息和发行债券支付的筹资费用组成的。

长期借款成本是指借款利息和筹资费用。

3.加权平均资金成本

项目融资过程中往往需要通过多种来源筹集所需资金。为进行筹资决策，需要计算全部资金来源的综合资金成本，即加权平均资金成本。

第三节　项目融资的基本模式

一、设计项目融资模式的基本原则

项目融资模式是项目整体结构组成中的核心部分。项目融资模式的设计，需要与项目投资结构的设计同步考虑，并在项目投资结构确定之后，进一步细化完成融资模式的设计工作。

设计项目的融资模式，是一个较为复杂的系统工程，牵涉项目投资人、借款人、贷款人、项目公司等各方的利益。在项目融资中，必须遵循一定的原则并根据项目特点因地制宜地安排融资模式。这就是要在设计项目融资模式时所必须遵循的基本原则。

（一）有限追索原则

实现项目融资人对项目投资者（借款人）的有限追索，是设计项目融资模式时必须遵循的一项最基本的原则。追索是指债务人（借款人）未按期偿还债务时，债权人（贷款人）有要求债务人（借款人）用除抵押资产之外的其他资产偿还债务的权利。其中，在项目融资中，项目的抵押资产通常包括项目资产、项目现金流量及相关方所承诺的其他义务（如担保）。

一个具体项目其债务资金的追索形式和追索的程度，取决于贷款银行对项目风险的评价以及项目融资结构的设计，具体来说，取决于包括项目所处行业的风险系数、投资规模、投资结构、项目开发阶段、项目经济强度、市场安排以及项目投资者的组成、财务状况、生产技术管理、市场销售能力等在内的多方面的因素。

（二）项目风险合理分担原则

项目融资模式设计的另一项基本原则是保证项目发起人——投资者不承担项目的全部风险责任。实现这一目标的关键是如何在投资者、贷款银行以及其他与项目利益有关的第三方之间有效地划分项目的风险。

项目建设期和试生产期的全部风险很可能由项目的直接投资者（包括项目的工程承包公司）全部承担。但是，当项目建成投产以后，通常贷款人同意只将项目直接投资者所承担的风险责任限制在一个特定的范围内，如项目直接投资者（包括对项目产品有需求的第三方）有可能只需要以购买项目全部或绝大部分产品的方式承担项目的市场风险，而贷款银行也有可能同样需要承担项目的一部分经营风险。

这是因为尽管项目直接投资者或者项目投资者以外的第三方产品购买者以长期协议的形式承购了全部的项目产品，但对于贷款银行来说仍然存在两种潜在的风险：①有可能出现国际市场产品价格过低从而导致项目现金流量不足的问题；②有可能出现项目产品购买者不愿意或者无力继续执行产品销售协议而造成项目的市场销售问题，获得其他的信用保证支持。这些潜在问题所造成的风险是贷款银行必须承担的，除非贷款银行可以从项目发起人处获得其他的信用保证支持。以上两条原则是项目融资最主要的原则。除此之外，投资者在设计项目融资模式时还会遇到一些其他带有共性的问题需要解决。

二、项目融资模式的结构特征及基本框架

（一）项目融资模式的结构特征

1. 贷款形式

项目融资的贷款方往往通过以下两种形式中的一种向项目提供资金。

（1）贷款方为借款方提供有限追索权或无追索权的贷款，该贷款的偿还将主要依靠项目的现金流量。

（2）通过"远期购买协议"或"产品支付协议"，由贷款方预先支付一定的资金来购买项目的产品或一定的资源储量（最终将转化为销售收入）。

2. 信用保证

无论采用哪种项目融资模式，最重要的环节都是建立结构严谨的担保体系。这种担保体系的构造一般具有以下特征。

(1) 贷款银行要求对项目的资产（对于资源性项目，还包括所有的资源储量或者开采权）拥有第一抵押权，对项目现金流量拥有有效控制权。因此，当商业银行与世界银行等多边金融机构同时对项目提供贷款时，商业银行往往愿意为后者的贷款提供担保，以取得项目资产及现金流量的完全抵押权。

(2) 一般要求项目投资者（借款人）将其与项目有关的一切契约性权益转让给贷款银行。所以，项目公司根据"或付或取"合同取得项目收入的权利、工程公司向项目公司提供的各种担保的权益等都必须转让给贷款者。

(3) 要求项目投资者成立一个单一业务的实体，即把项目的经营活动尽量与投资者的其他业务分开，除了项目融资安排之外，限制该实体筹措其他债务资金。这在股权式合资结构中容易操作，而在非公司型合资结构中，就需要巧妙地设计项目的投资结构和融资结构。

(4) 在项目的开发建设阶段，贷款人要求项目发起人（或项目工程公司等）提供项目的完工担保，即投资者保证提供任何超支金额，以确保项目实现"商业完工"，否则银行就收回全部贷款，或由项目工程公司用固定价格的"交钥匙"合同加上项目工程公司的担保银行提供的履约保函的形式来保证完工。

(5) 在项目经营阶段，要求项目提供类似"无论提货与否均需付款"或者"提货与付款"性质的市场销售安排，以保证项目生产稳定的现金流量，除非贷款银行对项目产品的市场状况充满信心。在项目融资中，只有很少一部分的产品会在市场上销售。

3. 贷款发放

一般而言，贷款协议至少应明确项目中的两个阶段：开发建设阶段和经营阶段。在这两个阶段，贷款人对项目的追索形式与程度、贷款的发放与回收都有所区别。

(1) 在项目开发建设阶段，贷款多是完全追索性的 对于贷款银行来说，在项目开发建设阶段风险是最高的。因此，在这个阶段，贷款往往具有完全追索权，并有项目发起人提供的具有法律效力的担保。当然，贷款方还有另外一种策略，就是提高利率，并同时购买承建合同的担保及相关的履约担保。

在这一阶段，项目的贷款随工程进度逐步发放到位。但贷款利息的偿还通常可以向后推迟。根据各方事先在合同中规定好的标准，经过独立的专家审核，确定项目达到各项完工标准后，贷款方对项目发起人的追索权可能会被撤销或降格，贷款利率也可能会随之下调。检验完工，标志着项目投产经营阶段的开始，这时项目便开始有了现金流入，并可开始偿还贷款。

(2) 在项目经营阶段，贷款可能被安排成有限追索性的或无追索性的 在项目的投资经营阶段，贷款人会进一步要求以项目产品销售收入和项目其他收入作担保。贷款利息和本金的偿还速度通常是和项目的预期产量、销售收入和其他应收款项相关联的，项目净现金流量的一个固定比例会自动用于债务偿还。而且，在贷款协议中一般还会规定，在某些特殊情况下，用于偿还贷款的比例可以增加甚至可以达到100%。例如，如果产品的需求或产量明显低于预期，或贷款者有正当的理由认为项目的前景以及项目所在国的政治、经济环境发生恶性逆转等。

在投产经营阶段，偿贷比例通常是根据税后净现金流量计算的，但在有些情况下，项目发起方也会要求按税前净现金流量来计算。如果贷款银行是根据税前净现金流量来提供贷款的话，则他们实际提供的贷款额要高于根据税后利润所应发放的贷款。在这种情况下，贷款者会相应提高他们对项目借款人或其担保人的追索权。

（二）项目融资模式的基本框架

项目融资模式的基本框架包括项目发起人直接安排的项目融资模式和通过项目公司安排项目融资模式。

1.项目发起人直接安排的项目融资模式

由项目发起人直接安排项目的融资，并直接承担起融资安排中相应的责任和义务的一种方式。一般分为两种，由项目发起人面对同一贷款银行和市场直接安排融资，以及由项目发起人各自独立地安排融资和承担市场销售责任。

（1）由项目发起人面对同一贷款银行和市场直接安排项目融资的特点　根据合资协议，投资者分别投入一定比例的自有资金，统一安排项目融资，由各投资者独立与贷款银行签订协议；投资者按投资比例合资组建一个项目管理公司，负责项目建设，代表投资者签订工程建设合同，监督项目建设，支付项目建设费用；项目建成后，项目管理公司负责项目的经营与管理，并作为投资者的代理人销售项目产品；项目的销售收入进入贷款银行监控下的账户，按融资协议中规定的资金使用的优先序列用于支付生产费用、再投资，到期债务及盈余资金分配。

（2）由投资者各自独立地安排融资和承担市场销售责任的特点　投资者按照投资比例，直接支付项目的建设费用和生产费用，根据自己的财务状况自行安排融资；项目投资者根据合资协议组建合资项目，任命项目管理公司负责项目的建设和生产管理；项目管理公司代表投资者安排项目建设和生产经营，组织原材料供应，并根据投资比例将项目产品分配给项目投资者；投资者按协议规定的价格购买产品，销售收入根据与贷款银行之间签订的现金流量管理协议进入贷款银行监控账户，并按照资金使用优先序列进行分配。

① 投资者直接安排项目融资的优点　投资者可以根据其投资战略需要较灵活地安排融资结构，主要表现在：不同投资者可以根据需要在多种融资方式和资金来源中进行自主选择和组合；投资者可以根据项目现金流和自身资金状况较灵活地安排债务比例；信誉好的投资者可以充分利用其商业信誉得到优惠的贷款条件。投资者直接拥有项目资产并控制现金流量，有利于做灵活的税务安排，降低融资成本。

② 投资者直接安排项目融资的缺点　贷款由投资者安排并直接承担债务责任，实现有限追索在法律上相对较复杂，表现在：若不同投资者在信誉、财务状况、营销和管理能力等方面不一致，以现金流量及项目资产作为融资担保和抵押在法律上就较为复杂；在安排融资时需要划清投资者在项目中所承担的融资责任和其他业务责任之间的界限，较难安排成为非公司负债型融资。

2.通过项目公司安排项目融资

（1）通过项目子公司安排融资　其目的为了减少投资者在项目中的直接风险建立项目子公司，以该子公司的名义与其他投资者组成合资结构和安排融资；项目子公司代表投资者承担项目中全部或主要的经济责任；由于项目子公司缺乏必要的信用记录，需要投资者提供一定的信用支持和保证，如项目的完工担保和保证项目子公司具备较好的经营管理的意向性担保；对于项目投资者容易划清项目的债务责任，并有可能安排成非公司负债型融资，但在税务结构安排上的灵活性较差。

（2）通过项目公司安排融资　由投资者共同投资组建一个项目公司，以项目公司的名义建设、拥有、经营项目和安排有限追索融资；项目建设期间，投资者为贷款银行提供完工担保。

项目投资者根据股东协议组建项目公司，并注入一定比例的股本资金；项目公司作为独立的生产经营者，签署一些与项目建设、生产和市场有关的合同，安排项目融资，建设、经营并拥有项目；项目融资安排在对项目投资者有限追索基础上。在项目建设开发阶段，项目投资者要为贷款银行提供完工担保；在项目生产期间，如果项目的生产经营达到预期标准，现金流量可以满足债务覆盖比率的要求，项目融资可以安排成为无追索贷款。完工担保是以项目公司安排融资模式中很关键的一环。

项目投资者除了可以在公司型合资结构中通过项目公司安排融资外，还可以利用信托基金结构为项目安排融资。这种融资结构和信用保证结构方面均与通过项目公司安排融资的模式类似。还有一种介于投资者直接安排融资和通过项目公司安排融资两者之间的项目融资模式，即在合伙制投资结构中，利用合伙制项目资产和现金流量直接安排项目融资。

虽然这种合伙制结构不是项目公司那样的独立法人，项目贷款的借款人也不是项目公司，而是由独立的合伙人共同出面，但是项目融资安排的思路是一样的。

① 通过项目公司安排项目融资的优点　法律关系较简单，便于银行就项目资产设定抵押担保权益，融资结构上较易于被贷款银行接受；投资者的债务责任清楚，项目融资的债务风险和经营风险大部分限制在项目公司中，易实现有限追索和非公司负债型融资；可利用大股东的资信优势获得优惠的贷款条件；可避免投资者之间在融资方面的相互竞争；项目资产的所有权集中在项目公司，便于管理；管理上较灵活，项目公司可直接运作项目，也可仅在法律上拥有项目资产，而将项目运作委托给另外的管理公司。

② 通过项目公司安排项目融资的缺点　缺乏灵活性，很难满足不同投资者对融资的各种要求，主要表现在：在税务安排上缺乏灵活性；债务形式选择上缺乏灵活性，虽然投资者可以选择多种形式进行投资，但由于投资者难以直接控制项目现金流量，各个投资者难以单独选择债务形式。

三、以设施使用协议为基础的项目融资模式

设施使用协议融资模式是指围绕着一个工业设施或服务性设施的使用协议作为主体安排项目融资，这种使用协议是指设施的提供者和使用者之间达成的一种具有"无论提货与否均需付款"性质的协议。

它的优点体现在：投资结构比较灵活，可以在公司型、非公司型、合伙制或信托基金结构间灵活选择；项目的投资者可以利用与项目利益有关的第三方的资信来组织融资，这样既可以节约初始投入资金，还可以使得风险得到分散；缺点则是在税务结构处理上需要比较谨慎。

四、以产品支付为基础的项目融资模式

产品支付融资模式是指采用无追索权或有限追索权的融资方法，提供贷款的银行通过直接拥有项目的产品和销售收入，而不是通过抵押或权益转让的方式来实现。

其特点体现在：①信用保证结构独特，其融资安排是建立在贷款银行购买某一特定产品的全部或部分未来销售收入权益的基础上，是通过直接拥有产品和销售收入的形式来实现融

资的信用保证的,而非抵押或权益转让形式;②易被安排成无追索或有限追索的形式,由于偿债资金主要来源于所购买的产品及其销售收益,而融资的数量则取决于购买的产品的预期销售收入现值,所以贷款的偿还很可靠;③运用范围较窄,仅适用于资源储量已明确且现金流能被计算的项目。

五、以杠杆租赁为基础的项目融资模式

杠杆租赁融资模式是指在项目投资者的要求下,资产出租人租赁费优先获得权的转让和租赁资产的抵押向贷款人取得贷款,购买项目资产,然后租赁给资产承租人(即项目投资者),项目承租人以项目营运收入支付租赁费而获取资产使用权的一种融资模式。

其优点有:①融资成本较低,因为通常通过这种融资模式能得到税收和政策上的优惠,出租人在投资税务抵税、加速折旧等方面能获得好处;②易实现完全融资,此模式中由债务参加者和股本参加者所提供的资金构成被出租项目的大部分建设费用或购买价格,因此很可能全部解决所需资金或设备问题,而不需要项目投资者进行任何股本投资;③金融租赁下的资产虽然不被承租人直接拥有,但是其拥有租赁资产的使用权、经营权、维护权等,这些资产通常被视为由项目投资者完全所有、由银行融资的资产。缺点则体现在:融资模式比较复杂。在设计融资结构时要充分考虑项目本身的经济强度及税务结构;资产出租者角色的增加也使得模式变得更复杂;同时重新安排融资的工作也变得更困难。

第四节 项目融资的现代模式

一、BOT 及其衍生模式

(一) BOT 融资模式的定义

首先解释 BOT,BOT 的全称是 Build-Operate-Transfer,即"建设-经营-移交",1984年的时候,时任土耳其总理认为 BOT 应该是:项目发起人拥有一定的权利,这个权利是政府授予的特许经营权,而这个特许经营权的具体期限在特许权协议中有明确规定,政府会与投资者签订特许权协议,融资建设并运营他们建设的基础设施,并且如何收费或者产品如何出售由发起人自主决定,通过这样的收费不仅能够收回开始的建设投资款,然后赚取正的现金流,从财务管理的角度分析,进入了正现金流的期间。在一段时间后,特许经营期满,政府拿回运营的权利,至此,一个完整的 BOT 结束。因为主要的投资者的经营期被称为特许经营,所以 BOT 项目也称特许经营权项目。

私人投资运河、桥梁、公路等基础设施的情况,在 17 世纪的欧洲就存在了。而在之后相关建设运营的发展中,BOT 融资模式的雏形慢慢出现。举例说明:比如英国政府修建灯塔就引入了私人资本,当时还没有特许权协议的签订,但是双方还是达成了一定的默契和共识,投资方先通过租赁建设灯塔的土地,然后建设完毕之后,在相应的规定期限进行管理,还能够根据实际情况进行收费以便能够收回投资款,获得一定的利润。而期限一满就返还设施给政府,由政府进行后续的管理。

随着之前的发展,接近 19 世纪时,欧洲的很多政府在进行公共基础设施的建设时,都开始利用私人资本进行投资建设,随后进行运营以及管理。这其中包括铁路、公路以及运河之类的工程项目。不仅欧洲如此，在当时，美国在建设铁路以及公路时，也是通过此类方法，让私人资本运营管理一段时间，收取相应的费用，获得利润，随后，经常按照比较低的价格甚至无偿转让给政府继续运营。

关于 BOT 融资模式所产生的产权，实际是一种债务以及股权混合的权属。项目发起人不仅可以是私企、外企，还可以是国企之类，除此之外，这些类型的企业还可以与别的企业或者是相关投资者组合成为一个新的投资主体，专门的项目公司。由这个专门组建的项目公司进行下面一系列的工作，包括融资、对项目的方案进行设计、寻找相关的施工企业进行施工，而在建设期结束后，进行项目的运营管理，向客户收费、维持后续的维护和改良，在这个过程中，慢慢回收资本，赚取利润，当整个签订的协议中规定的期限到期后，无偿转让给政府。BOT 融资模式如图 7-6 所示。

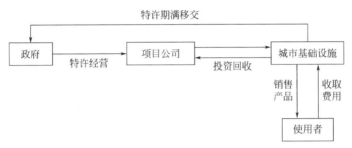

图 7-6 BOT 融资模式

BOT 融资模式是一种项目融资模式。之所以在基础建设时利用 BOT 融资模式，是因为通过这种方式政府可以以项目为核心进行融资，投资者更多关注的是项目本身。融资是 BOT 项目成功实施、建成和运营的必要条件。作为一种带有限追索权的融资方式，BOT 融资模式进行的项目，资金的来源主要有两类，一是资本金，二是贷款，并且大部分是依靠贷款。很多海外的具体 BOT 融资项目显示，投资方组建的 BOT 融资项目公司，依靠借贷获得的资金超过了项目投资总额的 70%，自有资金也就 30% 而已。

(二) BOT 融资模式的特点

1. 通过项目导向进行融资

BOT 融资模式，其实真正融资的主体是 BOT 项目，通过相应的 BOT 项目进行筹资，投资者关注的是 BOT 项目本身，而项目发起人也就看中了这一点，将项目本身的现金流、未来可获得的收益作为吸引点，吸引投资者的进入；还有一个更大的好处就是从负债的角度考虑这个问题，相关负债并不在债务人的资产负债表中体现，这样也不会影响相关负债人对于投资别的项目的能力。这样使得相关投资者（也就是债务人）仍旧可以在别的领域进行投资，并且仍可以在银行获得成功的筹资，而不影响自身的借贷能力，提高了融资效率，更是提高了社会基础设施建设的效率。

2. BOT 融资模式的核心——特许权协议

与政府签订特许权协议是整个 BOT 融资模式中最为核心的部分，并且这部分起到了关键性的作用。前面便有所提及，BOT 融资项目不同于其他融资项目，因为它是以项目为融资的对象，而获得这个融资并且进行基础建设的前提是与政府签订特许权协议，取得政府的特许权。

3. 风险分担

由于 BOT 融资模式具有有限追索特性，项目发起人在这个项目中有直接经济利益的参与者，有间接经济利益的参与者，还有发放贷款的商业银行，风险会在他们之间分摊，项目发起人等项目参与者的风险都会被分担。举例说明：比如深圳沙角 B 电厂项目，项目发起人 B 方、承包工程的财团、电厂供应商、项目发起人 A 方等，一起签订了合同，合同不仅约定了项目的设计问题，同时约定了项目的建设问题、购买煤炭的问题以及特许权使用的期限问题。这样的信用支持在很大程度上解决了债务人的偿债能力问题，减少了对于投资者的资产的依赖。

4. BOT 融资模式主体多，时间长，成本高

BOT 融资模式有许多重要的主体，包括政府、银行、工程承包商、保险公司、项目公司等，这些主体之间的法律关系也相对复杂。这些主体通过谈判，签订合同明确各自的义务和权利，这样的复杂关系是别的融资模式所不能比拟的。另一个重要的特征便是项目公司需要花费大量的资金对项目进行可行性研究等前期准备工作，准备需要投入大量的时间以及大量的投资成本。

5. BOT 融资模式集市场机制和政府干预于一体

BOT 融资模式既不是单纯的市场机制，也不是单纯的政府干预，而是将二者巧妙地融为一体，体现了混合经济的特色。而 BOT 融资模式体现出了这种结合，在项目开始招标的阶段，通过市场机制的作用，引入私人资本选定合适的投资者以及战略联盟伙伴；同时，在选定投资者之后，通过政府与其签订特许权协议，规定了建设期、运营期、移交后的相关协议，体现出了政府一直在进行把控和干预。

（三） BOT 模式的衍生模式

对于 BOT 的内涵，前已述及，本节主要介绍 BOT 模式的衍生模式。根据世界银行《1994 年世界发展报告》报道，通常所说的 BOT 模式至少有以下几种具体形式，即 BOT(Build-Operate-Transfer)、BOOT(Build-Own-Operate-Transfer)、BOO(Build-Own-Operate) 以及 TOT(Transfer-Operate-Transfer) 模式。实际上，BOT 模式的衍生模式并不仅仅局限于上述三种具体模式。每种 BOT 模式及其变形，都体现了对于基础设施部分政府所愿意提供的私有化程度。

BOT 模式意味着一种很低的私有化程度，因为项目设施的所有权并不转移给私人。BOOT 代表了一种居中的私有化程度，因为设施的所有权在一定有限的时间内转移给私人。最后，就项目设施没有任何时间限制地被私有化并转移给私人而言，BOO 代表的是一种最高级别的私有化。换句话说，一国政府所采纳的建设基础设施的不同模式，反映出其所愿意接受的使某一行业私有化的不同程度。由于基础设施项目通常直接对社会产生影响，并且要使用到公共资源，诸如土地、公路、铁路、管道、广播电视网等，因此，基础设施的私有化是一个特别重要的问题。

1. BT 模式

BT 即"建设-移交"，是政府利用非政府资金来进行非经营性基础设施建设项目的一种融资模式，BT 模式是 BOT（"建设-运营-移交"）模式的一种变换形式，指一个项目的运作通过项目公司总承包，融资、建设验收合格后移交给业主，业主向投资方支付项目总投资加上合理回报的过程。目前采用 BT 模式筹集建设资金成了项目融资的一种新模式。

（1）BT 模式产生的背景

① 随着我国经济建设的高速发展及国家宏观调控政策的实施，基础设施投资的银根压缩受到前所未有的冲击，如何筹集建设资金成了制约基础设施建设的关键。

② 原有的投融资格局存在重大的缺陷，金融资本、产业资本以及建设企业及其关联市场在很大程度上被人为阻隔，资金缺乏有效的封闭管理，风险和收益分担不对称，金融机构、开发商、建设企业不能形成以项目为核心的有机循环闭合体，优势不能相补，资源没有得到合理流动与运用。

目前，大多采用 BT 模式，比如渝遂高速铜梁互通口（东）。

（2）BT 模式发展现状　BT 发展时间短，是新生事物，由 BOT 衍生而来。标准意义的 BOT 项目较多，但类似 BOT 项目的 BT 却并不多见。

自 20 世纪 80 年代我国第一个 BOT 项目（深圳沙角 B 电厂项目）实施建设以来，经过多年的发展，BOT 融资模式已经为大众所熟悉。而 BT 模式作为 BOT 模式的一种演变，近年来也逐渐作为政府投融资模式的一种，被用来为政府性公共项目融资。

2004 年，国务院颁布了《国务院关于投资体制改革的决定》（国发［2004］20 号），明确规定"放宽社会资本的投资领域，允许社会资本进入法律法规未禁入的基础设施、公用事业及其他行业和领域""各级政府要创造条件，利用特许权经营、投资补助等多种形式，吸引社会资本参与有合理回报和一定投资回收能力的公益事业和公共基础设施的建设"。此政策背景可谓是 BT 模式获得发展的一个重要因素。

（3）BT 模式依据

① 根据《中华人民共和国政府采购法》第二条，"政府采购是指各级国家机关、事业单位和团体组织，使用财政性资金采购依法制定的集中采购目录以内的或者采购限额标准以上的货物、工程和服务的行为"。

② 根据中华人民共和国建设部［2003］30 号《关于培育发展工程总承包和工程项目管理企业的指导意见》第四章第七条，"鼓励有投融资能力的工程总承包企业。对具备条件的工程项目，根据业主的要求按照建设-转让（BT）、建设-经营-转让（BOT）、建设-拥有-经营（BOO）、建设-拥有-经营-转让（BOOT）等方式组织实施"。

（4）BT 模式的意义

① 发展 BT 模式使产业资本和金融资本全新对接，形成了一种新的融资格局，既为政府提供了一种解决基础设施建设项目资金周转困难的融资新模式，又为投资方提供了新的利润分配体系的追求目标，为剩余价值找到了新的投资途径。

② BT 模式使银行或其他金融机构获得了稳定的融资贷款利息，分享了项目收益。

③ BT 模式倡导风险和收益在政府与投资方之间公平分担与共享，追求安全合理利润，强调各参与方发挥各自的主观能动性，提高了各方对项目抗政治风险、金融风险、债务风险的分析、识别、评价及转移能力。

④ BT 模式有利于积极推进政府融资体制改革的深化，要求政府完善偿债机制，建立专项偿债发展基金，健全国有资产运作机制，重新整合各类资产，特别是特许经营管理的项目。

⑤ BT 模式不仅可获取较大的投资效益，还提高了项目管理的效率，增强了投资方的人文技能、管理水平及参与市场的竞争能力，积累了 BT 模式融资的经验，增加了施工业绩，为以后打入融资建筑市场创造了条件。

⑥ BT 模式扩大了资金来源，使项目顺利建设移交给政府，推进了当地经济的可持续发展，提高了经济效益和社会效益，为其他行业的融资树立了典范。

(5) BT模式的运作过程

① 项目的确定阶段。政府对项目立项，完成项目建设书、可行性研究、筹划报批等工作。

② 项目的前期准备阶段。政府确定融资模式、贷款金额的时间及数量上的要求、偿还资金的计划安排等工作。

③ 项目的合同确定阶段。政府确定投资方，谈判商定双方的权利与义务等工作。

④ 项目的建设阶段。参与各方按BT合同要求，行使权利，履行义务。

⑤ 项目的移交阶段。竣工验收合格、合同期满，投资方有偿移交给政府，政府按约定总价，按比例分期偿还投资方的融资和建设费用。

(6) BT模式中的主体

① 项目业主。是指项目所在国政府及所属部门指定的机构或公司，也称项目发起人。负责对项目的建设特许权的招标。在项目融资建设期间，业主在法律上不拥有项目，而是通过给予项目一定数额的从属性贷款或贷款担保作为项目建设、开发和融资的支持。在项目建设完成和移交后，将拥有项目的所有权和经营权。

② BT投资建设方。BT投资建设方通过投标方式从项目所在国政府获得项目建设的特许权。负责提供项目建设所需的资金、技术，安排融资和组织项目的建设，并承担相应的项目风险。通过招投标方式产生相应的设计单位、施工单位、监理单位和设备、原材料供应商等。

③ 贷款银行或其他相关单位。融资渠道在BT模式中扮演着很重要的角色，项目的融资渠道一般是投资方自有资产、银团贷款、政府政策性贷款等。而贷款的条件一般取决于项目本身的经济效益、BT方的管理能力和资金状况，以及政府为项目投资方提供的优惠政策。

(7) BT模式的特点

① BT模式仅适用于政府非经营性基础设施项目建设。

② 政府利用的资金是非政府资金，是通过投资方融资的资金。融资的资金可以是银行的，也可以是其他金融机构或私有的；可以是外资的，也可以是国内的。

③ BT模式仅是一种新的投融资模式，BT模式的重点是在B阶段。

④ 投资方在项目建成后不进行经营，获取经营收入。

⑤ 政府按比例分期向投资方支付合同的约定总价。

(8) BT模式的风险与规避

① 风险较大，例如政治风险、自然风险、社会风险、技术风险；需增强风险管理的能力，最大的风险还是政府的债务偿还是否按合同约定。

② 安全合理的利润和约定总价的确定比较困难。

③ 做好项目法人责任制，是对项目资金筹措、建设实施、资产保值增值实行全过程负责的制度。加强项目的建设管理，合理降低工程造价，降低工程成本，降低融资成本，获取较大的利息差收入。

④ 适当的利润率（大于资金的综合水平）水平和资金的有限监管投入与增值退出，便是合理且令人满意的水平，最大的安全保障就是最大的效率。

随着我国工程建设领域投融资体制的改革，越来越多的工程项目，尤其是基础设施项目，开始采用"建设-转让"即BT模式进行建设。实践中，由于目前整个行业对BT模式的认识不够，有关立法工作还处于探索阶段，致使诸多问题无据可依，BT模式被频频滥用。

有的以 BT 之名行垫资之实，有的仅有招标单位自身出具的还款承诺而无任何实质性担保，有的在用地、立项、规划等方面明显违反基本建设程序等，诸如此类的不规范之处给介入 BT 项目的建筑企业带来了巨大的风险。

BT 是由 BOT 演变而来，作为一种投资方式，BT 项目同样具有 BOT 项目的根本特征。作为 BT 项目的投资方，建筑企业的权利不仅应通过作为项目建设单位这一法律身份加以固定，还应设定有效的担保以确保其投资款的回收及相应投资回报的如期获取。鉴于此，对于那些拟通过 BT 模式提高竞争力的建筑企业来讲，在介入 BT 项目前后，应注意以下几点。

第一，应深入分析相关招标文件以确定 BT 项目的真伪，防范假 BT 模式可能带来的风险。

第二，积极开展对 BT 项目的调查，包括项目合法性以及项目运作前景预测等。

第三，重视对 BT 项目中招标单位回购担保的审查，以确保担保方案的有效性和可行性。

第四，对于实践中有关部门由于对 BT 模式不了解，仍按一般工程承包办理相应手续的做法应主动要求纠正，以避免该类登记方式不当，降低对承包商的保护力度，增大投资风险。

第五，重视 BT 项目的签约管理和履约管理。可聘请专业律师进行全过程把关，积极防范相当长的建设周期内可能出现的法律风险。

对于能够产生现金流的基础设施项目（如收费公路及水、电厂等），由于经营比较稳定，因此受到社会投资者的欢迎。但是，对于没有现金流或现金流不足的基础设施项目，如轨道交通、城市绿化等也可以采用政府给予一定补贴的方式，进行 BOT 或 BT 模式的融资，来鼓励社会资本的参与，以减轻政府现时的财政压力。上海轨道交通领域就是采用这种模式进行的，由申通集团负责项目规划投资、管理沿线各区，出资 35% 成立项目公司，按项目法人制运作，项目公司向商业银行寻求长期项目融资（占 65%），期限为 10～21 年。建成后交由地铁建设有限公司、地铁运营公司、现代轨道交通公司承担运营。

2. BOOT 模式

BOOT(Build-Own-Operate-Transfer) 即"建设-拥有-经营-转让"，项目公司对所建项目设施拥有所有权并负责经营，经过一定期限后，再将该项目移交给政府，是由 BOT 演变的一种投资方式。

BOOT 是一种连投资带承包的方式，是近十几年来才在国际承包市场上出现的一块"丰厚的奶酪"：多头获利，长线收益，回报高。但同时对于承包商的要求也高：你是投资人，必须管好、用好资金；你是建设方，必须保证项目进度和质量；你是运营商，必须保证盈利。因此，此类项目对中国承包商而言，目前只有少数央企在东南亚、非洲等地区有成功运作案例，国内尚属空白。

BOOT 与 BOT 有如下区别。

（1）所有权的区别　BOT 模式，项目建成后，私人只拥有所建成项目的经营权；而 BOOT 模式，在项目建成后，在规定的期限内，私人既有经营权，也有所有权。

（2）时间上的差别　采取 BOT 模式，从项目建成到移交给政府这段时间一般比采取 BOOT 模式短一些。

每一种 BOT 模式及其变形，都体现了对于基础设施部分政府所愿意提供的私有化程度。BOT 意味着一种很低的私有化程度，因为项目设施的所有权并不转移给私人。BOOT

代表了一种居中的私有化程度，因为设施的所有权在一定有限的时间内转移给私人。

换句话说，一国政府所采纳的建设基础设施的不同模式，反映出其所愿意接受的使某一行业私有化的不同程度。由于基础设施项目通常直接对社会产生影响，并且要使用到公共资源，诸如土地、公路、铁路、管道及广播电视网等，因此，基础设施的私有化是一个特别重要的问题。

对于运输项目（如收费公路、收费桥梁、铁路等）都是采用BOT模式，因为政府通常不愿将运输网的私有权转交给私人。在动力生产项目方面，通常会采用BOT、BOOT或BOO模式。一些国家很重视发电，因此，只会和私人签署BOT或是BOOT特许协议。而在电力资源充足的国家（如阿根廷），其政府并不如此重视发电项目，一般会签署一些BOO许可证或特许协议。最后，对于电力的分配和输送、天然气以及石油开采来说，这类行业通常被认为是关系到一个国家的国计民生，因此，建设这类设施一般都采用BOT或BOOT模式。

3. BOO模式

BOO(Build-Own-Operate)即"建设-拥有-经营"，该模式是一种正在推行中的全新的市场化运行模式，即由企业投资并承担工程的设计、建设、运行、维护、培训等工作，硬件设备及软件系统的产权归属企业，而由政府部门负责宏观协调、创建环境、提出需求，政府部门每年只需向企业支付系统使用费即可拥有硬件设备和软件系统的使用权。这种模式体现了"总体规划、分步实施、政府监督、企业运作"的建、管、护一体化的要求。BOO模式的优势在于，政府部门既节省了大量财力、物力和人力，又可在瞬息万变的信息技术发展中始终处于领先地位，而企业也可以从项目承建和维护中得到相应的回报。

(1) BOT与BOO模式的相同点　BOT和BOO模式最重要的相同之处在于，它们都是利用私人投资承担公共基础设施项目。在这两种融资模式中，私人投资者根据东道国政府或政府机构授予的特许协议或许可证，以自己的名义从事授权项目的设计、融资、建设及经营工作。在特许期内，项目公司拥有项目的占有权、收益权以及为特许项目进行投融资、工程设计、施工建设、设备采购、运营管理和合理收费等的权利，并承担对项目设施进行维修、保养的义务。在我国，为保证特许权项目的顺利实施，在特许期内，如因我国政府政策调整因素影响，使项目公司受到重大损失的，允许项目公司合理提高经营收费或延长项目公司特许期；对于项目公司偿还贷款本金、利息或红利所需要的外汇，国家保证兑换和外汇出境。但是，项目公司也要承担投融资以及建设、采购设备、维护等方面的风险，政府不提供固定投资回报率的保证，国内金融机构和非金融机构也不为其融资提供担保。

(2) BOT与BOO模式的不同点　BOT与BOO模式最大的不同之处在于，在BOT项目中，项目公司在特许期结束后必须将项目设施交还给政府；而在BOO项目中，项目公司有权不受任何时间限制地拥有并经营项目设施。从BOT的字面含义也可以推断出基础设施国家独有的含义：作为私人投资者在经济利益驱动下，本着高风险、高回报的原则，投资于基础设施的开发建设；为收回投资并获得投资回报，私人投资者被授权在项目建成后的一定期限内对项目享有经营权，并获得经营收入；期限届满后，将项目设施经营权无偿移交给政府。由此可见，项目设施最终经营权仍然掌握在国家手中，而且在BOT项目整个运作过程中，私人投资者自始至终都没有对项目的项目公司所有权。其实，BOT模式是政府允许私人投资者在一定期限内对项目设施拥有经营权，但该基础设施的本质属性没有任何改变。换句话说，运用BOT模式，项目发起者可拥有一段确定的时间以获得实际的收入来弥补其投资，之后，项目交还给政府。而BOO模式中，项目的所有权不再交还给政府。

4. TOT 模式

TOT(Transfer-Operate-Transfer) 即"移交-经营-移交"，TOT 模式是国际上较为流行的一种项目融资模式，通常是指政府部门或国有企业将建设好的项目的一定期限的产权或经营权，有偿转让给投资人，由其进行运营管理，投资人在约定的期限内通过经营收回全部投资并得到合理的回报，双方合约期满之后，投资人再将该项目交还政府部门或原企业的一种融资模式。

TOT 融资模式是 BOT 融资模式的新发展，也是企业进行收购与兼并所采取的一种特殊形式。从某种程度上讲，TOT 具备我国企业在并购过程中出现的一些特点，因此可以理解为基础设施企业或资产的收购与兼并。TOT 模式的流程大致是：首先，进行经营权转让，即把存量部分资产的经营权置换给投资者，双方约定一定的转让期限；其次，在此期限内，经营权受让方全权享有经营设施及资源所带来的收益；最后，期满后，再由经营权受让方移交给经营权转让方。它是相对于增量部分资源转让即 BOT 而言的，都是融资的模式和手段之一。

（1）TOT 模式的运作程序

① 制定 TOT 方案并报批。转让方须先根据国家有关规定编制 TOT 项目建议书，征求行业主管部门同意后，按现行规定报有关部门批准。国有企业或国有基础设施管理人只有获得国有资产管理部门批准或授权才能实施 TOT 模式。

② 项目发起人（同时又是投产项目的所有者）设立 SPV 或 SPC(Special Purpose Vehicle 或 Special Purpose Corporation)，发起人把完工项目的所有权和新建项目的所有权均转让给 SPV，以确保有专门机构对两个项目的管理、转让、建造负有全权，并对出现的问题加以协调。SPV 常常是政府设立或政府参与设立的具有特许权的机构。

③ TOT 项目招标。按照国家规定，需要进行招标的项目，须采用招标方式选择 TOT 项目的受让方，其程序与 BOT 模式大体相同，包括招标准备、资格审核、准备招标文件、评标等。

④ SPV 与投资者洽谈以达成转让投产运行项目在未来一定期限内全部或部分经营权的协议，并取得资金。

⑤ 转让方利用获得资金，用以建设新项目。

⑥ 新项目投入使用。

⑦ 项目期满后，收回转让的项目。转让期满，资产应在无债务、未设定担保、设施状况完好的情况下移交给原转让方。当然，在有些情况下是先收回转让项目然后新项目才投入使用的。

（2）TOT 模式的优势

① 与 BOT 项目融资模式比较。BOT 项目融资是"建设-经营-移交"模式的简称。TOT 项目融资模式与之相比，省去了建设环节，使项目经营者免去了建设阶段的风险，使项目接手后就有收益。另外，由于项目收益已步入正常运转阶段，使得项目经营者通过把经营收益权向金融机构提供质押担保方式再融资，也变得容易多了。

② 与向银行和其他金融机构借款融资方式比较。银行和其他金融机构向项目法人贷款，其实质是一种借贷合同关系。虽然也有一些担保措施，但由于金融机构不能直接参与项目经营，只有通过间接手段监督资金安全使用。在社会信用体系还没有完全建立起来的阶段，贷款者要承担比较大的风险。由于贷款者"惜贷"心理作用，项目经营者想要通过金融机构筹集资金，其烦琐手续和复杂的人事关系常常使人止步。TOT 项目融资，出资者直接参与项

目经营，由于利益驱动，其经营风险自然会控制在其所能承受的范围内。

③ 与合资、合作融资方式比较。合资、合作牵涉两个以上的利益主体。由于双方站在不同利益者的角度，合资、合作形式一般都存在一段"磨合期"，决策程序相对也比较长，最后利润分配也是按协议或按各方实际出资比例分配。实行 TOT 项目融资，其经营主体一般只有一个，合同期内经营风险和经营利益全部由经营者承担，这样一来，企业内部决策效率会提高很多，内部指挥协调工作也相对容易开展多了。

④ 与内部承包或实物租赁融资方式比较。承包或租赁虽然也是把项目经营权在一定时期让渡出去，但与 TOT 项目融资相比，仍有许多不同之处。经营承包一般主体为自然人，项目对外法人地位不变，项目所有权权利完整保留。租赁行为中虽然经营者拥有自己独立的对外民事权利，但资产所有权权利仍由出租者行使，租赁费用一般按合同约定分批支付或一年支付一次。TOT 项目融资是两个法人主体之间的契约行为，经营者在合同期内，仍有独立的民事权利和义务，按合同约定，经营者还可拥有部分财产所有者的权利。经营者取得财产经营权的费用也一次性支付。

⑤ 与融资租赁模式比较。融资租赁是指出租者根据承租人对供应商和设备的选定，购买其设备交承租人使用，承租人支付租金的行为。融资租赁模式涉及购买和租赁两个不同合同，合同主体也涉及出租人、供应商、承租人三方。其运作实质是"以融物形式达到融资的目的"。TOT 项目融资模式中，合同主体只有财产所有人和其他社会经营主体两者。经营者既是出资者，又是项目经营者。所有者暂时让渡所有权和经营权，其目的是通过项目融资，筹集到更多的建设资金投入到城市基础设施建设。

⑥ 与道路两厢或其他土地开发权作为补偿方式比较。以开发权作为补偿项目其本身一般不具备创收经营权，项目具有纯公益性质。TOT 项目融资，其项目本身必须是经营性资产，有比较固定的收益。与取得其他开发权融资方式比较，避开了建设环节的风险和政策不确定性因素风险，其运作方式对项目所有者和经营者都有益处。

(3) TOT 模式所带来的影响　开展 TOT 项目融资，其主要好处有以下几方面。

① 盘活城市基础设施存量资产，开辟经营城市新途径。一方面，随着城市扩容速度加快，迫切需要大量资金用于基础设施建设，面对巨大的资金需求，地方财政投入可以说是"杯水车薪"；另一方面，通过几十年的城市建设，城市基础设施中部分经营性资产的融资功能一直闲置，没有得到充分利用，甚至出现资产沉淀现象。如何盘活这部分存量资产，以发挥其最大的社会效益和经济效益，是每个城市经营者必须面对的问题。TOT 项目融资模式，正是针对这种现象设计的一种经营模式。

② 增加了社会投资总量，以基础行业发展带动相关产业的发展，促进整个社会经济稳步增长。TOT 项目融资模式的实施，盘活了城市基础设施存量资产，同时也引导了更多的社会资金投向城市基础设施建设，从"投资"角度拉动了整个相关产业迅速发展，促进社会经济平稳增长。

③ 促进社会资源的合理配置，提高了资源使用效率。在计划经济模式下，公共设施领域经营一直是沿用垄断经营模式，其他社会主体很难进入基础产业行业。引入 TOT 项目融资模式后，由于市场竞争机制的作用，给所有基础设施经营单位增加了无形压力，促使其改善管理，提高生产效率。同时，一般介入 TOT 项目融资的经营单位，都是一些专业性的公司，在接手项目经营权后，能充分发挥专业分工的优势，利用其成功的管理经验，使项目资源的使用效率和经济效益迅速提高。

④ 促使政府转变观念和转变职能。实行 TOT 项目融资后，首先，政府可以真正体会到"经营城市"不仅仅是一句口号，更重要的是一项严谨、细致、科学的工作。其次，政府对增加城市基础设施投入增添了一项新的融资方法。政府决策思维模式将不仅紧盯"增量投入"，而且时刻注意到"存量盘活"。最后，基础设施引入社会其他经营主体后，政府可以真正履行"裁判员"角色，把工作重点放在加强对城市建设规划、引导社会资金投入方向、更好地服务企业、监督企业经济行为等方面的工作上来。

(4) 实施 TOT 模式应注意的问题

① 注意新建项目的效益。由于新建项目规模大、耗费资金多，因此一定要避免以前建设中曾经个别出现的"贪洋求大"、效益低、半途而废等情况。首先，在目前 TOT 融资模式经验不足的情况下，要做好试点工作，并及时总结经验，从小到大，从单项到综合项目逐步展开。其次，在建设前一定要进行全面、详细的评估、论证，要充分估计到 TOT 的负面效应，提出相关预防措施。对于事关国家建设全局的重大项目，要慎之又慎，切勿草率决定，仓促上马。中央有关部门应从国民经济全局的角度出发，严格审核、审批，防止一哄而起，盲目引进外资，防止重复建设。

② 注意转让基础设施价格问题。由于受让方接受的是已建基础设施，避免了建设时期和试生产时期的大量风险，而由转让方承担这些风险。因此，经营权的转让价应合理提高，作为对承担风险的"对价"。由于 TOT 项目多为基础设施项目，其价格高低必然会对社会经济造成较大影响。而由于受让方承担风险较低，花费较少，因此，项目产品价格应按国内标准合理制定，要与社会经济承受能力相适应。

③ 加强国有资产评估。受让方买断某项资产的全部或部分经营权时，必须进行资产评估。转让资产如果估价过低，会造成国有资产流失；估价过高，则可能影响受让方的积极性和投资热情。因此，要正确处理好资产转让和资产评估的关系。聘请的评估机构应具有相应资质，在评估时最好与转让方和其聘请的融资顾问及时沟通，评估结果应报国有资产管理部门批准。

④ 应明确规定转移经营权的项目的维修改造内容。为防止受让方在移交回转让方时，该项目是一个千疮百孔的烂摊子，可以采用一种过渡期的办法。在过渡期内，双方共同管理、共同营运项目，收入按一定比例分享，以利于转让方对项目运行的监督管理。此外，还应鼓励受让方对项目进行技术改造、设备更新和必要的其他扩建改造。

⑤ 进一步改善 TOT 模式的投资法律环境问题。尽管 TOT 涉及环节较少，但作为一种利用外资的新形式，必然要求有完善的法律环境的保证。政府应通过立法规范 TOT 相关主体的行为，明确各方权利、义务，保证转让项目的有偿使用和特许经营权的稳定性，保障投资者的合法权益，尽量减少投资的法律风险。因此，有必要依据我国国情和国际惯例，制定出一套适合于 TOT 模式的法律法规，为 TOT 在我国的有效利用创造良好的法律环境。

二、ABS 融资模式

所谓 ABS，是英文"Asset Backed Securitization"的缩写，意思是"资产担保证券"。从广义上来说，资产担保证券应包括住房抵押担保证券。但由于住房抵押担保证券是最早的一类资产担保证券，而且发展规模比其他各类资产担保证券都大，因此在美国的一些研究著作，甚至权威的统计数据报告中，都将二者区别开来。可见狭义的资产担保证券不包括住房抵押担保证券。但是本书认为二者的本质是一样的。因此，为了避免混淆概念，在本书中只探讨狭义的资产担保证券（ABS）。具体来说，ABS融资模式是指以目标项目所拥有的资产为基础，以项目资产可以带来的预期收益为保证，通过在国际资本市场发行高档债券来筹集资金的一种项目融资方式。

ABS融资方式的特点在于，通过其特有的提高信用等级方式，使原本信用等级较低的项目照样可以进入国际高档证券市场，利用该市场信用等级高、债券安全性和流动性高、债券利率低等优势，大幅度降低发行债券筹集资金的成本。按照规范化的证券市场的运作方式，在证券市场发行债券，必须对发债主体进行信用评级，以揭示债券的投资风险及信用水平。债券的筹资成本与信用等级密切相关。信用等级越高，表明债券安全性越高，债券的利率就越低，从而使通过发行债券筹集资金的成本越低。

一般而言，ABS融资方式一般分为以下五个运作阶段。

1. 确定资产担保证券化的目标，组成资产池

原始权益人首先要分析自身资产担保证券化融资需求，根据需求确定资产担保证券化目标，然后对自己拥有的能够产生未来现金流的资产进行清理、估算和考核，根据证券化目标确定要把多少资产用于证券化，最后把这些资产汇集组合，形成一个资产池。要强调的是，原始权益人对资产池中每一项资产都必须拥有完整的所有权。在一般情况下，还要使资产池的预期现金流入量大于资产担保证券的预期还本付息额。

2. 组建SPV阶段

SPV是英文"Special Purpose Vehicle"的缩写，意思是"特殊目的公司（有时也称为特殊目的载体）"。这类公司包括能获得国际权威资信评估机构较高资信评估等级（AAA或AA级）的信托投资公司、信用担保公司、投资保险公司或其他具有类似功能的金融机构。成功组建SPV是ABS顺利运作的根本前提。

3. SPV与项目结合阶段

理论上讲，投资项目所依附的资产只要在未来一定时期内能带来现金流入，就可以使用ABS融资方式。这类基础设施项目主要包括拥有未来收费收入的公路、铁路和港口项目等。拥有这种未来现金流量所有权的企业即项目公司，称为原始权益人。这些未来现金流量所代表的资产是ABS融资的物质基础，本身具有很高的投资价值，但由于各种主客观方面的原因，无法获得权威资信评估机构授予的较高级别的资信等级，因此无法通过证券化的途径在资本市场上筹集资金。SPV与这类项目的结合，就是以合同、协议等方式将原始权益人拥有项目资产未来现金收入的权利转让给SPV，从而切断了原始权益人本身的风险与项目资产未来现金收入的风险之间的联系，即SPV进行ABS方式融资时，其融资风险仅与项目资产未来现金收入有关，从而大大降低SPV的融资风险，为提高其资信级别，在国际高档证券市场融资创造有利条件。

4. SPV发行债券阶段

SPV可直接在资本市场上发行债券筹集资金，或者经过SPV信用担保，由其他机构组织发行债券。由于国际权威资信评估机构一般授予SPV的信用等级为AAA或AA级，因此，SPV发行的债券或通过其他信用担保的债券也自动拥有相应的等级。这样，SPV可以借助这一优势在国际高档证券市场上发行或担保发行债券，利用该市场债券利率低的特点，降低发行成本，并将通过发行高档债券所筹集的资金用于SPV结合的项目上。

5. SPV偿债阶段

由于项目原始权益人已将项目资产未来现金收入权利转让给SPV，因此SPV就能利用

项目资产的未来现金流入，清偿其在国际高档证券市场上发行债券的本息。图 7-7 表示了 ABS 融资模式的融资过程。

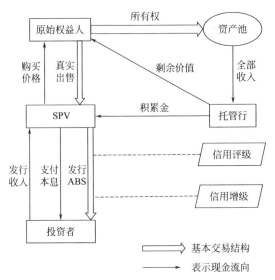

图 7-7 ABS 融资过程

ABS 融资方式尽管产生的时间不长，但已充分体现出其特点和优越性，极具开发价值。主要体现为易于分散和降低风险。ABS 融资方式分散和降低风险的途径主要有三方面：一是债券的还本付息资金来源于项目资产的未来现金收入，因而证券投资风险取决于可预测的现金收入，而非项目原始权益人自身的信用状况，并不受原始权益人破产等风险的牵连；二是由于债券购买方为众多的投资者，使投资风险得到分散；三是债券的信用风险得到 SPV 的担保，还可以在二级市场进行转让，变现能力强，投资风险小。

三、PFI 融资模式

（一）PFI 模式及其应用范围

PFI 模式本意为"私人融资活动"（Private Finance Initiative，PFI），在我国，更多的会被称为"民间主动融资"，其和传统的以政府主办的大众项目创建方式有着一定程度上的差异，其本质上是一种推进相关私营机构进入相关基础配备和公众物品的生产领域以及提供相关大众化服务的公共项目创新模式。

发达国家（地区）推动 PFI 发展的主要因素是因为它能够很好地适用于各个公共领域中，在交通运输方面有高速公路、地铁、航空港等项目，在卫生领域有医院、卫生所、养老院等项目，在教育行业有中学、公立大学、艺术馆等项目，还有其他的一些领域，如行政设施、国防乃至信息系统等领域，都能够有效地发挥出作用。

在最早使用 PFI 模式的英国，现在 PFI 已经获得了非常成熟的发展，并且通过大量的实际案例表明，它不但能够很好地应用于有着较大盈利的基础设施项目中，还能够有效地应用于社会公共建设等情况下。根据资料显示，英国的 PFI 项目获得了非常大的成效，有近九成的项目能够准时完成，并且从未出现政府的建设资金超支的情况。但是在未使用 PFI 项目以前，有超过七成的项目无法准时完成，并且这些项目的投入往往都超过了政府的预算。

一直到 2002 年 8 月，英国正式签订了 680 个 PFI 项目协议，总资金达到 300 亿英镑，其中地方政府以及地区的运输单位（DTLR）占据了四成的比例。卫生单位签订的合同数量最多，共有 202 个项目，总价值达到了 50 亿英镑。站在货币的层面分析，项目中数额最高的是伦敦大学学院医院 NHS 基金会信托基金，总资金高达 4.04 亿英镑。

英国发展 PFI 模式，首先是站在政府层面上构建了强制性机制与政策，建立对应管理单位进行推进；其次是在对 PFI 理念一同了解的前提下，对怎样获得最高资金价值实施进一步探究，并进行彻底落实，详细表现在公共组织和民营组织间风险的科学分散、生产责任的具体划分、合同条款的制定、投标流程的详细信息等；再次是保障 PFI 进行过程中的规范化以及透明化，并通过政府的审计单位对 PFI 项目中各个流程的资金应用、项目进度实施严格监管，并对社会进行公示。

近年来，中国香港 PFI 模式推行的节奏已经和英国不相上下，很多项目都借鉴了 PFI 方式，而且取得了很大的成功。比如由日本西松建设公司建成的中国香港境内的标准银行正是采用了 PFI 方式，签订的合同年限为 25 年。与此类似的还有西区海底隧道的建设和使用。这些都是 PFI 方式应用比较好的实践，为我们发展该方式提供了很好的借鉴。

（二）PFI 模式的融资程序与项目结构

1. PFI 模式的融资程序

PFI 模式是一种建立在公众需求之上，相关政府部门通过一系列规范程序授权民间资金进入城市公益基础设施的全新工程融资建设方式。PFI 模式为个体化部门和政府部门提供了一种全新的合作共赢路径。在此种模式下，政府同意私人及私人部门构成的具有特殊意图的公司 SPC，进而获得相关共有项目的特殊开发权力，SPC 担任一部分相关部门大众共有物品的制造及给予相关保质量的大众服务，政府结合 SPC 的特性运用各种方式来合理地分配资源及提高相关项目的生产效率。图 7-8 所示为 PFI 融资程序图。

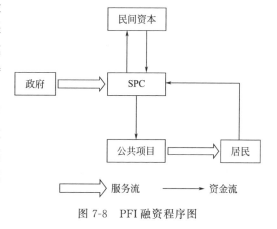

图 7-8 PFI 融资程序图

PFI 融资方式有着下列几点特性。

（1）私营部门的作用　通常由私营部门担任项目主体和提供资金来源。

（2）政府能够对项目科学灵活地掌控　对 PFI 项目而言，政府必须按照市场的需求明确提出最后需要的产品以及服务。而关于项目的建设规模、运营盈利划分等方面，都是在项目实施过程中和私企进行商谈确定。政府掌握着 PFI 项目最终所有权，能够随时对工作情况进行监督审查。

（3）全面的代理制以控制项目开发建设风险　PFI 项目企业往往自身并没有足够的开发能力，在进行开发时更多的是通过各类代理去进行协助，并且在合同中进行公示，保障项目开发的风险最低。

（4）特许期满后项目运营权的灵活处理方式　PFI 项目在达到期限后，私有企业能够通过续租的手段取得相应的运营权，进而获取比合同期内更高的盈利，也可以依旧保持之前的盈利水平并继续为民众提供更加便捷的社会公共服务。因此，政府在 PFI 模式下投入的资金要远远低于传统模式中的资金。而私营单位在 PFI 模式下获取的不单单是某个流程中的收益,而是持久的、多流程之间的收益。如此一来就有效地降低了政府在财务资金上的压力,转移了公众设施项目投资风险,并且达到了社会的资源优化配置以及产出最大化的目标。

2. PFI模式的项目结构

PFI模式和以往的项目建造管理模式有着很大的差异,政府对项目不再进行具体的操作和管理,而是通过竞标的方式将其提供给私营单位。政府单位在PFI模式中,从项目所有者变为了服务购买者。PFI项目囊括了四类因素:设计-私营单位、施工-设施单位、财务-私营单位以及运营-私营单位。其具体关系图如图7-9所示。

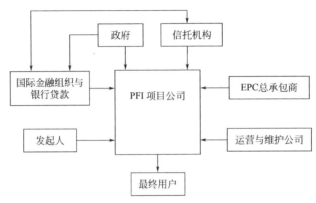

图7-9 PFI项目参与各方关系图

详细工作流程如下。

(1) 政府初期规划 政府按照现阶段基础设施的状况以及发展需求,通过前期调查后拟定出几个初期方案,然后对方案进行逐一分析;在此期间同时去调查私人单位中是否有机构可以完整地投资并管理该项目,最终明确此项目是否可以使用PFI模式。

(2) 建立项目组 若是明确这个项目能够使用PFI模式,就由政府领头建立项目组,确定出相应的负责人,并投入一定的资金去聘请专业机构,依照国家政策规定开展专业论证与规划。

(3) 招商招标 利用发起广告的方式让一些私人单位对这个项目有着一定的了解,并对有意向的企业提供具体的资料以及项目规划,详细地阐述项目情况、建设目标和招标流程,并对这些私人企业进行前期的资信调查,最终选定合格的单位进行最终竞标。

(4) 拟定合同 在确定中标单位之后,统筹技术、资金、人员等层面构建出一个较为合理的合同内容,确定政府以及承接单位在项目中的责任和权力,待双方确认无误后即可签约,合同期限一般是30年左右。

(5) 项目过程管理 主要由私人单位筹集资金,聘请设计单位实施规划,利用招标的模式去选择出对应的承包商,并雇佣专业的监理机构进行项目监理,在项目建设完成后可以自己对其管理,也能够交由其他专业机构代为管理等。政府在合同期的具体责任就是按照合同内容落实相关支持内容,调节各方利益关系,监管项目进度与项目成本核算等。

四、PPP融资模式

(一) PPP项目融资的定义

PPP项目融资即Public Private Partnership,指的是公私双方共同出资开展某一项目,公私双方均占有股权，均可获得项目收益。PPP 模式可以被广泛应用于诸多领域，比如说创新科研、基础建设等。可以说，PPP 模式拥有广泛实用性有目共睹，但是，遗憾的是，目前学术界并没有完善的理论体系来阐述 PPP 模式，其定义依然模糊。本书选取了两个接受度较广的定义来阐述 PPP 模式。

1. 来自美国交通运输

公私合营模式是基于合同开展的，合同对政府机构以及私营企业的权利与义务进行详细规定，在此基础上，双方形成良好的合作关系，共同开展相关项目的融资、建设、管理工作。与传统融资模式不同，私营企业通过 PPP 模式可以获得更多的主动权，在这一合作框架之下，政府部门往往会保留项目的所有权，而将经营权更多地交付给私营企业，使其能够按照市场所需，进行经营调整，提高效率与产出。

2. 来自 2009 年在波多黎各相关法律

在这一定义中，公共利益被再一次强调。其提出 PPP 模式之下，政府及私人企业建立的项目应当成立一个特许项目公司，接受双方的共同出资、共同监管，公司产生的收益归双方所有。政府拥有公有资产的所有权，同时，在其中应当在合理范围内控制定价，保障公众的利益。双方的权利与义务在合同中应当明确列出。合同中应当涵盖资产所有权的归属问题、公私双方的风险分担机制以及利润分配机制等。

（二）PPP 项目融资的特点

1. PPP 项目服务主要应用于基础设施建设

基础设施建设耗资庞大，PPP 项目可以帮助政府尽快获得足够的项目启动资金，因而，越来越多国家的政府开始采用 PPP 模式用于基础设施建设中，例如学校建设、医院建设、能源项目等。然而值得注意的是，并不是所有的项目都可用 PPP 模式来解决，交通基础设施建设中可以引入 PPP 模式的不足百分之二十。

2. PPP 项目融资的形式多样

PPP 项目作为公私合营的产物，其可以表现为多种形式。一种是传统公共项目模式，在这一类型中，政府独立投资，占有绝对的主导权，其可以把控项目生命周期，可以左右项目的发展方向。虽然，政府可以通过招标的形式，将项目的某些部分外包给私营企业，但是其并不是公私合营式的合作关系，而是更类似于雇佣关系。另一种类型是私有化。私人企业对项目进行投资，并且拥有项目的所有权，可以全权掌控项目的发展，只需要符合国家及行业的相关法律法规规定，这种情况也不属于公私合营的伙伴关系。但是这两个极端之间，政府和私人企业共同开始 PPP 项目的建设，政府享有资产所有权，私人企业拥有经营权与共享收益的权利，则可视之为公私合营的伙伴关系。

通常，在 PPP 项目中，私营企业应当履行以下职责：项目设计及建造、项目运营管理及维护、项目移交等。在其过程中，可以假设私人企业在某些时间段拥有部分项目资产的所有权，私人承包商完成项目建设至将项目移交政府前，即可视为其暂时拥有项目所有权。但归根结底，资产的所有权仍然属于政府。

3. PPP 项目中的风险由公共与私人部门分担

PPP 项目的一大重要特征便是公私双方分担风险。在传统操作模式中，轨道交通建设项目的风险由政府一力承担，然而，在 PPP 模式之下，通过合同，风险与责任被部分地转移给了私营企业。私营企业为了避免损失或者避免风险扩大化，应当积极承担相应的责任，采取一定的措施止损。比如说，项目交付时，私人企业应当承担财产损坏、遗失等带来的损失,为了避免这种现象的发生,私人企业应当加强监管,保护项目财产。当然,义务与权利是相对的,在承担义务的同时,私人企业也可以共享项目的收益。

一般来说,公私双方在承担风险方面有着分工。私人企业主要承担项目建设阶段的风险,比如说控制项目成本、把控项目进度、保障工程质量等。政府则承担政治法律相关风险。此外,类似环境、不可抗力风险等则由双方共同承担。

4. PPP项目的资金来源广泛

PPP项目的资金来源不是单一的,部分是政府注资,部分是私人企业融资,如何对资金来源进行管控,保障资金的合理吸纳与应用是项目成功的关键所在。通常,政府需要负担项目建设、完善化及项目维护所需的资金,这些资金通常来自税收、政府债券、财政拨款、项目收入等。项目向私人融资的部分可能来源于向项目用户收费、私募股权投资等形式。

对于私人企业来说,营利是其最大目的。因而,其在向项目提供融资时,往往会考虑项目的回报率。通常,私人企业从合资项目中的收益来源于政府给予的薪酬以及项目运营带来的收入。在某些具体合作中,以合同的形式规定政府要向私人企业支付项目款项,款项的金额以及支付时间根据工程具体情况而定。一般来说,为了避免乱收费等问题,在交通领域公私合营中,政府依然把控向社会公众收取费用的权利,而非交由私人企业。政府收到款项后再向私人企业支付其应得的部分。

近年来,越来越多的创新融资工具被逐渐应用于PPP项目。比如说,美国立法通过了一项决议,同意联邦信贷援助、私人债券和国家基础设施银行等作为交通建设项目的资金来源。其可以为投资交通运输项目的私人企业提供低息或免税贷款。通过这些创新融资工具,可以帮助获得足够的项目资金,实现国家建设有远见、有规划的执行。

(三) PPP项目融资的模式

曾经,各国普遍将轨道交通项目划分为公共产品,为了实现其公益性,全程建设及运营均由政府把控,这样一来,带来了显而易见的弊端:一方面是政府资金不足,严重制约了交通建设的提前规划布局;另一方面,缺乏市场经济的带动,使得建设项目效率低下,服务水平难以提高。如今,轨道交通项目被越来越多地视为是一种准公共产品,除了履行公共职责外,其应当还有盈利的特征,其可以通过公私合作的方式谋求更高的效率与产出。这一观点,成为PPP模式应用于轨道交通建设的理论基石。在PPP模式下,城市轨道交通建设可以在保障其公益性的前提下,被逐渐纳入市场化运营规则中,实现高速发展。

PPP模式下,政府在轨道交通建设中往往会给予私人企业一定的补偿,补偿按照时间段的不同,通常分为两种:一种是建设期补偿模式(SB-O-T);另一种是运营期补偿模式(B-SO-T)。

1. 建设期补偿模式

采用这种模式的项目往往存在公益性与经营性这两大特征。公益性部分需要政府注资,经营性部分则需要吸纳社会资本,这样一来,可以缓解政府的财政压力,获取社会资金的帮助,提高建设速度。在实践中,可以将轨道交通建设视为基础性设施与经营性设施两大部分的组合,政府主要应当出资完成基础性设施建设,包括土建工程等;社会资金应当完成其他配套工作,比如说设备安装等。在操作落实方面,可以由政府以及私人企业共同出资建立PPP项目公司,双方均占有在公司中的话语权。政府赋予这个公司特许经营的权利,并且对该公司项目目标、项目质量、项目工期等做出要求,监督并考核项目的完成情况。在项目初始阶段，由于项目的收益不高，政府部门可以将项目中的基础设施以极低价格租给PPP项目公司，保证其可以获得收益，存活并继续发展下去；在项目逐渐成熟，收益逐渐提高之后，政府部门可以提高项目中的基础设施价格租给PPP项目公司，保证其可以获得收益，存活并继续发展下去；在项目逐渐成熟，收益逐渐提高之后，政府部门可以提高基础设施租金，来逐渐收回政府投资部分。最终，当项目特许期结束后，政府会全部收回项目的所有权以及经营权。在这一过程中，政府部门以及私人企业均可以获得自身投资部分的产出收益，保障了双方的利益。

在建设期补偿模式中，根据项目各阶段状况的不同特点，采取不同的合作关系。对于私人企业投资者来说，其利益更有保障，因而，可以充分调动其参与该项目的积极性，进而有效吸纳社会闲散资金，用于项目建设中，为了保障项目盈利，私人企业投资者会积极压缩不必要成本，提高效率，促使项目更好地开展。与此同时，政府的财政压力不会过大，最终还可以获得全部的项目所有权。不过，其中也存在一定的问题，主要是源于特许经营期过长，一般来说，特许经营的时间达到了30年左右。过长的时间带来了很多的不确定性因素，如果项目的运营存在问题，项目的盈利状态无法达到预期，政府与私人企业投资者之间风险与利益分配无法达到合理平衡的状态的话，可能对双方利益造成伤害。比如说，由于地区发展情况未达到预期，项目持续亏损，政府不断给予PPP项目特许经营公司补贴，给政府财政带来负担等情况也是有可能发生的。

2. 运营期补偿模式

运营期补偿模式（Build, Subsidize in Operation and Transfer, B-SO-T）下，政府并不直接对项目进行注资，项目的资金来源主要是两方面：一方面是PPP项目公司的资金；另一方面是在政府的允许之下，PPP项目公司以政府信用为背书，从银行等机构获得的贷款。在取得资金之后，由PPP项目公司全权负责项目的建设。政府在对经济发展状况、人流量等预估的基础上，对项目运营后的客流量进行预测，进而判断PPP项目公司的营收状况，在此基础上，判断自身应当给予PPP项目公司多少补偿。为了保障项目的更高效运营，在运营阶段，政府还可以出台激励措施与约束手段，将客流量、满意度等运营指标与补偿额度挂钩，进一步调动PPP项目公司的积极性。在项目特许经营期结束后，项目所有权与经营权回到政府手中，由政府决定项目接下去如何运营。

在这种情况之下，资金来源主要是债务融资。在政府信用的背书之下，融资并不困难，适用于大型轨道交通项目建设需要大量资金尽快到位的情况。政府需要对PPP项目公司进行补偿，不过这种补偿并不是一次性大量资金的补偿，而是在特许经营项目的漫长周期内，根据具体运营情况给予补贴，对于政府来说，这样一来，大大缓解了其财政负担。政府和PPP项目公司可共同承担经营中的风险，比如说客流量等，分散了风险。但值得注意的是，政府应当制定有效的约束和激励机制，充分调动PPP项目公司的积极性，降低PPP项目公司对补贴的依赖度，保障项目高效运转。

延伸阅读　案例分析与问题讨论3

思 考 题

1. 何谓无追索权的项目融资？有限追索权的项目融资，其有限性主要体现在哪些方面？
2. 何谓资金成本？资金成本的构成要素包括哪些？
3. 项目融资的过程有哪些参与者？其各自权责如何？
4. 比较项目融资与公司融资的区别。
5. 项目融资的经典融资模式有哪些？
6. BOT 融资模式与传统融资模式相比，有哪些优越性？
7. BOT 衍生模式有哪些？分别具有什么特征？
8. ABS 融资模式的五个运作阶段分别是什么？
9. 简述 PFI 融资模式的融资程序。
10. PPP 融资模式的特点有哪些？

第八章　土地与房地产项目融资

第一节　土地储备与土地开发项目融资

一、土地出让收入与土地收益基金

（一）土地出让收入

1. 土地出让收入的含义

土地出让收入是指市县人民政府依据《土地管理法》和《城市房地产管理法》等有关法律法规和国家有关政策规定，以土地所有者身份出让国有土地使用权所取得的收入，主要是以招标、拍卖、挂牌和协议方式出让土地取得的收入（占土地出让收入的80%以上），也包括向改变土地使用条件的土地使用者依法收取的收入、划拨土地时依法收取的拆迁安置等成本性的收入、依法出租土地的租金收入等。

按照现行制度规定，土地出让收入要全额纳入地方政府性基金预算管理，并且规定了明确的用途。首先是确保足额支付征地拆迁补偿费用、土地出让前期开发支出、破产或改制国有企业职工安置费、对被征地农民社会保障的补助等成本补偿性支出，在此基础上再安排农村基础设施建设、农田水利建设、教育、农业、土地开发整理、城市基础设施建设等开支，但不能用于平衡公共财政预算，更不能用于弥补一般行政运行经费。

2. 土地出让收入的构成

土地出让收入由四部分组成：一是招标、拍卖、挂牌和协议出让土地取得的土地价款；二是改变原有土地用途补缴的土地价款；三是划拨土地取得的土地补偿费、安置补助费、地上附着物和青苗补偿费、拆迁补偿费等补偿性收入；四是国有土地出租等其他配置方式取得的土地价款。

（二）土地收益基金

土地收益基金是为完善我国土地储备制度，避免地方政府"寅吃卯粮"的短期行为，以对土地开发和使用进行长远规划而设立的专项政府性基金。它由地方政府持有，主要来自地方政府的土地出让收入，由商业银行或资产管理机构作为基金管理人，以商业银行等金融机构为托管人，由土地储备中心进行统一管理。

1. 土地收益基金的重要性

（1）土地收益基金有利于土地收益的合理分配　土地出让金相当于一次性地征收了若干年的土地使用期的地租之和，用金融术语来说，相当于对若干年的地租做了个贴现。本届政府获得的土地出让金，实际上是一次性预收了未来若干年限的土地收益总和。此外，我国的土地出让收益巨大：1992—2003年全国土地出让收入超过1万亿元，2005年土地出让收入5505亿元，2006年土地出让收入7676.89亿元，到2010年全国土地财政收入2.9万亿元。因此很有必要通过合理机制，实现土地收益的合理分配和有效利用。国有土地收益基金的资金来源是土地出让金，主要用于土地储备工作，实现了土地出让金"取之于地，用之于地"的理念，可以维持土地收益的持续增长，有利于土地收益的合理分配。

（2）土地收益基金有利于土地储备制度的可持续发展　当前土地储备的资金来源主要是财政拨款和商业银行贷款。土地储备机构的自有资金比例较低，土地储备依赖银行贷款。国家土地收益基金采用基金的良好的管理模式，归集不同时期的、零散的土地收益，用于土地收购储备，可以提高土地储备机构的自有资金比例，保障政府的土地收购储备能力。通过基金的运转减轻银行和政府资金压力，促进土地储备制度的健康长远发展。

（3）土地收益基金有利于抑制片面追求土地收益的短期行为　土地出让金金额巨大，有可能会造成个别地方政府运用各种手段扩大出售土地换取收入的短期行为。国有土地收益基金的设立，政府通过土地基金行使职能，实行土地资产管理，合理分配土地收益，保证土地收益在时间上的延续性，防止过度开发土地，避免"寅吃卯粮"的短期行为。从而可以减少不同时期个别政府的短期行为和对土地收益分配及土地利用的不利影响。

2. 土地收益基金的资金来源

土地收益基金的资金来源主要有三种情况：一是以政府拨款为主的土地基金，如苏格兰土地基金和2004年之前的澳大利亚土地基金；二是以土地收益为主的土地基金，包括美国永久土地基金等；三是以基金自身盈利为主的土地基金，如2004年以后的澳大利亚土地基金。另外，国外部分土地基金的资金来源具有阶段性。在基金创建初期，一般以政府拨款和土地收益为主；在基金正式运作后，以基金自身盈利为主。参照国际经验，结合我国当前的国情，我国国有土地收益基金采用提取部分土地出让收入为主的模式较为可行，并分阶段进行。

二、房地产开发贷款

（一）房地产开发贷款的分类

房地产开发贷款是指用于住宅、商业用房及其他房地产项目开发建设的，商业银行发放给房地产开发企业的长期项目贷款。房地产开发贷款在各个银行业务中的占比不是很高，尤其大的银行的业务占比相对较低，普遍都在8%以下。房地产开发贷款期限一般少于3年。贷款原则上采取抵押担保或借款人有处分权的国债、存单及备付信用证质押担保方式，担保能力不足部分可采取保证担保方式。房地产开发贷款的对象是注册的房地产开发、经营权的国有、集体、外资和股份制企业。根据开发内容，房地产开发贷款可以分为以下几种。

1. 住房开发贷款

住房开发贷款是指商业银行向房地产开发企业发放的用于商品住宅项目的开发建设的贷款。如单体住宅楼、住宅小区等。

2. 商业用房开发贷款

商业用房开发贷款是指商业银行向房地产开发企业发放的用于开发、建造以商业用途为目的而非家庭居住用房的项目贷款。如开发建造购物商场、商厦、写字楼等。

3. 房地产开发企业流动资金贷款

房地产开发企业流动资金贷款是指商业银行向资金周转困难的房地产开发企业发放的贷

款,这种贷款与具体房地产项目的开发建设没有联系,由于最终依然用于支持房地产开发,这类贷款仍归类于房地产开发贷款。

(二)房地产开发贷款的特点

目前,我国的房地产开发贷款具有如下特点。

1. 增长速度过快

房地产行业可以说是中国21世纪发展最快的行业,作为其主要资金来源,商业银行房地产开发贷款的数额也飞速增长,2003—2013年,我国房地产开发贷款年均增长速度为26.7%,而全国人民币信贷的年均增长速度为14.8%,前者已近乎后者的2倍,各行业贷款中,增长速度最快。2012年底,在商业银行各类贷款余额中,房地产开发贷款占到了19.2%的比重,达到121100亿元,仅次于制造业,排在第二的位置,占我国GDP总量的17.35%。房地产开发贷款比例见表8-1。

表8-1 房地产开发贷款比例

年份	金融机构贷款余额/亿元	同比增长/%	房地产开发贷款余额/亿元	同比增长/%	占比/%
2003年	158996	—	21422	—	13.0
2004年	178197	12.0	26305	23	15.1
2005年	207000	13.0	27750	16.2	13.1
2006年	225310	15.2	36800	22.0	16.3
2007年	277746	23.3	48000	30.4	17.3
2008年	320049	13.3	52208	8.8	16.4
2009年	399684	19.9	75586	44.8	18.9
2010年	479195	14.4	94256	24.7	19.7
2011年	547946	15.0	107358	13.9	19.6
2012年	629909	15.1	121100	12.8	19.2

注:数据来源于中国人民银行年报。

从表8-1可以看出,中国商业银行贷款中,房地产开发贷款的比重逐年上升,2003年为13%,2004年上升到15.1%,2007年上升到17.3%,2008年,全球金融危机爆发,房地产行业受到严重影响,这一数字也下降到16.4%,但是房地产开发贷款的年增长率仍然维持在13.3%,2009年迅速增长到19.9%。在全球经济衰退的背景下,它仍然保持了傲人的数字。

2. 主要依靠银行贷款

我国房地产企业在2001—2012年的资金来源中,主要为自筹资金、国内信贷等。国内贷款比率维持在20%左右,但如果计算上企业流动性贷款、个人住房贷款部分等,目前房地产行业资金中60%~70%来自银行贷款,已成为企业融资的主要来源。

三、地方政府债券

(一)地方政府债券概念

地方政府债券是由地方政府发行并负责偿还的债券,简称"地方债券",也可以称为"地方公债"或"地方债",是地方政府根据本地区经济发展和资金需要状况,以承担还本付息责任为前提，向社会筹集资金的债务凭证。地方政府债券一般由地方政府或其授权和代理机构以政府信用为担保发行，主要用于支持当地基础设施建设，为公共资本性项目融资。地方债券最早产生于20世纪70年代的美国，经过近年的发展与完善，成为支持地方市政基础设施建设的一种强有力的融资手段。

地方政府债券的发展与一国的资本市场结构有紧密联系。在以证券融资为主的国家，地方政府债券发展迅速，应用广泛，形成了规范和有效的成熟体系，例如美国。而在主要依赖银行融资的国家，地方政府债券的发行则受到严格控制，例如德国。此外，一些新兴工业化、市场转轨国家和其他一些发展中国家，在推行金融市场化进程中，逐步意识到发行地方政府债券对满足地方政府融资具有重要意义，因而试图加快地方政府债券的发展。在此过程中，美国市政债券发展模式最受推崇，被各国加以吸收和借鉴。

（二）地方政府债券的种类和用途

地方政府债券在各个国家的运用和发展过程中，形成了不同的分类。

美国的地方政府债券称为市政债券，种类最为繁杂，其基本形式分为一般责任债券和收益债券。一般责任债券由各级地方政府发行，以其信用作为担保。债券直接与财政收入挂钩，由政府税收来偿还。收益债券由政府的授权或代理机构发行，以某一特定项目的收益作为偿债来源。除了以上两种分类，还有各种具有特殊用途或其他新形式的债券，例如双重收入担保债券、工业收入债券、市政票据等。

日本的地方政府债券包括地方公债和地方公营企业债两种类型，地方公债是由地方政府直接发行的债券，地方公营企业债是由地方特殊的公营企业发行、地方政府担保的债券。

我国的学者和专家们在研究地方政府债券的发展问题时，普遍采用了美国的分类方法，将地方政府债券分为一般责任债券和收益债券。

（三）地方政府债券的特点

1. 发行主体为地方政府或其授权机构，主要用于支持地方市政建设

与国债不同，地方政府债券的发行主体不是中央政府，而是一国的地方政府。除了地方政府本身，地方政府设立的一些单位和机构也可以发行债券。例如美国、英国、德国等。当地方政府税收收入不能满足其财政支出需求时，地方政府可以发行债券为基础设施建设及公共产品筹资。

在地方政府有权举债的国家，中央政府一般会对地方政府举债所筹集资金的用途做限定。地方政府债券从诞生之日起，就是为了筹集市政建设资金而发行的债券，经过多年的发展，主要还是用于地方资本性和公益性项目的建设，例如交通设施、医院、大学、水利工程、城市管道、供水、排污设施等。各国的实践证明，地方政府债券是筹集地方政府市政建设资金的一种有效方法，甚至在一些国家，成为大多数城市建设的主要资金来源。

2. 融资成本较低，一般享受税收优惠政策

因为地方政府债券有政府信用作为担保，安全性较高，所以发行的利率会比一般债券低，相应地，政府的融资成本就降低了。另外，地方政府债券一般都享有免利息所得税的优惠政策，能吸引较多的投资者。

3. 收益稳定，安全性较高，违约率低

地方政府债券以政府信用作为依托，被投资者视为仅次于国债的"银行债券"。虽然在地方政府债券发展历程中，有出现过个别违约现象，但是与其发行规模相比，债券的违约率

比较低，安全性较高。

(四) 地方政府债券的重要意义

1. 增强地方政府提供公共物品的能力

由于城市基础设施的公共产品及准公共产品性质，具有项目建设与使用周期长、现金回流慢、无偿使用或微利经营等特点，限制了一般商业性资金的投入，地方政府必须承担城市基础设施建设。通常，基础设施建设属于资本性支出，投资额较大，地方政府仅靠税收无法承担这些项目的建设，特别地，在银行贷款受到诸多限制的情况下，发行地方政府债券成为一种自主而又灵活的选择。首先，地方政府可以通过科学合理构建地方政府债券的期限、利率，与建设项目周期、现金流收入很好匹配，提高资金的使用效率。其次，由于地方政府债券一般具有免税特征，安全性高，收益稳定，能吸引更多投资者，因而能以较低利率发行，即融资成本低。最后，利用地方政府债券融资能承担更多社会发展所需的投资，有利于改善地方经济和公共服务，进而吸引更多企业、人才和投资者进驻当地，促进经济发展和繁荣，提高就业水平。

2. 配合中央政府调控经济的灵活工具

地方政府债券是地方政府配合中央政府调控经济和管理金融体系的灵活手段。根据中央政府对经济发展的不同时期和发展趋势的判断，地方政府可以用控制地方政府债券发行量来配合中央政府调控宏观经济。比如，在经济衰退，需要实行积极财政政策的时候，地方政府可以通过发债筹集建设资金，再将所筹资金转化为现实的市场购买力，这样，不仅能改善当地市政基础设施建设，也能刺激市场需求，拉动经济回升向好；在经济过热的时候，地方政府则采取相反的措施，减少地方政府债券的发行，抑制市场不合理的需求。

3. 能够丰富和完善资本市场

从完善一国的金融市场体系的角度来看，地方政府债券和其他各种类型的债券互相补充，对完善和活跃金融市场有重要意义。首先，地方政府债券是以政府信誉发行的债券，因其安全性较高、流动性较充足而被视为仅次于国债的"银边债券"，为投资者提供了良好的投资渠道，成为机构投资者投资组合不可缺少的一部分。其次，地方政府债券有助于完善资本市场体系。一方面，地方政府债券按利率结构分为固定利率债券、浮动利率债券、反向浮动利率债券，按期限长短分为短期票据、中长期债券，丰富了金融市场产品，给投资者提供了多样化的选择；另一方面，地方政府债券与国债和其他利率较高、风险也较高的企业债、金融债一起，构成了富有活力的债券市场。

(五) 地方政府债券发行规模的现状

我国地方债券从2009年至2016年发行规模逐步地扩大。从总量上看，由最初的2000亿元到2016年的11800亿元，8年增长了4.9倍；从年均增长率上看，"代发代还"阶段发行规模不变，"自发代还"阶段年均增长率为32.5%，"自发自还"阶段年均增长率为53.65%，增速越来越快。说明地方债券的规模增长趋势非常明显，但规模风险还是存在的。特别是2015年新《预算法》对于全国省级政府发行地方债券的放开，仅2016年一年地方债券发行规模将近翻了一倍。对于地方债券发行规模到底是过大还是过小，理论界有不同的看法。

从国外来看，地方债券发行规模也曾是困扰政府的一大难题。一旦过度发行就会引发债务危机的问题，例如美国在1940—1994年期间也有2020次违约情况，日本有超过1000万亿日元债务压力，希腊在2009年10月宣布财政赤字高于欧盟标准后所引发的欧债危机，这些都说明不管是发达国家还是发展中国家，不管是资本主义国家还是社会主义国家，地方债券的发行规模都需要把控好。

综上所述，地方政府发债规模呈逐年扩大的趋势，但总体上规模是可控的，主要是因为中央在2015年规定了地方债券参照国债实行限额管理。科学预测地方债券的发行规模是当前研究的重点，不仅能消除中央对于地方债券规模风险的疑虑，而且能帮助地方债券实现全国范围内的推广，从而实现真正意义上的地方债券市场化。

四、土地储备与土地开发项目贷款

（一）土地储备项目及主要融资模式

土地储备项目是指土地储备机构通过收回、收购、置换、征用等方式从分散的土地使用者手中把土地集中起来，进行前期开发、整理，将其转化为熟地后投入土地一级市场，通过招标、挂牌、拍卖等方式，将土地重新出让。资金和土地是土地储备项目的两大基本要素，土地储备过程既是土地流转的过程，也是资金循环的过程。在实际运作中，没有巨额资金的支撑，土地储备项目寸步难行。

目前，我国土地储备资金来源主要有以下三个渠道：①政府财政拨款，在这一模式下，土地储备项目实施需要的所有资金都由政府提供，庞大的资金需求会给政府财政带来巨大的压力；②商业银行贷款，也就是指商业银行根据国家政策以一定的利率将资金贷放给土地整理储备主体，并约定期限归还的一种经济行为，这是目前土地储备机构运营资金的主要来源；③其他资金支持，如股权融资，土地储备项目主体通过出售股权的方式，从市场上直接获得资金，或发行专门用于土地储备项目方面的基金、信托和证券化的产品。目前，我国土地储备项目主要融资模式是银行贷款，银行贷款占土地储备项目融资方式的80%以上。

（二）土地储备项目贷款

土地储备项目贷款是商业银行发放的用于土地收购及土地前期开发、整理，提升土地出让价值的短期周转贷款。贷款对象是对一级土地市场进行管理的县级以上人民政府指定或授权的土地储备机构和对土地进行一级开发的企业，主要用于支付征地补偿、安置补助、地上附着物和青苗补偿、场地平整等。土地储备项目贷款的主要还款来源为储备土地未来公开出让的土地出让收入。储备机构的土地出让收入首先进入财政专户，由省、自治区、直辖市财政局核定土地储备机构的收购成本，然后再将该成本拨入土地储备机构的账户，作为偿还土地储备项目贷款的主要资金来源。

（三）土地储备项目贷款风险防范措施

土地储备项目贷款风险控制的核心是控制储备过程的不确定性，控制预期目标实现的偏差。对于不同的土地储备项目，要根据个体特点进行风险的识别、估计和评价。此外，还应当以城市整体为研究对象，保持土地储备量、贷款额、社会经济目标实现的协调性，控制实现资金运作动态平衡过程的不确定性。针对土地储备项目贷款的风险特点，提出以下几点建议。

第一落实有效的抵押是商业银行防范土地储备贷款风险的前提。贷前对储备土地进行严格的评估并设定抵押是防范风险的有效措施，这样可以避免土地储备机构擅自处置储备土地，从而取得对贷款管理的主动控制权。此外，银行还应当关注储备土地取得的合法、合规性，如取得土地是否经过法定程序批准等；对土地价值的评估结果可以实行社会公开，接受社会监督，防止评估机构随意估价。

第二监控贷款用途是商业银行确保土地储备贷款安全的关键。保证贷款资金用在储备的土地项目上，确保土地的保值、增值和权属无争议，对土地储备贷款实行封闭管理。事实上，个别地方政府往往把土地储备贷款理解成以土地作抵押向银行融入资金进行城市建设，顺理成章地纳入财政资金管理，但他们可能并不真正了解土地储备贷款性质和用途。商业银行要加强与地方政府的沟通，在沟通的基础上，取得政府的理解，强化对贷款用途的监控。鉴于地方财政要介入对贷款资金的管理，可采取土地储备机构与财政建立共同的贷款专用账户的措施，将贷款资金与财政资金彻底分开，这样既便于财政直接监控，也能满足银行对信贷资金管理的要求。

第三土地储备机构要密切关注政策变化，认真研究国家有关法律法规对土地审批权限及土地出让方式等方面的规定，关注和监测政策风险影响范围和程度，充分研究土地储备模式所依赖的市场环境。土地储备运作模式实质上反映了市场化程度，应根据房地产市场的情况，确定土地供应量和储备量，制定可行的土地储备计划和规划，合理有序地开展。其规模、速度等都须有合理的规划与预测，同时还要综合考虑社会、环境等多方面因素。只有规划先行，计划合理，防范得力，才能有效规避风险。

五、土地开发项目贷款详述

（一）城市土地开发贷款概念

城市土地开发贷款是指农业银行向政府授权或委托、合法的城市土地开发主体发放的，用于对城市规划区内的城市国有土地、农村集体土地进行统一的征地、拆迁、安置、补偿及相应市政配套设施建设的贷款（从生地到熟地）。其贷款管理应坚持"对应地块、封闭管理"原则。其适用范围为县级及以上政府所在地城市规划区内的土地开发贷款。

1. 城市土地开发贷款种类

（1）按贷款对象划分　城市土地开发贷款可分为政府土地储备贷款、园区土地开发贷款和企业土地一级开发贷款。

政府土地储备贷款是指农业银行向政府土地储备机构发放的，用于所在城市规划区内规划用途为住宅、商业、旅游及综合等经营性用地的依法收购（或征用）、前期开发、储存的贷款。其中，政府土地储备机构是指由市、县及以上人民政府批准成立、具有独立的法人资格、隶属于国土资源管理部门、统一承担本行政辖区内土地储备工作的事业单位。例如××市土地储备中心。

园区土地开发贷款是指农业银行向园区土地开发企业（机构）发放的，用于园区内规划用途为工业、综合等用地的依法收购或征用、整理及配套基础设施开发的贷款。其中，园区土地开发企业（机构）是指受县级及以上人民政府（园区管委会）授权或委托，由园区管委会或由其下属国有企事业法人作为主办单位出资设立，在园区内从事土地开发的企事业法人。

企业土地一级开发贷款是指农业银行向土地一级开发企业发放的，用于所在城市规划区内规划用途为住宅、商业、旅游及综合等经营性用地依法开发的贷款。其中，土地一级开发企业是指受县级及以上人民政府（政府土地储备机构）授权或委托，在城市规划区内特定区域从事土地一级开发的企业法人。例如××市城市投资发展有限公司。

（2）按贷款管理方式划分　城市土地开发贷款可分为项目贷款和周转贷款。

① 项目贷款　项目贷款是指向城市土地开发主体发放的，用于项目土地的收购（或征用）、前期开发、平整和配套基础设施建设的贷款。其适用范围为符合中国农业银行准入标准的政府土地储备机构、园区土地开发企业（机构）和土地一级开发企业。

② 周转贷款　周转贷款是指向政府土地储备机构发放的，用于满足借款人临时性的资金需求，借款人可按照指定用途，随时用款、随时还款的贷款。周转贷款额度控制在对客户授信审批额度的30%以内。重点城市行政府土地储备周转贷款额度控制在对客户授信审批额度的40%以内。其适用范围为前一年度GDP超1000亿元的地级及以上城市本级政府土地储备机构、前一年度GDP超300亿元的县级市（县、市辖区）本级政府土地储备机构。

信用等级AA级（含）以上的国家级园区土地开发企业、信用等级AA级（含）以上的且上年度可支配收入不低于10亿元的省级园区土地开发企业，其可支配收入一般包括税收收入、基金收入、收费收入、上级财政拨款收入等扣除上缴上级财政后剩余的开发区可自由支配的收入。

优势是：项目条件尚未成熟，但因同业竞争，在符合监管要求下可以以周转贷款形式进入。期限要求2年以内。如征地和转用、拆迁手续尚未办妥、土地收储合同未签。

2.监管要求

《土地储备管理办法》有以下规定。

① 收储地块列入经同级人民政府批准的土地储备计划中或经同级政府同意收储地块的批复（相当于项目立项）。

② 本笔贷款列入财政部门的土地储备机构举借的贷款规模批准文件（同意借款）。

③ 取得同级人民政府批准的项目实施方案等书面材料（业主单位的确定、投资等内容）。

3.注意事项

① 政府土地储备周转贷款不同于流动资金贷款，不得循环使用，要有明确的用途（用于指定地块）、明确的还款来源和明确的还款计划。

② 要注意区分项目周转贷款与土地储备周转贷款的概念。项目周转贷款是指向政府投融资平台发放的，对项目前期需求发放的以将来确定的融资为还款来源的贷款。土地储备周转贷款和项目周转贷款的异同见表8-2。

表8-2　土地储备周转贷款和项目周转贷款的异同

项目		土地储备周转贷款	项目周转贷款
相同点		均为贷款类型；均可免评估；均有"周转"二字	
不同点	文件依据	城市土地开发贷款管理办法	关于进一步加强政府融资平台信贷业务管理的意见
	目的	提高运作效率；借款短期化趋势	解决项目前期资金需求
	借款主体	土地储备机构	政府融资平台
	还款来源	土地出让收入	将来的融资
	期限	2年	3年（银行）；1年（银监局）
	担保方式	担保贷款	抵质押贷款（银监局）
	贷款条件	符合监管要求	GDP 1000亿元、环评、建设用地许可、进入主管部门正式审批

《中国农业银行2010年信贷政策指引》(农银发〔2010〕31号)规定,项目周转贷款是指针对项目前期需求发放的以将来确定的融资为还款来源的贷款。发放项目周转贷款的项目应符合以下条件:①借款人为省级(含直辖市、计划单列市)、省会城市级、GDP 1000亿元(含)以上城市(市辖区)级政府投融资平台;②符合国家宏观经济政策导向、项目业主信誉良好;③项目已获得建设用地许可、环评已通过、资本金来源已落实,并已进入主管部门正式审批阶段;④期限不超过3年;⑤按固定资产贷款程序办理,可不专门评估。

《中国农业银行关于加快重点城市行改革发展的若干意见》(农银发〔2010〕42号)规定,对经市级(含)以上政府有关部门批准的土地前期开发、动迁、基础设施建设项目等融资需求,符合监管要求的可按规定办理项目周转贷款。

（二）客户准入条件和标准

调查评估和准入制度依据及标准有以下几种文件:《中国农业银行城市土地开发贷款管理办法》(农银办发〔2008〕1243号)、《关于印发土地开发贷款和保障性住房开发贷款客户分类标准和客户分类名单的通知》(农银办发〔2010〕6号)、《关于印发〈中国农业银行房地产行业信贷政策〉的通知》(农银发〔2010〕78号)、《中国农业银行2010年信贷政策指引》(农银发〔2010〕31号)、《中国农业银行土地开发项目评估要点》(农银发〔2003〕100号)、《中国农业银行固定资产贷款项目调查评估管理暂行办法》(农银办发〔2008〕439号)、《中国农业银行关于加快重点城市行改革发展的若干意见》(农银发〔2010〕42号)。

调查评估法律依据有以下几种文件:《中华人民共和国土地管理法》(1986年6月25日起施行,2004年修正),《中华人民共和国城乡规划法》(2008年1月1日起施行),《中华人民共和国城市房地产管理法》(1994年7月5日起施行,2007年修正),国土资源部、财政部、中国人民银行联合下发的《土地储备管理办法》(2007年1月19日起施行)。

1.政府土地储备贷款客户

上年度所辖区域GDP在200亿元以上(含)的地级及以上城市的政府本级土地储备机构和上年度所辖区域GDP在1000亿元以上省会城市的市辖区政府本级土地储备机构。

2.园区土地开发贷款客户

在国家发改委和国土资源部审核的国家级开发区和省级开发区内,受开发区管委会委托,从事土地开发的企业或机构。

3.土地一级开发企业或机构

上年度所辖区域GDP在200亿元以上(含)的地级及以上城市和省会城市下辖区属国有垄断性基础设施建设企业、城市建设投资公司等政府背景企业或机构,及直接或间接控股比例在50%(含)以上的企业或机构;总行和分行级房地产优质客户及其直接或间接控股比例在50%(含)以上的企业或机构。

4.客户其他准入条件

信用等级AA级(含)以上。政府土地储备机构自有资金不低于30%;园区土地开发企业(机构)自有资金不低于30%;土地一级开发企业自有资金不低于35%。

（三）调查评估主要内容和重点

调查三方面资料:客户基本资料、项目资料和地方政府资料。调查三方面要求:合法性、安全性和效益性。

合法性调查的主要内容和要求如下。

1. 借款人主体合法性调查

企（事）业单位法人证书、法人营业执照、法人组织机构代码证、法定代表人证明书或法人授权委托书、人民银行核发并经过年审的贷款证（卡）、借款人可从事土地储备或土地开发的有效批件，如政府批准设立政府土地储备机构的文件、土地储备实施办法、政府授权或委托土地开发的批文、借款人的工作章程等文件，土地一级开发企业须提供政府或政府土地储备机构委托其进行土地开发的文件或协议。

调查重点：借款人从事的土地储备或土地开发业务是否经有权人民政府（政府土地储备机构）授权或委托；借款人企（事）业法人营业执照是否真实有效、贷款证（卡）是否真实有效并经过年审；地方土地储备实施办法等。

2. 项目合法性调查

（1）土地收购、征收及前期开发的合法性资料办理情况。

要求：对征用集体土地的，按照征收土地的数量和性质，提交国务院或省级政府对征地方案的批复；涉及农用地的，还需提供有权部门对农用地转用方案批复文件。收购国有存量土地时，属于企业搬迁用地的，提供拟收购地块原土地使用权人与土地开发主体签订的收购合同及无争议的权属证明；属于居民搬迁用地的，提供有权部门下发的拆迁方案批复或拆迁许可证。拟收储土地涉及土地前期开发的，还应依照当地有关规定，提供配套基础设施建设等方面的有效批件。对于新增建设用地项目的收储，提供拟收储用地纳入所在城市土地利用年度计划的相关批件。

收集资料：征地批复（农用地转用、征地、补充耕地、供地）、拆迁许可证、拆迁方案、收购合同等。

（2）拟收储或开发的土地是否符合有权部门批准的土地利用总体规划、城乡规划、土地利用年度计划、城市控制性详细规划和年度土地储备计划。

要求：拟收购、征用、开发土地所在区域的城市控制性详细规划批复或拟开发地块的"建设用地规划许可证"或其他有效规划批件。

收集资料：城市控制性详细规划图、"建设用地规划许可证"或其他有效规划批件。

（3）开发园区是否存在低于国家规定的最低价标准违规出让土地问题。

要求：收集公司出让土地的历史清单《国土资源部发布实施〈全国工业用地出让最低价标准〉》（国土资发〔2006〕307号）。

收集资料：土地出让清单、当地工业用地出让、最低价标准的资料。

（4）政府土地储备机构申请贷款时，应提供同级人民政府批准并报经上级国土资源管理部门备案的年度土地储备计划、同级财政部门的贷款规模批准文件及同级人民政府批准的项目实施方案等书面材料。

3. 安全性调查主要内容和要求

（1）借款人经营和负债情况　借款人的经营管理能力、盈利能力和偿债能力。借款人在金融机构和其他机构的借款余额、还本付息情况。

调查重点：负债率、存货资产状况、负债结构等；政府对其资金管理要求和资金运作模式。

收集资料：经有权部门审计或核准的借款人近三年及最近一季度的财务报表；征信资料；历史土地出让资料，了解企业运作情况；政府对借款人资金运作方式的相关文件等。

（2）项目投资和运作情况

① 项目投资估算是否合理　土地开发项目总投资是指取得土地、开发土地、出让土地过程中投入的全部费用总和。主要包括土地取得费用、前期工程费用、基础设施建设费用、财务费用、管理费用及不可预见费等。

土地取得费用主要包括土地补偿费、安置补助费、青苗补偿费、拆迁补偿费、其他地上附着物补偿费、耕地占用税、耕地开垦费、新增建设用地有偿使用费等征地相关税费。

前期工程费用主要包括勘察设计费、规划设计费和工程监理费等。

土地开发费用是指将生地变成熟地的费用，主要包括供水、排水、排污、供气、供电、通信、通路和场地平整等方面的费用。财务费用是指借款人为筹集资金而发生的费用，主要是指土地收购、储备、出让期间的银行贷款利息。管理费用是指借款人为组织管理土地收购、开发、储备活动而发生的各项费用。不可预见费主要是指土地收购、储备过程中发生的不可预见的各种费用。

对于园区土地开发贷款项目还应分析借款人或园区管委会在招商引资过程中发生的各项费用。

进行项目总投资估算时，不得漏项。投资估算的取费标准和依据必须符合国家或地区的规定，不得扩大和压低投资。如客户已签订相关合同或协议，可以参照或作为估算的参考，但也不能明显偏离国家或地区规定。

② 项目自有资金、自筹资金来源及到位情况　调查各项资金来源、出资方式和筹资成本是否可行，各种资金来源是否可靠并落实。还要对自筹资金的真实性和可靠性进行分析，对财政投入的资金，分析是否需要偿还、是否可认定为自筹资金。分析项目投资计划与项目实施进度计划是否吻合，资金使用计划是否与项目实施进度相衔接，用款计划安排是否与资金来源相适应。

事业法人资本金来源：各级政府核拨的固定资金建设的各种专项（指定专门项目用途）和非专项财政资金；事业基金项目下的一般基金；事业基金项目的投资基金应剔除；项目建设期各年的收支结余（事业结余、经营结余）；借款人其他可用于项目投资的自有资金，如捐赠收入等。

收集资料：资本金到位计划和已投入资金证明资料（发票等），要求自有资金应先于银行贷款到位。

自有资金存在问题有：资金混用，认定困难；资本金来源不充足，导致一些项目借助信托计划、贷款等负债资金变相作为资本金，仅满足形式上的到位。以下资金，不得认定为资本金：工程垫资；银行贷款；通过银行发行理财产品筹集的资金；通过发行信托计划筹集的债务性资金；不符合资本金定义及国家有关规定的其他资金。

③ 贷款期限的确定

a. 政府土地储备机构。对政府土地储备机构发放的项目贷款期限原则上不超过 2 年。对重点城市市级（含）以上以及直辖市分行区级政府土地储备机构土地储备贷款可参照本地同业做法将期限延长至 3～5 年，报当地监管部门备案后执行。

b. 园区土地开发企业（机构）。对园区土地开发企业（机构）发放的项目贷款期限最长不超过 5 年。

c. 土地一级开发企业。对土地一级开发企业发放的项目贷款期限原则上不超过 3 年，对于土地一级开发企业运作、开发面积较大、预期效益较好、风险可控的城市旧城改造项目，贷款期限可放宽到最长不超过 5 年。

具体贷款期限和项目实际还款来源应根据情况科学确定。

④ 项目运作模式、资金运作流程及对贷款安全影响的分析。

⑤ 土地出让计划：与还款计划是否吻合？是否合理？是否可行？

⑥ 土地一级开发企业申请贷款时，应提供借款人、政府（政府土地储备机构）、农行的三方资金监管协议。

(3) 当地房地产市场分析

① 政府土地储备贷款、企业一级土地开发贷款项目主要调查

a. 项目所在城市情况。主要了解城市的国内生产总值（GDP）、财政收支状况、人口总量、城市土地利用总体规划和土地储备制度规定等情况。根据城市经济总量、经济增长指标、城市化发展趋势，分析土地储备量是否合理，有无过度开发问题。

b. 近几年城市土地出让情况。主要分析该城市近几年土地出让量、土地出让价格是否合理，有无供应过量、价格过高问题。

c. 房地产市场供需是否平衡。

d. 有无过度开发、价格不合理、供应过量问题（从政府国土资源局、建设局、房管局、统计局、招投标中心等相关网站进行查询）。

e. 分析所收购土地的区位情况、受国家政策和城市发展规划的影响情况，比较同区位同类用途土地的出让情况。

② 园区土地开发贷款项目主要调查

a. 园区所在城市（或区）的经济发展情况。

b. 园区的发展情况。主要了解园区的规划建设面积和已建成面积，园区的功能定位，园区近几年的GDP、工业产值（单位面积产值、人均产值）、税收收入情况，近几年园区的招商引资情况，已入园的知名企业和项目，在谈的招商引资项目，政府在招商引资方面的优惠政策，主要包括在土地出让金减免和税收减免方面，分析园区的现状及发展前景。

c. 园区近几年招商引资情况、招商标准和近几年招商时土地价格的趋势。

d. 竞争性园区的发展情况。主要分析竞争性园区招商引资情况和相同用途土地的出让情况，分析各自的竞争优、劣势。

e. 根据该园区土地开发情况、近期出让情况、招商引资情况和竞争性园区的出让情况、产业聚集能力分析，预测该项目土地的出让前景。

收集资料：园区的近年考核考评情况，获得表彰荣誉等。

(4) 当地政府财政状况和负债水平

① 城市（开发园区）所辖区域经济发展状况和政府财政实力情况。

② 城市辖内土地开发机构的设立情况、经营情况和负债情况。政府负债水平状况用负债率、债务率、偿债率体现。

负债率反映一个地方国民经济状况与政府性债务余额相适应的关系，表明单位地区生产总值所承担的政府性债务情况。即负债率＝政府性债务余额/地区生产总值，安全线为10%。债务率反映一个地方当年可支配财力对政府性债务余额的比例。即债务率＝政府性债务余额/当年可支配财力，警戒线为100%。偿债率反映一个地方当年可支配财力所需支付当年政府性债务本息的比例。即偿债率＝当年偿还政府性债务本息额/当年可支配财力，警戒线为15%。

其中重要概念为政府性债务。包括各级政府及其部门向外国政府或国际经济组织借款、

申请国债转贷资金、上级财政周转金借款等,或者政府所属单位(含政府设立的各类投融资机构,以下简称单位)以所拥有的资产或权益为抵押申请贷款、发行债券等形成的债务,以及通过政府担保、承诺还款等融资形成的或有债务。银监局口径是由政府财政资金(含土地出让金)还款的贷款。可支配财力是指本级政府剔除行政事业单位正常运转经费外的预算内外资金。

政府预算内外资金＝地方税收收入、纳入预算管理的政府性基金收入、非税收入＝对外公布的地方一般预算收入＋土地出让金。

行政事业单位正常运转经费是指除专项费外的行政事业单位人员支出、公用支出、对个人和家庭补助支出。理解为地方一般预算支出。

所以,当年可支配财力＝对外公布的地方一般预算收入＋土地出让金－一般预算支出＝土地出让金(不考虑上级财政转移支付)。

当前状况为,政府对外公布的地方一般预算收入＝税收收入＋除土地出让金以外的非税收入。2009年地方一般预算收入2142亿元,地方一般预算支出2653亿元。"土地是稀缺资源,政府不把土地出让金作为政府收入的长期增长点。"

地方一般预算收入＝税收收入＋非税收入。税收收入有国内增值税(25%)、营业税、企业所得税(40%)、个人所得税(40%)、城市维护税、房产税、契税、其他税收入。非税收入有政府性基金收入(内含土地出让金)、专项收入、行政事业性收费收入、罚没收入、其他收入。

(5) 贷款担保能力　土地储备机构向银行等金融机构申请的贷款应为担保贷款。

① 抵押贷款必须具有合法的土地使用证。采取抵(质)押担保的,要调查抵(质)押物的变现能力、抵(质)押物有无权属纠纷。抵押率最高不得超过抵押物评估价值的70%。

② 采取保证担保的要调查核实担保人的担保能力。贷款抵押物价值的确认问题是,政府储备土地设定抵押权,其价值按照市场评估价值扣除应当上缴政府的土地出让收益确定。抵押程序参照划拨土地使用权抵押程序执行。运用评估报告的注意事项是土地价格的假设条件和定义。

《中国农业银行关于加快重点城市行改革发展的若干意见》(农银发〔2010〕42号)规定,对同业竞争激烈的优良客户、其他国有控股大型商业银行(包括工商银行、中国银行、建设银行、交通银行、国家开发银行)及穆迪评级A3(含)以上的外资银行同类用信也采用信用方式的,可在权限内自主审批信用方式。

(四) 效益性调查主要内容和要求

1. 企业效益

① 从拟开发土地所处地段、城市规划、周边环境、市场需求等方面,预测土地出让前景。

② 根据拟开发土地的规划用途、可出让数量及合理的出让价格测算项目可实现的收益情况。在计算收益时要扣除上缴国家的土地出让金、经营期的财务费用、各种税费,并考虑政府承诺的财政补贴、税收返还等因素后测算项目的利润和净利润。

③ 对拟开发的土地进行成本、收益综合测算,评估其还本付息和抗风险能力,重点关注园区土地出让价格能否有效覆盖成本,若无法覆盖成本,以何种方式进行受偿。

2. 银行效益

贷款给农业银行带来的存款、中间业务等综合经济效益。

(五) 贷后管理

1. 执行贷后管理一般规定

城市土地开发贷款执行总行贷后管理、固定资产贷款贷后管理的一般规定。执行文件《中国农业银行贷后管理办法》(农银发〔2009〕392号)。

2. 实行资金专户集中管理

城市土地开发贷款项目应实行资金专户集中管理，保证专款专用、封闭运行。

（1）借款人应在农业银行经营行开立土地储备或土地开发资金专户。专户资金实行收支两条线管理，借款人将自有资金（项目资本金）、自筹资金和银行借款存入专户。借款人实际用款时，提出用款书面申请，按照有关支出用途及合同、凭证，由农业银行根据审批授权逐笔审批，保证专款专用。

（2）土地出让或转让取得的收入应按约定比例存入土地储备或土地开发资金专户，确保还贷资金来源落实。土地出让收入由财政先收后返的，城市财政部门的土地有偿使用收入财政专户应争取开立在农业银行。

3. 分期、分地块偿还贷款

对整体开发、分批出让的项目，应按照对应地块的原则，分期、分地块偿还银行贷款。

4. 建立贷款早期预警制度

应建立贷款早期预警制度。在借款合同或抵押合同中约定，发生下列情况之一的，经营行应及时预警，并采取停止发放贷款或提前收回贷款等相应债权保护措施。

① 国家或地方政府关于土地储备或土地开发的政策发生变化，对贷款可能产生不利影响的。

② 借款人在一段时间内土地出让情况和出让价格不理想，不能保证合理收益，又没有其他还款来源的。

③ 地方政府或财政部门通过改变资金运作模式、调整土地出让收入分配政策等措施，使土地出让收入不能及时存入专户的。

④ 借款人转移贷款用途的。

⑤ 在贷款偿还前出让或采取其他方法处置农业银行贷款支持收购、储备的土地或已抵押给农业银行的土地时，借款人未事先通知经营行的。

⑥ 贷款支持收储土地因规划条件变更，无法实现预期效益的。

⑦ 出让已抵押给农业银行的土地或转让其他抵押物后，借款人未及时归还贷款，又未能提供其他合法、足值的抵押物的。

⑧ 抵押物因政策变化或经批准改变原规划条件，不再符合抵押规定，借款人又未能提供其他合法、足值的抵押物的。

⑨ 借款人或担保人涉及诉讼，可能影响贷款安全的。

⑩ 贷款抵（质）押物被司法机关或其他有权机关查封、扣押的。

⑪ 其他导致贷款风险增加的情况。

(六) 特别规定

1. 资金支付

城市土地开发贷款要按照《中国农业银行固定资产贷款管理办法》的要求，通过贷款人受托支付或借款人自主支付的方式对贷款资金的支付进行管理和控制。

2.免评估流程
① 对于项目情况清楚、不涉及基础设施建设、主要为拆迁补偿且拆迁补偿费用基本明确的城市国有存量土地收储项目，可免评估流程，但须在调查报告中对需要评估的重点内容进行分析评价。
② 对于政府土地储备周转贷款可免评估流程。
3.禁止用以下土地设定抵押
① 未取得合法的土地使用证的土地。
② 国土资源部认定的闲置2年以上的建设用地。
③ 农村集体所有的土地。
④ 以划拨的土地设定抵押，未取得有审批权的人民政府或土地行政管理部门批准的。
4.录入CMS
发放的城市土地开发贷款须严格按照政府土地储备贷款、园区土地开发贷款、企业土地一级开发贷款的不同贷款类别分别录入CMS系统。
5.省分行审批权限
目前，土地储备类贷款全部上报总行审批。需待明年再定。
6.检查中发现的问题
① 贷款用途不符合规定，交易合同、货物单据、工程进度签证单、资金支付和汇划凭证等、贷款资金使用计划。
② 自有资金不落实，收集自有资金支付凭证、财务报表。
③ 手续不完备，根据相关要求收集资料。
④ 回笼资金管理不到位，收集土地出让资料和土地出让金支付要求。

第二节　房地产开发项目融资

一、融资方案与资本结构设计

（一）融资方案设计

1.融资方案概念

融资方案是企业在运营中，通过发行新股、债券、银行贷款及金融衍生工具的组合来获得资金。适当筹划股权资金和债务资金结构以及长短期借款和债务、筹划负债期限、降低综合融资成本、使财务状况获得稳健平衡发展等，是企业面临的重要问题。

2.融资方案设计的基本原则

企业只有在融资方案设计过程中把握一些基本原则，才能做出正确的决策。

（1）合法融资　无论在何种情况下，企业的融资行为和融资活动都必须遵守国家的相关法律法规，依法履行法律法规和投资合同约定的责任，合法筹资，依法信息披露，维护各方的合法权益。近几年，因为民间高利贷导致的资金链条崩溃等所引发的社会问题时有发生，让人深思。同时，国家对民间资本的相关法规还不完善，仍有较高的风险，企业融资过程中应严守国家法律法规，合法筹措资金，用好民间资本，防止金融欺诈，降低筹资风险。企业也应该从自身做起，依法设立账本，提供真实完整的财务信息，提高信用意识，诚信经营。

（2）低成本融资　企业是以获取最大利益为最终经营目标的，因此在进行融资活动中应尽量选择资金成本比较低的方案。资金具有时间价值，因此不管何种融资方式都需付出成本，例如借款要偿还利息，发行股票要分红，在融资过程中也会产生各种手续费、代理费等费用。一个成功的融资方案要确保利用筹集资金所预期的总收益要大于融资所花费的总成本。融资成本是设计融资方案的时候最需要考虑的问题，成本的高低直接影响着企业的融资活动成败，所以评价一个融资方案是否合适首先要考虑在进行融资活动中融资成本的高低。

（3）按需融资　筹资规模与资金需要量应当匹配一致：既要避免筹资不足，影响生产经营的正常进行；又要防止过多筹资，造成资金闲置，间接提高融资成本。企业要根据自身生产经营特点，加强资产管理水平，提高资金营运效率，使资金能得到有效运用，减少不必要的筹资，正确确定筹资需要量。筹资和投资在时间上也应相匹配，既避免资金过早投放导致闲置，又防止取得资金时间滞后，错过资金投放的最佳时间。对此，企业应尽量提前做好预测和分析，合理安排融资时间。

（4）多渠道融资　内源融资是指公司经营活动结果产生的资金，主要包括留存收益和折旧等，转化为投资的过程。内源融资在企业生存和发展过程中处于无可替代的地位，具有原始性、自主性、低成本和抗风险等特点。事实上，在美国等发达国家，企业首选内源融资方式筹措资金来经营发展。

外源融资是企业通过吸收其他经济主体的储蓄，转化为自己投资的过程。因为技术进步、生产规模扩大，企业单纯通过内源融资已不能满足其需求，外源融资逐步成为企业融资的重要渠道。外源融资分为直接融资和间接融资，间接融资方式包括银行抵押贷款、公开发行股票、发行企业债券等。

3.可选择的融资方式

（1）内源融资（企业内部融资）　内源融资资金来源主要包括公司内部集资、业主积累和向亲朋好友借款等。具有如下优势。

① 自主性。对于经营过程中积累的资金，企业具有充分的自主性，基本不受外界的控制，只要董事会和股东大会批准即可投入使用。

② 成本较低。外源融资一般都需要支付一定的费用，例如利息、分红、评估费等，而内源融资则没有这部分费用。

③ 不会引入新股东，从而不会减弱老股东对公司的控制权。

同时，内源融资也具有以下缺点。

① 会受到股利偏好型股东的压力，他们从自身利益出发，会要求股利的分发维持在一定的水平，而不会将利润全部投入新的项目。

② 若企业将较大比例的积累资金用于扩大再生产，则企业受外部影响加大，抗风险能力削弱。

③ 内源融资的资金有限，则难以发挥债务杠杆作用。

（2）商业银行贷款　在企业创立和发展过程中，商业银行贷款为其提供了大部分的资金来源。对中小企业而言，更是如此。因为商业银行贷款具有如下优势：首先，由于存在杠杆效应，负债经营是现代企业发展的重要策略之一，没有哪一家企业会排斥银行的贷款融资。其次，公司信用等级高，说明其在和银行交往中注意信用维护，无不良记录，并且法定代表人、公司高管和财务人员在个人和代表公司的金融活动中重视信誉，无涉案、逃避债务、做假账或其他不良信用行为，个人记录良好。公司与银行关系良好，记录完备，这给企业继续向银行贷款筹资带来了很大的便利。因此可以继续通过商业银行贷款的方式来解决一定的资金缺口。

银行贷款也有明显的劣势。例如，银行贷款手续烦琐，程序复杂，不能满足中小企业的应急性资金需求；银行贷款主要是抵押贷款，需要公司提供担保物，公司主要的担保物是厂房、土地等固定资产，但随着贷款额度增大、次数增多，可以提供给银行的担保物越来越少。

（3）天使投资与风险投资　天使投资是由天使投资者直接以股权投资的形式进行，这些投资者有能力并乐于承担较高的风险以获得高收益，同时又对创业和创新拥有较为丰富的经验。天使投资具有如下特点：第一，天使投资者与企业家在投资前通常不存在熟悉、密切的个人关系，投资的目的也很少会出于亲情或友情的考虑，而是要追求投资收益。天使投资者可用较低的机会成本对小微企业的企业家能力以及企业的发展潜力进行调查和判断，从而达到降低信息不对称程度的目的。第二，由于天使投资者的身份为个人而非机构，故其对企业进行的调查在程序上较为简单，能够较快地做出投资决策。第三，天使投资者良好的受教育背景和成功经历还使其有能力在投资后为企业家出谋划策，利用自身的专业背景和所掌握的各种资源帮助企业获得快速发展，这种投资以外的帮助有助于提升企业的内在价值。

风险投资是由专业的风险投资公司向发展潜力巨大的高成长、未上市企业进行的私人权益投资。风险投资具有高成长、高收益的特征，风险投资公司在投资后通过加入企业董事会参与企业的经营管理决策、促进企业的高速成长，力图使企业在若干年内达到上市标准，在企业公开发行上市后出售所持有的股份以获取收益。风险投资具有以下特征：第一，风险投资的投资风险大、投资周期长。为了分散投资风险，风险投资公司也会同时对多家风险企业进行投资。第二，风险投资除了提供企业成长所必需的资金外，还积极地参与企业的经营管理和战略决策，对被投资企业提供咨询、指导等能够提升企业价值的服务，弥补创业企业在管理经验等各方面所存在的缺陷。风险投资家并不会直接参与企业的日常管理，而是加入董事会，利用自身的经验和知识帮助企业聘请专业管理者并对企业的管理者进行监督，防范企业在接受投资后出现严重的道德风险问题。第三，风险投资追求的是长期的超额投资收益，而非从企业获得利息或股息分红。超额投资收益是靠在企业上市后出售股票而实现，这就决定了风险投资的形式必须以股权投资为主，并且更加重视企业的成长性而不是短期的盈利性。一般的企业很难在成长性方面达到风险投资的预期，因此风险投资的投资对象企业多数为高成长、高风险的创新型企业。第四，风险投资通常涉及双重的委托代理关系。一是外部投资者与风险投资家之间的委托代理关系，风险投资家作为外部投资者的代理人对风险企业进行甄别和投资，每年收取投资份额3%左右的管理费并在投资成功后获得投资收益的20%左右作为分红；二是风险投资家与被投资企业管理者之间的委托代理关系，即企业管理者作为风险投资家的代理进行企业经营管理。为了降低企业管理者的道德风险，风险投资公司通常不会一次性地进行投资，而是会根据企业的实际发展是否达到商业计划进行多轮次的投资，以便随时终止投资，防止投资损失进一步扩大。

近年来我国的风险投资总额和投资项目的数量都有大幅增加，很多中小企业在风险投资的支持下已经发展为行业翘楚，如搜狐公司、阿里巴巴网和淘宝网等。然而必须注意的是，只有极少数拥有核心竞争力和发展潜力的小微企业才能够通过风险投资公司严格的投资审查获得投资，其中能够在若干年内成功上市的企业就更少。

（4）中小企业板、创业板及新三板市场融资　随着深圳证券交易所中小企业板市场、创业板市场和新三板市场的启动，我国多层次股票体系在制度设计上已经基本完整，为中小企业融资拓宽了渠道。其中，中小企业板主要是为那些主业突出、成长性强、科技含量高的中小企业提供融资渠道，搭建发展平台，它是促进中小企业成长，解决中小企业发展瓶颈的一次重要探索。创业板为小微企业特别是科技型小微企业提供融资渠道的同时促进企业规范运作，建立现代企业制度。新三板进入门槛较低，为暂时不符合主板及创业板上市标准或者等不起排队时间的公司提供了最快速的融资，为中小企业进入资本市场提供了无限的可能，也提高了在新三板挂牌的中小型企业在证券市场上的流动性，被称为中小型企业上市的"孵化器"。随后，中小企业板和创业板实行快速扩容，股权交易和OTC市场交易制度不断完善，这些措施都进一步拓展了多层次股权融资市场发展，中小企业股权融资渠道被拓宽，投资于中小企业的创投基金和私募股权基金也有了更稳定的退市渠道。但我们要注意到，由于我国多层次股票市场成立时间短，支持小微企业融资能力有限，另外大多数小微企业在资产规模和销售收入等方面难以达到中小企业板和创业板的上市条件。因此，中小企业板、创业板和新三板只能解决部分小微企业融资难问题。

① 公开市场发售　因为证券市场的管理制度较为严格，对信息披露、市场准入、市场监督和公平竞价交易等在规范上都有严格要求。中小企业如欲在公开市场发售以筹集资金，必须完善公司法人治理结构，提高公司管理水平和市场声誉，使得市场能对企业价值进行认可。截至2014年12月5日，已有728家企业通过中小板、403家企业通过创业板、1394家企业通过新三板成功上市，其融资额度超过4500亿元，尽管如此，就目前的上市条件和门槛限制而言，众多小微企业依旧是可望而不可即。一方面需要继续保持中小企业板、创业板和新三板的上市融资，另一方面更要继续加强场外交易市场的建设，这对于促进中小微型企业按需高效快速融资意义重大。

② 私募股权　私募股权融资是一种重要的融资手段，其条款适用于那些在公开发售市场无法满足贷款条件和上市要求的企业。通过私募股权方式吸纳新合作伙伴可以提高公司的能力，以抵御风险，投资者通过不同程度的参与企业管理，一方面给小微企业带来科学的管理模式，另一方面为小微企业带来技术、渠道和政府关系优势，这些优势产生积极的协同效应，能壮大小微企业实力，促进小微企业发展，并创造条件以促进上市企业的股票价格在未来提升。私募股权投资涉及风险投资和产业投资基金。对小微企业来说，规范公司财务制度和治理结构与引进外部资金同样重要。

创业板拓宽了小微企业融资渠道，为小微企业进入资本市场进行直接融资提供了条件，但在初开之时也存在不少问题。第一，创业板上市企业企业主在经营过程中更容易受股价波动影响。虽然小微企业上市创业板只是为了拓宽自身融资渠道，企业主应以企业创新和发展为出发点制定经营方针，而非过多关注股价变动。但实际上股价波动的压力依然会对企业的运行带来影响，甚至影响企业长期可持续发展的动力。在创业板初开之时，市场上会流通较多小额资金，可能会引起股价的大幅度波动。不仅如此，投资者持股周期的长短，也会对企业主形成不同激励。第二，有限的市场容量注定了创业板不可能从根本上解决小微企业融资难题。可以看到，目前能在创业板上市的中小微企业只有几百家，这与全国数千万的小微企业数量相比实在太少。而且，第一批发行上市的创业板企业中，大多带有行政主导的色彩，而并非自主或创新企业。而已上市企业多有十年以上历史，真正处于创业初期，具有较高风险，急需投资的高新技术产业其实在创业板投资数量很小。但是，创业板的意义在于能够给广大的中小微企业提供一个可见的市场激励以及规模范式，可以为风险投资者与基金投资人提供发掘潜力企业的途径，激励未上市的中小微企业加快创新与发展的步伐。

（5）民间借贷　民间借贷指的是自然人之间、自然人与法人之间、自然人与其他组织之间在市场规定金融体系之外所从事的借贷，或以货币资金为标的的价值让付及还本付息活动，也称非正规金融。民间借贷活动应遵循自愿互助、诚实信用原则，必须遵守国家法律和行政法规的有关规定。借贷活动和因此产生的抵押，只要两位当事人意见真实则可被认定是有效的。如果民间借贷约定的利率水平超过人民银行所规定的相关利率上限，超过的部分不受法律保护，但民间借贷本身仍然具有有效性。民间借贷包括私人借贷、贸易信贷或商业信用、企业集资、典当以及民间小额贷款等形式。尽管存在着因缺乏有效监管而产生的风险等问题，但却在客观上起到了对商业银行贷款的补充作用，为小微企业寻求外源性债务融资提供了可行甚至于说是必要的途径。2011年中国经济运行秋季报告新闻发布会透露，国家统计局对3.8万家小微工业企业经营状况的调查显示，在小微企业中有5/6以上的小微企业融资主要依靠民间借贷。民间借贷手续便利、放款及时，但同时收取高利息且风险较大。公司应权衡利弊，对民间借贷合理应用。就我国法律而言，利息率超出银行同类贷款利率四倍以内的借贷属于正常合法民间借贷，对于超过四倍的部分则不受法律保证，可认定为高利贷。高利贷利率过高，风险较大。民间借贷是金融系统的一部分，是银行贷款的有利补充，有益于企业的发展和经济社会的进步，是很有必要的。但一定要对借贷利率严加控制，以免给借款人以及贷款人都带来风险，影响社会稳定。

（6）地方性政策扶持融资　　地方政策性投融资是由地方政府创立、参股或保证，根据中央和地方事权划分，主要为贯彻地方政府经济社会发展政策或意图，在地区范围内和特定的业务领域内，不以盈利为主要目的的投融资活动。建立地方政策性投融资体系，是完善宏观调控体系、增强地方政府对经济调控能力的要求；也是实施地区产业政策、促进产业结构合理化、高级化的需要；更是进一步深化金融体制改革、完善全国政策性投融资体系的要求。

（7）股权出让融资　　股权出让融资是指企业为筹集资金而出让企业部分股权，例如，可以吸引大型企业投资，吸收产业投资基金，吸收政府投资，吸收个人投资等。股权出让融资实际上就是引入新的合作者增加直接投资的过程，但这将对企业的未来发展目标、组织结构、经营管理模式等方面产生重大的影响。股权出让可以给企业带来长期的稳定的资金。值得注意的是，企业出让股权后将会改变原来的股东结构，摊薄股份，稀释股权，可能导致管理模式和经营方式的改变。因此，小微企业应认真考虑各方面因素，特别是甄选引入者时要格外留意，选择了对企业未来发展有益的引入者将会改变企业的面貌，带来更好的发展。

不同的融资渠道各有优势和劣势，因此在进行融资方案设计时，应结合实际，多方面比较，组合运用各种融资方式，以获得成本较低、风险较小的资金。不同融资渠道对比见表8-3。

表8-3　不同融资渠道对比

融资渠道	内源融资	外源融资					
		银行贷款	风险投资	上市	民间借贷	政府扶持贷款	股份出让
途径	自有资金	抵押担保及信用贷款	引入风投公司	公开市场发售、私募	地下钱庄或亲朋借款	地方政府扶持	寻找合伙人
地位	创业之初的首选	主要融资方式	新兴融资方式	新兴融资方式	越来越多企业选择	辅助融资方式	主要融资方式
优势	融资成本低，风险小	从银行获得较低利息贷款	获得资金及先进管理模式	可以筹集足够的资金	手续简便、放款快捷	低息贷款	长期稳定的资金
劣势	融资量有限，不确定性大	银行贷款审核过于严苛	行业特定性	入市门槛高，中小企业占比小	利率高,风险大	融资量有限,行业特定性	稀释股权，削弱控制权

（二）资本结构设计

1. 资本结构

资本结构是指企业各种资本的价值构成及其比例关系，是企业一定时期筹资组合的结果。广义的资本结构是指企业全部资本的构成及其比例关系。企业一定时期的资本可分为债务资本和股权资本，也可分为短期资本和长期资本。狭义的资本结构是指企业各种长期资本的构成及其比例关系，尤其是指长期债务资本与长期股权资本之间的构成及其比例关系。最佳资本结构便是使股东财富最大或股价最大的资本结构，亦即使公司资金成本最小的资本结构。

企业资本结构，或称融资结构，反映的是企业债务与股权的比例关系，它在很大程度上决定着企业的偿债和再融资能力，决定着企业未来的盈利能力，是企业财务状况的一项重要指标。合理的融资结构可以降低融资成本，发挥财务杠杆的调节作用，使企业获得更大的自有资金收益率。

2. 资本结构的影响

一是保持合理的资本结构有利于提高企业价值。债务融资能够给企业带来财务杠杆收益和节税收益，当总资产税前利润率大于债务成本率时，企业进行债务融资，可以获得财务杠杆收益，提高企业价值；企业进行债务融资可以带来节税收益，提高企业价值。但随着债务融资的增长，企业面临的财务风险就会增大，进而使企业陷入财务危机及破产。

二是通过影响投资者对企业经营状况的判断以及投资决策来影响企业价值。资本结构向外部投资者传递了有关企业价值的信息，影响外部投资决策，从而影响企业价值，管理者持股和主动回购股权被投资者看作是企业前景良好的一个信号，这是因为管理者承担了风险。

三是通过影响企业治理结构来影响企业价值。债务融资能够促使企业经营者努力工作，选择正确的行为，向市场传递企业经营业绩信号，有助于外部投资者对企业未来经营状态做出正确判断。

3. 资本结构的设计

（1）设计最佳资本结构的原因　企业的管理者需要做出的一个重要的决策就是如何设计能创造企业价值的资本结构。一个优秀的企业不能够完全使用权益资本进行投资和经营，负债融资对企业有着重要的管理意义。

如果企业因为负债过多而难以偿还债务（支付利息和本金），企业的管理层将被迫做出一些对股东不利的决策。如企业不得不将一些能够创造价值的资产低价变卖以获得资金偿还债务。相反，如果一个企业负债过少，那么它就不能充分利用利息避税减少税收支出，提高企业自身价值。负债是减少由于所有权与管理权相分离产生的代理成本的工具。管理者的经营活动并不都是以提高股东收益为目的。因为他们有时会做出对他们自身有利，但却对企业价值不利的决策，这样就形成了权益融资的代理成本。负债融资可以减少代理成本，首先，因为企业股东数目减少了，所以企业现金流中属于股东的那部分减少了，又因为管理者必须用大量的现金偿还债务，这就意味着管理者用于奢侈浪费的现金流也减少了。其次，如果管理者已经拥有部分权益资本，那么企业增加负债后，管理者的资本所占份额就会增加。这是因为即使他们拥有权益资本的量没有改变，他们此时拥有资本占企业资本的份额也会增加。

负债是使企业当前所有者保有对企业控制权的工具。新股东提供的新权益降低了老股东所有的资本在企业中资本所占的比重，相反负债就不会产生这种稀释作用。所以当企业需要外部资金时，老股东又要维持自己的控制权，会选择借债而非发行新股。

(2) 设计最佳资本结构应考虑的因素　影响资本结构的因素较为复杂，大体可以分为企业的内部因素和外部因素。

内部因素通常有营业收入、成长性、资产结构、盈利能力、管理层偏好、财务灵活性以及股权结构等。外部因素通常有税率、利率、资本市场和行业特征等。

当企业负债额增加时，企业发生财务危机，产生降低企业价值的财务危机成本的可能性或风险就会增大。当额外负债带来的利息避税刚好被过多的借款产生的财务危机成本现值抵消时，企业就达到了最佳资本结构。

① 企业营业利润的波动性　如果企业营业利润和现金流波动性越大，周期性越强，那么发生财务危机的可能性要比营业利润和现金流稳定的企业大，甚至当各企业负债比率相同时亦如此。这就是为什么高经营风险的企业（如高科技公司）要比公用事业类通常有较为稳定和可预测的营业利润和现金流的公司负更少债务的原因。

② 企业拥有财产的类型　当企业发生财务危机时，信用投资者通常不愿意向无形资产比例较高的企业追加贷款。因此，当负债比率相同时，在人力资本、研究开发、品牌和其他无形资产上投资大的企业承担的财务危机风险成本高于那些在土地建筑和其他在破产时可以变卖的有形资产上投资大的企业。无形资产比例较高的企业可通过借比有形资产和流动资产比例相对较大的企业更少的负债来降低负债额以降低财务危机发生的可能性。这就可以解释有形资产较少的微软公司的负债比率比有形资产相对较多的航空公司和公用事业公司的负债比率低的原因。

③ 企业提供的产品和服务的类型　当企业提供的产品和服务同质或非常普遍的情况下，顾客通常不关心他们的供应商是否破产，因为即使供应商破产了，他们也可以购买其他企业的产品和服务。但是，当企业提供的产品和服务非常独特时，消费者就非常关心其遭受财务危机的结果。当负债比率相同时，后一类企业承担的财务危机成本通常比前一类高。所以，即使前一类企业负债比率很大，它的消费者也不会恐慌；而后一类企业却只能保持相对较低的负债比率，否则顾客们就会对企业的生存能力产生怀疑。但是，即使企业的产品是大众化产品，顾客也会关心产品是否需要售后维护和服务。例如，你认为一家汽车制造公司将要破产，你可能就不会购买它生产的汽车。但如果一家食品公司受到财务危机的威胁，你依然会购买它的产品，因为这些产品不需要维护和返修。

④ 国家的金融体系　企业的财务危机风险不仅与企业的特定因素和所处行业有关，而且还与所处国家的金融体系有关。在银行由国家拥有或控制的国家，银行可以拥有公司的股份，企业的负债比率通常高于银行都是私有银行的国家企业，并且其商业活动只限于向企业贷款。

如果银行是国有银行，并且可以同时充当公司股东和债权人，那么他们更愿意帮助公司避免破产，尤其是帮助那些大公司。如果国家打算让一家公司继续生存下去，国有银行会继续向这家公司提供资金。如果银行可以拥有公司股票，那么银行可能会接受建议将过度负债转化为权益融资。这就是为什么一些国家如法国、德国、意大利、日本等国家的企业负债率比美国和英国企业负债率高的原因。

(3) 确定目标资本结构常用方法　企业目标资本结构是使企业资产市场价值最大时的负债比例（我们通常也用企业权益市场价值最大化、资本成本最小化来表示）。适当利用负债可以降低企业资本成本，但当债务比率过高时，杠杆利益会被债务成本抵消，企业面临较大财务风险。因此,企业应该确定其最佳的资本结构,使加权平均资本成本最低,企业价值最大。由于每个企业都处于不断变化的经营条件和外部经济环境中,使得确定最佳资本结构十分困难。资本结构决策有不同的方法,常用的方法有资本成本比较法与每股收益无差别点法及企业价值比较法。

① 资本成本比较法　资本成本比较法,是指在不考虑各种融资方式在数量与比例上的约束以及财务风险差异时,通过计算各种基于市场价值的长期融资组合方案的加权平均资本成本,在适度的财务风险条件下,根据计算结果选择加权平均资本成本最小的融资方案,确定为相对最优的资本结构。资本成本比较法仅以资本成本最低为选择标准,因测算过程简单,是一种比较便捷的方法。但这种方法只是比较了各种融资组合方案的资本成本,难以区别不同融资方案之间的财务风险因素差异,在实际计算中有时也难以确定各种融资方式的资本成本。

② 每股收益无差别点法　当企业因扩大经营规模需要筹措长期资本时,一般可供选择的筹资方式有普通股融资、优先股融资与长期债务融资。每股收益无差别点为企业管理层解决在某一特定预期盈利水平下是否应该选择债务融资方式问题提供了一个简单的分析方法。

每股收益无差别点法是在计算不同融资方案下企业的每股收益相等时所对应的盈利水平基础上,通过比较在企业预期盈利水平下的不同融资方案的每股收益,进而选择每股收益较大的融资方案。显然,基于每股收益无差别点法的判断原则是比较不同融资方式能否给股东带来更大的净收益。这种方法的缺点是没有考虑风险因素。

③ 企业价值比较法　从根本上讲,财务管理的目标在于追求股东财富最大化,只有在风险不变的情况下,每股收益的增长才会直接导致股东财富上升,实际上经常是随着每股收益的增长,风险也会加大,所以,公司的最佳资本结构应当是可使公司的总价值最高,而不一定是每股收益最大的资本结构。同时,在公司总价值最大的资本结构下,公司的资本成本也是最低的。企业的市场价值等于其股票的市场价值加上长期债务的价值。

(4) 优化资本结构　中小企业选择不同的融资渠道组合,其面临的风险程度也会有很大不同。在融资额度一定的情况下,尽量选择风险最小的;而在风险一定的情况下,要考虑怎么才能使融资成本最小。资本结构是指企业各种资本的价值构成及其比例,企业在融资过程中要充分考虑资本结构的优化,采用最优的融资方案。衡量资本结构的指标主要有资产负债率等。

资产负债率是指一个企业的负债总额占其资产总额的百分比,它反映了由债权人提供的资产占全部资产中的比重,是企业举债经营能力的体现。若资产负债率指标过高,企业面临较大还款压力和偿还风险;若资产负债率过低,则说明企业没有将资金最大化利用,也没有通过合理途径达到避税目的,所导致的结果是企业利益不能最大化。

企业有时候会需要在短期融资和长期融资中选择权衡,这就需要考虑其资金的用途。对于用于流动资产上的融资,企业应根据流动资产易变现、周转快、占用时间短等特点,采取短期贷款、商业信用融资等短期融资方式;对于用于数额较大、回收期较长的长期融资需求,应采用发行债券、长期贷款等长期融资方式。

企业在利用股票融资的时候,如果原有股东没有按一定比例购进新股,那么原股东的股权就会被稀释,进而影响其对企业的控制。在选择融资方案时,也应考虑保持企业的控制权的问题,不能因为急需资金就一味地让步,这样很有可能会失去对公司的控制权。

企业融资的时候,需要从股权资金与债务资金的关系、长期资金与短期资金的关系、内部筹资与外部筹资的关系等多方面关系进行考虑权衡，使偿债能力适当、资本结构合理，防范财务危机，提高融资效益。

二、权益资本融资

权益性融资构成企业的自有资金，投资者有权参与企业的经营决策，有权获得企业的红利，但无权撤退资金。

权益参与贷款型又被称作"回扣模式"，在美国商业房地产中运用十分普遍。权益参与贷款型的多方协议体现了借款人与贷款人之间的交易，贷款人放弃了更高的利息收入，从而可以分享房地产开发盈余和房地产增值收入；借款人放弃了部分盈余收入和房地产增值收入，换取了较低的利息率。权益参与贷款型可部分视为房地产权益投资，权益型的实质是盈余收益，抵押型的实质是抵押贷款，两者的有机结合诞生出"权益参与贷款型"，既有权益型特征，也有抵押型特点。

（一）公司融资方式

1. 企业筹资渠道

企业筹资渠道是指企业筹措资金来源的方向和通道，包含以下几种渠道：国家财政资金、银行信贷资金、非银行金融机构资金、其他企业资金、居民个人资金、企业自留资金、外商资金。

2. 筹资方式

筹资方式是指企业筹措资金所采用的具体形式，我国目前主要筹资方式如下：吸收直接投资、发行股票、银行借款、商业信用、发行债券、融资租赁等。

3. 投资银行的作用与证券发行次序

投资银行的作用如下。

① 在投资者和公司之间充当资本供求的媒介。

② 用其信誉证明发行人发布的信息。

证券发行次序为：在普通股、优先股和公司债券之间，人们更倾向于优先股和债券；在可转换债券和非转换债券之间，人们更倾向于后者；在工业公司证券和公共事业证券之间，人们更倾向于后者。

（二）普通股融资（主权资金筹集）

1. 主权资金特征

① 主权资金所有者是企业所有者，主权资金所有者以此参与企业经营管理，分享收益，并承担有限责任。

② 主权资金（权益资金、自有资金）属于企业长期占用"永久性资金"，投资者可依法在企业外部转让，但不得随意抽回。

③ 企业筹集来的主权资金，无还本付息压力。

2. 主权资金筹集方式

① 吸收直接投资，包括国内联营、国外合资。

② 股份制企业发行股票筹集。

3. 股票类型

① 按股东权利不同，分为普通股、优先股。

普通股的权利有表决权、剩余请求权、红利分配权以及新股发行优先股权。优先股是指在一些权利上比普通股优先，具体有两项权利优先，即优先取得股利以及破产财产分配优先。优先股的特征有两点，即股利固定（股息）以及优先股股东无权参与企业生产经营管理。优先股股东又具有普通股特征（参与红利分配和破产财产分配）。所以，在西方优先股又称混合证券。

② 按票面有无记名，分为记名股票、无记名股票。

公司法规定：公司向发起人、国家授权投资公司、法人发行的股票，为记名股票；向社会公众发行的股票，两者均可。

③ 按票面是否标明金额，分为面值股票、无面值股票。

股票面值不能代表股票价值，所以，股票有无面值并不重要，但无面值股票，投机性强，我国规定只准许发行面值股票。

4. 股份制企业发行股票筹资须符合公司法规定条件

① 前一次发行股份已募足，并间隔 1 年以上。

② 最近三年连续盈利，并可向股东支付股利。

③ 最近三年财务会计文件无虚假记载。

④ 预期利润率可达到同期银行存款利率水平。

公开发行股票筹资必须经国务院证监委审批，不公开发行股票筹资须经国务院授权机构或省级人民政府批准。公开发行股票国务院证监会审批原则有总量控制、限报家数。

5. 股票发行决议

股票发行决议包括新股种类及数额、新股发行价格、新股发行起止日期、向原有股东发行新股的种类及数额以及股票承销方式的选择。其中，新股票发行价格决策应考虑到市盈率、每股净资产、行业特征、公司在同行业中地位以及证券市场供求状况。

6. 股票上市决策

股票公开发行后，股份公司可向证券交易所上市委员会提出申请，经批准后，即可在证券交易所挂牌交易。在证券交易所挂牌交易股票称为上市股票，发行该股票的公司则为上市公司。

上市有几点好处：有利于提高企业知名度；有利于促进股权社会化，防止股权过于集中；有利于企业筹资；有利于股东对公司经营实行监督，从而促成企业改善经营，加强管理。上市也有不利方面：上市财务公开不利于保守商业机密；股市人为被动可能歪曲公司实际经营状况，从而有损于公司声誉；投资者收益期望加大，增加经营者压力；加大费用。

7. 股票筹资优劣分析

优点：①普通股筹资形成长期稳定占用资金，有利于增加公司资信，为债务筹资提供基础；②无还本付息压力；③没有使用约束。

缺点：①普通股筹资要影响企业控制权，分散公司经营权；②若过量发行，导致股价下跌；③普通股投资者风险大，因而投资者期望加大公司支付股利也高，从而使使用这部分资金的代价加大；④股利无抵税作用。

（三）留存收益与股利决策

作为公司资金的重要部分，内部资金主要来源于公司的留存收益与折旧。留存收益的多少与公司股利政策存在着密不可分的关系，它们既能够影响公司的资本成本和资本结构，也能够成为向资本市场传达的重要信息而影响市场对公司的判断。留存收益的比例、股利支付的形式与时间是该决策所要确定的。

1. 留存收益

（1）利润分配的顺序与留存收益的核算　按照我国公司法的有关规定，公司的利润分配应按下列顺序进行：①弥补亏损；②计提法定盈余公积金；③计提任意盈余公积金；④向股东（投资者）支付股利（分配利润）。

（2）留存收益融资的评价　留存收益是普通股筹资的直接代替，因为两种方法都提供了资本的注入，可是，利用留存收益节省了支出新股票发行成本（例如经纪人手续费），它也避免可能发生的产权控制削弱。另外，利润保留在公司而不以股息形式发放给股东时，股东便无须为其所拥有的财富增加而付税，从而使股东享受到延迟纳税的好处。

留存收益筹资可能的缺点是，当公司收益出现暂时下降时，公司通常想避免降低股息支付水平，这就使留存收益成为一种不可靠的筹资来源。

留存收益可能发生的最严重的问题是，许多公司实质上将其看作自由资本。这就增加了对这些公司发展的刺激——超出有利可图的规模的业务扩大、进入很多新领域以及收购其他公司。而这些往往是负净现值投资。相反，从外部筹资，将迫使公司服从于严肃的投资者和贷款者的定期考查。债务筹资在对付低收益工程项目投资的问题中特别有价值，它要求管理人员每六个月开一次支票给债权人，债务融资使他们清楚地了解这笔资金的成本。

2. 股利支付方式

常见的股利支付方式有以下几种：现金股利、股票股利。

股票股利是公司以增发的股票作为股利支付方式，通常按股东原有股票数量的一定比例来派送股票。例如，宣布20%的股票股利（或称10送2）就是指普通股股东每持有10股可以得到2股作为股利增发的股票。它并不对公司价值产生直接的影响，因为它既不会引起公司资产的流出或负债的增加，也不会减少公司的股东权益或改变股权的结构。但股票股利对每股股票的价值起稀释作用，每股市价和每股净资产会相应地下降。

三、债务资本融资

债务资本是指债权人为企业提供的短期和长期贷款，不包括应付账款、应付票据和其他应付款等商业信用负债。使用债务资本可以降低企业资本成本。从投资者的角度来说，股权投资的风险大于债权投资，其要求的报酬率就会相应提高。因此债务资本的成本要明显低于权益资本。在一定的限度内合理提高债务筹资比例，可以降低企业的综合资本成本。

债务资本融资的主要方式有两种，即发行债券和银行借款。我国上市公司更倾向于采用银行借款，银行对公司的外部治理有着重要的作用。

相对于权益资本融资，公司筹集债务资本可以享受税收上的优惠，不会造成股东控制权的弱化，而且能对公司的收益产生杠杆作用。这些优点使债务资本融资在公司理财活动中一直占据着比较重要的地位。本章介绍两种常见的债务资本融资方式：长期借款和公司债券。

负债资金的特征：负债资金所有者无权参与企业生产经营管理，对企业经营也不承担责任（破产情况除外）；负债资金所有者以利息的形式固定参与企业分配。

（一）长期借款

尽管长期借款的重要性在西方发达国家有下降趋势，但对于那些难以（或不愿）进入公开资本市场筹资的公司来说仍然十分重要。我国证券市场还很不发达，长期借款对于绝大多数公司来说是最重要的外部资金来源。

1. 长期借款的种类

长期借款是指公司向银行或其他非银行金融机构借入的使用期超过一年的借款。长期借款的种类很多，根据不同的标准可做不同的分类。

（1）按提供贷款的机构单位不同　可以分为政策性银行贷款、商业银行贷款、保险公司贷款等。政策性银行贷款是指执行国家政策性贷款业务的银行向公司发放的贷款。如中国国家开发银行就是主要为满足承建国家重点建设项目的公司的需要的贷款。

商业银行长期贷款是指由各商业银行向公司提供的长期贷款。这些贷款主要为解决公司投资竞争性项目所需要的资金，公司的借款是自主决策、自担风险、自负盈亏。

保险公司贷款是由保险公司向公司提供的贷款，其期限一般比银行贷款长，但利率较高，对贷款对象的选择比较严格。目前，我国部分保险公司开展了保单质押贷款业务。

（2）按贷款有无担保　可以分为抵押贷款和信用贷款。抵押贷款是指要求公司以特定抵押品作为担保的贷款，长期贷款的抵押品可以是不动产、机器设备等实物资产和股票、债券等有价证券。作为贷款的抵押品必须是能够在市场上出售的。如果贷款到期时借款公司不愿或不能偿还时，银行可取消公司对抵押品的赎回权，并有权处理抵押品。

信用贷款是指不需要公司提供抵押品，仅凭其信用或担保人信誉而发放的贷款。这种贷款一般仅贷给那些资信良好的公司，而银行等金融机构要收取较高的利息，并往往附加一定的条件。

① 银行借款担保选择。短期借款——流动资产抵押；长期借款——长期资产抵押。

② 补偿性余额。银行降低经营风险的一种做法。结果是实际利率大于名义利率。

③ 利率选择。在预期利率上升时，应选择固定利率制；在预期利率下降时，应选择浮动利率制。

④ 期限选择。在预期利率上升时，固定利率，期限加长。在预期利率下降时，浮动利率，期限缩短。

⑤ 偿还方式选择。到期还本付息（单利），实际利率＝名义利率；先付息后还本（贴现法），实际利率＞名义利率；分期还本，到期还息，实际利率＞名义利率。

偿还工作中，对数额较大的借款应建立偿债基金。

2. 长期借款的偿还方式

长期借款的付息还本有多种方式，概括地说，可分为一次付息还本与分期付息还本两大类。而分期付息还本，可分为定期支付利息、到期一次性偿还本金与平均逐期偿还小额本金和利息、期末偿付余下的大额部分（称为膨胀式分期还款）两类。

3. 保护性契约条款

由于长期借款的期限长，能使公司避免公开发行的费用，对公司而言是种相当灵活的融资方式，但对银行等金融机构而言则有较高的风险，因此，贷款方通常对借款公司提出一些有助于保证贷款按时足额偿还的更严格的条件。这些条件写进借款合同中，就形成一种保护性契约条款。

4. 对长期借款筹资方式的评价

长期借款筹资与其他长期负债筹资相比，对筹资公司来说有利有弊。

（1）长期借款筹资的优点　筹资速度快。长期借款是由借贷双方直接协商确定，手续比发行债券简单得多，能使资金迅速到位，满足企业的需求。

借款成本较低。长期借款的利息在所得税前支付,可减少公司实际负担的利息费用;同时由于借款是直接筹资,筹资费用也较少;长期借款的借款利率一般低于有价证券融资。因而降低了其资本成本,从而能有效地降低公司综合资本成本。

借款弹性较大。借款时公司与银行直接交涉,有关条件可谈判确定,用款时间发生变化,亦可与银行再协商。因此,借款筹资对公司具有较大的灵活性。

可发挥财务杠杆作用。当企业投资回报率大于其借款利率时,通过长期借款能使企业获得超过借款利率的差额利润。

(2) 长期借款筹资的缺点　财务风险高。公司对长期借款要承担按期还本、付息的义务,当公司经营不景气时,亦需向贷款人付息、还本,就会给公司带来更大的财务困难。

限制条款较多。长期借款的期限长、风险大,贷款人通常对借款公司提出一些保护性条款,以便借款人按时足额偿还借款,这些限制条款约束了公司对借款的作用,并可能会影响公司以后的筹资和投资活动。

筹资数量有限。长期借款筹资范围狭窄,一般不能像债券那样一次筹集到大笔资金。

(二) 公司债券

我国公司债券虽然起步比股票早,发展却不及股票迅速。但在国际证券市场上,公司债券的活跃程度和重要性与股票相比,有过之而无不及。众多的创新金融工具以公司债券为基础,如垃圾债券、可转换债券、附认股权证债券等。作为一种十分重要的金融工具,公司债券在公司理财活动中应得到越来越多的重视。本节介绍有关公司债券的基本知识,它是理解其他众多金融工具的基础。

1. 债券的发行

公司债券是指公司依照法定程序发行,约定在一定时期还本付息的有价证券。按照不同标准可分为许多不同的类别,如按是否以财产作抵押分为抵押债券和信用债券,按利率是否固定分为固定利率债券和浮动利率债券,按是否上市分为上市债券和非上市债券等。

(1) 发行债券的资格与条件　资格与条件包括:①股份有限公司的净资产额不低于人民币3000万元,有限责任公司的净资产额不低于人民币6000万元;②累计债券总额不超过公司净资产额的40%;③最近3年平均可分配利润足以支付公司债券1年的利息;④筹集的资金投向符合国家产业政策;⑤债券的利率不得超过国务院限定的利率水平;⑥国务院规定的其他条件。

(2) 债券的发行方式　通常分为公募发行和私募发行两种。

(3) 债券的发行价格　债券的发行价格有三种:等价发行、折价发行和溢价发行。

2. 债券的偿还

债券到期可以按债券持有人持有债券的面值付清,也可以早期付清(债券可以被赎回,也可以转换为股份)。

债券的偿还方法包括:①收回条款;②偿债基金;③分批偿还;④债券再融资;⑤转换成普通股。

四、开发项目贷款评估

(一) 银行贷款项目评估的概念、目的和作用

1. 银行贷款项目评估的概念

银行贷款项目评估是指银行对借款人申请使用贷款的固定资产建设项目,从项目建设的

必要性、技术的先进合理性、财务效益、银行收益及潜在风险等方面进行全面系统的分析论证，为贷款决策提供意见和建议的工作过程。

该工作必须严格遵循科学、客观、公正、审慎、全面的原则，对借款人或是项目主要发起人的资本信用状况，项目自身属性（建设必要性和可行性、建设条件、工艺技术、设备及环保评估），项目产品市场，项目投资估算及融资方案，项目财务效益，项目不确定性，银行效益和风险防范、可能存在的问题等方面进行调查和分析，只有这样才能保证评估意见能够为贷款决策提供参考。

2. 银行贷款项目评估的目的作用

商业银行作为盈利性金融机构，其利润的主要来源为贷款项目的利息收入，因此贷款项目评估是银行进行放贷的首要工作流程，也是保证收益、降低投资风险的关键环节。

第一，提高收益，降低投资风险，保证资金安全。

项目评估是对借款人的资信，项目建设的可行性，项目的财务收益，项目建设的政策环境、市场环境、经济环境等各方面做出综合合理的评价，确保银行投资决策的正确性。

第二，确保信贷资金的合理配置，实现经济效益的最大化。

银行作为国民经济中主要的投资主体，其投资决策的正确与否直接影响一个企业甚至是一个地区的经济发展，然而银行的投资资金是有限额的，如何在众多的申请项目中寻求有投资价值的、具有实施效益的项目，把有限的资金用于这些增值效益最大的项目上，也是银行进行项目评估的主要目的。

第三，通过对项目建设过程的持续监督，确保实现预期收益，减少损失。

一个项目的建设周期可长可短，对于短期项目，持续监督的意义稍弱，而对于长期的建设项目，其意义便尤为突出。在市场经济体制下，来自政策、环境、市场等方面的影响因素多种多样，变幻莫测，有可能在前期的项目评估中，该项目具有投资价值，但是在项目的建设实施过程中，政府的一个调控政策可能致使该项目变得一文不值，因此对项目的持续监督与评估，是确保实现预期收益、减少损失的主要手段。

（二）房地产开发项目贷款评估流程

银行项目评估的主要程序包括以下几个步骤：成立评估小组、制定评估计划、调查收集资料和数据、数据分析、撰写和审核评估报告。房地产开发项目贷款评估流程如图 8-1 所示。

图 8-1　房地产开发项目贷款评估流程

1. 成立评估小组

当接到项目评估申请后，首先要确定评估参与人员，成立评估小组。由于项目评估涉及多方面的综合评估，因此小组成员的知识结构要合理齐备，主要包括工程技术人员、财务人员、市场分析人员和宏观经济政策分析人员。

2. 制定评估计划

评估小组需根据项目的评估时间要求合理地制定工作计划，对评估中的各项工作——调研工作、落实相关条件、案头分析和撰写评估报告等做出合理安排，并报评估评价部门主管批准。

3. 调查收集资料和数据

这一步骤是为后续的数据分析做准备，因此其完成质量直接关系到评估结果的准确性。评估小组一般采用实地调查、专家咨询、查阅档案资料等数据收集方式，调查收集有关文件、资料和技术经济数据，并对数据的真实性加以甄别。

4. 数据分析

小组成员根据收集到的真实数据，按照事先制定的评估办法，共同对项目的各项技术经济指标进行分析和论证。

5. 撰写和审核评估报告

评估小组成员根据数据分析结果，各自撰写自己分析部分的评估报告，评估小组组长再对各个部分进行整合形成评估报告初稿，提交至评估评价部门负责人或其指定人员处审核。审核后，评估小组要对审核人员提出的问题和修改意见进行落实，对评估报告进行修改，并再次报送审核，直到最后确认。

（三）房地产开发项目贷款评估的内容与方法

评估内容与方法是整个评估流程的主体部分，主要包括以下几个部分：借款人评价，项目概况评估，房地产业市场评估，投资估算和融资方案评估，财务效益评估，不确定性分析，银行相关效益与风险评估，以及总评价。

1. 借款人评价

借款人评价主要是指对借款人的经济实力、主要领导者的管理水平、资质等级及生产经营状况、资产负债及偿债能力、信用、发展前景等情况进行全面分析和综合论证。根据借款人的成立时间可以把借款人分为两大类：既有法人和新设法人。既有法人是指已存在的企事业单位，新设法人是指为项目建设而新组建的项目法人。根据借款人经营管理范围与本次拟建项目的关系，依据以下不同情况，对其进行评价。

（1）借款人为既有法人，评估内容主要包括以下几点。

① 借款人的基本情况，包括成立时间、注册地点、历史沿革、隶属关系、注册资本与实收资本、经营范围、经营期限、现有职工人数、开户及账号情况。

② 借款人的资本结构——投资人构成、出资比例、出资到位情况，投资人对借款人的控制与管理关系情况。

③ 借款人的组织架构及其领导者的管理水平——借款人法人治理结构的基本情况，领导班子的构成、经营业绩、管理水平等，在此基础上，对其工作能力、经营管理水平和还款意愿进行重点评估。

④ 借款人融资情况及信用状况，主要了解借款人目前的融资情况，重点说明对银行贷款及其他信贷业务的履约情况，并了解借款人近三年对其他债务的履约情况、有无涉及经济纠纷和经济处罚等重大事项。

⑤ 借款人经营状况和财务状况，应说明借款人近三年来的经营状况，并根据借款人最近三年及最近一期的财务报告分析借款人财务状况，包括借款人的资产情况、损益情况和现金流情况，对借款人主要财务数据的重大变化要分析和说明原因。

⑥ 借款人的其他主要情况。

（2）借款人为新设法人的，应依照既有法人的评估内容进行全面评估。

（3）调查项目相关人员之间的产权相关关系。

2. 项目概况评估

项目概况评估主要是从国家政策、环保要求、项目自身建设情况等方面对其进行分析和论证。

(1) 宏观层面分析

① 项目建设是否符合行业发展规划、国家产业政策和区域经济发展规划等宏观政策要求。重点分析评估项目受政策变化影响的程度和潜在政策风险。

② 对项目的社会效益、企业效益和银行效益进行分析。

③ 项目组织形式和实施方式，基本产权关系和主要债权债务关系。

④ 项目建设的可行性分析。

⑤ 与同类项目相比较的竞争优势和劣势。

⑥ 项目建设是否符合银行信贷政策要求。

⑦ 对项目是否符合环保、国土资源和城市规划的要求，即是否取得相关部门的建设许可。

(2) 项目自身建设情况评估

① 进度评估。调查项目的立项过程、依据及其建设工期、进度、资金投入计划等情况，评估项目建设计划的实施和执行情况。如项目已开工，应分析项目的形象进度、投资完成及各项资金到位情况。

② 项目建造资质评估。调查分析项目建造的合法性及应取得的资质证明文件，如土地使用证明、环保证明等。

③ 项目设计及施工技术评估。调查分析项目设计及施工单位的资质和能力水平，评估项目设计和施工技术成熟度并与同行业相比较具有的先进程度，分析项目设计和施工技术在保证建设质量、降低成本、提高建造效率及符合环境保护等方面的可靠合理性。

④ 项目拟使用主要建造设备评估。首先，对拟使用设备的成熟度、先进性、适用性和经济性进行评估；其次，调查借款人对设备使用技术的掌握情况，即有无潜在的使用能力风险。

3. 房地产业市场评估

借款人还款的主要来源是其项目建设完成后其在市场上的销售收入，因此对建设项目的市场供求状况、市场未来的价格走势及其竞争能力的评估是贷款评估分析的关键步骤。

(1) 市场供求状况分析　首先，调查分析当前国家和项目所在地区的相关产业经济政策，当地经济发展水平和该行业的市场发育程度，居民的收入、消费水平，以此为依据估算该项目产品的潜在购买者；其次，了解建设项目所在区域的楼市市场容量，即调查和分析区域内市场的主要生产能力，同时要注重考察该区域的保障性住房、安居房和廉租房数量。

(2) 目标市场未来的价格走势　调查同类房地产开发产品的全国和地区的历史价格，并结合市场供求状况分析结果，客观合理地预测未来的价格走势，避免预测收益的高估和低估。

(3) 市场竞争能力分析　影响市场竞争能力的主要因素有产品质量、企业的信誉口碑和企业的营销实力。因此，在进行竞争力分析时主要从以下几方面进行。

① 产品质量评估。从产品的地理位置、工程质量、户型、居住环境和物业管理能力进行评估。

② 企业信誉口碑。调查企业之前开发产品的销售情况、住户的满意度。

③ 企业营销实力。调查产品的市场定位，拟定开拓计划、既有的营销网络和营销业绩。通过对竞争能力的评估，进而可以对借款人拟定的项目产品的租售计划和价格进行评估。

4. 投资估算和融资方案评估

投资估算与融资方案评估是指对建设项目投资估算和各项资金来源的合理性和可靠性进行分析论证，对这两项的评估方法主要是定量分析。

（1）投资估算评估　在进行投资估算评估时，首先对项目可行性研究报告或初步设计（包括政府有权部门对可行性研究报告、初步设计的批复）等文件中所列项目总投资及各分项投资进行评估。在对项目固定资产投资估算进行评估时，主要对以下几个方面进行重点审查：投资估算依据是否符合国家及行业的有关规定，项目建造内容和费用的完整性，有无任意扩大取费范围和提高标准，估算中有无遗漏、少算或压低造价。必要时还需对投资构成比例的合理性做出评价，如果需要则对投资概算进行调整。

（2）项目融资方案评估　通过分析项目建设和销售租售所需全部资金的来源、数量、构成（含资本负债比例、长短期负债比例、资本金结构、银行债权融资结构等）是否符合国家的有关规定，按计划到位的可能性及与项目投资计划的匹配性，评估项目融资方案的合理性、可靠性及对银行贷款的保障能力。在进行融资方案评估时要注重以下几点。

① 资金比例评估。应对资金数量、各自占总投资比例及比例是否符合国家规定进行评估。评估中应区分资金的不同来源和形式进行逐项分析。

② 已到位资金的评估。对于已到位的各项资金，必须审查验资报告或相应的资金到位证明，必要时应对存放资金的账户进行调查。

③ 资金供应风险的评估。在融资方案的实施过程中，可能出现资金供应中断或是不足，由此可能导致建设工期的延长，造价成本提升。

（3）项目资金成本评估　是指对不同来源的项目资金计算其成本和加权成本。资金成本是指为保证建设项目的顺利完成，而对筹集和使用的建设资金所支付的费用，包括资金筹集费用和占用费用。对资金成本的分析一般用资金成本率表示，即资金占用成本利息、股息等占全部融资额的百分比。资金成本率是一个项目必须获得的最低收益率。

加权平均资金成本的计算公式为：

$$K_w = \sum W_j K_j$$

式中，K_w 为加权平均资金成本；W_j 为第 j 种资金来源占全部资金成本的比重；K_j 为第 j 种资金来源的资金成本率。

5. 财务效益评估

财务效益评估是项目评估的重点部分，主要通过借款人的基础财务数据，按照国家税法的有关规定，测算财务指标，进而对项目的盈利能力和偿债能力进行评估，以此判别项目的财务可行性。主要的评估步骤有：选取财务评估基础数据与参数；估算成本费用，计算销售（营业）收入，增值税、销售税金及附加，进行利润测评；编制财务评估的相关报表；计算财务评估指标，进行盈利能力和偿债能力分析。

（1）成本与费用评估　包括评估项目总成本费用、经营成本、固定成本与可变成本。其中，总成本费用评估主要用于项目利润分析，经营成本评估主要用于项目现金流量分析，固定成本与可变成本评估主要用于项目盈亏平衡分析。在房地产开发中的成本主要是指土地购买费用和建设费用，以及在销售或租售房屋过程中产生的经营性税金及附加。由于房屋等的出售有一定的周期，因此按照销售预期对成本进行分摊。

（2）销售收入评估　在估算销售收入时，需要通过对项目周边同类物业市场销售情况的分析调查确定项目各种类型建造实物的销售价格。评估销售（营业）收入时，应按照含税价格计算。计算公式为：

$$预计年产品销售收入 = \sum_{i=1}^{n} Q_i P_i$$

式中，Q_i 为第 i 种产品的年产量；P_i 为第 i 种产品的单价。

（3）增值税和营业税金及附加评估　对各种税费评估时，具体计算标准按照国家现行税收条例的规定执行。

（4）利润及利润分配　应按照现行财务制度进行评估。

（5）编制财务效益评估报表　主要有总成本费用估算表、损益和利润分配表、贷款偿还期测算表、财务现金流量表。在对报表进行效益评估时，主要对项目的盈利能力和贷款清偿能力进行分析。

① 盈利能力分析。评价项目的盈利能力，即一般选取销售利润率、投资利润率、财务净现值、财务内部收益率等反映盈利能力的财务指标进行定量评价。

项目销售利润率的计算公式为：

项目销售利润率 = 建设销售期年平均利润总额/建设销售期年平均销售收入 × 100%

其中，年平均利润总额 = 建设销售期各年利润总额/生产经营期年数。

项目投资利润率的计算公式为：

项目投资利润率 = 建设销售期年平均利润总额/项目总投资 × 100%

上式中"平均利润总额"一般应按"正常年"计算，若项目每年利润总额均不相同，没有"正常年"的可按经营期内平均值计算。

财务净现值是指将项目销售方案中每年净现金流量折现到同一时点的净效益总和的现值。计算公式为：

$$NPV = \sum_{t=1}^{n} (CI - CO)_t (1+r)^{-t}$$

式中，CI 指现金流入量，包括产品销售营业收入、回收固定资产余值、回收流动资金、其他现金流入等；CO 指现金流出量，包括固定资产投资、流动资金投入、经营成本、销售税金及附加、增值税、所得税、其他现金流出等。根据项目行业特点和实际需要可在现金流入和现金流出两类中增减内容。$(CI-CO)_t$ 为第 t 年的净现金流量；n 为计算期年数；r 为折现率，按照基准收益率（同折现率）取值。

财务内部收益率是指项目在计算期内各年净现金流量差额现值累计等于零的折现率（计算现金流出不包括财务费用及所得税）。这一指标反映项目所占用资金的盈利水平，是投资人衡量项目投资收益，决定项目取舍的重要指标。计算公式为：

$$\sum_{t=1}^{n} (CI - CO)_t (1+IRR)^{-t} = 0$$

式中，IRR 为内部收益率；其他符号含义与 NPV 计算公式相同。

计算 IRR 可采用试算内插法，即，若 $NPV(I_0) = A_1 > 0$，$NPV(I_0 + 1\%) = A_2 < 0$，则 $IRR = I_0 + [|A_1|/(|A_1| + |A_2|)] \times 1\%$。

② 贷款清偿能力分析。根据有关财务报表，计算项目贷款偿还期，评价项目贷款的清偿能力。

贷款偿还期是指借款人从支用第一笔借款之日起到还清全部借款本息之日止的时间。其计算公式为：

贷款偿还期＝贷款偿还完后出现盈余的年份－贷款开始支用的年份＋
当年偿还贷款数额/当年可用于还款的资金

6. 不确定性分析

采用盈亏平衡分析和敏感性分析进行不确定性分析。

（1）盈亏平衡分析　主要是衡量项目的成本和收益的平衡关系。通常用生产能力利用率表示，计算公式为：

$$BEP(\%) = (CF/S) - C_v - T \times 100\%$$

式中，BEP 为盈亏平衡点（用生产能力利用率表示）；CF 为年平均固定总成本；S 为年平均销售收入；C_v 为年平均可变成本；T 为年平均销售税金及附加＋年平均增值税。

（2）敏感性分析　定量测量分析项目建设期间的各种敏感性因素对财务效益指标的影响程度，即财务效益指标随因素变化的改变幅度，以此判断项目的抵抗风险能力。在房地产开发项目贷款评估中，敏感因素包括工期、销售价格、总投资等。财务效益指标选取财务内部收益率和贷款偿还期。

在具体进行敏感性分析时，选取主要的几个因素进行单因素分析，以了解影响财务收益的最敏感因素，以此预测项目的潜在风险和抗风险能力。影响内部收益率、贷款偿还期的主要敏感性因素波动幅度可取该因素当前值或未来最可能值的正向和反向变动 5％、10％ 和 20％ 计算。根据项目情况也可将取值的浮动比例扩大，但一般不超过±30％。

7. 银行相关效益与风险评估

（1）银行相关效益评估　是指在合理预测项目贷款收益的基础上，就项目贷款对银行相关效益大小进行评估。效益评估的主要内容包括可以量化的银行收益及成本和难以量化的银行收益及成本。

① 可以量化的银行收益及成本主要包括贷款转移收入、存款转移收入和中间业务净收入，计算公式分别为：

$$贷款转移收入＝贷款额 \times (贷款的实际利率－内部资金转移价格)$$

$$存款转移收入＝存款额 \times (内部资金转移价格－存款付息率)$$

中间业务净收入是银行为借款申请人提供财务、信息等金融咨询服务获得的净收入。

② 对于项目贷款难以量化计算的银行收益和成本部分，可简化财务计算内容，但至少应对收益和成本项目进行逐项说明。

（2）风险评估　风险评估是指通过评估项目自身存在的风险，据此分析和判断银行贷款潜在的风险，并针对产生风险的因素对银行提出分散、转移、化解或减轻贷款风险的措施和建议。

① 项目主要风险包括政策风险、市场风险、资金风险、技术风险等。如项目或贷款涉及有待澄清、解决的法律问题或与任何第三方有尚未解决的法律纠纷，须进行分析说明。在评估时应分别说明项目存在的主要风险，并进行逐项分析、判断。

② 如借款人对项目贷款设定了担保措施，评估时需根据《中华人民共和国担保法》等有关法律、法规和银行有关规定对各项担保措施的有效性、充分性、可行性和合理性进行评估。

③ 如借款人尚未对项目贷款设定担保措施，评估人员应根据项目贷款和借款人情况分析是否需要设定担保，并提出切实可行的担保措施建议。

8. 总评价

通过对借款人资信状况、项目概况、项目产品市场供求、项目投资估算与资金来源、项目财务收益和风险防范与银行相关效益六个方面的评估论证，评估人员分别得出了各个分项评估结论。在此基础上对各分项论证结果进行全面的归纳总结，形成评估总体结论。

① 各分项评估结论和总体评估结论必须以评估分析为基础，符合银行的信贷政策和信贷规章制度，不得与国家的法律、法规相违背。

② 总体评估结论中应就项目贷款的主要有利因素和不利因素逐一简要说明，并提出相应风险控制建议。

③ 总体评估结论应直接、明确地表明是否建议给予贷款支持及贷款的金额、期限、利率、担保方式，并就需要引起注意的事项或建议做出专门说明。

第三节 商用房地产抵押贷款

一、商用房抵押贷款

（一）商用房抵押贷款概念

商用房抵押贷款是指向企业法人发放，以商用房作为抵押，以该商用房的租金或经营性收入作为还款来源的一种抵押贷款。其中，作为抵押物的商用房包括写字楼、宾馆、酒店、景区、商场、商铺等营业性物业，这些物业往往具有现金流充裕、还款来源稳定等特点。随着信贷产品的升级完善，目前其涵盖的物业范围已经不仅限于商用房，还包括标准厂房、仓储设施等工业物业。在国内，该项业务也称固定资产支持融资、经营性物业融资、商业地产抵押贷款或工商物业贷款。

商用房抵押贷款实质上是商业银行对借款人拥有的未来一系列经营现金流的贴现。在这个过程中，借款人继续拥有特定商用房的经营权、所有权和收益权。银行与借款人达成一系列的合同安排和法律约束条件以及有关行政认可，银行取得了借款人所持有特定商用房的抵押权，借款人取得银行贷款资金的同时承担了以其所持有的特定商用房经营收入现金用作贷款还本付息的义务。

（二）商用房抵押贷款主要特点

商用房抵押贷款的抵押物是商业房产，属于固定资产，具有不易分割和移动的特点，流动性较差决定了这类贷款具有比较突出的特点。

1. 贷款关系复杂

商用房抵押贷款与信用贷款的区别在于，在借贷关系中包含了抵押物，因此，商用房抵押贷款包含债权和债务关系、抵押和收押关系以及担保和被担保关系。其中，贷款合同签订后，债权人和债务人之间就存在借贷关系；同时抵押物生效后，双方抵押与收押关系就生效了；而为了借贷合同的签署，往往需要引入第三方保险或担保机构，因此，就存在担保和被担保关系。此外，在抵押期间，抵押用商用房的所有权并未发生转移，其使用权、处分权和收益权仍归属于债务人拥有，而债权人仅仅取得抵押权，只有在贷款期限结束后，债务人发生违约的时候，债权人才能取得抵押物的所有权。

2. 贷款数额大、期限长

通常，商用房抵押贷款额度大、期限长。以 GS 商业银行该类业务为例，最短的商用房抵押贷款期限也在 4 年，而六成以上贷款集中在 10～15 年区间。在贷款合同期间，通常靠商用房的租金或盈利来偿还本息，因此通常需要10年或更长的时间才能完全回收贷款本息。这样，抵押商用房不仅存在经营的风险，也可能因为系统环境变化影响抵押物价值而存在违约风险。

3.风险性与安全性并存

一般来说，商用房抵押贷款有抵押物，而抵押率往往不高，同时也引入保险公司和各类担保机构进行担保，因此具有比信用贷款较好的保障。但由于期限长、数额大，并且抵押物具有不可移动和流动性差的特点，而且容易受宏观环境影响，因此有可能出现信用风险、市场风险和道德风险等问题。

二、房屋所有权和土地使用权抵押

（一）出让土地使用权与"房地一体"原则

土地使用权及建筑物必须共同抵押。然而房地分别抵押却不同于房地分别出售。因为在抵押权实现时，"如果法律直接规定建筑物和土地权利的受让主体必须是同一人，就可以避免权利主体的分离现象"。这样就与设定抵押权时要求房产与地产必须随同抵押有所区别了。比如，若房屋占地面积很小或者只是一部分，整个土地面积远远超过了房屋等建筑物占地面积时，如果抵押房屋等建筑物，该土地使用权则一并抵押，超过建筑物占地的大片土地就极有可能浪费。而如果对该土地使用权做分割处理，充分发挥未占用土地面积，显然更加有利于土地使用权和建筑物所有权经济效益的发挥。《物权法》第200条规定："建设用地使用权抵押后，该土地上新增的建筑物不属于抵押财产。该建设用地使用权实现抵押权时，应当将该土地上新增的建筑物与建设用地使用权一并处分，但新增建筑物所得的价款，抵押权人无权优先受偿。"在这样的规定下，有可能发生抵押人将已抵押土地上的新增建筑物另行设定抵押的情况，可以说法律在此变相地承认了分离抵押的合法性。将地产与房产分离抵押后，在实现抵押权时将地产与房产一并处分，只要归属一致，不同抵押权人分别就地产和房产所卖得价金优先受偿，各方的利益都能得到恰当的维护，不致引起新的纠纷。

（二）划拨土地使用权与"房地一体"原则

我国对传统划拨土地使用权抵押问题的法律规制存在逐渐放宽的转变过程。所谓放宽，不仅是立法理念上允许划拨土地使用权为担保债务设定抵押，更重要的是现行法律为划拨土地使用权向出让土地使用权转变的具体操作环节做了规定，能够实现各方利益的平衡稳固。法律规定划拨土地使用权在实现抵押权时所得款项应该首先补缴土地使用权出让金，在此前提下抵押权人才可优先受偿。权利人在对其划拨土地上的房屋进行抵押的，按照相关法律规定，房屋占有范围内的土地使用权应一同设定抵押权。权利人在实现抵押权时，房屋所有权和划拨土地使用权应同时拍卖，所得价款先缴纳土地出让金，之后房屋抵押权人才可以优先受偿。

第四节 融资租赁和售后回租

一、融资租赁

（一）融资租赁的含义

融资租赁是指出租人根据承租人的请求，按双方事先签订的合同约定，向承租人指定的供应商，购买承租人指定的固定资产，在出租人拥有该固定资产所有权的前提下，将一个时期的该固定资产的占有权、使用权和收益权让渡给承租人，承租人按合同约定，定期向出租人支付租金。根据协商，租赁期满后，该租赁物可以归承租人或者出租人所有。

（二）融资租赁的分类

融资租赁可以分为直接融资租赁、转租赁、售后回租和杠杆租赁。直接融资租赁的方式能解决承租人在资金短缺情况下的固定资产投资问题，可以和其他金融工具综合运用。转租赁方式使得一些拥有融资能力或设备资源优势，但不具备金融租赁技能或租赁许可的企业能够间接从事租赁业务。售后回租适用于有大量优质固定资产，但急需现金的企业进行融资，通过该项操作将固定资产变为现金，用以补充流动资金、偿还债务或购买新的设备。比较而言，这一方式更适合应用于商业地产。杠杆租赁则主要应用于资金密集型设备的长期租赁业务，如飞机、输油管道、卫星系统等的租赁。

（三）融资租赁应用于商业地产的适用性

1. 商业地产现金流稳定，满足金融租赁要求

商业地产项目投资规模大，投资回收期长，在前期准确定位、合理规划的前提下，正常运营后能够创造大量稳定的现金流，满足了融资租赁对定期支付租金和投资回报率的要求，而金融租赁又能缓解开发商前期资金紧张的窘境，助力商业地产的正常运营，为后期创造高投资收益和物业增值奠定基础。

2. 金融租赁能保持商业地产运营的整体性

商业地产作为商业用途的地产，有别于以居住功能为主的住宅地产和以生产功能为主的工业地产。商业地产是要通过经营项目实现年租金的增长，实现持有物业的保值增值。分割出售商铺的做法虽然可以迅速收回投资，缓解资金压力，但商铺售出后的统一经营和管理十分困难，甚至会使一些品质良好的商业地产项目陷入生存困境，不利于品牌打造和企业的长远发展。通过金融租赁的方式，可以保证商业地产经营的整体性和有效性，便于后期的统一规划和资源整合。

3. 资金使用灵活，实现资源优化配置

金融租赁能使商业地产项目迅速获得大量资金，在保证项目正常运营的前提下，还可以将其余资金投资于其他项目，这一点是直接向银行进行抵押贷款不可比拟的，因为银行直接贷款既不能作为资本金，也不可用于其他项目投资，所以金融租赁这一融资方式的灵活性要远远超出传统融资方式。金融租赁既达到了融资的目的，还可以使资金投入到收益更大的新项目中去，实现了企业效益最大化和资源的优化配置。

4. 拓展业务类型，更受银行青睐

一方面，金融租赁公司可以与银行签订"保理"合同，将其持有的商业地产的租金应收款权转让给银行，银行可为其提供商业信用调查、应收账款催款及信用风险控制等金融服务，银行则可以收取保理手续费，促进了银行保理业务的发展。对金融租赁公司和银行而言，无疑是双赢的合作方式。另一方面，银行除了间接参与金融租赁外，还可以直接投资于商业地产。近年来，银行系金融租赁公司相继成立，纷纷设立专项资金用作购买商业地产。相对直接贷款而言，金融租赁可以有效降低银行风险，获取相对稳定的租金收益，因此更受银行等金融机构青睐。可以预见，未来的金融租赁市场将成为商业地产融资的重要渠道。

二、售后回租

商业地产的售后回租通常有两种形式：一种是为解决开发资金不足问题，以售后回租的形式来预售物业获取项目发展资金，回租是为了提升投资人的投资信心以及未来统一经营的需要；另一种是为获取再发展或运营资金，将运营中物业以带租约的形式整售或散售给投资人，在保持运营不变的情况下，投资人可以获取稳定的租金收益，并可以此物业再融资。商业地产的售后回租极大地解决了中小开发商商业地产开发中的金融支持不足问题。

就一般性的融资租赁而言，出租人根据承租人对出卖人、租赁物的选择，向出卖人购买租赁物后提供给承租人使用，由承租人向出卖人支付租金。相对而言，商业地产售后回租是一种非常特殊的融资租赁：一般的融资租赁标的物是各类设备或飞机、船舶等大型运输工具，租赁物价值逐步递减，但商业地产的价值常常出现增值或较大波动；一般的融资租赁出卖人和承租人分别是买方和卖方，租赁期满租赁物所有权一般转移给承租人，而商业地产的售后回租中出卖人和承租人都是同一个开发商或者以同一个开发商为实际控制人，物业所有权一般在租赁期满并不转移给承租人。当然，纯粹的商业地产回购式融资中也存在租金支付问题，表面看是返租行为，实际上为以物业为质押的借贷行为，因而不属于这里探讨的售后回租。由此看来，商业地产售后回租是以商业物业作为融资租赁标的物，承租方（开发商或开发商控制的运营商）向出租方（投资人，持有商业物业的产权）融资完成目标物业开发或者实现物业套现的一种商业地产融资方式。

售后回租的好处显而易见：①可拓宽商业地产融资渠道，在无法进行银行、信托、股权等常规方式融资时，以售后回租的形式预售物业来完成建设期的融资需求，正是这一点使得售后回租成为缺乏正规金融机构支持的中小开发商完成商业地产开发的主流融资形式之一；②可以获取能够作为新项目发展资本金的资金，更好地运用财务杠杆支持企业的发展，而不像信贷资金那样不能用作资本金，且受到金融机构的严格监管；③可作为调节现金流和财务结构，进而成为调整业绩和税收的财务工具，尤其为上市公司所青睐。另外，售后回租可以以回租形式提升投资人信心，解决中小投资人未来物业出租和经营管理的问题，从而降低商业地产投资的资金门槛，去除商业地产经营管理的技术门槛，扩大了商业地产的投资群体，可有效促进商业地产销售，成为支持商业地产开发的一种有力的金融工具。现实需求让商业地产售后回租不断发展完善，以商业实践推动了融资租赁业务的司法进步和行业监管进步。

房产、土地所有权类不动产融资租赁业务在国外较少，主要源于资金成本较高，手续繁杂。国内由于房地产调控和融资平台限制政策，开发商和地方政府会接受资金成本较高的融资租赁方式。最高人民法院《关于审理融资租赁合同纠纷案件适用法律问题的解释》（下称《司法解释》）2014年颁布并于当年3月份正式生效。该解释未直接认定不动产租赁合同无效，但依然认为房屋、土地使用权等不动产不太符合融资租赁的形式，难以认定此类租赁合同。不过对于厂房类不动产，如果和厂区设备一起作为融资租赁标的物，《司法解释》认为其符合融资租赁合同性质，通常会予以认定。但该《司法解释》对售后回租却网开一面，因为考虑到售后回租交易有利于市场主体盘活资产、引导资金服务实体经济，相关监管部门的规章对此类交易形式已明确认可，且承租人与出卖人相重合，并不违反《合同法》第二百三十七条有关融资租赁合同构成要件的规定。《司法解释》对售后回租予以认可，售后回租在司法方面终获放行，这意味着规模超过1万亿元的售后回租业务将被正名。目前租赁业务中售后回租业务模式占比约七八成，而房产类回租业务最为盛行，且大多数为商业地产的售后回租。另外此次《司法解释》对出租人的资质没有直接予以规定，打破了之前融资租赁的出租人必须经银监会、商务部批准，符合金融租赁、外资租赁、内资租赁的资质要求。出租人"资质"的放开，将有利于更多的机构参与到融资租赁业务中来，从而推动行业的发展。

在实践中，商业地产开发企业为了推动售后回租业务的开展，也进行了多方探索与创新，比如引进担保公司担保、银行资金监管或租金支付担保、保险公司租金支付保险等增信措施，或者引进信托公司发行以租金支持的收益权信托产品、散售物业统一委托给信托公司来与开发商进行合作等，"租赁＋信托""租赁＋银行"和以商业地产租金收入为支持的资产证券化业务等也都在积极探索之中。另外政策层面也曙光初现，2014年3月6日，浙江省发布的《关于加快融资租赁业发展的意见（征求意见稿）》（下称《意见》）领行业之先，进行了关键性的政策创新，规定融资租赁企业根据融资租赁合同等依法申请土地、房屋抵押和股权质押登记的，登记部门参照金融机构的抵、质押方式办理抵、质押登记等有关手续，为相应的融资租赁债务提供担保，排除了之前商业地产售后回租涉及的此类增信措施难以办理抵、质押等核心障碍；《意见》还提出研究设立省级融资租赁商业保理公司、融资租赁担保公司和融资租赁产业基金，支持融资租赁公司开展商业保理业务。这一《意见》的实施效果将会带来其他省份的逐步跟进，商业地产售后回租业务将走上合法合规、迅猛发展的道路。

延伸阅读　案例分析与问题讨论4

思 考 题

1. 土地储备项目贷款的主要特点有哪些？
2. 分析地方政府债券的概念、特点及其社会经济意义。
3. 我国现阶段大型商业性房地产项目融资可采用的融资模式有哪些？
4. 开发项目贷款评估的概念、目的分别是什么？
5. 商业性房地产项目融资的难点在哪里？在项目融资的全过程中，应注意哪些问题？
6. 房地产开发项目贷款评估有哪些流程？
7. 商业地产的融资租赁分为哪几类？以及是如何适应商业地产的？

第九章 房地产投资信托

第一节 房地产投资信托与 REITs

一、房地产投资信托的内涵

早在 1960 年，REITs 就在美国开始发展，经过多年的发展，REITs 已经成为美国金融市场上的重要组成部分。世界上很多国家和学者都对 REITs 进行了定义，按照美国给出的定义，REITs 本质是收益凭证，投资者购买 REITs 相当于持有收益凭证，根据收益凭证来享受收益。为了保障收益，REITs 一般交给投资机构运营，投资机构对房地产进行专门的管理和运营，经营获得的收益按照收益凭证的比例给投资者分红。REITs 交给信托机构运营，也称信托基金。世界上学者广泛认同的定义是：REITs 是一种针对闲散资金，向全社会范围内的投资者甚至是居民进行募集，通过基金份额来确定投资比例的产品。REITs 由专业的信托机构进行运营，信托机构管理房地产项目，并将房地产项目的盈利按照基金比例发放给投资者。相较于其他发达国家，新加坡在 REITs 方面的发展较为滞后，政府没有出台 REITs 相关的法律法规，只出具了一份规范，允许 REITs 在新加坡市场上发展，并且承接 REITs 的信托公司，可以投资市场上的房地产项目。

REITs 一般交给信托公司管理，信托公司根据不同的 REITs 确定不同的信托计划和运作模式。专业的信托公司能够将 REITs 的利益最大化，保障了 REITs 标的资产的收益。在每年年末，信托公司将盈利按照基金比例发放给投资者。也有特殊的 REITs，并不保证在每年年末分红，而是在封闭运营期结束后，再进行盈利分配。REITs 发源于美国，美国的 REITs 发展时间最长，至今已经有近 60 年历史。因此，美国 REITs 是全球最为成熟的，REITs 的应用也是最广泛的。美国 REITs 的成功吸引了其他国家的注意，其他国家纷纷开始 REITs 的推广，学习美国的经验。至今，多数发达国家也将 REITs 视为金融市场的重要产品，REITs 迅猛发展，在金融行业占据了越来越重要的地位。

二、REITs 的产生与发展

REITs 在美国有上百年的历史，投资信托制度最早起源于 1822 年，即荷兰国王威廉一世时期。当时主要是筹集社会游资，作为开发煤、铁、纺织及其他产业的基金，运作效果良好，经过英国的发展，这种制度在 19 世纪末传入美国。REITs 的概念出现在 19 世纪末的波士顿，但是直到 1960 年《REITs 法案》的颁布，才标志着现代 REITs 的诞生。当时由于 20 世纪 50~60 年代战后经济发展迅速，大量退伍军人和贫困居民的房地产需求大增，美国投资信托日益壮大，因此不少议员建议发展 REITs。1960 年，艾森豪威尔总统签署《国内税收法》，该法不再将 REITs 和联邦公司组织等同，对 REITs 予以免税。现代 REITs 起源于美国，其发展经历了以下阶段。

1960 年，美国国会颁布了《REITs 法案》，REITs 正式被美国国会授权并且纳入法律管辖范围，准许中小投资者通过参与 REITs 投资大型商业房地产，获得与直接投资房地产类似的投资收益。

万事开头难，当时整个行业持有的物业资产规模只有 2 亿美元，而且 REITs 大多数是由外部顾问管理的，此时的法案禁止 REITs 直接经营或管理房地产。所以，早期的 REITs 发展比较缓慢，到 1967 年为止，美国只有 38 家权益型 REITs。同时，许多经营组织例如 C 类公司、合伙企业等形式对 REITs 构成威胁，由于 REITs 是许多管理公司发起的联合机构，因此产生了重大的利益冲突。

REITs 走过了缓慢发展的"幼儿期"，在即将进入 20 世纪 70 年代时，REITs 迎来了快速发展。但是"青少年时期"的 REITs 似乎把事情想得太简单了。1967 年，美国法律开始允许设立抵押型 REITs，而后在 1968—1974 年间，在银行利率管制时期，REITs 达到发展巅峰，低利息推动 REITs 进入迅速发展时期。在此阶段 REITs 充满了盲目性和疯狂，REITs 资产增长近 20 倍，市值扩大到原来的 3 倍，其中主要从事房地产开发和建设抵押贷款的抵押型 REITs 的资产市值超过权益型 REITs 的总市值。

但是市场疯狂后进入迷惘，20 世纪 70 年代，受国际石油输出国组织（OPEC）石油价格暴涨的冲击，经济形势急转直下，抵押型 REITs 由于高杠杆导致了严重的财务危机直至倒闭。不过 REITs 在这段时期被投资大众所熟知，行业的不成熟所导致的盲动、不稳定、疯狂投机是每一个新行业的必经阶段。

到了 20 世纪 70 年代中叶，由于银行信贷利率不断攀升、房地产的过度开发，再加上美国经济持续下滑，REITs 行业面临巨大的危机。美国总统杰拉尔德·鲁道夫·福特（Gerald Rudolph Ford）签署《REITs 简化修正案》，允许 REITs 在原有商业信托的基础上以公司的形式成立。这时的 REITs 既具有信托特征，又有上市公司的流动性优势，还有有限合伙制的税收优势，该法案有力地推动了 REITs 的发展。

在 1981 年，美国不堪经济下行的压力，通过了《经济振兴法案》，允许房地产业主以房地产折旧作为合法避税手段，并放宽了对 REITs 组织形式的限制，取消了 REITs 必须是非法人组织或社团组织的要求，为房地产业主创造了一种非常具有吸引力的合法避税工具，从而使 REITs 市场慢慢恢复活力。

1986 年，时任总统罗纳德·威尔逊·里根（Ronald Wilson Reagan）签署了《税制改革法案》，允许 REITs 自行内部管理，不需要聘请外部第三者进行资产管理。这促使 REITs 强调投资策略和管理理念，强调用权益资产代替抵押贷款资产，降低负债比率，从而加强了 REITs 的稳定性。REITs 在这个阶段发展成熟，逐步形成了主要的公司框架，为后来的高速扩张奠定了基础。

20 世纪 90 年代是 REITs 高速扩张的阶段。REITs 在此阶段，犹如插上了资本的翅膀一飞冲天。1991 年美林公司（Merrill Lynch）为美国购物中心开发商金科房地产公司（Kimco Realty）承销首发新股，共募集资金 1.35 亿美元，这标志着"现代 REITs 时代"的真正到来。

1992 年，作为在纽约证券交易所上市的公司，购物中心开发商美国陶布曼中心（Taubman Centers）首次公开发行了一种新型结构的 REITs——伞形合伙 REITs，一经推出便迅速成为 REITs 设立的主流形式。

1993—1994年是REITs发展的高潮阶段，主要表现为"首次公开上市热潮"。REITs股票的高收益与银行低利率形成对比，吸引大量的共同基金加入，从而REITs的规模开始扩大。REITs的爆发带给公众的不是一些投机性的小公司，而是一些受人尊敬的房地产公司，他们能带给公众投资者实实在在的股利分红，比如杜克物业、西蒙物业集团、DDR、金科地产集团等。

在1998—1999年，亚洲金融危机的爆发使REITs行业的发展再次遭受严重打击。受金融危机的拖累、美国国内单位投资信托的竞争、短期投资者的退出以及其他一些不利因素的影响，各种类型的REITs几乎都出现了负收益率。与此同时，房地产价格也在不断上升，优质房地产收购机会逐渐减少，许多投资者认为REITs的收益率增长会因此下降，纷纷退出REITs市场。

REITs通过公开发行股票进行融资的渠道断裂，不得不在私人资本市场寻求资金支持，通过私募和建立合资企业的方式解决资金短缺问题。REITs筹集的资金总额依然在逐步攀升。

权益型REITs在半个世纪的竞争中获胜，在2010年年末，有83家REITs的市值超过了10亿美元，其中有20家权益型REITs的市值超过了50亿美元。西蒙物业集团市值在2010年12月31日为129亿美元，被纳入标准普尔指数之中。而在1994年年末，只有几家REITs的市值超过10亿美元。

REITs近期趋势是与机构投资者或个人组建联合企业（Joint Ventures，简称JVs）来开发、收购、持有投资级商业地产。这些JVs充当REITs的先锋部队，JVs先把待开发的物业、不成熟的或者近期开发的物业转移到JVs，这样REITs就能够将其娴熟的管理和开发方面的专业技能，以联合企业的形式与有资本意愿的投资机构或者个人合伙，自身不负责主要出资责任，却可以获得大比例的收益分成和管理费。

近年来，欧洲、亚洲、大洋洲都在美洲REITs发展成熟后制定了专门的立法，推动房地产投资信托基金的发展。目前已经有30多个国家和地区设立了房地产投资信托基金。这些国家或多或少地借鉴了美国REITs的做法，同时融入了本国的经济、政治、文化、制度等因素。

三、REITs的特点

（一）投资策略具备极强的针对性，收益稳定

REITs只针对房地产行业进行投资，有极强的针对性。由于投资策略具有针对性和稳定性，因此REITs的管理经营行为和业务范围相对其他信托基金而言具备一定的可预见性，这促使REITs在获得稳定当前收入的同时，也能够获得极富潜力的价值增值。在美国，REITs享受税收优惠政策，税后回报较高。目前，我国在REITs的税收政策方面比较空缺。

（二）加快房地产投资的流动性

传统的房地产投资以实体投资为主，而REITs则以股票或者受益凭证等介质为载体，可上市交易流通。这不仅提高了房地产投资的流动性，增加了潜在投资者的数量，而且稳定了来自机构投资者的长期投资需求。

（三）运作透明度高

上市的REITs根据相关法律法规按需进行信息披露，有利于投资者，特别是中小投资者获取更多关于REITs的管理经营信息，帮助其在获得充分信息的情况下做出合理的投资

决策，降低投资风险。与此同时，高透明度运作可以为上市的REITs攫取社会公众及监管机构的监管，促进其健康发展和不断完善。

（四）为中小投资者提供便利

由于房地产行业的特殊性，中小投资者直接参与房地产投资的难度颇大。而REITs的出现将中小投资者的资金集合起来集中投资于房地产行业，极大降低了房地产投资的门槛，对中小投资者极具吸引力。而且，REITs在证券交易所的流通也为一般投资者接触这类基金提供了便利，无形中获取了更多的潜在投资者。

四、REITs的基本组织形式

按照REITs的组织形式，可将REITs划分为伞形合伙REITs（上REITs）、下REITs、打包或者捆绑的REITs、协议型REITs以及外部咨询型REITs和自我管理型REITs。

伞形合伙REITs（Umbrella Partnership REITs），又称上REITs（Up REITs），在这种结构中，既有负责融资的REITs组织，也有负责运营房产的一个新合伙组织——"营运合伙组织"（Operating Partnership）。营运合伙组织的组织形式通常是有限合伙制，由REITs组织设置子公司作为普通合伙人，由投资者出资成为有限合伙人。他们都持有合伙组织权益（即"OP单位"）。

REITs本身并不直接从房地产项目中获取收益，而是通常作为营运合伙组织的普通合伙人控制营运合伙组织，而营运合伙组织才真正拥有资产权益。为了获取OP单位，有限合伙人要用房产出资，而REITs要用发行股票筹集现金出资购买资产。经过特定时期（通常是1年）以后，有限合伙人的"OP单位"可享有与REITs股东一样的流动性，可将其持有的"OP单位"出售以换取现金或REITs股票。在出售OP单位收取现金或REITs股票时，有限合伙人才需要为收益支付税项。这正是该合伙组织被称为"伞形"营运合伙组织的原因。

这种结构的重要优点是能够利用营运合伙组织，从资产所有者那里用货币或者股票收购资产，而这些资产所有者正好期望其税项可递延，但是如果在一年以后，所有者出售资产时收取现金或REITs股票，则这些税项必须立即支付。此外，REITs拥有信托性质，如果有限合伙人持有OP单位直至死亡，则房产税规则的适用会有所改变——死者的受益人有权将OP单位换成现金或REITs股票，且不必缴纳任何所得税。

在中国，这种模式尚不具有可行性。物业的所属人无论是个人还是公司，只要房产证稍有变化，就立即视为交易而需要支付税项，比如物业或者土地被装进公司里面，公司股东的变化就被视为交易，所以在中国上REITs所能提供的税项延迟作用暂时还没有，但是上REITs提供了一个REITs横向快速扩张的组织形式，如果公司需要上市，则优势非常明显。

现有的REITs想获得一项房地产资产或资产组合，它与持有该房地产的资产方发起成立有限合伙企业，这种子REITs是有限合伙制，REITs作为普通合伙人，房地产持有者作为有限合伙人。对于下一单房产交易，则设立新的有限合伙组织管理资产。如果房地产持有者持有子REITs满足一定的时间限制（通常为1年），他有权将子REITs中的权益转换为REITs股权或者出售给REITs套取现金。REITs作为普通合伙人负责管理子REITs的房地产资产，并向子REITs的有限合伙人支付红利。这种结构也同样享受有上REITs的税收递延优势，但是在具体经营房地产资产时，由于结构问题所产生的优劣势不同。上、下REITs（Down REITs）作为新型的REITs结构具有重大的借鉴意义。

这种信托将REITs和行使相应经营权的公司打包或者捆绑在一起，从而使其股份以单一份额的形式出现，这样一个投资者就可以同时拥有 REITs 和经营公司的权益。打包或者捆绑的 REITs 持有人在获得 REITs 税收待遇的同时，还能分享房地产所有者和经营者的双重经济利益。

在协议型 REITs 中，REITs 和由它设立的经营公司的股份不以单一份额的形式出现，而是通过两家公司之间的协议连接起来。根据公司间的协议，经营公司有权选择是否租赁和管理 REITs 未来取得的财产，同时 REITs 也有权决定是否接受经营公司转让的房地产。不过，由于协议双方拥有相同的高层管理人员和董事会成员，因此可以确保两家公司为它们共同股东的利益服务。

依据咨询顾问，可以将 REITs 划分为外部咨询型 REITs 和自我管理型 REITs。如果 REITs 聘请外部顾问进行经营管理，就成为外部咨询型 REITs。此类顾问提供的服务包括管理、市场调查、资产调查等。顾问费通常是根据管理的资产、收益或其他标准来确定。自我管理型 REITs，即管理层由公司自身雇员构成或者由特定主体担任的 REITs。自我管理型 REITs 通常能够有效地控制内部费用，还能减少潜在的利益冲突，提高市场的透明度。

五、REITs 的种类

（一）按投资类别分类

按投资类别分类，我国目前房地产投资信托可以分为三种基础类型。

第一类是标准 REITs（股权型，Equity REITs）。它是将物业的租金收入作为主要收入来源，主营业务为购买、出租、管理、售出房地产物业。一般而言，股权型房地产投资信托不从事房地产开发工作，即使参与房地产开发项目，也只是用于出租经营用途，且不会出售。股权型 REITs 的收益高低取决于 REITs 经营管理者的经营策略。由于股权型 REITs 可通过调整租金来调整其收益，因此，它受利率影响较小。在物业选择上，股权类 REITs 青睐可持续增值的物业，不仅要求其租金有增长空间，也要求物业价格有上涨空间。目前在中国香港上市的 11 只房地产信托基金均属于股权类 REITs。

第二类是准 REITs（债权股权混合型）。混合型是介于股权类和抵押类之间的一种 REITs，混合类 REITs 具有股权类 REITs 和抵押类 REITs 的双重特点，混合类 REITs 既拥有一定的物业产权，又提供抵押贷款服务。典型的案例包括中信起航专项资产管理计划、高和资本的中华企业大厦案例以及鹏华前海万科 REITs。

第三类是纯债权型 REITs（Morgage REITs）。纯债权型 REITs 的收益主要来源于房地产贷款的利息。它将募集的资金借贷出去，获得地产项目的债券。纯债权型 REITs 是我国目前最为普遍的不动产资产证券化的形式，该类型 REITs 案例非常多，典型的有海印股份专项资产管理计划、中信华夏苏宁云创资产支持专项计划等。

（二）按组织形式分类

按组织形式分类，我国目前房地产投资信托可以分为三种类型。

第一类是契约型 REITs。对于契约型 REITs 而言，REITs 管理人首先要与托管人订立信托契约，管理人和托管人的行为均受契约制约。信托契约是契约型 REITs 在实际运作中需要遵循的法律文件，并对 REITs 管理人、托管人、投资人三方当事人的行为具有约束力。

第二类是公司型 REITs。公司型 REITs 是具有法人资格的经济实体，它依法成立，通过发行股份筹集资金,并将所筹资金投入到房地产投资中。公司型REITs不参与实际运作管理,一方面,它将REITs资产委托给REITs管理公司进行实际操作,另一方面,它将REITs资产委托给第三方托管机构进行管理。

第三类是有限合伙制REITs。有限合伙制REITs由对合伙债务承担无限连带责任的普通合伙人和对合伙债务承担有限责任的有限合伙人组成。其中,普通合伙人负责合伙企业的管理事宜,而有限合伙人仅仅参与分享投资收益而无管理权限。数量限制上,普通合伙人至少为一人,有限合伙人数量无限制。

(三)按资金募集方式分类

按资金募集方式分类,可分为私募房地产投资信托和公募房地产投资信托。

私募房地产投资信托是针对少数个人或机构投资者募集的,以非公开方式发行。私募房地产投资信托只能通过私下方式(如信函、电话、面谈)征询特定的投资者,不可进行公开销售宣传。

公募房地产投资信托,顾名思义,是向社会公众投资者公开发行以募集资金并投向房地产的募集方式。公募方式可运用各类公开媒体销售基金。

(四)按投资人能否赎回分类

按投资人能否赎回分类,可将REITs分为封闭式REITs和开放式REITs两类。

封闭式REITs只能在二级市场交易,不能直接同REITs以净值交易,而且封闭式REITs在上市后,规模不可变,不允许再次进行募集。开放式REITs则相反,它允许投资者根据基金净值自由申购和赎回。

六、REITs的运作模式

根据信托财产的运用方式,房地产信托运作模式可分为股权投资信托、贷款信托、权益投资信托、财产收益权信托及组合投资信托五大类。

(一)股权投资信托模式

1. 运作原理

股权投资信托模式是指信托公司通过发行信托计划募集资金,将信托资金以股权受让或增资扩股方式入股房地产企业或项目公司,行使股东权利,信托收益以股权分红、减资或股权转让为主的信托投资模式。理论上,股权投资信托模式可介入房地产项目的任何阶段。实务中,因信托公司的投资管理能力不足,高风险、高收益的纯股权投资信托模式运用较少,更多的是以"投资附加回购"形式运作。一般事先与房地产企业或其他相关方签署一个股权回购协议,约定在信托计划到期时由其承诺溢价回购信托计划持有的全部股权,从而确保投资者投资收益的实现,为此,通常还需提供一定的担保措施。

2. 交易结构

根据房地产股权投资信托运作原理,房地产股权投资信托模式可分为纯股权信托模式以及回购型信托模式两类,其交易结构如图9-1所示。

3. 模式简评

房地产股权投资信托模式适合于股权结构相对简单清晰、项目盈利能力强的房地产公司或项目。在纯股权信托模式下,信托资金形成实质性股权投资,从监管角度来说,对交易对手方资质等方面没有任何要求,入股项目公司的信托资金被评判为项目资本金不存在法律瑕

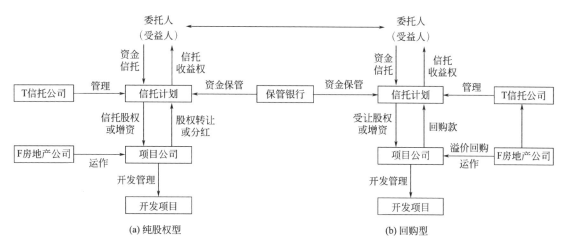

图 9-1 房地产股权投资集合资金信托

疵，可增强项目公司的负债能力。尽管监管层鼓励信托公司开展纯股权信托业务，但目前采用这类运作模式的并不多见，原因之一是纯股权投资信托需实质性地承担较大的市场风险，原因之二是该类产品退出机制存在一定障碍，与目前信托期限短期化难以匹配。

对于回购型股权信托模式，关键在于信托产品到期后"股权变现退出"的保障问题，因此，运作回购型股权信托模式有两个关键点：一是信托公司在项目公司所处的控股或者控制地位，对信托资金及后续债务性资金的使用和其他重要事项拥有决定权，确保信托资金按照信托合同的约定合理运用，使得既定项目如期完成；二是所投资的房地产项目是否具有良好的市场前景，以便股权转让、溢价回购等股权退出机制无法实现时，信托公司可通过处置项目资产进行股权变现。

（二）贷款信托模式

1. 运作原理

贷款信托模式属于债权融资模式，信托公司发行信托计划募集资金，将信托资金以发放信托贷款的形式运用于房地产企业，房地产企业定期支付利息并于信托计划期限届满时偿还本金，信托公司定期向投资者支付信托收益并于信托计划期限届满之时支付最后一期信托收益和偿还本金给投资者。

2. 交易结构

房地产贷款信托模式交易结构如图 9-2 所示。

3. 模式简评

房地产贷款信托模式操作简单，运作成熟，是最为行之有效的融资方式，实务中被普遍使用。但相对于银行贷款，无论是从规模、资金成本，还是从贷款期限来说，信托贷款并不占优势。就对房地产企业的限制而言，两者接近，均要满足"四证齐全"（国有土地使用权证、建设用地规划许可证、建设工程规划许可证、建筑工程施工许可证）要求，项目资本金比例不低于 30%（保障性住房和普通商品住房项目资本金比例不低于 20%）。此外，对信托公司而言，发放信托贷款，房地产企业开发资质不低于国家建设行政主管部门核发的二级资质。

该模式运作的关键在于项目合规风险以及担保措施，就项目合规而言，除了上面的"四三二"（四证齐全、30%的最低项目资本金比例、二级开发资质）要求外，信托公司以结构化分层方式设计信托计划时，优先级和劣后级信托受益权配比比例不得高于 3∶1，向他人

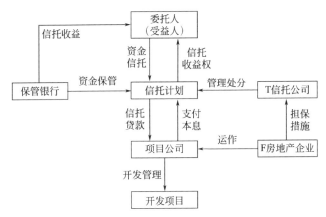

图 9-2　房地产贷款信托集合资金信托

提供的贷款余额不得超过信托公司管理的所有信托计划实收余额的30%。就担保措施而言，一般采用土地或房屋抵押、应收账款或股权质押及关联方或第三方保证的担保方式，抵（质）押率通常为30%～50%。这类信托基本属于点对点式的项目融资性质，与银行房地产信贷同质化严重，且交易对手多为不满足银行风控要求的企业，信托受益人获取的预期收益与实际承担的潜在风险极不对称，今后应逐渐减少该类模式的比重。

（三）权益投资信托模式

1. 运作原理

权益投资信托模式是指信托公司通过发行集合资金信托计划募集资金，将信托资金用于受让房地产企业的优质资产或特定资产收益权，如项目收益权、股权收益权、应收账款收益权等，以该优质资产或特定资产收益权所产生的现金流或自由转让价款以及房地产企业溢价回购款形成信托收益的房地产信托。因房地产企业不愿转让优质基础资产所有权（如北京国投"法国欧尚天津第一店资金信托计划"），实务中房地产企业通常从基础资产中抽离出特定期间（一般为信托存续期）的收益权作为转让标的。

2. 交易结构

根据权益投资信托运作原理，会形成以基础资产未来现金流或自由转让价款作为信托收益的持有型信托模式，以及以房地产企业溢价回购款为信托收益的回购型信托模式，两者交易结构如图9-3所示。

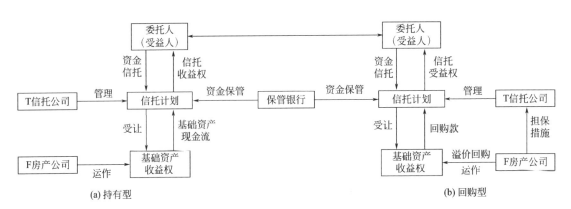

图 9-3　房地产权益投资集合资金信托

3.模式简评

房地产持有型权益投资信托模式和国外运作成熟的REITs较为相近,都是主要以基础资产未来现金流为收益来源,但不同的是,房地产权益投资信托中的基础资产所有权仍归属于房地产企业,基础资产仍由房地产企业管理运作,从而实现优质资源整合放大的作用。

运作这一模式的关键在于基础资产是否具有稳定可预测的未来现金流。一般来说,持有型权益投资信托如果没有一个能在短期内产生大量现金流的优质基础资产包,那么必将拉长信托存续期,实际上大多数房地产企业并不能满足这一要求,而信托存续期的拉长和目前投资者信托产品的短期化倾向又不相符合。因此,实务中,通常会采用回购型权益投资信托模式进行运作,一般信托公司与房地产企业会另行签署一份还款协议,根据分期回购的交易安排,约定各期还款的金额和期限。

(四)财产收益权信托模式

1.运作原理

房地产权益投资信托模式属于房地产资金信托,其初始信托财产为资金,而信托资金运用标的为房地产财产或相关财产收益权。当初始信托财产为房地产财产或相关财产收益权时,即房地产企业以房地产财产或相关财产收益权作为信托财产委托给信托公司设立信托,取得该信托项下全部信托受益权,然后通过信托公司向合格投资者(通常是法人机构、银行理财资金、信托计划、券商资管或基金子公司专项计划等)转让全部或部分信托受益权获得融资,受让人成为新的信托受益人,以基础资产未来现金流、房地产企业差额补足或溢价回购受益人所持信托受益权所得款项为信托收益,这一模式便是房地产财产收益权信托模式。

2.交易结构

根据房地产财产收益权信托运作原理,会形成以基础资产未来现金流或自由转让价款作为信托收益的持有型信托模式,以及以房地产企业差额补足或溢价回购款为信托收益的回购型信托模式,两者交易结构如图9-4所示。

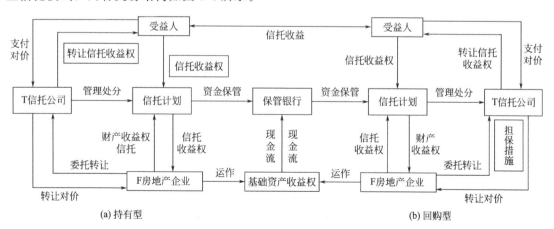

图9-4 房地产财产收益权信托

3.模式简评

房地产财产收益权信托模式是房地产准资产证券化,它的核心架构是"房地产财产信托+信托受益权转让",通过信托公司受托人与转让代理人之间的身份转换,从而实现基础资产委托人融资的目的,其他方面和房地产权益投资信托无异,在此不再赘述。

（五）组合投资信托模式

1. 运作原理

组合投资信托模式是上述若干运作模式的组合运用，该模式最大的特点就是其灵活性，可以很好地满足房地产企业的融资需求。比如股权和贷款两种信托模式的组合，可以就同一个信托计划做两期，委托人（投资者）分为两批，第一期为股权信托，第二期为贷款信托，注入同一房地产项目公司；另外也可以做成一期，信托资金以股债结合的形式注入房地产企业，一部分作为项目资本金，另一部分以股东借款注入。

2. 交易结构

根据房地产组合投资信托运作原理，可以得到交易结构如图9-5所示。

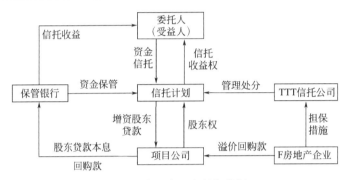

图 9-5　房地产组合投资信托

3. 模式简评

从监管部门出台的各种政策以及高层的公开表态，其意在限制房地产贷款信托（含投资附加回购承诺形式的房地产信托）膨胀，鼓励信托公司开展房地产纯股权投资信托、持有型权益投资信托以及组合信托等主动管理类信托。因此，这种房地产组合信托模式的应用作为转向房地产纯股权信托模式的过渡，应该会越来越受到投资者和信托公司的青睐。

第二节　我国发展 REITs 的条件

一、房地产成为支柱产业

随着我国市场经济逐渐发展壮大和成熟，房地产行业也得到了迅猛的发展，目前已成为我国国民经济发展的支柱产业。过去十年间，我国房地产开发投资的增长率均高于全国 GDP 的增长率，其对全国 GDP 增长的平均贡献率高达 17%。因此，房地产行业已经成为我国经济发展的支柱产业，促进房地产业的健康持续发展是保证我国经济高速发展的必要条件。

二、房地产市场逐渐规范

在地产行业发展方面，因我国 REITs 产品的基础资产以一线城市商业地产为主，而我国一线城市商业地产主要以写字楼为主，自 2010 年起商业地产存量持续增加，其中 2015 年一线城市写字楼存量大幅增加，同比增长 23%。与持续上涨的供给相对应的是旺盛的需求，近 5 年来一线城市商业地产空置率普遍呈下降趋势，2015 年北上广深四个一线城市写字楼空置率全部降到5%以下，商业地产租金在供需两旺中保持快速上涨。

但就在2019年，情况发生了变化。在这一年，商业用房的空置率也一路上扬，中国房地产行业由高速增长进入到高质量增长阶段。全联房地产商会副秘书长房讯网董事长刘凯在中国写字楼产业园发展论坛上表示："从全国来看，商办地产市场2018年下半年开始进入调整期，空置率、租金和售价均面临一定的压力与挑战。根据我们的统计，2019年三季度四大一线城市空置率在15%以上，全国写字楼平均空置率超过20%，商业用房空置率高达30%，这三个数据标志着商办市场从传统的卖方市场开始向买方市场转变。"有专家表示，全国一线城市整体写字楼市场空置率已经攀升到近10年的最高点。不过，在刘凯看来，作为经济的晴雨表之一，以写字楼为代表的商办地产市场长期向好的趋势依然不会改变。

三、金融体制改革逐步深入

我国已经初具规模的证券市场为REITs的产生和发展提供了上市与交易基础。本质上说，REITs是投资基金的一种，我国的投资基金的发展具有以下特点：面向大众，吸引小额投资者的资金；基金可上市交易；由专业的基金管理人管理；投资方向、受益来源等受到限制；大部分收益须分配给投资者。这些特征与国际通行的投资基金特征基本一致。如果收益来源和投资方向等限定为房地产，我国的投资基金就与美国REITs相类似，只是组织形式不同，我国投资基金为契约型，美国主要为公司型REITs；同时美国REITs享有的税收优惠是我国的投资基金所没有的。近几年投资基金以其自身制度优势在我国得到了迅速的发展。与之相对的《投资基金管理办法》也已出台，用来规范目前投资基金的筹集、运作、管理、投资以及收益分配等环节。

四、信托业的发展日趋规范

2001年我国颁布的《信托法》使信托制度在我国有了权威的法律依据，2002年颁布的《信托投资公司资金信托管理暂行办法》和《信托投资公司管理办法》，更精准、细致地规范了信托业的发展；证券制度方面，监管层一直在致力于证券衍生产品的创新和投资者保护的立法，这都为REITs在我国的发展提供了制度环境。

信托业与证券业、保险业和银行业合称为金融市场的四大支柱。从1998年至今，中国人民银行对信托业进行共五次整顿，目标在于将信托业与证券业、保险业、银行业实行分业经营。信托业因此得以回归本位，成为名副其实的受人之托、代人理财的信托投资公司。尽管当前信托投资公司因为种种原因而陷于困境，但是国际经验表明信托业还是有很大的发展前景，因为，从业务范围角度，信托投资公司能从事所有财产委托业务，不仅经营范围要比证券公司、保险公司和银行大，同时可以接受保险公司和银行的委托，代理这些企业经营管理财产。

从市场环境角度，信托业能够涉足各个层次的金融市场，作为聚集金融资金的主流渠道之一，信托产品越丰富，市场体系越完善，信托业的作用越大。随着我国金融市场逐渐成熟，信托业必将日益壮大。

五、投资主体逐步形成

从投资主体的角度，REITs的投资者基础已经具备，表现在以下两方面。

（一）个人投资者

我国居民收入水平随着经济发展逐渐提高，也因此形成了巨额的社会闲散资金。据统计，我国居民目前储蓄余额已达到 100000 亿元，但是由于缺乏合适的投资渠道，居民的巨额储蓄一直无法用于多元化投资。近几年经济波动加剧，房地产市场日益活跃，房地产投资的价值开始显现。但是因为房地产投资资本密集的特点，个人投资者财力薄弱几乎无法问津。REITs 的出现让个人投资者看到了机会。

（二）机构投资者

机构投资者是 REITs 的主要投资者。如果 REITs 能够得到强大的机构投资者的支持，就可以得到更高的市场估值，受到其他投资者长期的追捧，进而 REITs 可以取得资本市场上的竞争优势。具体来说，REITs 取得机构投资者投资的好处包括：①低成本获取资本，机构投资者对 REITs 普通股的投资可以提高股票价格的溢价，进而降低股息率及相应的权益资本成本和债务资本成本；②保持股价的稳定，机构投资者的投资一般为战略性的长期投资，而不是短期的投机炒作，因此机构投资者的进入有助于稳定 REITs 的市场价格；③获得持续的资金来源，我国的机构投资者队伍正在逐渐壮大，保险公司、养老基金和社保基金已经或即将成为大的投资机构。

六、国际经验提供借鉴

美国和亚洲各国和地区的 REITs 上市案例为我们提供了充足的借鉴与启示。"它山之石，可以攻玉"，我们可以在组织结构、投资范围、运作机制和利益分配等方面学习国外先进经验，进而设计出适合我国实际的 REITs 发展模式。同时我国目前在交易所上市的 50 多家房地产公司的信息披露、经营管理以及政府监管等经验都可以拿来作为发展 REITs 的借鉴，为我国发展 REITs 提供现实的法律参考。此外，REITs 的上市流程和交易规则与普通上市公司、封闭式基金上市的规定基本一致，实施成本较低。

第三节　境外主要 REITs 市场发展

美国于 1960 年在全球范围内推出了首只 REITs 金融产品，到 2018 年中期，已经有 38 个国家和地区建立了 REITs 市场，市场规模则高达 3 万亿美元。从目前来看，美国仍是最成熟的 REITs 市场，在历史经验、市场规模和制度完善性方面均位于前列；而日本、新加坡等亚洲经济发达地区也在 2000 年前后纷纷推出了 REITs，经过近 20 年的发展也实现了长足的进步。

从 REITs 的制度架构来看，美国形成了公司化、公募化和权益化的发展模式，并要求将 90% 以上的收入分配给股东以保证 REITs 资质，充分体现了 REITs 消极管理、过手支付（PassThrough）的特点。日本对美国的制度架构进行了较为深入的学习，整体思路保持高度一致，在具体的参数设置上进行了地域化处理。新加坡 REITs 采用信托模式，至少 90% 以上的收入分配给股东才能享受税收优惠。中国香港 REITs 同样采取信托模式，也要求分配 90% 以上的收入给股东，同时对杠杆率做出最高 45% 的明确限制。

在税收安排上，主要国家和地区的 REITs 大多秉持税收中性的原则，即达到强制分配标准后可进行一定的税收减免，这充分体现了 REITs 的过手支付特性。

主要国家和地区 REITs 的发展情况特别是作为 REITs 核心的制度架构体系和税务制度体系，对中国境内推出 REITs，促进房地产行业良性发展、推动经济结构转型具有非常重要的参考意义。

一、全球 REITs 市场发展情况

(一) 主要市场概况

自1960年推出以来,全球REITs市场历经多次改革创新,规模逐步扩大,到2018年中期,共有38个国家和地区建立REITs市场,相继推出REITs,全球REITs市场总市值已经达到约3万亿美元。主要国家和地区REITs市场情况见表9-1。

表 9-1 主要国家和地区 REITs 市场情况

国家/地区	市场建立年份	法律基础及条款	组织架构类型	REITs数量/只	在EPRA REITs指数中的数量/只	市值/百万欧元	在全球REITs指数中的占比/%
美国	1960	《国内税法》《房地产信托投资法》	几乎无限制,实际主要为公司形式	200	132	939016	64.84
荷兰	1969	《财政投资制度体系》《公司所得税法》	原则上是公司形式	5	5	30616	2.89
澳大利亚	1985	《公共单位信托法和股权法》《所得税评估法》《税收管理法》	信托形式	50	12	77451	5.76
加拿大	1994	《所得税法》	信托形式	47	16	46686	2.92
新加坡	1999	《证券及期货法》《集合投资法则》《地产基金指南》《所得税法》	信托形式	35	9	45974	1.81
日本	2000	《投资信托和投资公司法》	信托形式和公司形式均可,但实践中只有公司形式	61	32	97556	7.24
法国	2003	《财政法》及法国税务机构官方解释	公司形式	29	6	52091	2.02
英国	2007	《财政法》及后续法则和修订等	公司形式	52	31	66709	5.56
南非	2013	《集合投资计划控制法》《公司法》《证券转让税法》《所得税法》及约翰内斯堡证券交易所上市要求	信托形式和公司形式都合法,但是公司形式享受税收优惠	31	9	21372	1.19

注:资料来源于 European Public Real Estate Association,FTSE EPRA/NAREIT Global REITs index。

各国家和地区建立REITs市场的时间和背景不尽相同。开始,部分国家和地区主要是在经济或房地产市场遭遇困难时,通过REITs提高社会资本对房地产市场投资的积极性,通过增加投资来带动经济发展;而后,推出REITs主要是为了增强本国房地产市场竞争力,提高不动产的流动性,改善融资渠道。

从组织架构类型来看,REITs一般以公司形式或信托形式设立,美国市场允许公司与信托两种形式并存,多数国家和地区以信托形式设立,但从实际市场运行规模来看,公司形式更为普遍。

就成熟度而言,根据安永会计师事务所发布的《全球视角:2016年REITs报告》(Global Perspectives:2016 REITs Report),以资本流动情况、财务报告可靠程度、公司治

理、风险控制、监管环境、交易活跃程度、融资规模、物业属性等指标为衡量维度，美国属于成熟市场，加拿大、澳大利亚、法国、英国、荷兰、日本、新加坡等属于初步成熟市场，其他国家和地区属于新兴市场或雏形市场。从规模上看，差距很大。美国市场遥遥领先，上市REITs数量和市场规模都是其他国家和地区的10倍甚至数十倍，占全球REITs指数比重2/3以上，日本、澳大利亚、英国次之，占比只有5%~7%。

（二）收益情况

多数国家和地区都要求REITs至少将收入的90%分配给持有人，投资者的主要收益来源是REITs分红。REITs发行成功的关键因素之一就是收益率高于国债等低风险固定收益产品，而风险和波动性小于股票等中高风险产品，从美国市场的长期数据来看，REITs甚至可以在波动性较低或持平的情况下取得高于权益市场的收益。由于REITs不仅在大部分时间都能获得稳健收益，而且公募化、小型份额化的安排具有极强的流动性，目前已成为投资人青睐的重要金融产品，特别是对于保险公司、年金管理机构等重视投资稳定性和流动性的机构，REITs已经成为不动产金融市场的重要选择。

（三）税务规定和税收优惠情况

总体而言，REITs的设立必然会考虑税务中性原则，即REITs的设立不会增加新的税务负担，同时多数国家和地区对于REITs给予了不同程度的税收优惠。一般而言，分配达到一定比例之后，投资者获得的分配收益就可以减免企业或个人所得税。需要指出的是，多数国家和地区的REITs可以投资境外不动产，这些规定只适用于境内REITs，境外REITs需要遵守当地法律和税收规定。

二、美国REITs市场发展情况

（一）基本情况

美国是最早推出REITs的国家。1958年，美国经济增长跌入负值区间，第二次世界大战后大量房地产供应无法消化，1960年发布的《国内税收法》（Internal Revenue Code，REITs关键条款在第856和第857部分）是美国REITs立法的开端，允许符合要求的REITs在公司层面免缴企业所得税，同年又正式发布《房地产投资信托法案》（Real Estate Investment Act）允许设立REITs，标志着REITs制度正式建立。1961年，美国首只REITs正式设立。

由于制度不成熟，直到1967年美国政府放开抵押型REITs，又遇到石油危机带来的通货膨胀之后，具有高收益和低波动性的REITs才开始迅速成长，其间历经制度的不断优化和市场自我完善，到20世纪80年代中后期，美国REITs的市场规模已经超过100亿美元，并且权益型REITs的占比迅速扩大。之后，随着关于制度架构、税务、投资人范围等方面的有利政策的出台，在21世纪初全球金融危机发生之前，美国REITs经历了一个超过十年的快速发展期。2009年之后，随着REITs自身杠杆调整和财务报表的改善，其市场规模很快超过了金融危机之前的水平，目前在美国的规模已经达到万亿美元体量。

目前，美国是全球最大、最重要和最成熟的REITs市场，到2018年中期，美国共有200只REITs，总计拥有约4万处物业，其中132只在EPRA REITs指数中，市值高达9390亿欧元，在全球REITs指数中占比达到64.84%。二级市场交易非常频繁，从1990年3月到2018年12月，交易量快速增长，一度达到90亿美元。

(二)市场特点

美国 REITs 市场在长期发展中虽然曾经出现过多次规模下滑和市场危机,但都成功实现了自我修复,目前已经高度成熟。金融危机后,美国市场 REITs 数量和市值迅速增加,呈现全新发展特点。

一是投资领域多元化。2008 年发布《房地产投资信托投资及多样化法》(REIT Investment and Diversification Act),从法律层面推动 REITs 投资多元化。除传统的工业、办公、商业零售、住宅等领域外,REITs 开始更多地向医院和健康中心、自用仓储、林场、基建设施等领域投资,风险进一步分散。这些非传统领域份额较小,从项目数量来看,占比约为30%,从市值规模来看,占比约为 40%,但是收益率并不逊色,良好的投资收益将进一步深化 REITs 投资领域多元化发展的趋势(表 9-2)。

表 9-2 美国 REITs 投资细分领域情况

投资领域	数量/只	2017 年总收益率/%	2018 年总收益率/%	分红率/%	市值规模/百万美元
工业	12	20.58	−2.51	3.36	76533
办公	23	5.25	−14.50	4.04	82871
商业零售	33	−4.77	−4.96	5.28	154740
住宅	21	6.63	3.09	3.21	144811
多种行业混合经营	16	−0.10	−12.52	5.78	48427
酒店、旅游休闲物业	17	7.16	−12.82	6.49	47170
医院和健康中心	18	0.87	7.58	5.83	98691
自用仓储	5	3.74	2.94	3.99	57830
林场	4	21.92	−31.96	5.76	22447
基建设施	6	35.38	6.99	2.66	137379
数据中心	5	28.43	−14.11	3.27	60975
特别种类	11	13.22	−6.68	6.95	42028
总体	171	8.67	−4.04	4.37	973902

注:资料来源于 NAREIT。

二是回报稳定。与其他投资产品相比,美国 REITs 提供了稳健且较高的收益,受到投资者青睐。20 年来,月度总收益(Monthly Total Return)指数增长了 18 倍,2008 年以来,大幅跑赢美国主要市场指数;分红率一度超过 10%,近 5 年有所下降,基本保持在 5% 的水平,但是仍然高于 10 年期国债分红率。

三是募集资金规模较大。2010—2018 年,基本每年保持在 500 亿~1000 亿美元的较高水平,股权募集资金规模占比在 50% 左右,最高年份占比超过 2/3,杠杆率较为合理,资本结构较为稳健,具体情况见表 9-3。

表 9-3 美国 REITs 年度募集资金规模

年份	总规模/百万美元	首次公开发行/百万美元	股权再融资/百万美元		债权再融资/百万美元
			普通股	优先股	
2010	47450	1975	23629	2617	19230
2011	51280	2307	31075	4108	13790
2012	73326	1822	35143	10631	25730

续表

年份	总规模/百万美元	首次公开发行/百万美元	股权再融资/百万美元		债权再融资/百万美元
			普通股	优先股	
2013	76983	5732	35756	4755	30739
2014	63726	4067	24106	4618	30934
2015	59293	1423	23433	2236	32201
2016	69763	1690	26158	4655	37261
2017	92562	2950	27875	10970	50767
2018	46720	3264	16654	1580	25222

注：资料来源于 NAREIT。

四是税率提高影响投资收益及价格。2013年，奥巴马税收计划调高了年收入高于40万美元个人以及高于45万美元家庭的税收，税率由15%永久提高至20%，且额外征收3.8%的投资预增税。税率的提高影响了REITs投资者的收益和REITs的价格，市场一度出现跌价抛售的局面。但是随着美国经济明显回暖，商业地产基本面改善，REITs也将迎来租金与商业地产价格的较快提高。

（三）REITs制度架构

总体而言，美国REITs的法律制度相对较为宽松，对于形式和发行方式几乎没有禁止性内容，但经过市场的自我发展已经形成了公司化、公募化和权益化的成熟模式。在资产构成方面，要求75%以上投资于不动产，并对其他权益性和金融资产的投资进行了严格规定。同时，严格限制非房地产来源的收益比例，要求房地产相关收入占比超过90%，并将90%以上的收入分配给股东以保证REITs资质，充分体现了REITs的消极管理、过手支付（Pass Through）和税务中性特点。具体情况见表9-4。

表 9-4　美国 REITs 制度架构核心内容

项目	主要内容
组织结构	• 可以采取公司形式或信托形式或其他形式，目前大部分为公司形式，实际上，除银行和保险公司外，企业、合伙企业、商业信托等美国纳税主体都可以成为REITs • 必须由一个或多个受托人或董事管理 • 可以设立和组织应税REITs子公司(TaxableREITSubsidiary,TRS)，包括在境外 • 没有最低股本金要求 • 需要每年向股东提交详细信息
股权结构	• 自然人、法人都可以作为持股主体成为REITs的股东；除1980年《境外投资不动产税法》约束的(Foreign Investment in Real Property Tax Act of 1980)情景外，没有境外持有人限制 • 在每一个税务年度后半年，前五大投资者持股比例不得超过50%，该比例需要穿透考察，保证投资者分散化 • 从第二个税务年度开始，需要至少100位投资者（纳税年度保证335天以上即可） • 可以拥有不同的股东类型，包括普通股和优先股 • 股权必须可以交易，但没有强制上市要求，公募或者私募形式均可，并且存在公募非上市REITs（在美国证券交易委员会注册，但不在全国性交易所流转）这一特殊类型
资产要求	• 需要将总资产75%以上投资于不动产或抵押贷款、政府债券或现金（包括货币基金），不动产具体包括土地、天然的永久结构和结构组件，也包括境外物业 • 除上述政府债券外，投资于证券的总资产不得超过25%；持有一个或多个TRS的证券在总资产中所占比例不得超过25% • 除其他REITs或TRS，REITs持有单个证券发起人的证券不得超过发行人总资产价值的5%，持有其他公司股权不能超过该公司有表决权股权的10%，持有任何公司股权不得超过总资产的10%

续表

项目	主要内容
收入要求	• 至少75%的总收入必须来源于不动产租金、不动产抵押贷款利息；转让或者以其他方式处分不动产资产（包括不动产权益和不动产抵押权益）的收入；来自其他不动产投资信托的股息收入；不动产税的减免；来自取消回赎权财产的收入；不动产抵押贷款合同或者转让及出租不动产合同的承诺费；转让或以其他方式处分非资产不动产的收入；合格的临时投资收入 • 前述各项收入再加上来自其他贷款利息、转让或以其他方式处分证券资产（不包括其他不动产投资信托发行的股票或受益凭证）的收入以及非属于其他不动产投资信托分配的股息在总收入中所占比例不得低于95% • 出售或者以其他方式处置持有期不满一年的股票或其他证券、出售或者以其他方式处置持有期不满四年的房地产资金收入不得超过总收入的30%
分配要求	• 除资本利得与确定的非现金应税收益外，至少90%的应税收入需要以股息方式分配给投资者，这样才能享受税收优惠（2001年之前为95%） • 不需要分配资本收益，未分配的资本收益需要缴纳企业所得税
杠杆限制	• 由于美国市场存在较为健全的评级体系，过高的负债率会影响评级体系，进而影响股价和融资，因此没有法定外部负债比例限制 • 目前外部整体负债率约为45%

注：1.持股包括"间接持有"与"直接持有"，1993年出台的《收入调节法案》(Revenue Reconciliation Act)对REITs税收优惠的"五或更少规则"(The Five-or-Fewer Rule)进行了重大完善，按照穿透模式计算养老金投资人的纳税额，改变了养老金这一重要的机构投资人因投资比例过低而较少投资REITs的情况。《国内税收法》进一步明确，实际管理人应向所有股东提交股权份额证明。这些规定在最大限度上保护了中小投资者在REITs运行中的利益，提高了他们参与REITs投资的热情。

2.资料来源于European Public Real Estate Association。

（四）REITs税务安排

美国的REITs是从税务开始建设的，1960年《国内税收法》、1976年和1986年《税收改革法》、1993年《综合预算调整法》及2001年《房地产投资信托现代化法》都涉及关于REITs的税收政策，形成了一套非常复杂的税收依据系统，需要区分不同收入情况适用的一般税收规则。

1.购置/处置物业阶段

美国的税收优惠政策较少，纳税人一般要按规定缴纳转让税、企业所得税、代扣代缴税等，特别是企业所得税率高达21%（之前为35%），因此卖方仍要承担大量税费。另外，REITs在第一个税务年度结束时，必须把发行REITs之前数年的所有收益和利润进行分配，必须就发行REITs时的资产价值与资产税务评估价值的差额缴纳企业所得税；此外，RE-ITs必须就"内置收益"（转换为REITs时资产的价值与资产税务评估价值的差额）缴纳公司税。REITs只有在5年内不以应税交易方式出售或交换这些资产时，才可以免除该项税款。

2.持有运营阶段

按照《国内税收法》规定，至少要将90%的应税收入以股利的形式分配给投资者，只有在此种情况下，所分配股利的对应部分可从REITs的应税所得额中税前扣除，剩余未分配应税收入适用企业所得税；REITs可以在当年12月底之前将部分收入计提预留，在次年1月之前完成分配，但当年分配不应少于85%，否则应缴纳4%的消费税。资本利得没有强制性分配规定，但留存收益须缴纳企业所得税，股东按比例分摊税款提升税基，同时获得REITs支付税款的税前抵扣。

REITs的TRS不适用免税规定，TRS的应税所得适用100%税率，同时TRS与应税

REITs 子公司进行的非公平交易以及与 REITs 承租人之间的非公平交易获得的收入应 100% 征税。美国税务当局还设置了惩罚性措施，未满足关于不动产租金收入占比 75%、95% 规则的，需要承担 100% 的惩罚性税率。未通过资产测试的非合格资产的所得需要缴纳企业所得税。如果未提供未通过测试的合理理由，可能面临丧失 REITs 资格的处罚，一旦处罚成立，需要经过 5 年的观察期才能再次申请。这在一定程度上降低了 REITs 募资后进行短期投机操作的可能性，进一步保证了收益分配比例。

另外，与采用投资公司模式的 REITs 不同，采用交易商模式的 REITs 需要对销售利润按 100% 税率征收消费税。REITs 如果能通过多目标检验，则符合税务避风港的要求，可以免于缴纳消费税。

3. 投资人分红阶段

根据目前美国的税法体系，分红和资本利得都不享受税收减免，均按照现行所得税率缴纳。境内法人的分红也要按照 21% 的税率缴纳所得税，自然人根据不同情况按阶梯税率缴纳，最高税率为 33.4%；境外持有人按照收入分红、资本利得和资本返回分别实施 30%、21% 和 10% 的税率。美国 REITs 分红阶段税率见表 9-5。

表 9-5 美国 REITs 分红阶段税率

纳税人	法人	自然人
境内	• 统一税率 12%	• 对于来自 REITs 的一般收入（包括运营收入和资本利得），税率降低至 20%，考虑附加税后最高为 33.4% • 对于 REITs 持有超过一年物业的资产溢价分红，税率降低至 23.8%（如来源于折价回收则为 28.8%） • 资本返还按 23.8% 的税率纳税
境外	• 收入分红税率 30% • 资本利得税率 21% • 资本返回税率 10%	• 收入分红税率 30% • 资本利得税率 21% • 资本返回税率 10%

注：资料来源于 European Public Real Estate Association。

延伸阅读1 日本、新加坡 PEITs 市场发展情况

延伸阅读2 案例分析与问题讨论5

思 考 题

1. 何谓房地产信托？并请简述信托的运作原理。
2. 信托的基本要素包括哪些？
3. 我国房地产信托业务主要有哪些？
4. 房地产信托资金通常如何筹集？如何运用？
5. 何谓 REITs？REITs 有哪些特点？
6. 按照投资方向、组织结构和管理运作模式，REITs 可以分为哪些类别？

第十章　房地产企业公开资本市场融资

资本市场亦称"长期金融市场"或"长期资金市场",是期限在一年以上各种资金借贷和证券交易的场所。因为长期金融活动涉及资金期限长、风险大,具有长期较稳定收入,类似于资本投入,故称为资本市场。国债市场、股票市场、企业中长期债券市场和中长期放款市场是资本市场的典型代表。公开资本市场特指可公开交易的证券市场,包括股票市场和债券市场。公开资本市场融资即通过证券市场融资。房地产上市公司是指房地产相关业务收入或者利润占整体比重超过50%的上市公司。房地产企业在公开资本市场的融资方式可以分为股票市场融资、债券市场融资两大类。

第一节　证券市场概述

证券市场是证券发行和交易的场所。从广义上讲,证券市场是指一切以证券为对象的交易关系的总和。从经济学的角度可以将证券市场定义为:通过自由竞争的方式,根据供求关系来决定有价证券价格的一种交易机制。

一、证券市场的分类

(一)证券发行市场和证券交易市场

按证券进入市场的顺序,证券市场分为证券发行市场和证券交易市场。证券发行市场又称"一级市场"或"初级市场",是发行人以筹集资金为目的,按一定的法律规定和发行程序,向投资者出售证券所形成的市场。在证券发行市场上,存在着由发行主体向投资者的证券流,也存在着由投资者向发行主体的货币资本流,因此证券发行市场既是发行主体筹措资金的市场,也是给投资者提供投资机会的市场。

证券交易市场是已发行的证券通过买卖交易实现流通转让的场所。相对于发行市场而言,证券交易市场又称"二级市场"或"次级市场"。证券经过发行市场的承销后,即进入流通市场,它体现了新老投资者之间投资退出和投资进入的市场关系。因此,证券流通市场具有为证券持有者提供需要现金时按市场价将证券出卖变现、为新的投资者提供投资机会的功能。

证券发行市场与交易市场紧密联系,互相依存,互相作用。发行市场是交易市场存在的基础,发行市场的发行条件及发行方式影响着交易市场的价格及流动性。而交易市场又能促进发行市场的发展,为发行市场所发行的证券提供了变现的场所,同时交易市场的证券价格及流动性又直接影响发行市场新证券的发行规模和发行条件。

(二)股票市场和债券市场

按有价证券品种的类型,证券市场又分为股票市场、债券市场、基金市场以及衍生证券市场等子市场。股票市场是股票发行和买卖交易的场所。股票市场的发行人为股份有限公司。股份公司在股票市场上筹集的资金是长期稳定、属于公司自有的资本。股票市场交易的对象是股票,股票的市场价格除了与股份公司的经营状况和盈利水平有关外,还受到其他诸如政治、社会、经济等多方面因素的综合影响。

债券市场是债券发行和买卖交易的场所。债券的发行人有中央政府、地方政府、政府机构、金融机构、公司和企业。债券市场交易的对象是债券。债券因有固定的票面利率和期限,其市场价格相对股票价格而言比较稳定。

基金市场是基金证券发行和流通的市场。封闭式基金在证券交易所挂牌交易,开放式基金是通过投资者向基金管理公司申购和赎回实现流通的。

衍生证券市场是以基础证券的存在和发展为前提的。其交易品种主要有金融期货与期权、可转换证券、存托凭证、认股权证等。

二、证券市场的构成要素

证券市场的构成要素主要包括证券市场参与者、证券市场交易工具和证券交易场所三个方面。

(一)证券市场参与者

1. 证券发行人

证券发行人是指为筹措资金而发行债券、股票等证券的政府及其机构、金融机构、公司和企业。证券发行人是证券发行的主体。证券发行一般由证券发行人委托证券公司承销。按照发行风险的承担、所筹资金的划拨及手续费高低等因素划分,承销方式有包销和代销两种,包销又可分为全额包销和余额包销。

2. 证券投资者

证券投资者是证券市场的资金供给者,也是金融工具的购买者。证券投资者类型甚多,投资的目的也各不相同。证券投资者可分为机构投资者和个人投资者两大类,典型的机构投资者包括企业、商业银行、非银行金融机构(如养老基金、保险基金、证券投资基金)等。

3. 证券市场中介机构

证券市场中介机构是指为证券的发行与交易提供服务的各类机构,包括证券公司和其他证券服务机构,通常把两者合称为证券中介机构。证券公司是指依法设立可经营证券业务的、具有法人资格的金融机构。证券服务机构是指依法设立的从事证券服务业务的法人机构,主要包括证券登记结算公司、证券投资咨询公司、会计师事务所、评估机构、律师事务所、证券信用评级机构等。证券中介机构是连接证券投资者与筹资人的桥梁,证券市场功能的发挥,很大程度上取决于证券中介机构的活动。通过它们的经营服务活动,加强了证券需求者与证券供应者之间的联系,不仅保证了各种证券的发行和交易,还起到维持证券市场秩序的作用。

4. 自律性组织

自律性组织包括证券交易所和证券行业协会。证券交易所是提供证券集中竞价交易场所的不以营利为目的的法人,其主要职责是提供交易场所与设施、制定交易规则、监管在该交易所上市的证券以及会员交易行为的合规性、合法性,确保市场的公开、公平和公正。证券行业协会是证券行业的自律性组织,是社会团体法人。

5.证券监管机构

证券监管机构是指中国证券监督管理委员会及其派出机构。它是国务院直属的证券管理监督机构，依法对证券市场进行集中统一监管。其主要职责是：负责相关行业性法规的起草，负责监督有关法律法规的执行，负责保护投资者的合法权益，对全国的证券发行、证券交易，中介机构的行为等依法实施全面监管，维持公平而有秩序的证券市场。

（二）证券市场交易工具

证券市场活动必须借助特定的工具或手段来实现，这就是证券交易工具，也即证券交易对象。证券交易工具主要包括政府债券（包括中央政府债券和地方政府债券）、金融债券、公司（企业）债券、股票、基金及金融衍生证券等。

（三）证券交易场所

证券交易场所包括场内交易市场和场外交易市场两种形式。场内交易市场是指在证券交易所内进行的证券买卖活动，这是证券交易场所的规范组织形式；场外交易市场是在证券交易所之外进行证券买卖活动，它包括柜台交易市场（又称店头交易市场）、第三市场、第四市场等形式。

三、证券市场的功能

在现代发达的市场经济中，证券市场是完整的金融体系的重要组成部分。证券市场以其独特的方式和活力对社会经济生活产生多方面影响，在筹集资本、引导投资、配置资源等方面有着不可替代的独特功能。

（一）筹资功能

证券市场的筹资功能是指证券市场为资金需求者筹集资金的功能。这一功能的另一个作用是为资金供给者提供投资对象。在证券市场上交易的任何证券，既是筹资的工具，也是投资的工具。在经济运行过程中，既有资金盈余者，又有资金短缺者，资金盈余者为使自己的资金价值增值，就必须寻找投资对象。在证券市场上，资金盈余者可以通过买入证券而实现投资。而资金短缺者为了发展自己的业务，就要向社会寻找资金。为了筹集资金，资金短缺者就可以通过发行各种证券来达到筹资的目的。

（二）定价功能

证券市场的第二个基本功能是为资本决定价格。证券是资本的存在形式，所以证券的价格实际上是证券所代表的资本价格。证券的价格是证券市场上证券供求双方共同作用的结果。证券市场的运行形成了证券需求者竞争和证券供给者竞争的关系，这种竞争的结果是：能产生高投资回报的资本，市场的需求就大，其相应的证券价格就高；反之，证券价格就低。因此，证券市场提供了资本的合理定价机制。

（三）资本配置功能

证券市场的资本配置功能是指通过证券价格引导资本流动从而实现资本合理配置的功能。资本的趋利性，决定了社会资金要向经济效益最高的行业和企业集中。在证券市场上，证券价格的高低是由该证券所能提供预期报酬率的高低来决定的。证券价格的高低实际上是该证券筹资能力的反映。而能提供高报酬率的证券一般来自那些经营好、发展潜力巨大的企业，或者来自新兴行业的企业。由于这些证券的预期报酬率高，因而其市场价格也就相应高，从而其筹资能力就强，这样，证券市场就引导资本流向能产生高报酬的行业或企业，从而使资本产生尽可能高的效率，进而实现资本的合理配置。

第二节　股票市场融资

股票市场融资所筹措的是股本金，股本金增加可以有效改善企业的资产负债率、优化资本结构、提高投资能力、降低财务风险。因此，虽然股票市场融资存在着发行费用高、容易分散股权等缺点，但仍然是房地产企业首选的重要融资方式。上市公司发行的股票是一种有价证券，是股份有限公司签发的证明股东所持有股份的凭证。股票的发行者必须是具有股票发行资格的股份有限公司。股票的发行实行公平、公正的原则，同种类的股票具有同样的权利。股票一经发行，购买股票的投资者即成为公司的股东。股票实质上代表了股东对股份有限公司的所有权，可以凭借股票获得公司的股息和红利，但同时股东必须承担相应的风险和责任。而股票的发行者必须是具有股票发行资格的股份有限公司或有限责任公司。

股票发行分为两种：一种是公司首次向社会公众公开招股的发行方式，即设立发行；另一种是已发行股票的股份有限公司，在经过一段时间后，为了扩充股本而发行新股票，即增资发行。中国法律对股票发行有严格的规定和要求，并实行核准制，只有达到条件的公司，才能在公开市场发行股票。以下主要介绍首次公开发行、再融资两种融资方式。

一、首次公开发行

首次公开发行又称首次公开募股（Initial Public Offering，IPO），是指股份有限公司（或经批准可采用募集设立方式的有限责任公司）首次向社会公众公开招股的发行方式。根据中国证监会《首次公开发行股票并上市管理办法》的规定，发行人在满足主体资格、独立性、规范运行、财务状况与会计制度、募集资金运用等相关要求的基础上，就发行股票的种类和数量、发行对象、价格区间或者定价方式、募集资金用途等事项，形成公司股东大会决议，并在此基础上编制符合中国证监会有关规定的申请文件，由保荐人保荐并向中国证监会申报。中国证监会受理申请文件并依照法定条件对发行人的发行申请予以核准并出具相关文件后，发行人可自核准发行之日起6个月内发行股票。发行人应当在申请文件受理后、发行审核委员会审核前将说明书（申报稿）在中国证监会网站预先披露。

首次公开发行股票须通过向特定机构投资者（以下称询价对象）询价的方式确定股票发行价格。询价对象是符合相关规定条件的证券投资基金管理公司、证券公司、信托投资公司、财务公司、保险机构投资者、合格境外机构投资者，以及经中国证监会认可的其他机构投资者。主承销商应当在询价时间为询价对象提供投资价值研究报告。投资价值研究报告由承销商的研究人员在独立、审慎、客观原则下独立撰写，对影响发行人投资价值的因素进行全面分析，运用行业公认的估值方法对发行人股票的合理投资价值进行预测。发行人及其主承销商在发行价格区间和发行价格确定后，可以通过向战略投资者、参与网下配售的询价对象和参与网上发行的投资者配售股票。股票公开发行后，经相关证券交易所的上市委员会批准，即可在证券交易所公开交易。

（一）上市公司公开发行股票必须达到的条件

根据 2005 年 10 月修订的《中华人民共和国证券法》（以下简称《证券法》）第十三条规定，公司公开发行新股，应当符合以下条件：①具备健全且运行良好的组织机构；②具有持续盈利能力，财务状况良好；③最近三年财务会计文件无虚假记载，无其他重大违法行为；④经国务院批准的国务院证券监督管理机构规定的其他条件。

针对首次公开发行股票，相关法律法规作出了更为细致的规定。《首次公开发行股票并上市管理办法》（证监会令第 32 号）第三十三条规定，首次公开发行股票的发行人应该符合以下条件：①最近三个会计年度净利润均为正数且累计超过人民币 3000 万元，净利润以扣除非经常性损益前后较低者为计算依据；②最近三个会计年度经营活动产生的现金流量净额累计超过人民币 5000 万元；或者最近三个会计年度营业收入累计超过人民币 3 亿元；③发行前股本总额不少于人民币 3000 万元；④最近期末无形资产（扣除土地使用权、水面养殖权和采矿权等后）占净资产的比例不高于 20%；⑤最近一期末不存在未弥补亏损。

已上市公司发行新股，按照发行对象不同分为配股和增发新股。增发新股除了满足《证券法》第十三条规定之外，还应当满足《证券法》第十五条的要求，即公司对公开发行股票所募集资金，必须按照招股说明书所列资金用途使用。改变招股说明书所列资金用途，必须经股东大会作出决议。擅自改变用途而未做纠正的，或者未经股东大会认可的，不得公开发行新股。另外，在公司治理、盈利能力、财务状况、财务会计文件等方面也有一些具体要求。

（二）在中国资本市场首次公开上市

在中国资本市场首次公开上市发行，主要是指登陆中国的 A 股或 B 股市场。首次公开上市发行企业要经过以下的程序。

首先，准备上市的公司聘请相关的保荐机构对其进行上市辅导。

其次，辅导期满后，由企业准备证监会要求的相关文件，向证监会提出 IPO 申请。

再次，在有关部门批准后，制作认股书并与证券承销机构签订承销协议，由其负责承销事宜。

最后，向证券交易所申请挂牌交易。

中国资本市场对首次公开发行上市的企业要求比较高，在公司的独立性、运作规范、财务会计以及募集资金的用途方面都有明确的规定。另外，证监会对房地产企业上市一直持谨慎态度，审批极为严格，甚至明确表示对募集资金用于囤积土地、房源，或用于购买开发用地等的 IPO，将不予核准。因此，房地产企业在中国资本市场首次公开上市实际操作起来难度比较大，必须经历复杂的过程，耗费的时间比较多。但它具有低成本优势，在成功招股之后即可融得大量的资金。

（三）在海外资本市场首次公开上市

中国企业海外上市的主要目标市场包括新加坡交易所、纽约交易所等。

海外资本市场对上市企业的要求一般比中国资本市场低，审批流程较为快捷，因此成为很多急需发展资金的企业获得资金的"快车道"。

（四）在中国或海外资本市场"借壳"上市

所谓"借壳"上市，是指房地产企业通过购买上市公司股权，成为大股东，然后将优质资产或有良好收入预期的资产注入该上市公司，彻底改变其经营业绩，达到证券监管机构规定的增发和配股的要求，最终实现通过证券市场融资目的的资本运作方式。所谓的"壳"指经营业绩较差甚至已被证券监管机构警告或勒令暂停交易的上市公司，而这种"壳"资源的价值就在于其作为上市公司所特有的资本市场融资能力。

目前中国"借壳"上市的情况较为普遍，这其实有着特殊的政策背景和历史原因。

"借壳"上市有场内交易和协议转让两种方式。场内交易即在二级市场上公开收购目标公司的股权，这种方式面临的主要问题是股价因收购意向披露后会迅速攀升，导致收购成本非常高；而协议转让是并购方和原来上市公司的控股股东之间通过签订股权转让协议，达到获得控股权的目的，因而收购成本较为稳定。由于协议转让方式使房地产企业取得"壳"企业控制权的成本通常较低，所以在大部分"借壳"上市案例中，"壳资源"的协议转让是最为普遍的做法。

通过首次公开发行促进企业发展，是很多中国房地产公司的梦想。通过 IPO 融资，房地产企业可以筹集大量资金，缓解资金压力，并形成一个持续再融资平台；可以提高股权的变现能力；可以改善资本结构，促进公司治理结构调整，提高管理水平，降低经营风险；可以增强品牌影响力，促进业务发展。

二、再融资

房地产公司上市后，还可以继续在资本市场通过发行证券进行再融资。根据中国证券监督管理委员会 2020 年 2 月 14 日发布的《关于修改〈上市公司证券发行管理办法〉的决定》，上市公司申请在境内发行证券的品种包括股票、可转换公司债券和中国证监会认可的其他品种。

《上市公司证券发行管理办法》第二章规定了上市公司公开发行证券的条件，其中"一般规定"包括以下几方面：上市公司的组织机构健全、运行良好；上市公司的盈利能力具有可持续性；上市公司的财务状况良好；上市公司最近 36 个月内财务会计文件无虚假记载，且不存在重大违法行为，上市公司募集资金的数额和使用应当符合规定等。

上市公司发行股票，向原股东配售股份（简称"配股"），除符合上述"一般规定"外，还应当符合下列规定：①拟配售股份数量不超过本次配售股份前股本总额的 30%；②控股股东应当在股东大会召开前公开承诺认配股份的数量；③采用《证券法》规定的代销方式发行。

控股股东不履行认配股份的承诺，或者代销期限届满，原股东认购股票的数量未达到拟配售数量 70% 的，发行人应当按照发行价并加算银行同期存款利息返还已经认购的股东。

向不特定对象公开募集股份（简称"增发"），除符合《上市公司证券发行管理办法》第二章第一节的规定外，还应当符合下列规定：①最近三个会计年度加权平均净资产收益率平均不低于 6%，扣除非经常性损益后的净利润与扣除前的净利润相比，以低者作为加权平均净资产收益率的计算依据；②除金融类企业外，最近一期末不存在持有金额较大的交易性金融资产和可供出售的金融资产、借予他人款项委托理财等财务性投资的情形；③发行价格应不低于公告招股意向书前 20 个交易日公司股票均价或前一个交易日的均价。

上市公司申请发行证券，董事会应当依法就本次证券发行的方案、本次募集资金使用的可行性报告、前次募集资金使用的报告和其事项作出决议，并提请股东大会批准。股东大会就发行股票作出的决定，至少应当包括下列事项：本次发行证券的种类和数量、发行方式、发行对象及向原股东配售的安排、定价方式或价格区间、募集资金用途；决议的有效期、对董事会办理本次发行具体事宜的授权、其他必须明确的事项。

股东大会就发行证券事项作出决议，必须经出席会议的股东所持表决权的 2/3 以上通过。向本公司特定的股东及其关联人发行证券的，股东大会就发行方案进行表决时，关联股东应当回避。

上市公司申请公开发行证券或者非公开发行新股，应当由保荐人保荐，并向中国证监会申报。保荐人应当按照中国证监会的有关规定编制和报送发行申请文件。

中国证监会收到申请文件后，在5个工作日内决定是否受理。中国证监会受理后，对申请文件进行初审；发行审核委员会审核申请文件，然后由中国证监会作出核准或者不予核准的决定。

自中国证监会核准发行之日起，上市公司应在12个月内发行证券；超过12个月未发行的，核准文件失效，须重新经中国证监会核准后方可发行。

上市公司发行证券，应当由证券公司承销；非公开发行股票，发行对象均属于原前十名股东的，可以由上市公司自行销售。证券发行申请未获核准的上市公司，自中国证监会作出不予核准的决定之日起6个月后，可再次提出证券发行申请。

上市公司发行证券，应当按照中国证监会规定的程序、内容和格式，编制公开募集证券说明书或者其他信息披露文件，依法履行信息披露义务。

上市公司发行的新股和可转换公司债券申请上市，应该按照上海证券交易所和深圳证券交易所发布的《股票上市规则（2008年修订）》进行。

上市公司再融资方式的选择趋势是：长期以来，增发和配股是我国上市公司再融资的普遍方式。配股是指上市公司向原有股东配售发行股票，由于不涉及股东之间利益的平衡，且操作简单，审批快捷，因此是最受上市公司青睐的融资方式。但一般而言，规模较小。增发是指已经经历IPO，并且已经挂牌交易的股份公司再次通过证券市场向投资者发售股票来募集资金，其优点是限制条件较少，面向对象广阔，融资规模较大。

第三节　债券市场融资

一、普通公司债券

公司债券，是指公司依照法定程序发行、约定在一定期限还本付息的有价证券。

2000年8月14日，中国证监会正式颁布实施《公司债券发行试点办法》，标志着中国公司债券发行工作的正式启动。2007年9月30日，中国人民银行颁布《公司债券在银行间债券市场发行、交易流通和登记托管有关事宜公告》，规定公司债券可在银行间债券市场发行、流通和托管，公司债券融资细则得到进一步完善。公司债券不是仅仅针对上市公司，满足发行公司债券要求的企业均可以申请，通过中国证券监督管理委员会发行审核委员会的审核批准后发行。因为上市公司治理相对规范、信息相对透明，所以在发行公司债券的过程中具有较大优势。

相对于股权融资和其他类型债券融资，公司债券融资具有面向对象广泛、融资成本较低、不改变原股东对公司的控制权、可优化企业债务结构、降低流动性风险等优点。

2015年1月，证监会对《公司债券发行试点办法》进行了修订。修订后的规章更名为《公司债券发行与交易管理办法》。主要修订内容包括以下几点。

一是扩大发行主体范围。将原来限于境内证券交易所上市公司、发行境外上市外资股的境内股份有限公司、证券公司的发行范围扩大至所有公司制法人。但发行人不包括地方政府融资平台公司。

二是丰富债券发行方式。在总结中小企业私募债试点经验的基础上，对非公开发行以专门章节作出规定，全面建立非公开发行制度。

三是增加债券交易场所。将公开发行公司债券的交易场所由上海、深圳证券交易所拓展至全国中小企业股份转让系统；非公开发行公司债券的交易场所由上海、深圳证券交易所拓展至全国中小企业股份转让系统、机构间私募产品报价与服务系统和证券公司柜台。

四是简化发行审核流程。取消公司债券公开发行的保荐制和发审委制度，以简化审核流程。

五是实施分类管理。将公司债券公开发行区分为面向公众投资者的公开发行和面向合格投资者的公开发行两类，并完善相关投资者适当性管理安排。

六是加强债券市场监管。强化了信息披露、承销、评级、募集资金使用等重点环节监管要求，并对私募债的行政监管作出安排。

七是强化持有人权益保护。完善了债券受托管理人和债券持有人会议制度，并对契约条款、增信措施作出引导性规定。

上市公司、股票公开转让的非上市公众公司发行的公司债券，可以附认股权、可转换成相关股票等条款。上市公司、股票公开转让的非上市公众公司股东可以发行附可交换成上市公司或非上市公众公司股票条款的公司债券。商业银行等金融机构可以按照有关规定发行附减记条款的公司债券。

上市公司发行附认股权、可转换成股票条款的公司债券，应当符合《上市公司证券发行管理办法》《创业板上市公司证券发行管理暂行办法》的相关规定。

（一）公开发行及转让

公开发行公司债券，募集资金应当用于核准的用途；非公开发行公司债券，募集资金应当用于约定的用途。除金融类企业外，募集资金不得转借他人。

发行人应当指定专项账户，用于公司债券募集资金的接收、存储、划转与本息偿付。公开发行公司债券，应当由中国证券登记结算有限责任公司统一登记。

公开发行公司债券，应当符合《证券法》《公司法》的相关规定，经中国证监会核准。存在下列情形之一的，不得公开发行公司债券：①本次发行申请文件有虚假记载、误导性陈述或重大遗漏；②擅自改变前次公开发行证券募集资金的用途而未做纠正；③上市公司最近十二个月内受到过证券交易所的公开谴责；④上市公司及其控股股东或实际控制人最近十二个月内存在未履行向投资者作出的公开承诺的行为；⑤上市公司或其现任董事、高级管理人员因涉嫌犯罪被司法机关立案侦查或涉嫌违法违规被中国证监会立案调查；⑥严重损害投资者的合法权益和社会公共利益的其他情形。

资信状况符合以下标准的公司债券可以向公众投资者公开发行，也可以自主选择仅面向合格投资者公开发行：①发行人最近三年无债务违约或者迟延支付本息的事实；②发行人最近三个会计年度实现的年均可分配利润不少于债券年利息的1.5倍；③债券信用评级达到AAA级；④中国证监会根据投资者保护的需要规定的其他条件。未达到前款规定标准的公司债券公开发行应当面向合格投资者；仅面向合格投资者公开发行的，中国证监会简化核准程序。

公开发行公司债券，应当委托具有从事证券服务业务资格的资信评级机构进行信用评级。

发行人应当按照中国证监会信息披露内容与格式的有关规定编制和报送公开发行公司债券的申请文件。

中国证监会受理申请文件后，依法审核公开发行公司债券的申请，自受理发行申请文件之日起三个月内，作出是否核准的决定，并出具相关文件。

发行申请核准后，公司债券发行结束前，发行人发生重大事项，导致不可能再符合发行条件的，应当暂缓或者暂停发行，并及时报告中国证监会。影响发行条件的，应当重新履行核准程序。

公开发行公司债券，可以申请一次核准，分期发行。自中国证监会核准发行之日起，发行人应当在十二个月内完成首期发行，剩余数量应当在二十四个月内发行完毕。

公开发行公司债券的募集说明书自最后签署之日起六个月内有效。采用分期发行方式的，发行人应当在后续发行中及时披露更新后的债券募集说明书，并在每期发行完成后五个工作日内报中国证监会备案。

公开发行的公司债券，应当在依法设立的证券交易所上市交易，或在全国中小企业股份转让系统或者国务院批准的其他证券交易场所转让。

证券交易所、全国中小企业股份转让系统对公开发行公司债券的上市交易或转让实施分类管理，实行差异化的交易机制，建立相应的投资者适当性管理制度，健全风险控制机制。证券交易所、全国中小企业股份转让系统应当根据债券资信状况的变化及时调整交易机制和投资者适当性安排。

公开发行公司债券申请上市交易或转让的，应当在发行前根据证券交易所、全国中小企业股份转让系统的相关规则，明确交易机制和交易环节投资者适当性安排。发行环节和交易环节的投资者适当性要求应当保持一致。

（二）非公开发行及转让

非公开发行的公司债券应当向合格投资者发行，不得采用广告、公开劝诱和变相公开方式，每次发行对象不得超过200人。

发行人、承销机构应当按照中国证监会、证券自律组织规定的投资者适当性制度，了解和评估投资者对非公开发行公司债券的风险识别和承担能力，确认参与非公开发行公司债券认购的投资者为合格投资者，并充分揭示风险。

非公开发行公司债券是否进行信用评级由发行人确定，并在债券募集说明书中披露。

非公开发行公司债券，承销机构或依照规定自行销售的发行人应当在每次发行完成后五个工作日内向中国证券业协会备案。

中国证券业协会在材料齐备时应当及时予以备案。备案不代表中国证券业协会实行合规性审查，不构成市场准入，也不豁免相关主体的违规责任。

非公开发行公司债券，可以申请在证券交易所、全国中小企业股份转让系统、机构间私募产品报价与服务系统、证券公司柜台转让。

非公开发行的公司债券仅限于合格投资者范围内转让。转让后，持有同次发行债券的合格投资者合计不得超过200人。

发行人的董事、监事、高级管理人员及持股比例超过百分之五的股东，可以参与本公司非公开发行公司债券的认购与转让，不受关于合格投资者资质条件的限制。

（三）发行与承销管理

发行公司债券应当由具有证券承销业务资格的证券公司承销。

取得证券承销业务资格的证券公司、中国证券金融股份有限公司及中国证监会认可的其他机构非公开发行公司债券可以自行销售。

（四）增信机制、偿债保障措施

1. 采取增信机制、偿债保障措施

发行人可采取内外部增信机制、偿债保障措施，提高偿债能力，控制公司债券风险。

外部增信机制、偿债保障措施包括但不限于下列方式。

（1）第三方担保。

（2）商业保险。

（3）资产抵押、质押担保。

（4）限制发行人债务及对外担保规模。

（5）限制发行人对外投资规模。

（6）限制发行人向第三方出售或抵押主要资产。

（7）设置债券回售条款。

公司债券增信机构可以成为中国证券业协会会员。

发行人的控股股东滥用公司法人独立有限责任，损害债券持有人利益的，应当依法对公司债务承担连带责任。

公司债券代表着发债企业和投资者之间的一种债权债务关系，债券持有人是企业的债权人，有权按期收回本息。公司债券与股票一样，同属有价证券，可以自由转让。企业债券风险与企业本身的经营状况直接相关。如果公司发行债券之后，经营状况不好，连续出现亏损，可能无力支付投资者本息，投资者就面临着受损失的风险。所以，一方面，在企业发行债券时，一般要对发债企业进行严格的资格审查或要求发行企业有财产抵押，以保护投资者利益；另一方面，在一定限度内，证券市场上的风险与收益成正相关关系，高风险伴随着高收益。企业债券由于具有较大风险，它们的利率通常也高于国债。

与企业的另外两种重要筹资渠道（发行股票和向银行贷款）相比，企业发行债券有其突出的特点。发行债券所筹集的资金期限较长，资金使用自由，而已购买债券的投资者无权干涉企业的经营决策，现有股东对公司的所有权保持不变。因此，发行债券是许多企业非常愿意选择的筹资方式。当然，债券筹资也有其不足之处，主要是由于公司债券投资的风险性较大，发行成本一般高于银行贷款，还本付息对公司构成较重的财务负担。

2. 确定发行债券的种类和条件

企业在决定通过债券筹集资金后，接着就要考虑发行何种类型的债券以及发行债券的条件。债券发行的条件是指债券发行者发行债券筹集资金时所必须考虑的有关因素，具体包括发行额、面值、期限、偿还方式、票面利率、付息方式、发行价格、发行费用、有无担保等。由于企业债券通常是以发行条件进行分类的，所以确定发行条件的同时也就确定了所发行债券的种类。在选择债券发行条件时企业应根据债券发行条件的具体内容综合考虑下列因素。

（1）发行额　债券发行额是指债券发行人一次发行债券时预计筹集的资金量。

（2）债券面值　债券面值即债券票面上标出的金额，企业可根据不同认购者的需要使债券面值多样化，既有大额面值，也有小额面值。

（3）债券的期限　从债券发行日起到偿还本息日止的这段时间称为债券的期限。企业通常根据资金需求的期限、未来市场利率走势、流通市场发达程度、债券市场上其他债券的期限情况、投资者的偏好等来确定发行债券的期限结构。

(4) 债券的偿还方式　按照债券的偿还日期的不同,债券的偿还方式可分为期满偿还、期中偿还和延期偿还三种或可提前赎回和不可提前赎回两种;按照债券的偿还形式的不同,可分为以货币偿还、以债券偿还和以股票偿还三种。

(5) 票面利率　票面利率可分为固定利率和浮动利率两种。

(6) 付息方式　付息方式一般可分为一次性付息和分期付息两种。

(7) 发行价格　债券的发行价格即债券投资者认购新发行债券的价格。

(8) 发行方式　企业可根据市场情况、自身信誉和销售能力等因素,选择采取向特定投资者发行的私募方式或向社会公众发行的公募方式,自己直接向投资者发行的直接发行方式或让证券中介机构参与的间接发行方式,公开招标发行方式或与中介机构协商议价的非招标发行方式等。

(9) 担保情况　发行的债券有无担保以及采取什么形式的担保,是债券发行的重要条件之一。一般而言,由信誉卓著的第三方担保或以企业自己的财产作抵押担保,可以增加债券投资的安全性,减少投资风险,提高债券的吸引力。

(10) 债券选择权情况　附有选择权的公司债券是指在债券发行中,发行者给予持有者一定的选择权,如可转换公司债券、有认股权证的公司债券、可退还的公司债券等。

(11) 发行费用　债券发行费用,是指发行者支付给有关债券发行中介机构和服务机构的费用,债券发行者应尽量减少发行费用。

二、可转换公司债券

(一) 可转换公司债券的定义

可转换公司债券（Convertible Bond）是一种根据约定,可以在特定时间、按特定条件转换为普通股票的特殊公司债券。可转换公司债券兼具债券和股票的特征,同时还含有选择权的成分,是一种衍生、复合型的证券品种。在可转换公司债券发行时,便规定了债权人可以选择有利时机,按发行时规定的条件把债券转换成发行人的等值股票（普通股票）。

可转换公司债券是一种混合型的债券形式。当投资者不太清楚发行人的发展潜力及前景时,可先投资于这种债券。待发行人经营业绩改善,经营前景乐观,其股票行市看涨时,则可将债券转换为股票,以受益于公司的发展。可转换公司债券对于投资者来说,多了一种投资选择机会。因此,即使可转换公司债券的收益比一般债券收益低,但在投资机会选择的权衡中,可转换公司债券仍然受到投资者的欢迎。

可转换公司债券起源于美国,并在国外债券市场上得到广泛推广。1843 年美国 New York Erie 铁道公司发行了第一张可转换公司债券,但此后 100 多年,可转换公司债券一直在证券市场中处于非常不清晰的地位,没有得到市场的认同和重视,直到 20 世纪 70 年代,美国经济极度通货膨胀使得债券投资人开始寻找新的投资工具,可转换公司债券由此进入人们的视野,并在此后 30 年中在全球得到迅速推广。

(二) 可转换公司债券的基本要素

1. 有效期限和转换期限

可转换公司债券的有效期限与普通公司债券相同,指从债券发行之日起至偿还本息之日止的存续期间。转换期限是指可转换公司债券转换为普通股票的起始日至结束日的期间。在大多数情况下,发行人都规定一个特定的转换期限,在该期限内,允许可转换公司债券的持有人按转换比例或转换价格，转换成发行人的股票。根据中国证券监督管理委员会 2020 年 2 月 14 日发布的《关于修改〈上市公司证券发行管理办法〉的决定》规定，可转换公司债券的期限最短为 1 年，最长为 6 年，自发行结束之日起 6 个月方可转换为公司股票。

2. 票面利率

与普通公司债券一样，可转换公司债券也设有票面利率。在其他条件相同的情况下，较高的票面利率对投资者的吸引力较大，因而有利于发行，但较高的票面利率会对可转换公司债券的转股形成压力，发行人也将为此支付更高的利息。可见，票面利率的大小对发行者和投资者的收益和风险都有重要的影响。可转换公司债券的票面利率通常要比普通公司债券低很多，有时甚至还低于同期银行存款利率。可转换公司债券的票面利率之所以如此低，是因为可转换公司债券的价值除了债券本身的价值之外，还包括转股权的价值。

3. 转股价格和转换比例

转股价格是指可转换公司债券转换为每股普通股份所支付的价格。中国证券监督管理委员会 2020 年 2 月 14 日发布的《关于修改〈上市公司证券发行管理办法〉的决定》规定，转股价格应不低于募集说明书公告日前 20 个交易日该公司股票交易均价和前一交易日的均价。

转换比例是指一定面额可转换公司债券可转换成普通股票的数量，即：

$$转换比例 = 可转换债券面值 / 转股价格$$

4. 转股价格调整条款

转股价格调整条款包括转股价格除权调整条款和转股价格向下修正条款。转股价格除权调整是指发行人在发行可转换公司债券后，由于公司尚未送股、配股、增发股票、分立、合并、拆细及其他原因导致发行人股份发生变动，引起公司股票名义价格下降时而对转换价格所做的必要调整。

转股价格向下修正是发行人拥有的一项权利，是保证可转债发行人转股的一种手段。通常在发行方案中规定了当股票价格相对于转股价格持续低于某一程度，即意味着可转债的期权处于虚值的状态时，发行人和投资人事先约定可以重新议定转股价格的条款。在这种情况下，发行人为了保证可转债重新处于实值状态，有权按照一定的比例调低转换价格，进而增加了转换比例，以此来诱导转债人转换。

5. 回售条款（卖权）与赎回条款（买权）

回售条款是为投资者提供的一项安全性保障。当可转换公司债券的转换价值远低于债券面值时，持有人必定不会执行转换权利，此时投资人依据一定的条件，可以要求发行人以面额加计利息补偿金的价格收回可转换公司债券。为了降低投资风险，吸引更多的投资者，发行人通常设置该条款。它在一定程度上保护了投资者的利益，是投资者向发行人转移风险的一种方式。回售实质上是一种卖权，是赋予投资者的一种权利，投资者可以根据市场的变化选择是否行使这种权利。

赎回是指在一定条件下，公司按事先约定的价格买回未转股的可转换公司债券。发行人设立赎回条款的主要目的是降低发行人的发行成本，避免因市场利率下降给自己造成利率损失，同时也出于加速转股及减轻财务压力的考虑。通常该条款可以起到保护发行人和原有股东权益的作用。赎回实质上是买权，是赋予发行人的一种权利，发行人可以根据市场的变化选择是否行使这种权利。

（三）可转换公司债券的性质

1. 债权性质

可转换公司债券首先是一种债券，是固定收益证券，具有确定的债券期限和票面利率，为投资者提供了稳定利息收入和还本保证，因此可转换公司债券具有充分的债权性质。

这意味着可转换公司债券持有人虽可以享有还本付息的保障，但与股票投资者不同，他不是企业的拥有者，不能获取股票红利，不能参与企业决策。在企业资产负债表上，可转换公司债券属于企业"或有负债"，在转换成股票之前，可转换公司债券仍然属于企业的负债资产，只有在可转换公司债券转换成股票以后，投资可转换公司债券才等同于投资股票。

2. 股票期权性质

可转换公司债券为投资者提供了转换成股票的权利，这种权利具有选择权的含义，投资者既可以行使转换权，将可转换公司债券转换成股票，也可以放弃这种转换权，持有债券到期。也就是说，可转换公司债券包含了股票买入期权的特征，投资者通过持有可转换公司债券，可以获得股票上涨的收益。因此，可转换公司债券是股票期权的衍生，往往将其看作期权类的二级金融衍生产品。

3. 可转换性

可转换性是可转换公司债券的重要标志，债券持有人可以按约定的条件将债券转换成股票。转股权是投资者享有的、一般债券所没有的选择权。可转换公司债券发行时就明确约定，债券持有人可按照发行时约定的价格，将债券转换成公司的普通股票。如果债券持有人不想转换，则可以继续持有债券，直到偿还期满时收取本金和利息，或者在流通市场出售变现。如果持有人看好发行人股票增值潜力，在转股期内可以行使转换权，按照发行时募集说明书中约定的转股价格将债券转换为股票，发行人不得拒绝。正因为具有可转换性，可转换公司债券利率一般低于普通公司债券利率。

4. 双重选择性

可转换公司债券具有双重选择权的特征：一方面，投资者可自行选择是否转股，并为此承担转债利率较低的机会成本；另一方面，发行人拥有是否实施赎回条款的选择权，并为此要支付比没有赎回条款的可转换公司债券更高的利率。双重选择权是可转换公司债券最主要的金融特征，它的存在使投资者和发行人的风险和收益限定在一定的范围以内，并可以利用这一特点对股票进行套期保值，获得更加确定的收益。

（四）可转换公司债券的优势

1. 从投资者角度来分析

可转换公司债券具有股票和债券的双重属性，对投资者来说是"有本金保证的股票"。可转换公司债券对投资者具有强大的市场吸引力，其优势体现如下。

（1）可转换公司债券使投资者获得最低收益权　可转换公司债券与股票最大的不同就是它具有债券的特性，即便当它失去转换机会后，作为一种低息债券，它仍然会有固定的利息收入；这时投资者以债权人的身份，可以获得固定的本金与利息收益。如果实现转换，则可获得出售普通股的收入或获得股息收入。可转换公司债券对投资者收益具有"上不封顶，下可保底"的优点，当股价上涨时，投资者可将债券转为股票，享受股价上涨带来的盈利；当股价下跌时，则可不实施转换而享受固定利息收入，待期满时收回本金。

（2）可转换公司债券当期收益较普通股红利高　投资者在持有可转换公司债券期间，可以取得定期的利息收入，在通常情况下，可转换公司债券当期收益较普通股红利高，如果不是这样，可转换公司债券将很快被转换成股票。

（3）可转换公司债券比股票有优先偿还的要求权　可转换公司债券属于次等信用债券，在清偿顺序上，同普通公司债券和银行贷款等具有同等追索权利，但排在普通公司债券之后；而同可转换优先股、优先股和普通股相比，可得到优先清偿的地位。

2. 从公司角度来分析

首先，对股份公司来说，发行可转换公司债券，可以在股票市场低迷时筹集到所需资金；其次，发行可转换公司债券的利率一般低于普通公司债券利率，因此发行人可以以较低的融资成本获得所需资金。同时，还可以通过债券与股票的转换，优化资本结构，甚至可获取转换的溢价收入。在股市高估公司价值的时候，可转换公司债券到期转换成功的可能性及其期权价值，往往也被高估了。选择这种时机溢价发行可转换公司债券，发行人可以赶在股价下跌之前融取大额资金。公司价格被低估时发行可转换公司债券，主要在于它可以起到延缓股权融资的作用。这是因为，在股价偏低情况下，公司管理层认为其公司价值被低估，立即发行股票将提高融资成本，而以可转换公司债券替代普通股发行，不仅可以避免筹集资金困难问题，而且当可转换公司债券发行后公司股价涨幅较大进而转股成功时，能以较高的价格间接地推迟股票出售，使公司能以较少的新股发行来筹集一定量的资本。定价适当的可转换公司债券选择权价值，可视为公司为降低其债务融资成本而支付的合理期权费。

（五）可转换公司债券的发行条件

根据 2020 年 2 月 14 日发布的《关于修改〈上市公司证券发行管理办法〉的决定》，上市公司发行的可转换公司债券在发行结束 6 个月后，方可转换为公司股票，转股期限由公司根据可转换公司债券、存续期限及公司财务状况确定。可转换公司债券持有人对转换股票或不转换股票有选择权，并于转股完成后的次日成为发行公司的股东。当然，转股前，投资者仍是债权人。

上市公司发行可转换公司债券的发行条件如下。

1. 一般规定

发行人应具备健全的法人治理结构，盈利能力应具有可持续性。最近 24 个月内曾公开发行证券的，不存在发行当年营业利润比上年下降 50% 以上的情形。公开发行可转换公司债券的公司，最近 3 个会计年度实现的年均可分配利润不少于公司债券 1 年的利息。

发行可转换公司债券的上市公司的财务状况应当良好。发行可转换公司债券的上市公司最近 36 个月内财务会计文件无虚假记载，且不存在重大违法行为。上市公司存在下列情形之一的，不得公开发行证券：①本次发行申请文件有虚假记载、误导性陈述或重大遗漏；②擅自改变前次公开发行证券募集资金的用途未做纠正；③上市公司最近 12 个月内受到过证券交易所的公开谴责；④上市公司及其控股股东或实际控制人最近 12 个月内存在未履行向投资者作出的公开承诺的行为；⑤上市公司或其现任董事、高级管理人员因涉嫌犯罪被司法机关立案侦查或涉嫌违法违规被中国证监会立案调查；⑥严重损害投资者的合法权益和社会公共利益的其他情形。

2. 其他规定

（1）净资产要求　发行可转换为股票的公司债券的上市公司，股份有限公司的净资产不低于人民币 3000 万元，有限责任公司的净资产不低于人民币 6000 万元。发行分离交易的可转换公司债券的上市公司，其最近 1 期末经审计的净资产不低于人民币 15 亿元。

(2) 净资产收益率要求 公开发行可转换公司债券的上市公司，其最近3个会计年度加权平均净资产收益率平均不低于6%；扣除非经常性损益后的净利润与扣除前的净利润相比，以低者作为加权平均净资产收益率的计算依据。

(3) 现金流量要求 发行分离交易的可转换公司债券的上市公司，其最近3个会计年度经营活动产生的现金流量净额平均应不少于公司债券1年的利息（若其最近3个会计年度加权平均净资产收益率平均不低于6%，则可不做此现金流量要求）；此加权平均净资产收益率，以扣除非经常性损益后的净利润与扣除前的净利润相比，以低者作为其计算依据。

(4) 发行规模 可转换公司债券发行后，累计公司债券余额不超过最近1期末净资产额的40%。对于分离交易的可转换公司债券，发行后累计公司债券余额不超过最近1期末净资产额的40%；预计所附认股权全部行权后募集的资金总量不超过拟发行公司债券金额。

(5) 期限 可转换公司债券的最短期限为1年，最长期限为6年。分离交易的可转换公司债券的期限最短为1年，无最长期限限制；认股权证的存续期间不超过公司债券的期限，自发行结束之日起不少于6个月。

(6) 担保要求 公开发行可转换公司债券应当提供担保，但最近1期末经审计的净资产不低于人民币15亿元的公司除外。

三、分离交易的可转换公司债券

（一）分离交易的可转换公司债券的定义

分离交易的可转换公司债券在中国证券监督管理委员会于2020年2月14日发布的《关于修改〈上市公司证券发行管理办法〉的决定》中的全称为"认股权和债券分离交易的可转换公司债券"，是指上市公司在发行债券时，按比例向债券投资者附送一定数量的认股权证，约定在未来某一时间，认股权证持有人有权按照事先约定的价格认购公司股份。其中"分离交易"，就是指公司债券和认股权证分别上市交易。

分离交易的可转换公司债券由两大部分组成：一是普通公司债券；二是股票权证。股票权证是指在未来规定的期限内，按照规定的协议价买卖股票的选择权证明，根据买或卖的不同权利，可分为认购权证和认沽权证。也就是说，它赋予上市公司两次筹资机会：先是发行附认股权证公司债券，这属于债权融资；然后是认股权证持有人在行权期内或者到期时行权，这属于股权融资。从产品设计上看，后者又是前者的进一步创新。因此，对于分离交易的可转换公司债券也可简单地理解成"买债券送权证"的创新品种。

分离交易的可转换公司债券同样起源于美国。20世纪60年代，美国出现了附认股权证公司债券。2006年11月，06马钢债发行成功，中国分离交易的可转换公司债券正式诞生。

（二）分离交易的可转换公司债券的特征

分离交易的可转换公司债券作为一种产品创新，是一种债权和股权混合的融资工具，具有以下特征。

第一，低融资成本。分离交易的可转换公司债券的投资者持有认股权证，未来可以通过出售获取一定的经济利益，或通过行权获取股票价差，所以，发行人在产品的设计上会选择较低的利率，降低债券的价值，分离交易的可转换公司债券的发行利率比可转换公司债券要低。

第二，减少管理层和股东之间的代理成本。分离交易的可转换公司债券具有分期融资的特点，可以最大限度地减少上市公司高管人员过度投资的机会，完善高管人员的约束和激励机制，体现市场化和有序化的再融资政策目标。

第三，完善发行人的财务结构。如果发行后分离交易的可转换公司债券的持有人行使认股权证，那么发行人在增加债务的同时也增加了股本。债务犹如一把"双刃剑"，一方面，发行人的财务杠杆会提高，使发行人面临较大的财务风险，一旦未来经营不善，无力偿还债务，发行人将陷入财务困境；另一方面，债务也给发行人带来了税务上的好处，支付债券利息使发行人的税负降低。

第四，融资风险适中。分离交易的可转换公司债券是一种结构型产品，结合了固定收益证券及衍生品的特性，固定收益有更强的价值保护，杠杆效应能为投资者提供全新的风险管理和套期保值的工具，与期货和期权相比，其交易结算简单，杠杆比率适中，具有止损下限的特点，可以满足投资者多元化投资的需求。

（三）分离交易的可转换公司债券和可转换公司债券的对比

首先，分离交易的可转换公司债券与可转换公司债券的本质区别在于债券与期权可分离交易。也就是说，分离交易的可转换公司债券的投资者在行使了认股权利后，其债权依然存在，仍可持有到期归还本金并获得利息；而可转换公司债券的投资者一旦行使了认股权利，其债权就不复存在了。

其次，分离交易的可转换公司债券不设重设和赎回条款，有利于发挥发行公司通过业绩增长来促成转股的正面作用，避免了可转换公司债券发行人往往不是通过提高公司经营业绩，而是以不断向下修正转股价或强制赎回方式促成转股而带给投资人的损害。同时，分离交易的可转换公司债券持有人与可转换公司债券持有人同样被赋予一次回售的权利，从而极大地保护了投资人的利益。

最后，可转换公司债券中的认股权一般是与债券同步到期的，分离交易的可转换公司债券则并非如此。《上市公司证券发行管理办法》（证监会令［2006］30号）中规定，分离交易的可转换公司债券"认股权证的存续期间不超过公司债券的期限，自发行结束之日起不少于6个月"，为认股权证分离交易导致市场风险加大，缩短权证存续期有助于减少投机。

分离交易的可转换公司债券实际上是一个债券和权证的投资组合，与国外分离型的附认股权证债券比较相似。

单笔分离交易的可转换公司债券的发行规模较大，属于目前中国证券监督管理委员会鼓励方式，因此容易得到发审会通过。通过附带赠送股本权证后，分离交易的可转换公司债券债权融资成本较低，因此可以看到分离交易的可转换公司债券的年限一般都是6年。分离交易的可转换公司债券权证行权价格的溢价幅度，相比可转换公司债券的权证行权价格溢价幅度普遍较高，股权融资成本降低，而且公司通过行权比例的控制，可以使最终的股本摊薄比例并不与发行规模直接相关，公司可控的余地上升。如果股本权证最后行权，公司相当于实现了两次融资。

四、可交换公司债券

（一）可交换公司债券的定义

可交换公司债券（Exchangeable Bond）又称可换股债券，是指债券发行人将其持有的其他公司的股票抵押给托管机构（或登记结算公司）之后发行的公司债券，该债券的持有人在将来的某个时期内，能够按照约定的条件，以持有的公司债券交换获取债券发行人发债时抵押的上市公司股权。可交换公司债券一般发生在母公司与控股的上市子公司之间，即由母公司发行债券，债券到期时可以转换成其上市子公司的股票。可交换公司债券持有人有权选择将债券转换成标的股票，或持有到期收取本金和利息。所以，投资者持有可交换公司债券，就相当于持有了标的股票的看涨期权。当标的股票的转换价格低于市场价格时，投资者就可能行使转换权利，否则投资者就会一直持有可交换公司债券，定期

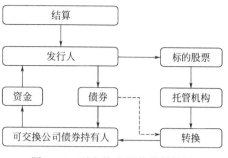

图10-1 可交换公司债券结构图

收回债券的本金及利息。由于发行人向持有人提供了优越的投资条件，可交换公司债券利率低于一般债券的利率水平，从而发行人可以用较低的发行成本获得长期资金。此外，在可交换公司债券持有人行使债转股权利时，发行人降低其所持股票的数量，达到有秩序地减持所持股票的目的。通常，可交换公司债券具有如图10-1的结构。

（二）可交换公司债券条款分析

可交换公司债券的条款设计需综合考虑政府经济政策动向、市场利率状况及趋势、股价波动情况及公司的长远经营业绩趋势等因素，并权衡投资者的收益要求、公司的债务风险承受能力以及公司原股东的利益三方面的利弊。

1.票面利率

可交换公司债券属于复合型衍生债券品种，发行时赋予了债券持有人股票的看涨期权，因此，可交换公司债券的票面利率通常设计得比其他同期限和同信用等级的固定收益品种低，这使得发行人可以获得低息融资的机会。

2.换股价格

一般来说，当标的股票市场价格高于换股价格时，可交换公司债券才有可能交换成股票。通常换股价格越低，未来股价上升的可能性越大，换股的机会自然也会加大。根据国外经验，换股价格的确定，一般以可交换公司债券发行前一段时间内标的股票均价为基础进行一定幅度上浮，这可以给发行人一个溢价处置普通股股权的机会。当发行人更倾向于可交换公司债券转换成股票时，一般附有向下修正条款。通常，启动向下修正条款时，股价低于换股价格的幅度要小于投资者行使回售条款时的幅度，即在投资者可以开始行使回售权利的条件出现之前，公司可能已调低换股价格，这将使可交换公司债券实现换股的可能性提高，同时也较好地保障了发行人的利益。

3.存续期限及换股期限

根据国外发行经验，可交换公司债券的存续期限一般为3~5年，且多为美式期权性质。美式期权赋予了可交换公司债券持有人在规定的一段时间内的任何一天实施换股的权利。通常可交换公司债券的存续期限越长，换股期限越长，影响换股的因素变化就越难以判断，但同时期限越长，可换股的机会也可能多一些。

4.赎回条款

赎回条款是指用于交换的标的股票二级市场价格在持续的一段时间内，连续高于换股价格达到一定幅度时，发行人有权按照约定价格，将尚未换股的债券买回的一种特权。若发行人发行可交换公司债券的目的是为了减持上市子公司的股票，则发行条款中一般会加入赎回条款。赎回条款给可交换公司债券持有人施加了一种压力，即当市场形势比较好时，发行人

可能赎回债券，从而促使债券持有人尽快实施换股。这里有三个因素影响换股的可能性：第一是不可赎回期，不可赎回期越长，投资人行使换股的时间越长，换股的可能性就越大；第二是赎回时间，若是定时赎回，则换股压力不大，换股可能性小，若是不定时赎回，则换股可能性大；第三是赎回价格，赎回价格越高，换股的可能性越小。

5. 回售条款

回售条款是为可交换公司债券持有人提供的一项安全性保障，一般分为无条件回售和有条件回售。无条件回售是无特别原因而进行的回售，通常是固定回售时间，一般在可交换公司债券偿还期的后1/3或一半之后进行。无条件回售条款在某种意义上可视为发行人对可交换公司债券投资者的提前兑付本息，从而增加了期权价值。有条件回售是指按照合同约定，在标的股票价格持续低于换股价格达到某一幅度时，可交换公司债券持有人有按事先规定的价格，将债券卖回给发行人的一种特权。在回售条款的设计上有以下三个因素需重点关注：第一是回售价格，回售价格一般比市场利率确定的价格稍低，但比债券票面利率高，且回售价格越高，一旦触发回售条件，发行人的短期偿债压力也就越大，偿债风险也就越高；第二是回售条款的触发比例，该比例通常低于换股价格向下修正条款的触发比例，如果发行人不希望回售出现，可以在标的股票价格下跌至满足回售条件之前，向下修正换股价格以避免回售；第三是回售期限，即可交换公司债券持有人可以行使回售权的期限，通常回售期限越长，回售的可能性就越大，换股的可能性也就越小。

6. 债券偿还计划

可交换公司债券的发行条款中一般附有债券本息偿还的计划安排，包括本息支付的时间、支付的渠道和偿债资金的来源。偿债资金来源主要有：发行人的自由现金流、发行人的利润和其他来源（如发债人股东的支持、政府的扶持、银行授信额度、担保方代偿和发行人出售资产等）。部分债券发行人通过建立偿债基金来偿还债券。偿债基金是国家或发行公司为偿还未到期公债或公司债而设置的专项基金，一般是在债券实行分期偿还方式下才予设置，每年从发行公司盈余中按一定比例提取，也可以每年按固定金额或已发行债券比例提取。

7. 担保条款

为了最大限度地保障投资者的权益，可交换公司债券的发行条款中一般还包括担保条款，具体又分为抵押担保条款和第三方担保条款两种。可交换公司债券若采用抵押担保的形式，发行人将通过适当的法律程序将其部分财产作为抵押资产进行抵押，以保障可交换公司债券的本息按照约定如期兑付，一旦债券发行人出现偿债困难，则变卖这部分财产以清偿债务。在这种保证方式下一般设有如下条款：抵押资产处置方式、抵押资产监管安排和抵押资产价值预警方案等。可交换公司债券也可以采用第三方担保的形式，保证人必须为贷款银行认可的企业法人，且必须为债券发行人承担不可撤销的连带担保责任。一旦债券发行人出现偿债困难，第三方担保人必须以其担保资产替债券发行人偿还债务。

（三）可交换公司债券和可转换公司债券的对比

由于可交换公司债券起源于可转换公司债券，因此两者具有一些相同特性，如都是包含股票期权的公司债券，债券持有人在未来符合条件时可以把债券转换成标的股票。此外，在基本要素上也与可转换公司债券类似，也包括票面利率、期限、换股价格和换股比率、换股期等。但两者之间也存在一些差异，主要体现在以下几个方面。

1. 发行目的不同

发行可转换公司债券最主要的目的就是融资，尤其是在国内，很多上市公司把发行可转换公司债券当作一种变相的股权融资。而发行可转换公司债券的目的除融资之外，至少还有两个重要的意图：其一，有效地减持上市公司的股票。公司由于经营战略变化上的需要而减持某些上市的股票时，发行可交换公司债券要比直接在二级市场上出售股票有效得多。国际上有很多成功的先例。其二，增加资产的流动性。在一些情况下，发行人发行可交换公司债券并不是为了减持股票，而是为了增加投资于这部分股票的资金的流动性。发行可交换公司债券以后，发行人只需在可交换公司债券行权的时候进行现金交割，这样就可以达到不减持股票又可以融资的目的。

2. 产品复杂程度不同

由于可交换公司债券的债权和股权分属于不同的发行人，因此其发行方案的设计相对于可转换公司债券来说更为复杂。

3. 交割方式不同

在债券持有人行权时，可转换公司债券通常情况下是进行股票交割。而可交换公司债券却有三种不同的交割方式：股票交割、现金交割和混合交割。股票交割是可交换公司债券持有人在行权时，可交换公司债券的发行人用被托管的股票与可交换公司债券持有人进行交割结算。现金交割在行权时只用现金进行交割结算，并不进行实物交割，这种方式在目前的可交换公司债券交割中应用得比较少。混合交割方式赋予可交换公司债券发行人在交割时有选择进行股票交割或者进行现金交割的权利，相对于其他两种交割方式，混合交割方式越来越受到市场的欢迎。

4. 风险特征不同

与可转换公司债券相比，可交换公司债券融资方式的一个优点是风险分散化，这将使得可交换公司债券在发行时更容易受到投资者青睐。债券价值和股票价值无直接关系，债券发行人的业绩下降，财务状况恶化，并不会直接导致债券价值和普通股价格的同时下跌，特别是，当债券发行人和股票发行人分散于两个不同的行业时，投资者的风险就更为分散。由于市场不完善，信息不对称，在其他条件不变的情况下，风险分散的特征可使得可交换公司债券的价值大大高于可转换公司债券的价值。

5. 对标的股票的影响不同

可转换公司债券发行以后，如果出现转股的情况，标的股票的总股本就会增加，业绩也会相应摊薄。因此，可转换公司债券的发行在短期内会对标的股票的股价有一个压制作用。但是从长期来看，如果通过可转换公司债券融得的资金的收益高于发行可转换公司债券前该公司的净资产收益率，则发行可转换公司债券能够提升标的股票的股价。发行可交换公司债券也会对标的股票的股价产生影响，但是影响的机理不同。当大股东针对某家上市公司发行可交换公司债券时，市场会解读为大股东在减持该公司的股票，进而市场将会对该上市公司的长期发展和增长产生怀疑，从而影响市场对该公司的估值水平。而且，如果短期内可交换公司债券的持有人大量行权，市场上流通的该股票数量会有较大幅度的增加，短期内也会对该股票价格产生影响。

6. 担保方式不同

上市公司大股东发行可交换公司债券，要以其所持有的用于交换的上市公司股票作为质押品，除此之外，发行人还可采取其他担保措施为可交换公司债券提供担保。而目前在我国发行可转换公司债券，要由第三方提供担保，但最近一期末经审计的净资产不低于人民币15亿元的公司除外。

7. 转换为股票的期限不同

根据《上市公司股东发行可交换公司债券试行规定》（证监会公告〔2008〕41号）的规定，可交换公司债券自发行结束之日起12个月后方可交换为预备交换的股票。而根据中国证券监督管理委员会2020年2月14日发布的《关于修改〈上市公司证券发行管理办法〉的决定》的规定，可转换公司债券自发行结束之日起6个月后即可转换为公司股票。

（四）可交换公司债券的优势和劣势

1. 优势

① 可交换公司债券为发行人提供了低成本融资的机会。由于债券还赋予了持有人标的股票的看涨期权，因此发行利率通常低于其他信用评级相当的固定收益品种。

② 一般而言，可交换公司债券的转股价均高于当前市场价，因此可交换公司债券实际上为发行人提供了溢价减持子公司股票的机会。例如，母公司希望转让其所持的子公司5%的普通股以换取现金，但目前股市较低迷，股价较低，通过发行可交换公司债券，一方面可以以较低的利率筹集所需资金，另一方面可以以一定的溢价比率卖出其子公司的普通股。

③ 与可转换公司债券相比，可交换公司债券融资还有风险分散的优点，这使得可交换公司债券在发行时更容易受到投资者青睐。由于债券发行人不是标的上市公司，债券价值和标的公司股票价值之间的关联性相对较小。

④ 与发行普通公司债券相比，由于可交换公司债券含有股票期权，还本压力较普通公司债券小，且如果在债券到期时换股比例较高，可以在很大程度上降低发行人的财务风险。

⑤ 对于标的上市公司来说，可交换公司债券换股后，不会引起总股本发生变化，也就不会摊薄标的上市公司每股收益。

2. 劣势

① 可交换公司债券的发行，可能会导致标的上市公司的股东性质发生变化，从而影响其业务的经营。比如原母公司持有的上市子公司股票，如果母公司减持欲望强烈时，母公司有可能会发行较大量的可交换公司债券，从而导致在转股完成后子公司的股东变得分散，甚至会影响到子公司的经营。

② 可交换公司债券由于较可转换公司债券更为复杂，要求投资人具有更专业的投资及分析技能。

五、永续债券

所谓永续债券，是指没有到期日的债券，投资人购入永续债券之后，虽不可能于到期后收回本金，却可以每年按票面利息，永久取得利息，绝大部分的永续债券附加了赎回条款，首次赎回期一般在发行5年之后。

由于我国《公司法》规定了公司债券应具有固定期限属性，这显然与永续债券的概念相冲突，因此我国的永续债券并没有直接以永续债券命名。

与普通债券相比，永续债券最大的特点是久期很长，未来面临的利率市场环境不确定性就较大。从发行人自身考虑，在发行条款设计时，通常会附加发行人赎回条款以及利率调整条款。从投资者角度看，较长的久期无疑会降低其投资意愿，因此投资者保护条款亦是永续债券发行特别需要考虑的地方，以免出现有债无市的窘境。

目前，我国只有银行间市场交易商协会和国家发改委推出了各自的永续债券产品。企业在银行间市场交易商协会注册发行相比在发改委核准发行的限制条件更少，募集资金的使用更灵活。发改委对债券发行采取核准制，对发行人的净资产以及盈利状况有明确要求，募集资金主要用于固定资产投资。交易商协会采用注册制，对发行人没有资格限制，债券发行资金可以置换银行借款，亦可用于补充营运资金或者项目建设。在发行额度核定上，两种途径计算口径有所差异。《证券法》规定，企业发行债券累计余额不超过公司净资产的40%。发改委在核定额度时以合并报表中归属母公司的所有者权益为基数，交易商协会则没有剔除少数股东权益，直接以合并口径所有者权益为基数。这样对于集团公司来讲，交易商协会核定的额度更高，能更大程度地满足公司的融资需求。

第四节　公开资本市场融资中的定价问题

企业公开资本市场融资尤其是首次公开发行和增发的过程中，无一例外地要涉及企业拟发行股票的价值判断或定价问题。股票对应着股权、股权对应着资产，股票定价与资产定价和资产价值评估密切相关。

一、企业或资产估值模型

不同的行业属性、成长性、财务特性决定了上市公司适用不同的估值模型。目前较为常用的估值方式可以分为两大类，即收益折现法和类比法。

收益折现法是通过合理的方式估计出拟上市公司未来的经营状况，并选择恰当的贴现率与贴现模型，计算出拟上市公司价值。最常用的模型包括股利折现模型（DDM）和现金流贴现模型（DCF）。贴现模型并不复杂，关键在于如何确定公司未来的现金流和折现率，这里体现着财务顾问或承销商真正的专业价值。

类比法是通过选择同类上市公司的一些比率，如最常用的市盈率（P/E，即股价/每股收益）、市净率（P/B，即股价/每股净资产），再结合拟上市公司或资产的财务指标如每股收益、每股净资产来确定拟上市公司价值，一般都采用预测的指标。市盈率法的适用具有许多局限性，例如要求拟上市公司经营业绩稳定，不能出现亏损等，而市净率法则没有这些问题，但同样也有缺陷，主要是过分依赖公司账面价值而不是最新的市场价值。因此对于那些流动资产比例高的公司如银行、保险公司比较适用此方法。除上述指标，还可以通过市值/销售收入（P/S）、市值/现金流（P/C）等指标来进行估值。

对于拟上市房地产开发经营企业而言，也可以采用净资产折扣方式定价。采用这种方式定价时，首先通过对其房地产、土地使用权和企业商誉等有形和无形资产价值的评估，得到企业净资产评估价值。再结合证券市场上类似可比公司股权交易过程中的净资产溢价或折让状况，确定溢价或折扣比率，之后就可以确定最终股权价值。

例如，某财务顾问公司对拟上市房地产公司按收益折现法得到的估值为97亿元，按市净率法得到的估值为120亿元，按市盈率法估值为104亿元（该公司2009年预测净利润为6.5亿元，可比公司2009年市盈率平均水平16~17倍），资产评估公司给出的净资产评估值为132亿元。专业人员通过对资本市场上同类可比房地产公司净资产交易溢价或折让情况分析，决定采用的折让率为17%，由此得到采用净资产折扣方式确定的估值为110亿元。经过财务顾问、投资银行及拟上市公司董事会讨论，最终确定的股权价值为110亿元。对应20亿股，每股发行价格区间范围确定为4.5~5.5元。

二、股票发行价格定价

通过估值模型，可以合理估计公司的理论价值，但是要最终确定发行价格，还需要选择合理的发行方式，以充分发现市场需求。目前常用的发行方式有累计投标方式、固定价格方式、竞价方式。

累计投标是目前国际上最常用的新股发行方式之一，是指发行人通过询价机制确定发行价格，并自主分配股份。所谓"询价机制"，是指主承销商先确定新股发行价格区间，召开路演推介会，根据需求量和需求价格信息对发行价格反复修正，并最终确定发行价格的过程。

在询价机制下，新股发行价格并不事先确定，而在固定价格方式下，主承销商根据估值结果及对投资者需求的预计，直接确定一个发行价格。固定价格方式相对较为简单，但效率较低。过去我国一直采用固定价格发行方式，2004年12月7日证监会推出了新股询价机制，迈出了市场化的关键一步。

延伸阅读　案例分析与问题讨论6

思 考 题

1. 何谓房地产企业公开资本市场融资？具体有哪些融资渠道？
2. 证券市场的构成要素和功能有哪些？
3. 在选择债券发行条件时企业应根据债券发行条件的具体内容综合考虑哪些因素？
4. 可转换公司债券的性质和发行条件有哪些？
5. 分离交易的可转换公司债券与可转换公司债券的区别体现在哪些方面？
6. 可交换公司债券和可转换公司债券的差异有哪些？
7. 永续债券的特点有哪些？
8. 房地产企业公开资本市场融资中股权定价的方法有哪些？

参 考 文 献

[1] 蔡真,等.中国住房金融发展报告2019[M].北京:社会科学文献出版社,2019.
[2] 曹建元.房地产金融新编[M].上海:上海大学出版社,2009.
[3] 曾龙.中国住房金融风险分析及防范机制研究[D].武汉:武汉大学,2010.
[4] 畅晓菊.我国个人住房贷款担保体系的构建与管理研究[D].西安:西安建筑科技大学,2004.
[5] 陈春芳.S银行个人住房抵押贷款信用风险评估[D].南京:南京航空航天大学,2018.
[6] 陈勇.住房抵押贷款及其金融创新[M].长沙:湖南大学出版社,2011.
[7] 董藩,赵安平.房地产金融[M].北京:清华大学出版社,2012.
[8] 杜光平.中国住房金融体系研究[D].成都:西南财经大学,2005.
[9] 杜家.货币金融学[M].北京:清华大学出版社,2006.
[10] 房地产金融市场分析小组.中国房地产金融报告2017[M].北京:中国今日出版社,2018.
[11] 高洁.个人住房贷款信用评估指标体系的构建[D].郑州:华北水利水电学院,2007.
[12] 洪艳蓉,等.房地产金融[M].北京:北京大学出版社,2008.
[13] 胡德池.第一讲 金融在现代经济中的地位和作用[J].学习导报,1999(04):26-27.
[14] 胡伟.风险控制视角下周期性行业企业财务杠杆动态调整研究[D].烟台:山东工商学院,2019.
[15] 华伟.房地产金融学[M].上海:复旦大学出版社,2004.
[16] 蓝天策.房地产对国内金融业的依赖与影响[J].农家参谋,2017(16):255.
[17] 李冬梅.我国房地产金融体系建设研究[D].北京:首都经济贸易大学,2005.
[18] 李范婷.合肥市个人住房抵押贷款违约影响因素研究[J].铜陵学院学报,2017,16(04):68-71.
[19] 李锋.住房公积金发展史[M].北京:中国建筑工业出版社,2017.
[20] 李鹏.如何办理个人住房贴息贷款[J].北京房地产,2003(05):59-60.
[21] 李晓红.中国政策性住房金融研究[D].沈阳:辽宁大学,2010.
[22] 梁强.浅析个人住房贷款贴息业务[J].中国房地产金融,2003(10):34-37.
[23] 刘疆,游江.个人住房抵押贷款提前还款行为分析[J].西南金融,2006(10):43-44.
[24] 刘长滨,周霞.房地产金融[M].北京:中国电力出版社,2008.
[25] 吕明远,祖欣,伦杭.住房公积金贷款证券化:经验、发展与风险[J].金融市场研究,2016(03):75-82.
[26] 孟昊.中国住房公积金制度研究[M].北京:中国金融出版社,2017.
[27] 宁勇.高速公路PPP项目最优资本结构选择研究[D].北京:北京建筑大学,2018.
[28] 彭鹏.中国信用制度研究[D].咸阳:西北农林科技大学,2006.
[29] 饶海琴.房地产金融[M].上海:上海人民出版社,2008.
[30] 汤擎宇.我国商业银行风险管理研究——个人住房抵押贷款违约分析[D].南京:东南大学,2013.
[31] 王红茹.住房公积金被质疑违反初衷,有专家建议取消[J].中国经济周刊,2016(38):52-54.
[32] 王丽.我国个人住房抵押贷款违约风险分析及防范[D].开封:河南大学,2017.
[33] 王婷婷.我国居民个人住房抵押贷款的问题及对策[J].西部皮革,2018,40(24):40.
[34] 王滋.基于决策树的个人住房抵押贷款信用评估模型的应用[D].长沙:湖南大学,2014.
[35] 魏玮.重构渐进转轨中的中国信用制度[D].西安:西北大学,2002.
[36] 吴姗姗.个人住房抵押贷款违约风险研究评述和展望[J].经济师,2018(03):19-22.
[37] 吴侠,张慧明.试述房地产业与金融业的联系[J].统计与咨询,2003(06):30.
[38] 吴志宇.个人住房抵押贷款保险模式的国际比较与我国选择[J].西部论坛,2010,20(04):55-60,80.
[39] 吴志宇.论我国个人住房抵押贷款担保模式的选择[J].华北电力大学学报(社会科学版),2010(03):65-70.
[40] 周娜.美国住房抵押贷款证券化对我国的启示[D].湘潭:湘潭大学,2016.
[41] 张桥云,郎波.美国住房金融市场:运行机制、监管改革及对中国的启示[J].经济社会体制比较,2011(03):94-101.
[42] 袁嫒.美国住房抵押贷款证券化及其对中国的启示[D].北京:首都经济贸易大学,2012.

[43] 陈考坤,初国清.房地产证券化探讨[J].合作经济与科技,2018(21):36-38.
[44] 刘畅.我国住房抵押贷款证券化发展思路及方案研究[D].重庆:西南大学,2015.
[45] 李沛钊.住房抵押贷款证券化(MBS)的方法研究[D].成都:西南财经大学,2009.
[46] 柏文喜.售后回租 商业地产的金融新招[J].中国商界,2014(04):30-31.
[47] 陈俊君.我国地方政府债券的最适规模和债务效益研究[D].西安:陕西科技大学,2017.
[48] 田道岐.论"房随地走"与"地随房走"原则[D].济南:山东大学,2015.
[49] 张丹丹.我国养老地产项目的融资模式研究[D].成都:西南交通大学,2016.
[50] 刘明举,任小霞.浅谈土地储备项目贷款风险及其对策[J].价值工程,2011,30(20):113-114.
[51] 陈仕敏.商业银行商用房抵押贷款违约风险研究[D].广州:华南理工大学,2016.
[52] 肖宇懿.我国地方政府债券发展研究[D].北京:财政部财政科学研究所,2011.
[53] 于芳,潘文霞.国有土地收益基金问题研究[J].人民论坛,2012(35):166-167.
[54] 高旭华,修逸群.REITs:颠覆传统地产的金融模式[M].北京:中信出版社,2016.
[55] 邱冬冬.我国房地产信托转型发展研究[D].重庆:重庆大学,2014.
[56] 包乐.房地产投资信托基金发展现状研究[D].杭州:浙江大学,2017.
[57] 周墨菁.中国房地产投资信托(REITS)及其风险管理[D].苏州:苏州大学,2016.
[58] 章贝.万科房地产投资信托基金融资的案例分析[D].南昌:江西财经大学,2018.
[59] 陈刚.PFI模式在云南××养老酒店式公寓项目中的应用研究[D].上海:东华大学,2017.
[60] 刁克.BOT融资模式在城市轨道交通项目中的应用[D].南昌:江西财经大学,2018.
[61] 吴笑笑.PPP融资模式在城市轨道交通建设中的应用研究[D].南昌:南昌大学,2017.
[62] 白建军.项目融资模式比较及ABS融资模式的应用研究[D].西安:西安理工大学,2004.
[63] 王乐,杨茂盛.工程项目融资[M].北京:中国电力出版社,2016.
[64] 谢经荣.房地产金融[M].北京:中国人民大学出版社,2012.
[65] 邢会强.资本之翼:企业资本市场操作指引[M].北京:中国法制出版社,2017.
[66] 张炳达,芮晔平.金融理论与实务[M].上海:立信会计出版社,2007.
[67] 张祎.代理理论下企业下属预算松弛倾向治理研究[D].秦皇岛:燕山大学,2016.
[68] 章尉.基于投资组合理论的城市轨道交通乘客出行路径选择问题研究[D].北京:北京交通大学,2015.
[69] 赵晓涛.新时代中国住房公积金制度发展进路研究[D].长春:吉林大学,2018.
[70] 中国房地产估价师与房地产经纪人协会.房地产开发经营与管理[M].北京:中国建筑工业出版社,2013.
[71] 中国房地产估价师与房地产经纪人学会.房地产基本制度与政策[M].北京:中国建筑工业出版社,2017.
[72] 周沅帆.公司债券[M].北京:中信出版社,2011.
[73] 住房城乡建设部住房公积金监管司,西南财经大学中国家庭金融调查与研究中心.政策性住房金融制度比较研究[M].北京:中国建筑工业出版社,2018.
[74] 住房和城乡建设部.住房公积金个人住房贷款业务规范GB/T 51267—2017[M].北京:中国建筑工业出版社,2018.
[75] 邹晓梅,张明.公积金贷款证券化:中国试点、国际经验与政策建议[J].国际金融,2016(03):48-55.
[76] 董潘,赵安平.房地产金融.第2版.北京:清华大学出版社,2019.